프랑스어 능력시험 대비

한 권으로 끝내는 DELF

기초부터 실전까지
영역별 맞춤 전략!

A2

Ⓢ 시원스쿨닷컴

한 권으로 끝내는
DELF A2

초판 1쇄 발행 2018년 6월 29일
개정2판 2쇄 발행 2025년 8월 15일

지은이 정일영
펴낸곳 (주)에스제이더블유인터내셔널
펴낸이 양홍걸 이시원

홈페이지 www.siwonschool.com
주소 서울시 영등포구 영신로 166 시원스쿨
교재 구입 문의 02)2014-8151
고객센터 02)6409-0878

ISBN 979-11-6150-952-5 (13760)
Number 1-521106-25253100-06

이 책은 저작권법에 따라 보호받는 저작물이므로 무단복제와 무단전재를 금합니다. 이 책 내용의 전부 또는 일부를 이용하려면 반드시 저작권자와 ㈜에스제이더블유인터내셔널의 서면 동의를 받아야 합니다.

DELF

프랑스어 능력시험 대비

한 권으로 끝내는

기초부터 실전까지
영역별 맞춤 전략!

A2

머리말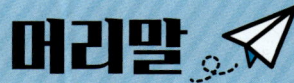

Bonjour tout le monde ! 여러분 안녕하세요!
시원스쿨 델프의 신 정일영입니다.

DELF(Diplôme d'études en langue française) 시험은 듣기, 독해, 작문, 구술 영역을 골고루 평가하는데, 최근 많은 대학교에서는 프랑스어를 전공하는 학생들의 졸업 필수 조건으로 DELF 자격증을 갖출 것을 요구하는 추세입니다. 또한 프랑스어 관련 기업에 취업을 목적으로 하는 경우 대부분 기본적으로 DELF 자격증을 요구하는 경향이 있습니다. 이 밖에도 프랑스 또는 프랑스어권 지역이 있는 대학교로 유학을 가기 위해서 등 여러 가지 이유로 프랑스어를 공부하는 많은 분들이 자신의 프랑스어 능력을 평가하거나 실력을 더욱 높이고자 DELF에 응시하고 있습니다.

이 책은 프랑스어 능력 시험인 DELF 중 두 번째 단계인 A2를 준비하는 시험생들을 위한 것입니다. 구체적으로, A2 단계는 DELF의 4가지 단계 중 초급 수준으로, 기본적인 프랑스어 소통 능력을 평가합니다. 이 단계에서는 단순한 일상 표현을 이해하고 활용할 수 있으며, 자신의 의견을 간단하게 표현하거나 익숙한 주제에 대해 간단한 대화를 나눌 수 있는 능력이 요구됩니다. 또한, 개인적인 정보 제공, 쇼핑, 직업, 취미 등의 실생활과 관련된 다양한 상황에서 프랑스어를 사용할 수 있어야 합니다.

A2 단계는 기초 수준을 넘어 실용적인 의사소통 능력을 측정하는 단계이므로, 시험 유형을 정확하게 이해하고 효과적으로 대비하는 것이 중요합니다. 특히, 새롭게 개정된 DELF A2 시험 유형에 맞게 전략을 익히고 다양한 문제들을 풀어 보는 것이 무엇보다 중요합니다.

이에 따라 이번에 전면개정된 <한 권으로 끝내는 DELF A2> 교재에서는 개정되는 시험 유형에 맞춘 문제들을 각 영역별로 5~10세트씩 제공합니다. 특히 듣기 평가와 독해 평가는 새롭게 추가되거나 바뀐 문제 유형에 맞춰 모든 문제를 객관식으로 구성하였습니다. 그리고 작문 평가와 구술 평가의 경우, 문제 유형이나 풀이 방식에서는 달라진 것이 없고 채점 항목들이 간결하게 진행되는 것으로만 변경되었습니다. 그러나 응시자의 입장에서는 달라진 채점 기준에 신경쓰기 보다는 기본 문제 풀이에만 전력하면 되기 때문에, 최신 출제 경향에 맞춰 향후 시험에서 출제 가능성이 높은 내용들로 다양하게 수록하였습니다. 무엇보다 응시자 여러분이 높은 점수로 합격할 수 있도록 문제 적중률을 높이는 데 주력하였으며, 보다 쉽게 학습할 수 있도록 상세한 해설과 문제 풀이 요령을 제공하는 데 초점을 맞추었습니다. 이 책을 통해 DELF A2 시험을 효과적으로 준비하여 좋은 결과를 얻기를 바랍니다.

외국어 구사 능력이 장점이 아닌 필수 사항이 되어버린 국제화 시대에서 영어와 더불어 전 세계적으로 공용어 역할을 하고 있는 프랑스어를 공부하는 것은 여러 면에서 장점으로 작용할 수 있을 것입니다. 그래서 저는 10여 년간 DELF 감독관을 역임하면서 얻은 노하우를 토대로 DELF A2 시험을 준비하는 학생들에게 보다 높은 적중률과 합격증 취득의 기쁨을 선사하기 위해 이 책을 집필하였습니다. 비록 미흡한 점이 있다 하더라도 프랑스어를 공부하는 여러분들에게 많은 도움이 되기를 바랍니다. 마지막으로 이 책을 출간하는 데 많은 노력을 해 주신 시원스쿨 서이주, 김지언 님께 감사드리며, 부족한 아들을 끝까지 믿어 주시는 95세의 어머님께 깊은 감사와 사랑을 전합니다.

Je vous soutiens de tout mon cœur !
여러분을 진심으로 응원합니다!

DELF A2 목차

- 머리말 **004**
- DELF란 어떤 시험일까요? **008**
- 접수부터 성적 확인까지 **010**
- DELF A2는 어떻게 준비해야 할까요? **012**
- 시험 당일 주의 사항 **013**
- 이 책의 구성과 특징 **014**
- 新 유형 개정 가이드 **016**

I. Compréhension de l'oral 듣기 평가

EXERCICE 1 안내 방송 듣고 문제에 답하기 **020**
EXERCICE 2 라디오 방송 듣고 문제에 답하기 **096**
EXERCICE 3 자동 응답기 메시지 듣고 문제에 답하기 **158**
EXERCICE 4 대화 연결: 대화 듣고 특정 상황과 연결 **220**

II. Compréhension des écrits 독해 평가

EXERCICE 1 광고 연결: 제시된 광고 보며 적절한 상황과 연결하기 **264**
EXERCICE 2 서신 이해: 서신 내용 보고 문제에 답하기 **292**
EXERCICE 3 정보 이해: 웹 사이트 및 인터넷에 게재된 글 보고 문제에 답하기 **320**
EXERCICE 4 기사 이해: 신문, 잡지 등의 기사문 보고 문제에 답하기 **358**

III. Production écrite 작문 평가

EXERCICE 1 주어진 상황에 대한 경험담 작성 **382**
EXERCICE 2 수락·거절·초대 등 상황별 작문 **414**

IV. Production orale 구술 평가

EXERCICE 1 인터뷰: 자기소개 및 개인적인 사항에 대한 문답 **498**
EXERCICE 2 독백 후 문답: 쪽지 선택 후, 관련 주제로 독백 후 감독관 질문에 답변 **522**
EXERCICE 3 역할극: 쪽지 선택 후, 제시된 상황에서 감독관과 역할극 **554**

<무료 학습자료>

- **Compréhension de l'oral 듣기 영역 원어민 MP3 파일**
- **Production orale 구술 영역 원어민 MP3 파일**
- **DELF A2 필수 어휘집** (온라인 PDF 제공)
- **DELF A2 구 유형 모의테스트 2회분** (온라인 PDF 제공)

DELF란 어떤 시험일까요?

DELF 자격증 소개

DELF(Diplôme d'études en langue française)는 국제적으로 통용되는 프랑스어 공인 인증 자격증으로, 프랑스 교육부가 자격증을 발급하고 있습니다. DELF는 유럽 공용 외국어 등급표에 따라 A1, A2, B1, B2의 단계로 나뉘며 (C1, C2는 DALF), 시험은 각 단계별로 나뉘어 치러집니다.

DELF 시험 시행 기관

DELF와 DALF 시험은 CIEP(Centre international d'études pédagogiques)에서 문제를 출제 및 채점합니다. 우리나라에서는 주한 프랑스 문화원이 시험을 총괄하면서 서울 시험을 진행하고 있으며, 서울 이외의 인천, 대전, 대구, 광주, 부산은 Alliance Française(알리앙스 프랑세즈)가 진행합니다.

DELF 자격증 유효 기간

DELF 자격증은 한 번 취득하면 평생 유효합니다. DELF 시험은 이전 단계 자격증 취득 여부와 상관없이 원하는 단계에 응시할 수 있으며, 동시에 여러 단계에 응시할 수도 있습니다. 한 단계에 합격하기까지 여러 차례 응시할 수 있으며, 합격한 단계에 다시 응시할 수도 있습니다.

DELF 자격증 활용도

DELF 자격증을 취득할 경우, 국내 주요 대학 입학 시 가산점을 받을 수 있으며 대학교 졸업 시 논문을 면제받을 수 있습니다. 또한 프랑스 또는 프랑스어권 국가의 대학 및 대학원은 B2 이상의 성적을 요구하기도 합니다. 국내에서 프랑스 관련 업무를 하는 기업체의 경우 직원 채용 시 DELF 자격증이 있을 경우 가산점을 부여하고 있습니다.

DELF 레벨

DELF, DALF는 유럽 공용 외국어 등급표의 단계에 따라 6단계로 분류되어 있으며, 듣기, 독해, 작문, 구술의 네 가지 영역으로 나누어 평가합니다.

DELF A1 (최저)
입문 단계 (약 90시간의 실용 학습)
국적, 나이, 사는 곳, 학교에 대한 질문을 이해하고 답변할 수 있습니다. 일상적이고 친숙한 표현을 이해하고 사용할 수 있는 수준입니다.

DELF A2
초보 단계 (약 150~200시간의 실용 학습)
개인과 가족에 대한 간단한 정보, 주변 환경, 일, 구매 등에 대한 표현을 이해할 수 있습니다. 친숙하고 일상적인 주제에 대해 단순하고 직접적인 정보 교환을 할 수 있는 수준입니다.

DELF B1
실용 구사 단계 (약 400시간의 실용 학습)
명확한 표준어를 구사한다면 일, 학교, 취미 등에 대한 내용을 이해합니다. 관심사에 대해 간단하고 논리적인 말을 할 수 있고, 프로젝트나 견해에 대해 간략하게 설명할 수 있는 수준입니다.

DELF B2
독립 구사 단계 (약 600~650시간의 실용 학습)
구체적이거나 추상적인 내용을 이해합니다. 시사를 비롯한 다양한 주제에 대해 명확하고 자세하게 자신의 생각을 밝힐 수 있는 수준입니다.

DALF C1
자율 활용 단계 (약 800~850시간의 실용 학습)
길고 어려운 텍스트 및 함축적인 표현을 파악합니다. 복잡한 주제에 대해 명확하고 짜임새 있게 자신의 생각을 전달할 수 있는 수준입니다.

DALF C2 (최상)
완성 단계 (약 900시간 이상의 실용 학습)
어려움 없이 듣고 읽을 수 있습니다. 즉석에서 자신의 생각을 자연스럽고 명확하게 표현할 수 있고, 복잡한 주제에 대한 미세한 뉘앙스도 파악할 수 있는 수준입니다.

접수부터 성적 확인까지

시험 일정

시험 일정은 해마다 조금씩 다르므로 매년 알리앙스 프랑세즈 사이트를 참고할 것을 권장합니다.

일정	단계	시험 날짜	접수 기간	시행 지역
3월	DELF B1, B2	3월 8일(토) 3월 9일(일)	1월 13일 - 1월 24일	서울, 부산, 대전, 광주, 인천, 대구
	DELF A1, A2	3월 22일(토) 3월 23일(일)		서울, 부산, 대전, 광주, 인천, 대구
	DALF C1			서울, 대전, 대구, 광주
	DALF C2			서울, 부산
5월	DELF B1, B2	5월 17일(토) 5월 18일(일)	4월 7일 - 4월 18일	서울, 부산, 대전, 광주, 인천, 대구
	DELF A1, A2	5월 31일(토) 6월 1일(일)		서울, 부산, 대전, 광주, 인천, 대구
	DALF C1			서울, 부산, 대전, 인천
	DALF C2			서울
9월	DELF B1, B2	9월 6일(토) 9월 7일(일)	7월 28일 - 8월 8일	서울, 부산, 대전, 광주, 인천, 대구
11월	DELF B1, B2	11월 8일(토) 11월 9일(일)	9월 29일 - 10월 10일	서울, 부산, 대전, 광주, 인천, 대구
	DELF A1, A2	11월 22일(토) 11월 23일(일)		서울, 부산, 대전, 광주, 인천, 대구
	DALF C1			서울, 부산, 인천
	DALF C2			서울, 대전

[2025년 기준]

시험 접수

DELF 시험 접수는 알리앙스 프랑세즈 홈페이지(https://www.delf-dalf.co.kr/ko/)에서 온라인으로만 가능하며, 접수 기간은 접수 시작일 17시부터 접수 마감일 17시까지(입금 완료에 한해)입니다.

알리앙스 프랑세즈 사이트 회원가입 / 로그인 ▶ 시험 접수 및 원서 작성 ▶ 시험 선택(시험 종류, 단계, 응시 지역 선택) ▶ 응시료 결제 ▶ 접수 완료

시험 진행

듣기, 독해, 작문 [토요일 시행]

시험	시간
A1	09:00~10:40
A2	11:20~13:20
B1	13:50~16:10
B2	09:10~12:00

구술 [일요일 시행]

시험	시간	소요 시간
A1	13:00~15:00	준비 시간 약 10분 / 인터뷰 시간 약 5~7분
A2	09:00~12:00	준비 시간 약 10분 / 인터뷰 시간 약 6~8분
B1	09:00~12:00	준비 시간 약 10분 / 인터뷰 시간 약 15분
B2	12:00~19:00	준비 시간 약 30분 / 인터뷰 시간 약 20분

[서울 기준]

응시료

2025년 기준 응시료는 다음과 같습니다.

레벨	응시료
A1 일반/주니어	₩ 150,000 / 135,000
A2 일반/주니어	₩ 170,000 / 153,000
B1 일반/주니어	₩ 260,000 / 234,000
B2 일반/주니어	₩ 285,000 / 256,500

시험 결과 발표

결과는 보통 시험일로부터 약 5~6주 후에 알리앙스 프랑세즈 홈페이지에서 로그인 후 마이페이지 시험 결과에서 확인할 수 있습니다. 합격 여부에 대해서는 전화나 이메일로 문의할 수 없습니다.

합격증, 자격증 발급

합격증(Attestations de réussite)은 시험일로부터 약 8주 후 응시자가 시험에 응시한 시험 센터를 통해서 발급받을 수 있으며 결과 발표일로부터 1년 이내 수령할 수 있습니다.

자격증(Diplômes)은 프랑스에 위치한 France Education International 에서 발급되어 한국으로 발송되며 결과 발표일로부터 약 7개월 후 응시자가 시험에 응시한 시험 센터를 방문하여 수령할 수 있으며 결과 발표일로부터 5년 이내 수령할 수 있습니다.

DELF A2는 어떻게 준비해야 할까요?

점수 기준

DELF A2 시험은 총 4개 영역(듣기, 독해, 작문, 구술)으로 구성되어 있으며, 구술을 제외한 3개 영역 시험은 토요일에, 구술 시험은 일요일에 치러집니다.

* 듣기, 독해, 작문 총 소요 시간: 약 1시간 40분(100분)
* 합격을 위한 최소 점수: 100점 중 **50점**
* 과락을 면하기 위해 영역별로 취득하여야 할 최소 점수 : 25점 중 **5점**

시험 구조

영역별 구조	소요 시간	만점
듣기 · 일상생활에서 접할 수 있는 상황과 관련된 3~4종류의 녹음을 듣고 문제에 답하기 · 녹음 내용은 특정 장소의 안내 방송 및 광고, 음성 메시지, 특정 장소나 주제 등과 관련된 대화로 구성 [청취 횟수 2번, 녹음 분량 최대 5분]	약 25분	25점
독해 · 인물 관련 상황과 광고 연결하기 · 서신 내용, 웹 사이트 및 인터넷에 게재된 글을 보고 문제에 답하기	30분	25점
작문 · 주어진 상황(여행, 교환 학생, 연수 등)에 대한 개인적 경험담을 이메일 또는 일기 형식으로 작성 · 상대의 제안에 수락이나 거절의 답신 또는 초대, 제안, 사과, 축하, 요청 등의 글 작성	약 45분	25점
구술 · 자기소개 및 개인적인 사항에 대한 문답을 주고 받는 형식 · 10여 개의 쪽지 중 하나를 최종 선택하여, 쪽지에 제시된 주제로 감독관 앞에서 말한 후, 감독관의 질문에 답변하는 형식 · 10여 개의 쪽지 중 하나를 최종 선택하여, 제시된 상황에 따라 감독관과 대화를 진행하는 형식	준비 시간 10분 시험 시간 약 6~8분	25점

시험 당일 주의 사항

꼭 기억해 두세요!

- ☑ 듣기 평가가 시작되면 고사실에 입실할 수 없으며, 응시료 또한 환불되지 않습니다. 구술 시험의 경우 준비 시간 또한 시험의 일부이므로 준비 시간을 거치지 않으면 시험을 볼 수 없습니다.

- ☑ 규정에 맞는 신분증, 수험표, 필기도구를 반드시 준비해야 합니다.

- ☑ 신분증과 수험표는 토, 일 양일간 반드시 소지하여야 합니다. 수험표에 기재된 수험 번호로 고사장 자리를 확인하며, 구술 시험 시 수험표에 도장도 받아야 합니다.
  - * 인정되는 신분증: 주민등록증, 유효 기간이 지나지 않은 여권, 운전면허증
  - * 인정되지 않는 신분증: 도서관증, 사원증, 신용 카드, 교통 카드, 등본, 학생증
  - * 시험 현장에서 수험표 출력 불가능

- ☑ 볼펜(검정색이나 파란색 볼펜)을 꼭 챙겨야 합니다. 연필 또는 샤프 사용 시 채점되지 않으므로 유의해야 합니다. 수정액 및 수정 테이프도 사용할 수 있습니다.

- ☑ 책상에는 신분증, 수험표, 볼펜만 놓아둘 수 있으며 메모지, 책, 사진, 타블렛 PC, 스마트 워치 등 모든 전자 기기의 사용은 금지됩니다.

- ☑ 화장실은 시험 전에 다녀와야 합니다. 부득이하게 화장실에 가야 하는 경우 감독관이 동행합니다.

- ☑ 시험지는 감독관의 허락 전까지 열람할 수 없습니다.

- ☑ 시험지는 반출이 불가능합니다.

이 책의 구성과 특징

책의 구성

STEP 1. 출제 가이드 및 영역별 유형 파악

* 각 영역에 출제되는 문제 유형들을 전반적으로 안내함으로써 출제 가이드를 제공합니다. 저자가 수년간 감독관 경험에서 습득한 데이터를 토대로 영역별 빈출 유형 주제, 문항 구성, 난이도를 철저하게 분석합니다.

* 영역별 시험 진행 방식 및 고득점 전략, 주의 사항까지 세심하게 담았습니다. 영역별 문제 유형 및 공략법을 전반적으로 이해하고 있어야만 실제 시험에서 불필요한 시간 낭비 없이 침착하게 문제를 풀어 나갈 수 있습니다.

STEP 2. 완전 공략 및 실전 연습문제

* 각 영역의 완전 공략을 위한 파트별 핵심 포인트와 출제 유형, 빈출 주제를 상세히 설명합니다. 여기에 그치지 않고 필수적으로 알아야 하는 표현들 및 지문 파악 요령을 제시하여 고득점 비법을 구체적으로 전수합니다.

* 공략법을 익힌 다음에는, 파트당 5~10문항의 실전 연습 문제를 통해 문제를 꼼꼼히 공략하면서 실전에 대비합니다. 지문 주제 및 문제 풀이 시 유의 사항을 친절하게 알려 드립니다.

* 해설에서는 문제와 지문 분석뿐만 아니라 정답의 키워드가 되는 어휘 및 문장을 제시하여 문제 풀이 요령을 습득하고 문제를 빠르게 공략할 수 있도록 합니다. 충분한 실전 훈련으로 응시자가 문제 유형을 이해하고, 시험 환경에 익숙해질 수 있습니다.

STEP 3. 구술 영역 대비를 위한 원어민 MP3 제공

* 구술 영역 모범 답안을 mp3 파일로 제작하여, 응시자들이 가장 부담스러워하는 구술 영역을 실제 시험장과 같은 분위기에서 연습할 수 있도록 하였습니다. 정확한 발음과 속도로 녹음된 모범 답안을 통해 응시자들은 원어민의 발음, 억양, 속도를 학습하고, 원어민과의 대화를 반복 훈련할 수 있으므로 듣기와 회화 실력까지 고루 상승됩니다.

책의 특징

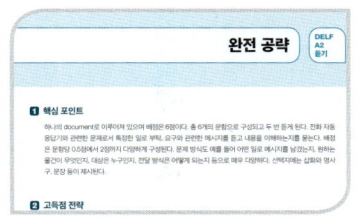

문제 유형별 풀이 전략

문제 유형별로 핵심 포인트, 빈출 주제, 고득점 전략을 제시합니다. 영역별, 문제 유형별 풀이 전략을 통해 실질적인 문제 해결 방법을 익힐 수 있습니다.

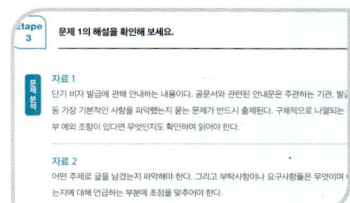

문제 분석

문제에 대한 전반적인 총평을 제시합니다. 문제에서 묻고 있는 것은 무엇인지, 어떤 부분에 초점을 맞추며 문제를 풀어야 하는지 안내합니다.

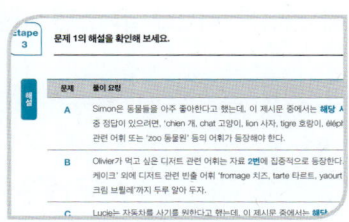

각 문제별 상세한 해설

각 문제별로 해설을 달아 각각이 답이 되는 이유와 답이 되지 않는 이유를 분석합니다. 답이 되는 근거를 찾는 연습을 반복하면서 문제 풀이 전략을 학습합니다.

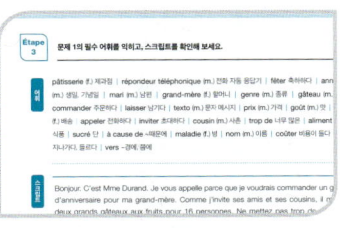

필수 어휘 및 숙어 표현

외국어 실력의 기본은 탄탄한 어휘와 숙어 표현력입니다. 문제 속 어휘와 숙어 표현을 제공하니 DELF A2 시험에서 자주 접할 수 있는 어휘 및 표현을 익히며 프랑스어 이해력과 구사력을 키우세요.

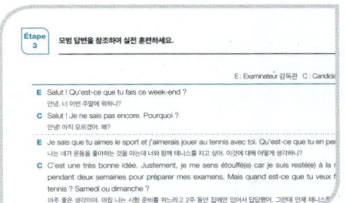

모범 답안

작문과 구술 영역의 모범 답안을 제시하여 실전에 대비 및 활용할 수 있도록 했습니다.

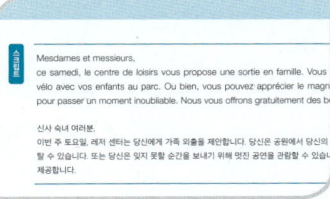

원어민 음성의 MP3

듣기와 구술 영역은 원어민이 녹음한 음성 MP3를 제공합니다. 스크립트를 보며 원어민의 정확한 발음을 함께 학습할 수 있습니다.

DELF A2 필수 어휘집(온라인 제공)

응시자들이 꼭 알아야 할 DELF A2 시험 대비 필수 어휘들을 무료 PDF로 제공합니다.

新 유형 개정 GUIDE

DELF와 DALF 시험의 주관 기관인 CIEP에 따르면 2020년부터 2024년까지는 기존 유형과 새로운 유형이 공존하여 시험이 치러졌지만, 앞으로는 新 유형으로만 시험이 치러집니다. 단계별로 새롭게 변경되는 내용을 대략적으로 살펴보면 아래와 같습니다.

A1	• 독해, 듣기 영역 주관식 문제 폐지 • 듣기 영역 문제 유형 수 변경: 4개 유형 → 5개 유형 • 독해 영역 문제 수 변경: 15 문제 → 20문제 • 독해 영역 지도에 길 표시하는 문제 폐지
A2	• 독해, 듣기 영역 주관식 문제 폐지 • 듣기 영역 음성 자료 수 변경: 음성 자료 7개 → 짧은 음성 14개 • Vrai / Faux 문제 형식 유지, 'Justification 증명하기' 폐지 [배점 낮아짐]
B1	• 독해, 듣기 영역 주관식 문제 폐지 • 독해 시험 시간 변경: 35분 → 45분 • Vrai / Faux 문제 형식 유지, 'Justification 증명하기' 폐지 [배점 낮아짐]
B2	• 독해, 듣기 영역 주관식 문제 폐지 • 듣기 영역 음성 자료 수 변경: 음성 자료 2개 → 짧은 음성 5개 • Vrai / Faux 문제 형식 유지, 'Justification 증명하기' 폐지 [배점 낮아짐]
C1, C2	• 전문 분야 폐지

요약하자면, 듣기와 독해 평가에서 주관식 문제는 객관식 문제로 바뀝니다. 듣기 평가의 경우 음성 자료가 기존보다 배로 늘어나기 때문에, 평소 듣기 평가에 부담을 느끼는 수험생들이 많은 것을 고려하면 수험생들의 부담이 커질 것으로 보입니다. 독해 평가의 경우 주관식 문제가 사라지므로 난이도가 낮아진다고 볼 수 있겠습니다.

그럼, A2 단계의 듣기와 독해 평가에서 달라지는 내용을 유형별로 좀 더 비교해 보겠습니다.

		구 유형			신 유형 (주관식 폐지, 전체 객관식)	
듣기	유형 1	안내 방송 및 듣고 답하기	5문제	유형 1	안내 방송 듣고 답하기	6문제
	유형 2	자동 응답기 듣고 문제에 답하기	6문제	유형 2	라디오 방송 듣고 답하기	6문제
	유형 3	라디오 방송 듣고 문제에 답하기	6문제	유형 3	자동 응답기 듣고 문제에 답하기	6문제
	유형 4	대화 듣고 특정 상황과 연결하기	4문제	유형 4	대화 듣고 특정 상황과 연결하기	4문제
독해	유형 1	제시된 광고 보며 적절한 인물과 연결하기	5문제	유형 1	제시된 광고 보며 적절한 상황과 연결하기	6문제
	유형 2	서신 내용 보고 문제에 답하기	5문제	유형 2	서신 내용 보고 문제에 답하기	6문제
	유형 3	웹 사이트 및 인터넷에 게재된 글 보고 문제에 답하기	5문제	유형 3	웹 사이트 및 인터넷에 게재된 글 보고 문제에 답하기	6문제
	유형 4	신문, 잡지 등의 기사문 보고 문제에 답하기	6문제	유형 4	신문, 잡지 등의 기사문 보고 문제에 답하기	5문제

DELF A2 구 유형 모의테스트 2회분(온라인 제공)

학습자 분들이 DELF A2 구 유형도 연습해 보실 수 있도록, 구 유형으로만 이루어진 모의테스트 2회분을 무료 PDF로 제공합니다.

듣기 평가

Compréhension de l'oral

1 듣기 완전 분석

2020년 개정된 DELF A2 듣기 평가는 일상생활에서 실제로 접할 수 있는 상황을 바탕으로 구성된 음성을 듣고, 주어진 질문에 맞는 답을 선택지 에서 고르는 방식이다. 가장 큰 변화는 음성 파일의 수가 기존 7개에서 14개로 증가한 점이며, 각 음성의 길이는 짧아졌다는 점이다. 모든 문제는 객관식 형태로 출제되며, 2번씩 들려준다. 시험은 총 25점 만점으로, A2 수준의 어휘와 표현을 정확히 이해할 수 있는지를 평가한다.

2 듣기 유형 파악 [약 25분, 총 25점]

유형	특징
1 공공장소에서의 안내 방송 (6점)	**DOCUMENT 1~5** 첫 번째 듣기 전에 문제를 읽는 시간이 15초 주어진다. 그리고 첫 번째 듣기가 끝난 후 10초 동안 답을 표기하는 시간이 있고, 이후 두 번째 듣기가 끝나면 10초 동안 답을 표기한다. **DOCUMENT 6** 첫 번째 듣기 전에 문제를 읽는 시간이 15초 주어진다. 그리고 첫 번째 듣기가 끝난 후 10초 동안 답을 표기하는 시간이 있고, 이후 두 번째 듣기가 끝나면 30초 동안 답을 표기한다.
2 라디오 또는 인터넷 방송 (6점)	**DOCUMENT 1~2** 첫 번째 듣기 이전 문제를 읽는 시간이 15초 주어진다. 그리고 첫 번째 듣기가 끝난 후 10초 동안 답을 표기하는 시간이 주어지며 이후 두 번째 듣기가 끝나면 10초 동안 답을 표기하는 시간이 주어진다. **DOCUMENT 3** 첫 번째 듣기 이전 문제를 읽는 시간이 15초 주어진다. 그리고 첫 번째 듣기가 끝난 후 10초 동안 답을 표기하는 시간이 주어지고 이후 두 번째 듣기가 끝나면 30초 동안 답을 표기하는 시간이 주어진다.
3 자동 응답기 메시지 (6점)	1개의 document로 이루어져 있다. 첫 번째 듣기 이전 문제를 읽는 시간이 30초 주어진다. 그리고 첫 번째 듣기가 끝난 후 30초 동안 답을 표기하는 시간이 주어지고 이후 두 번째 듣기가 끝나면 30초 동단 답을 표기하는 시간이 주어진다.
4 상황별 대화 연결 (7점)	총 4개의 dialogue로 이루어져 있으며 첫 번째 듣기 이전 문제를 읽는 시간이 30초 주어진다. 그리고 첫 번째 듣기가 끝난 후 30초 동안 답을 표기하는 시간이 주어지고 이후 두 번째 듣기가 끝나면 30초 동안 답을 표기하는 시간이 주어진다.

DELF
A2
듣기

3 듣기 평가 이것만은 꼭!

❶ 기본 진행 방식을 숙지한다.
각 음성은 EXERCICE마다 두 번씩 듣게 되며, 시간은 유형에 따라 차이가 날 수 있지만 문제를 푸는 요령은 동일하다. 한 EXERCICE 당 두 번씩 듣게 된다는 점을 고려한다면, 성급하게 정답을 고르기보다는 차분하게 시험에 임하는 것이 바람직하다.

❷ 음성 내용 전개 순서와 문제 순서는 일치한다.
일반적으로 문제의 순서와 들려주는 음성 내용 순서가 일치한다. 예를 들어 첫 번째 문제는 음성 앞부분 내용을, 마지막 문제는 마무리 내용을 기반으로 풀 수 있는 경우가 대부분이다. 따라서 듣기가 진행될 때 문제마다 순서에 따라 어느 부분에 특히 집중해서 들을지 가늠할 수 있다.

❸ 듣기 시작 전의 시간을 알차게 활용한다.
1차 듣기를 시작하기 전 주어진 시간 동안, 응시자는 자신의 수준에 맞추어 어떤 문제에 초점을 맞추어 들을지 빠르게 결정해야 한다. 만일 자신의 프랑스어 수준이 이제 막 A2에 입문한 정도이거나, 시험 준비 기간이 부족했던 경우라면 특히 정답을 작성하기 어려울 수 있다. 듣기 시작 전 확실하게 점수를 얻을 수 있는 문제부터 파악하여 해당 내용을 중심으로 듣도록 한다.

❹ 문제와 보기항의 텍스트를 조금이라도 미리 훑어본다.
초보자의 경우 문제 자체를 잘못 이해하거나 아예 해석조차 못하는 일이 가끔 있다. 이럴 땐 보기항에 등장한 단어를 이용해서라도 유의어 및 관련 동사들을 떠올려 가며 어떤 문제일지 추측해 보아야 한다. 만약 그조차 어렵다면 보기항에 등장한 단어들 중 유독 음성에 빈번하게 언급되는 단어를 파악해 보자. 그 보기항은 정답일 가능성이 있다.

EXERCICE 1

잠깐 듣기 평가 EXERCICE 1을 시작하기 전, 듣기 영역 전체에 해당하는 아래 지시문을 들려줍니다.

Compréhension de l'oral

Vous allez écouter plusieurs documents. Il y a 2 écoutes.
Avant chaque écoute, vous entendez le son suivant.
Dans les exercices 1, 2 et 3, pour répondre aux questions, cochez [X] la bonne réponse.

듣기 평가

당신은 여러 개의 자료들을 듣게 될 것입니다. 두 번 들려드립니다.
각 듣기가 시작되기 전, 당신은 다음과 같은 소리를 듣게 됩니다 : 🔔.
연습문제 1, 2와 3에서는 질문들에 답하기 위해 정답에 [x]표를 하세요.

이어서 EXERCICE 1 지시문을 들려줍니다.

Vous écoutez des annonces publiques.

여러분은 광고를 듣습니다.

완전 공략

DELF A2 듣기

1 핵심 포인트

총 6개의 document으로 이루어지며 전체 배점은 6점이다. 모든 document마다 두 번씩 들려준다.

Document 1	일상생활이 이루어지는 장소에서 들을 수 있는 안내 방송으로, 특정 상황을 듣고 그에 알맞은 행동을 고르는 방식이다. 배점은 2점이다.
Document 2	일상생활에서 자주 방문하는 장소에서 들을 수 있는 안내 방송으로(수영장, 미술관, 공원 등) 해당 장소의 개장, 폐장 시간에 들을 수 있는 방송으로 개, 폐장 시간이나 요일, 입장료 등의 전반적인 정보를 들려준다. 배점은 1점이다.
Document 3	특정 행사에 대한 정보를 알려 주는 안내 방송으로, 주로 해당하는 그림을 고르는 방식이다. 배점은 1점이다.
Document 4	공공 장소(공연장, 연극, 영화관 등)에서 들을 수 있는 안내 방송으로, 해당 장소에서의 주의사항 혹은 금지 사항을 묻는 문제가 출제된다. 배점은 0.5점이다.
Document 5	교통편을 이용할 수 있는 장소(공항, 기차역, 지하철역 등)에서 들을 수 있는 안내 방송으로, 승객들에게 지시하는 내용이 무엇인지를 그림에서 고르는 문제가 출제된다. 배점은 0.5점이다.
Document 6	물건을 구입하는 장소(슈퍼, 백화점 등)에서 듣게 되는 안내 방송으로, 주로 할인 판매에 대한 내용을 듣고 정답을 고르는 방식이다. 선택지가 그림으로 제시되는 경우가 많으며 문항 수는 배점은 1점이다.

2 고득점 전략

① 의문사에 집중하라.

육하원칙에 해당하는 의문사들이 문제에 나오는 경우 장소, 이유, 대상 등에 대한 질문이라는 것을 파악하고 해당되는 내용이 나오는 부분에 초점을 맞추어 들어야 한다.

② 지나간 문제에 연연하지 마라.

듣기 평가는 시간이 정해진 시험이라는 특성 때문에 앞의 것에 미련을 두고 생각하다 보면 그 다음에 이어지는 다른 문제를 듣지 못하게 된다. 두 번 들려준다는 특성을 최대한 활용하여 첫 번째 듣기에서 정답을 찾지 못하는 경우 다음 문제와 관련된 듣기에 바로 집중해야 한다.

③ 의미가 유사한 표현들을 학습하라.

문제들이 객관식이기 때문에 텍스트에서 사용했던 어휘나 표현을 반복하기보다는 의미가 같은 다른 단어들을 활용할 수 있다. 따라서 응시자는 많이 사용하는 어휘나 표현들을 중심으로 미리 학습해두는 것이 필요하다.

EXERCICE 1 실전 연습

🎧 Track 1-01

 전략에 따라 EXERCICE 1 연습 문제를 풀어 보세요.

Vous écoutez des annonces publiques.   *6 points*

DOCUMENT 1

Lisez la question. Écoutez le document puis répondez.

❶ Que devez-vous faire ?   *2 points*

  A ☐ Entrer dans la salle de concert.
  B ☐ Attendre devant la salle de concert.
  C ☐ Prendre une place dans la salle de concert.

DOCUMENT 2

Lisez la question. Écoutez le document puis répondez.

❷ À quelle heure entend-on cette annonce ?   *1 point*

  A ☐ 17 h 30.
  B ☐ 18 h 30.
  C ☐ 19 h 30.

DOCUMENT 3

Lisez la question. Écoutez le document puis répondez.

❸ Comment les contacter pour avoir plus de renseignements ?   *1 point*

A ☐   B ☐   C ☐

DOCUMENT 4

Lisez la question. Écoutez le document puis répondez.

❹ Qu'est-ce qui est interdit ? 0,5 point

A ☐ Manger.
B ☐ Photographier.
C ☐ Faire un tableau.

DOCUMENT 5

Lisez la question. Écoutez le document puis répondez.

❺ Qu'est-ce qu'on vous demande ? 0,5 point

A ☐   B ☐   C ☐

DOCUMENT 6

Lisez la question. Écoutez le document puis répondez.

❻ Qu'est-ce que vous pouvez acheter à bon prix ? 1 point

A ☐   B ☐   C ☐

| Étape 2 | 문제 1의 내용을 해석해 보세요. |

여러분은 광고를 듣습니다.　　　　　　　　　　　　　　　　　　　　　　　　6점

자료 1
문제를 읽으세요. 자료를 듣고 답변하세요.

❶ 당신은 무엇을 해야 합니까?　　　　　　　　　　　　　　　　　　　　2점
  A ☐ 콘서트장 안으로 들어가기
  B ☐ 콘서트장 앞에서 기다리기
  C ☐ 콘서트장 안에서 자리 잡기

자료 2
문제를 읽으세요. 자료를 듣고 답변하세요.

❷ 몇 시에 이 안내 방송을 듣는가?　　　　　　　　　　　　　　　　　　1점
  A ☐ 17시 30분
  B ☐ 18시 30분
  C ☐ 19시 30분

자료 3
문제를 읽으세요. 자료를 듣고 답변하세요.

❸ 더 많은 정보들을 얻기 위해 어떻게 연락하는가?　　　　　　　　　　1점

　　　A ☐　　　　　　　　B ☐　　　　　　　　C ☐

DELF A2 · 듣기

자료 4

문제를 읽으세요. 자료를 듣고 답변하세요.

❹ 금지되는 것은 무엇인가? `0.5점`

  A ☐ 먹기
  B ☐ 사진 찍기
  C ☐ 그림 그리기

자료 5

문제를 읽으세요. 자료를 듣고 답변하세요.

❺ 당신에게 무엇을 요구하는가? `0.5점`

  A ☐   B ☐   C ☐

자료 6

문제를 읽으세요. 자료를 듣고 답변하세요.

❻ 당신은 좋은(싼) 가격에 무엇을 살 수 있는가? `1점`

  A ☐   B ☐   C ☐

Étape 3

문제 1의 필수 어휘를 익히고, 스크립트를 확인해 보세요.

자료 1

어휘

document (m.) 자료 | salle de concert (f.) 콘서트(공연)장 | attendre 기다리다 | prendre une place 자리를 잡다 | faire la queue 줄을 서다 | musicien 음악가 | entrer 들어가다

스크립트

S'il vous plaît, il y a encore des places dans la salle de concert. Est-ce que vous pouvez faire la queue ? Les musiciens doivent entrer. Merci.

부탁드립니다, 콘서트장에는 자리들이 아직 있습니다. 줄을 서 주시겠습니까? 음악가들이 들어가야 합니다. 감사합니다.

자료 2

어휘

musée (m.) 미술관 | fermer 닫다 | visite (f.) 방문 | rappeler 상기시키다 | ouvrir 열다

스크립트

Mesdames et messieurs, le musée ferme dans 30 minutes. Nous vous remercions de votre visite. Nous vous rappelons que nous sommes ouverts tous les jours de 9 h à 18 h.

신사 숙녀 여러분, 미술관은 30분 후에 문을 닫습니다. 여러분의 방문에 감사드립니다. 저희는 매일 9시부터 18시까지 연다는 점을 여러분께 상기시켜 드립니다.

자료 3

어휘

renseignement (m.) 정보 | fête (f.) 축제 | village (m.) 마을 | mairie (f.) 시청 | culturel 문화적인 | site (m.) 사이트

Pour la fête du village, la mairie propose des activités culturelles pendant trois jours de 18 h à 20 h. Pour connaître le programme, visitez notre site.

마을 축제를 위해, 시청은 3일 동안 18시부터 20시까지 문화 활동들을 제안합니다. 프로그램을 알기 위해서는 우리의 온라인 사이트를 방문하세요.

자료 4

interdire 금지하다 | spectacle (m.) 공연 | informer 알리다

Bonsoir. Le spectacle va commencer par un ballet. Veuillez vous asseoir, s'il vous plaît ! Nous vous informons qu'il est interdit de prendre des photos pendant le spectacle. Merci.

안녕하세요. 공연이 발레로 시작할 것입니다. 자리에 앉아 주시기 바랍니다! 공연 중에는 사진 촬영이 금지된다는 것을 여러분께 알려드립니다. 감사합니다.

자료 5

attention (f.) 주의 | passager 승객 | vol (m.) (비행기)편 | à destination de ~행 | partir 출발하다

Votre attention s'il vous plaît. Pour les passagers du vol Air France HOP n° 248, veuillez venir porte 14. N'oubliez pas votre billet et votre passeport. L'avion à destination de Paris va partir dans 30 minutes.

알려드립니다. 에어 프랑스 HOP 248편 승객들께서는 게이트 14번으로 와 주시기 바랍니다. 표와 여권을 지참하시는 것을 잊지 마세요. 파리행 비행기가 30분 후에 이륙하겠습니다.

자료 6

어휘

à bon prix 좋은(싼) 가격에 | cher 비싼, 친애하는 | client 고객 | anniversaire (m.) 기념일 | vente (f.) 판매 | exceptionnel 예외적인, 특별한 | rayon boucherie (m.) 정육 코너 | à moitié prix 반값에

스크립트

Chers clients !
Aujourd'hui, c'est le vingtième anniversaire de notre magasin. Alors nous vous offrons les meilleurs prix ! Il y aura une vente exceptionnelle sur le rayon boucherie, tout sera à moitié prix. Profitez-en !

친애하는 고객분들께!
오늘은 저희 상점의 20주년 기념일입니다. 그래서 여러분께 최고의 가격을 제공합니다! 정육 코너에서 전 품목 반값 특매가 있을 예정입니다. 이번 할인을 마음껏 누리세요!

Étape 4

문제 1의 해설을 확인해 보세요

해설

문항	풀이 요령
1	안내 방송을 듣고 어떤 행동을 해야 하는지 묻는 문제이다. 음성에서 "Est-ce que vous pouvez faire la queue ? 줄을 서 주시겠습니까?"와 "Les musiciens doivent entrer. 음악가들이 들어가야 합니다."라고 하였으므로 콘서트장 앞에서 기다려야 함을 알 수 있다. 그러므로 정답은 **B**.
2	해당 안내 방송을 듣는 시각이 언제인지 묻는 문제이다. 음성에서 "le musée ferme dans 30 minutes. 미술관은 30분 후에 문을 닫습니다."라고 하였고, 곧이어 "nous sommes ouverts tous les jours de 9 h à 18 h. 저희는 매일 9시부터 18시까지 연다"라고 하였으므로 현재 시각은 17시 30분임을 알 수 있다. 따라서 정답은 **A**.
3	더 많은 정보를 얻으려면 어떻게 연락해야 하는지 묻는 문제이다. "Pour connaître le programme, visitez notre site. 프로그램을 알기 위해서는 우리의 온라인 사이트를 방문하세요."라고 하였으므로, 정답은 **A**. 이와 관련하여 홈페이지(page d'accueil du site web, site officiel sur Internet)라는 표현도 알아 두자.
4	안내 방송에서 언급한 금지 사항이 무엇인지 묻는 문제이다. 음성에서 "il est interdit de prendre des photos 사진 촬영이 금지됨"이라고 하였으므로 **B**의 photographier가 정답. 반대로 의무를 나타내는 표현으로 'il est obligatoire de + 동사원형'도 함께 알아 두자.

5 안내 방송에서 요구하는 것이 무엇인지 묻는 문제이다. 음성에서 "veuillez venir porte 14. N'oubliez pas votre billet et votre passeport. 게이트 14번으로 와 주시기 바랍니다. 표와 여권을 지참하시는 것을 잊지 마세요."라고 하였으므로 이에 해당하는 그림을 찾아야 한다. 따라서 정답은 **B**. 공항(aéroport)과 관련하여 비행기(avion), 편(vol), ~행(à destination de) 등의 어휘들도 익혀 두어야 한다.

6 싼 가격에 살 수 있는 물건이 무엇인지 묻는 문제이다. "Il y aura une vente exceptionnelle sur le rayon boucherie, tout sera à moitié prix. 정육 코너에서 전 품목 반값 특매가 있을 예정입니다."라고 하였으므로 정답은 **A**. 이와 같은 유형의 문제에서는 할인 판매를 하는 이유를 묻는 문제도 출제될 수 있으므로 주의하자.

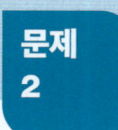

EXERCICE 1 실전 연습

🎧 Track 1-02

 전략에 따라 EXERCICE 1 연습 문제를 풀어 보세요.

Vous écoutez des annonces publiques.

6 points

DOCUMENT 1

Lisez la question. Écoutez le document puis répondez.

❶ Qu'est-ce qu'on vous demande ? *2 points*

A ☐ De sortir du métro.
B ☐ D'attendre dans le métro.
C ☐ De ne pas prendre le métro

DOCUMENT 2

Lisez la question. Écoutez le document puis répondez.

❷ À quelle heure entendez-vous ce message ? *1 point*

A ☐ À 8 h 50.
B ☐ À 9 h 50.
C ☐ À 18 h 50.

DOCUMENT 3

Lisez la question. Écoutez le document puis répondez.

❸ Que pouvez-vous faire au salon des livres ? *1 point*

A ☐   B ☐   C ☐

DOCUMENT 4

Lisez la question. Écoutez le document puis répondez.

❹ Il est interdit de ... [0,5 point]

A ☐ téléphoner.

B ☐ poser des questions.

C ☐ recevoir un autographe.

DOCUMENT 5

Lisez la question. Écoutez le document puis répondez.

❺ Quelle est la cause du retard de l'avion ? [0,5 point]

A ☐   B ☐   C ☐

DOCUMENT 6

Lisez la question. Écoutez le document puis répondez.

❻ Quel type de produit peut-on acheter dans ce magasin ? [1 point]

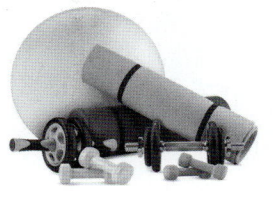  

A ☐   B ☐   C ☐

| Étape 2 | 문제 2의 내용을 해석해 보세요. |

여러분은 광고를 듣습니다. [6점]

자료 1
문제를 읽으세요. 자료를 듣고 답변하세요.

❶ 당신에게 무엇을 요구하는가? [2점]
- A ☐ 지하철에서 나갈 것
- B ☐ 지하철 안에서 기다릴 것
- C ☐ 지하철을 타지 말 것

자료 2
문제를 읽으세요. 자료를 듣고 답변하세요.

❷ 몇 시에 이 메시지를 듣는가? [1점]
- A ☐ 8시 50분에
- B ☐ 9시 50분에
- C ☐ 18시 50분에

자료 3
문제를 읽으세요. 자료를 듣고 답변하세요.

❸ 당신은 도서 박람회에서 무엇을 할 수 있는가? [1점]

A ☐

B ☐

C ☐

자료 4

문제를 읽으세요. 자료를 듣고 답변하세요.

❹ 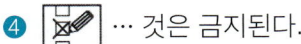 … 것은 금지된다. [0.5점]

　　A □ 전화하는
　　B □ 질문하는
　　C □ 사인을 받는

자료 5

문제를 읽으세요. 자료를 듣고 답변하세요.

❺ 비행기의 연착 이유는 무엇인가? [0.5점]

　　A □　　　　　　B □　　　　　　C □

자료 6

문제를 읽으세요. 자료를 듣고 답변하세요.

❻ 이 상점에서는 어떤 종류의 물건을 살 수 있는가? [1점]

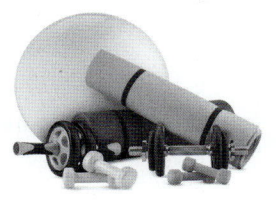  

　　A □　　　　　　B □　　　　　　C □

Étape 3

문제 2의 필수 어휘를 익히고, 스크립트를 확인해 보세요.

자료 1

어휘

attendre 기다리다 | circulation (f.) 운행 | interrompu 중단된 | à cause de ~때문에 | incident technique (m.) 기술적 결함 | essayer 시도하다

스크립트

S'il vous plaît, la circulation du métro est interrompue à cause d'un incident technique. Veuillez rester où vous êtes et n'essayez pas de sortir du métro. Merci.

알려드립니다, 지하철 운행이 기술적 결함으로 인해 중단되었습니다. 계신 곳에 머물러 주시기를 바라며 지하철에서 나가려는 시도를 하지 마세요. 감사합니다.

자료 2

어휘

zoo (m.) 동물원 | souhaiter 바라다, 소망하다 | excellent 멋진 | journée (f.) 하루 | sauf ~을 제외하고

스크립트

Mesdames et messieurs, le zoo ouvre dans 10 minutes. Nous vous remercions de votre visite et nous vous souhaitons une excellente journée. Nous vous rappelons que nous sommes ouverts tous les jours de 9 h à 18 h sauf le lundi.

신사 숙녀 여러분, 동물원은 10분 후에 개장합니다. 여러분의 방문에 감사드리며 멋진 하루가 되시기를 바랍니다. 저희는 매주 월요일을 제외한 매일 9시부터 18시까지 개장함을 알려드립니다.

자료 3

어휘

salon (m.) 전시(박람)회 | proposer 제안하다 | rencontre (f.) 만남 | écrivain (m.) 작가 | connaître 알다 | en ligne 온라인

34 DELF A2

스크립트

Pour le Salon des livres, la librairie propose une rencontre avec des écrivains célèbres pendant deux jours de 18 h à 20 h. Pour connaître le programme, visitez notre site.

도서 박람회를 맞이하여, 서점은 이틀간 18시부터 20시까지 유명 작가들과의 만남을 제안합니다. 프로그램을 알기 위해서는 우리의 온라인 사이트를 방문하세요.

자료 4

어휘

autographe (m.) 사인 | conférence (f.) 강연회 | commencer 시작하다 | éviter 피하다, 삼가하다 | utiliser 사용하다 | portable (m.) 노트북, 휴대폰 | avant ~전에 | débat (m.) 논쟁, 토론

스크립트

Bonsoir. La conférence va commencer. Merci d'aller à votre place. Veuillez éviter d'utiliser le portable avant le début du débat. Merci.

안녕하세요. 강연회가 곧 시작됩니다. 자리로 가 주시면 감사하겠습니다. 토론 시작 전에 휴대폰을 사용하는 것을 삼가 주시기 바랍니다. 감사합니다.

자료 5

어휘

en retard 늦게 | mauvais 나쁜 | temps (m.) 날씨 | prier qn de + 동사원형 ~에게 간청하다, 부탁하다 | dérangement (m.) 혼란, 방해 | boisson (f.) 음료 | salle d'attente (f.) 대기실

스크립트

Votre attention s'il vous plaît. Le vol Air France n° 568 va arriver en retard à cause du mauvais temps. Nous vous prions de nous excuser pour le dérangement. Vous pouvez prendre des boissons en salle d'attente. Merci.

알려드립니다. 에어 프랑스 568편은 나쁜 날씨로 인해 늦게 도착하겠습니다. 불편을 드려 죄송합니다. 대기실에서 음료수를 드실 수 있습니다. 감사합니다.

자료 6

어휘

ouverture (f.) 개점 | magasin (m.) 상점 | promotion (f.) 세일 | exceptionnel 예외적인, 특별한 | meilleur 최고의 | occasion (f.) 기회 | acheter 사다 | articles de sport (m.pl.) 스포츠 용품 | à prix réduits 할인된 가격에 | nombreux 많은

스크립트

Chers clients !
Aujourd'hui, c'est l'ouverture de notre magasin de sports. Alors, il y aura une promotion exceptionnelle et ce sera la meilleure occasion pour vous d'acheter des articles de sport à prix réduits. Venez nombreux !

친애하는 고객님들께!
오늘은 우리 스포츠 상점의 개점일입니다. 그래서 특별 세일이 있을 것이고, 여러분들에게는 할인된 가격에 스포츠 용품들을 살 수 있는 최고의 기회일 것입니다. 많이 오세요!

Étape 4

문제 2의 해설을 확인해 보세요.

해설

문항	풀이 요령
1	지하철에서 들을 수 있는 안내 방송으로, 안내 방송에서 요구하는 것이 무엇인지 묻는 문제이다. "n'essayez pas de sortir du métro 지하철에서 나가려는 시도를 하지 마세요"라는 말은 곧 지하철 안에서 기다리라는 것을 의미하기 때문에 정답은 **B**. 이러한 유형의 문제에서는 문제에 대한 원인으로 'à cause d'un incident technique 기술적 결함으로 인해'와 같은 표현이 출제될 수 있기 때문에 함께 알아 두자.
2	언제 안내 방송을 들을 수 있는지 묻는 문제이다. "le zoo ouvre dans 10 minutes 동물원은 10분 후에 개장"하는데, "ouverts tous les jours de 9 h 매일 9시부터 개장"한다고 하였으므로 정답은 **A**. 폐장 시간을 묻는 문제 또한 시험에 출제될 수 있으므로 함께 알아 두는 것이 좋다.
3	도서 박람회에서 할 수 있는 활동을 묻는 문제이다. "la librairie propose une rencontre avec des écrivains célèbres 서점은 유명 작가들과의 만남을 제안합니다"라는 내용에 따라 정답은 **C**.
4	안내 방송에서 언급한 금지 사항이 무엇인지 묻는 문제이다. "éviter d'utiliser le portable avant le début du débat 토론 시작 전에 휴대폰을 사용하는 것을 삼가 주시기 바랍니다"라고 하였으므로 정답은 **A**. 이외에도 해당 안내 방송을 어디에서 들을 수 있는지를 묻거나 요청하는 내용이 무엇인지를 묻는 문제가 출제될 수도 있다.

5	비행기가 연착되는 이유를 묻는 문제이다. "Le vol Air France n° 568 va arriver en retard à cause du mauvais temps. 에어 프랑스 568편은 나쁜 날씨로 인해 늦게 도착하겠습니다."라는 내용에 따라 정답은 **B**.
6	상점에서 살 수 있는 물건의 종류를 묻는 문제이다. "la meilleure occasion pour vous d'acheter des articles de sport à prix réduits 여러분들에게는 할인된 가격에 스포츠 용품들을 살 수 있는 최고의 기회일 것입니다"라는 내용에 따라 정답은 **A**. 이와 같은 할인 판매와 관련된 자료가 출제될 경우, 어떤 장소에서, 어떤 이유로 할인 판매를 하는 것인지 묻는 문제 역시 출제될 수 있다.

EXERCICE 1 실전 연습

🎧 Track 1-03

Étape 1 전략에 따라 EXERCICE 1 연습 문제를 풀어 보세요.

Vous écoutez des annonces publiques.   *6 points*

DOCUMENT 1

Lisez la question. Écoutez le document puis répondez.

❶ Que pouvez-vous faire dans ce lieu ?   *2 points*

　A ☐ Voir un film.
　B ☐ Faire du jogging.
　C ☐ Prendre un repas.

DOCUMENT 2

Lisez la question. Écoutez le document puis répondez.

❷ Quand la mairie va-t-elle organiser l'événement ?   *1 point*

　A ☐ Le matin.
　B ☐ Le midi.
　C ☐ Le soir.

DOCUMENT 3

Lisez la question. Écoutez le document puis répondez.

❸ Où pouvez-vous prendre un repas ?   *1 point*

　　A ☐　　　　　　B ☐　　　　　　C ☐

DOCUMENT 4

Lisez la question. Écoutez le document puis répondez.

④ À quel objet doit-on faire attention ?   [0,5 point]

   A ☐ Au sac à main.
   B ☐ Au porte-monnaie.
   C ☐ Aux produits de beauté.

DOCUMENT 5

Lisez la question. Écoutez le document puis répondez.

⑤ Où entendez-vous cette annonce ?   [0,5 point]

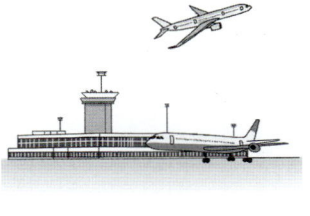 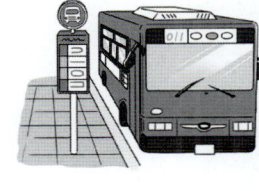 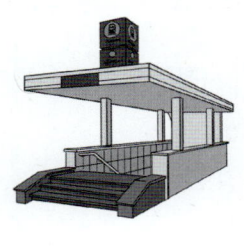

A ☐   B ☐   C ☐

DOCUMENT 6

Lisez la question. Écoutez le document puis répondez.

⑥ Que pouvez-vous acheter dans ce magasin à bon prix ?   [1 point]

A ☐   B ☐   C ☐

Étape 2

문제 3의 내용을 해석해 보세요.

여러분은 광고를 듣습니다. **6점**

자료 1

문제를 읽으세요. 자료를 듣고 답변하세요.

❶ 당신은 이 장소에서 무엇을 할 수 있는가? **2점**
  A □ 영화 보기
  B □ 조깅하기
  C □ 식사하기

자료 2

문제를 읽으세요. 자료를 듣고 답변하세요.

❷ 시청은 언제 행사를 개최하는가? **1점**
  A □ 아침
  B □ 정오
  C □ 저녁

자료 3

문제를 읽으세요. 자료를 듣고 답변하세요.

❸ 당신은 어디에서 식사를 할 수 있는가? **1점**

A □   B □   C □

자료 4

문제를 읽으세요. 자료를 듣고 답변하세요.

❹ 어떤 물건에 주의해야 하는가? [0.5점]

A □ 핸드백에
B □ 지갑에
C □ 화장품에

자료 5

문제를 읽으세요. 자료를 듣고 답변하세요.

❺ 이 안내 방송을 어디에서 듣는가? [0.5점]

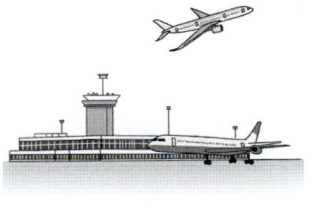
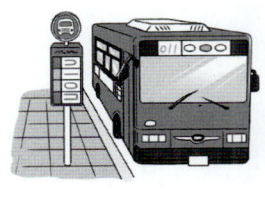
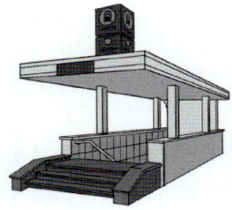

A □　　　　　　　B □　　　　　　　C □

자료 6

문제를 읽으세요. 자료를 듣고 답변하세요.

❻ 이 상점에서 무엇을 좋은 가격에 살 수 있는가? [1점]

A □　　　　　　　B □　　　　　　　C □

Étape 3

문제 3의 필수 어휘를 익히고, 스크립트를 확인해 보세요.

자료 1

어휘

lieu (m.) 장소 | repas (m.) 식사 | TGV (Train à Grande Vitesse) (m.) 초고속 전철 | offrir 제공하다 | restauration (f.) 외식 산업, 식당

스크립트

Votre attention, s'il vous plaît ! Le TGV numéro 7489 à destination de Nice va partir à 15 h. Veuillez ne pas aller aux toilettes avant de partir. Vous pouvez prendre un repas car ce train offre un service de restauration.

알려드립니다! Nice행 초고속 전철 7489호가 15시에 출발합니다. 출발 전 화장실에 가지 마시기 바랍니다. 이 기차는 식사 서비스를 제공하기 때문에 당신은 식사를 할 수 있습니다.

자료 2

어휘

mairie (f.) 시청 | organiser 준비하다, 주최하다 | habitant 주민 | commencer 시작하다 | place (f.) 광장 | apporter 가져오다

스크립트

Chers habitants,
La fête des voisins va commencer ce samedi soir à 19 h devant la place. Apportez votre plat. Venez nombreux !

친애하는 주민 여러분,
이웃 축제가 이번 주 토요일 저녁 19시 광장 앞에서 시작됩니다. 음식을 가져오세요. 많이 와 주세요!

자료 3

어휘

parents d'élève 학부모 | bureau du directeur (m.) 교장실 | cantine (f.) 구내식당 | goûter 맛보다 | délicieux 맛있는

DELF A2 · 듣기

스크립트

Chers parents d'élève,
Il y aura une réunion des parents au bureau du directeur à 11 h. Nous préparons un repas après la réunion à la cantine. Vous pouvez goûter des plats délicieux avec vos enfants et visitez l'école si vous voulez.

친애하는 학부모님,
11시에 교장실에서 학부모 회의가 있을 예정입니다. 우리는 회의 후에 구내식당에서 식사를 준비합니다. 여러분은 여러분의 자녀들과 함께 맛있는 음식들을 맛볼 수 있고 원하신다면 학교를 방문하세요.

자료 4

어휘

sac à main (m.) 핸드백 | porte-monnaie (m.) 지갑 | produit de beauté (m.) 화장품 | centre commercial (m.) 쇼핑몰 | vol (m.) 도난 | portefeuille (m.) 지갑

스크립트

Bienvenue au centre commercial ! Nous vous rappelons qu'il y a beaucoup de vols dans le magasin et faites attention à votre portefeuille. Nous vous souhaitons une excellente soirée.

쇼핑몰에 오신 것을 환영합니다! 상점에서 많은 도난들이 발생하고 있으니 지갑을 조심하세요. 좋은 저녁 시간 보내시길 바랍니다.

자료 5

어휘

ligne (f.) 지하철 노선 | interrompu 중단된 | panne de courant (f.) 정전 | un instant 잠시 | surtout 특히 | porte (f.) 문

스크립트

Votre attention, s'il vous plaît ! Pour le moment, le trafic de la ligne 13 est interrompu à cause d'une panne de courant. Veuillez attendre un instant et surtout il est très dangereux d'ouvrir la porte.

알려드립니다! 현재 13호선 교통이 정전으로 인해 중단되었습니다. 잠시 기다려 주시고 특히 문을 여는 것은 매우 위험합니다.

자료 6

어휘

boulangerie (f.) 빵집 | avoir le plaisir de + 동사원형 ~하는 것을 기쁘게 생각하다 | annoncer 알리다 | promotion (f.) 할인 | exceptionnel 예외적인, 특별한 | à l'occasion de ~을 맞이하여 | délicieux 맛있는 | à moitié prix 절반 가격에 | rater 놓치다 | occasion (f.) 기회, 경우 | unique 유일한

스크립트

Mesdames, Messieurs,
la boulangerie Bon Goût a le plaisir de vous annoncer une promotion exceptionnelle à l'occasion de notre trentième anniversaire. Vous pouvez acheter tous nos délicieux produits à moitié prix. Ne ratez pas cette occasion unique et profitez-en !

신사 숙녀 여러분,
Bon Goût 빵집은 30주년을 맞이하여 특별 할인 소식을 여러분께 알려드리게 되어 기쁩니다. 여러분들은 저희의 모든 맛있는 제품들을 절반 가격에 살 수 있습니다. 이 유일한 기회를 놓치지 마시고 누리세요!

Étape 4

문제 3의 해설을 확인해 보세요.

해설

문항	풀이 요령
1	기차역에서 들을 수 있는 안내 방송으로, 기차에서 무엇을 할 수 있는지 묻고 있다. "ce train offre un service de restauration 이 기차는 식사 서비스를 제공"한다고 했으므로 기차에서 식사를 할 수 있다는 것을 유추할 수 있다. 따라서 정답은 **C**.
2	시청에서 행사를 개최하는 시간을 묻고 있다. "ce samedi soir à 19 h 이번 주 토요일 저녁 19시"에 시작된다고 했으므로 이에 해당하는 것은 **C**. 이런 유형의 자료가 나오면 행사가 언제, 어디에서 개최되는지, 무엇을 준비해야 하는지도 출제될 수 있다.
3	학부모 회의와 관련한 문제로, 어디에서 식사를 할 수 있는지 묻고 있다. "Nous préparons un repas après la réunion à la cantine. 우리는 회의 후에 구내식당에서 식사를 준비합니다."라는 내용에 따라 정답은 **A**.
4	쇼핑몰 안내 방송으로, 무엇에 주의를 기울여야 하는지 묻는 문제이다. "faites attention à votre portefeuille 지갑을 조심하세요"라는 내용에 따라 정답은 **B**.
5	어떤 장소에서 들을 수 있는 안내 방송인지 묻는 문제이다. "la ligne 13 13호선"이라는 단어를 지하철에서 사용한다는 점을 고려하면 정답은 **C**.
6	상점에서 할인 판매하는 상품이 무엇인지 묻는 문제이다. 할인 판매를 하는 곳이 "la boulangerie Bon Goût Bon Goût 빵집"이라는 점으로 보아 정답은 **A**.

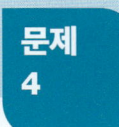

EXERCICE 1 실전 연습

🎧 Track 1-04

Étape 1 전략에 따라 EXERCICE 1 연습 문제를 풀어 보세요.

Vous écoutez des annonces publiques.

6 points

DOCUMENT 1

Lisez la question. Écoutez le document puis répondez.

❶ Vous devez ...

2 points

A ☐ monter dans le bus.
B ☐ attendre le prochain bus.
C ☐ vous déplacer à l'arrière du bus.

DOCUMENT 2

Lisez la question. Écoutez le document puis répondez.

❷ Que peut-on faire dans ce lieu ?

1 point

A ☐ Faire ses devoirs.
B ☐ Faire ses courses.
C ☐ Faire une activité sportive.

DOCUMENT 3

Lisez la question. Écoutez le document puis répondez.

❸ Que pouvez-vous faire pendant cet événement ?

1 point

A ☐

B ☐

C ☐

DOCUMENT 4

Lisez la question. Écoutez le document puis répondez.

④ Qu'est-ce qui est interdit ? `0,5 point`

A ☐ Applaudir.
B ☐ Photographier.
C ☐ Boire des boissons.

DOCUMENT 5

Lisez la question. Écoutez le document puis répondez.

⑤ Que pouvez-vous faire à ce lieu ? `0,5 point`

A ☐ B ☐ C ☐

DOCUMENT 6

Lisez la question. Écoutez le document puis répondez.

⑥ Qu'est-ce qu'on peut voir ? `1 point`

A ☐ B ☐ C ☐

DELF A2 · 듣기

Étape 2 문제 4의 내용을 해석해 보세요.

여러분은 광고를 듣습니다. `6점`

자료 1
문제를 읽으세요. 자료를 듣고 답변하세요.

❶ 당신은 ··· 한다. `2점`
   A ☐ 버스에 타야
   B ☐ 다음 버스를 기다려야
   C ☐ 버스 뒤로 이동해야

자료 2
문제를 읽으세요. 자료를 듣고 답변하세요.

❷ 이 장소에서 무엇을 할 수 있는가? `1점`
   A ☐ 숙제하기
   B ☐ 장 보기
   C ☐ 스포츠 활동하기

자료 3
문제를 읽으세요. 자료를 듣고 답변하세요.

❸ 이 행사 동안 당신은 무엇을 할 수 있는가? `1점`

A ☐

B ☐

C ☐

듣기 평가 47

자료 4

문제를 읽으세요. 자료를 듣고 답변하세요.

❹ 무엇이 금지되는가?　　　　　　　　　　　　　　　　　　　　　0.5점

　A ☐ 박수 치기
　B ☐ 사진 찍기
　C ☐ 음료수 마시기

자료 5

문제를 읽으세요. 자료를 듣고 답변하세요.

❺ 당신은 이 장소에서 무엇을 할 수 있는가?　　　　　　　　　　　0.5점

　　A ☐　　　　　　　B ☐　　　　　　　C ☐

자료 6

문제를 읽으세요. 자료를 듣고 답변하세요.

❻ 무엇을 볼 수 있는가?　　　　　　　　　　　　　　　　　　　　1점

　　A ☐　　　　　　　B ☐　　　　　　　C ☐

DELF A2 · 듣기

Étape 3
문제 4의 필수 어휘를 익히고, 스크립트를 확인해 보세요.

자료 1

어휘

monter 올라타다 | attendre 기다리다 | prochain 다음의 | se déplacer 이동하다 | à l'arrière de ~뒤에 | suffisamment 충분히 | place (f.) 자리 | passager 승객 | descendre 내리다

스크립트

S'il vous plaît, il y a suffisamment de places à l'arrière du bus. Est-ce que vous pouvez vous déplacer un peu ? Il y a des passagers qui veulent descendre. Merci.

부탁드립니다, 버스 뒤에 자리가 충분히 있습니다. 조금씩 이동해 주시겠어요? 하차하기를 원하는 승객들이 있습니다. 감사합니다.

자료 2

어휘

devoir (m.) 숙제 | faire les courses 장 보다 | patinoire (f.) 스케이트장 | fermer 닫다 | piste (f.) 트랙 | patinage (m.) 스케이트 타기

스크립트

Mesdames et messieurs, la patinoire ferme dans 20 minutes. Merci de sortir de la piste de patinage. Nous vous rappelons que nous sommes ouverts tous les jours de 9 h à 18 h.

신사 숙녀 여러분, 스케이트장이 20분 후에 폐장합니다. 스케이트장 트랙에서 나와 주시면 감사하겠습니다. 저희는 매일 9시부터 18시까지 개장함을 상기시켜 드립니다.

자료 3

어휘

minuit (m.) 심야, 자정

> Pour la semaine de la fête du cinéma, le ciné Gaumont propose des films d'aventure tous les jours de 10 h à minuit. Pour connaître le programme, visitez notre site.
>
> 영화제 주간을 맞이하여 Gaumont 극장은 매일 10시부터 자정까지 어드벤처 영화들을 제안합니다. 프로그램을 알기 위해서는 우리의 온라인 사이트에 방문하세요.

자료 4

applaudir 박수갈채하다 | **magie** (f.) 마술 | **prendre des photos** 사진을 찍다 | **pendant** ~하는 동안

> Bonsoir. Nous allons commencer le spectacle de magie. Merci d'aller à votre place. Nous vous informons qu'il est interdit de prendre des photos pendant le spectacle. Merci.
>
> 안녕하세요. 곧 마술 공연을 시작하겠습니다. 자리로 가 주시면 감사하겠습니다. 공연 중에는 사진 촬영이 금지된다는 것을 여러분께 알려드립니다. 감사합니다.

자료 5

malade 환자 | **hospitalisé** 입원한 | **se rapprocher de** ~에 접근하다 | **sortie** (f.) 출구

> Votre attention, s'il vous plaît !
> La visite des malades hospitalisés finit dans 30 minutes. Tous les visiteurs sont invités à se rapprocher de la sortie de l'hôpital. Nous vous rappelons que les visites commencent à 14 h.
>
> 주목해 주시기 바랍니다!
> 입원 환자 병문안은 30분 후에 끝납니다. 모든 방문객들께서는 병원 출구 쪽으로 가 주시기 바랍니다. 병문안은 14시에 시작한다는 것을 상기시켜 드립니다.

자료 6

어휘: habitant 주민 | zoo (m.) 동물원 | lion (m.) 사자 | tigre (m.) 호랑이 | éléphant (m.) 코끼리

스크립트:

Chers habitants,
Notre zoo va ouvrir ses portes dans une semaine. Vous pourrez y voir des lions, des tigres ou des éléphants. Venez avec vos enfants !

친애하는 주민 여러분,
우리 동물원이 일주일 후에 개장합니다. 이곳에서 사자, 호랑이 또는 코끼리를 보실 수 있을 것입니다. 자녀들과 함께 오세요!

Étape 4

문제 4의 해설을 확인해 보세요.

문항	풀이 요령
1	안내 방송을 듣고 어떤 행동을 해야 하는지 묻는 문제이다. 'il y a suffisamment de places à l'arrière du bus. Est-ce que vous pouvez vous déplacer un peu ? 버스 뒤에 자리가 충분히 있습니다. 조금씩 이동해 주시겠어요?"라고 했으므로 정답은 **C**.
2	해당 장소에서 할 수 있는 행동이 무엇인지 묻고 있다. "la patinoire ferme dans 20 minutes 스케이트장이 20분 후에 폐장합니다", "la piste de patinage 스케이트장 트랙"이라는 표현을 통해 이곳이 스케이트장임을 알 수 있다. 그러므로 정답은 **C**.
3	행사 동안 무엇을 할 수 있는지 묻는 문제다. "le ciné Gaumont propose des films d'aventure tous les jours de 10 h à minuit. Gaumont 극장은 매일 10시부터 자정까지 어드벤처 영화들을 제안합니다."라는 내용에 따라 정답은 **A**.
4	안내 방송에서 언급한 금지 사항이 무엇인지 묻는 문제이다. 음성에서 "il est interdit de prendre des photos pendant le spectacle 공연 중에는 사진 촬영이 금지된다"라고 했으므로, 정답은 **B**.
5	병원에서 들을 수 있는 안내 방송으로, 이 장소에서 무엇을 할 수 있는지 묻는 문제이다. "La visite des malades hospitalisés finit dans 30 minutes. 입원 환자 병문안은 30분 후에 끝납니다."라고 하였으므로 정답은 **A**. 이런 유형의 자료가 나오면 병원 방문 가능 시간과 병원 이용 시 주의 사항에 관련한 내용들도 출제될 수 있다.
6	동물원의 안내 방송으로, 동물원에서 무엇을 볼 수 있는지 묻고 있다. "Vous pourrez y voir des lions, des tigres ou des éléphants. 이곳에서 사자, 호랑이 또는 코끼리를 보실 수 있을 것입니다."라고 했기 때문에 정답은 **B**.

EXERCICE 1 실전 연습

🎧 Track 1-05

Étape 1 전략에 따라 EXERCICE 1 연습 문제를 풀어 보세요.

Vous écoutez des annonces publiques.   *6 points*

DOCUMENT 1

Lisez la question. Écoutez le document puis répondez.

❶ Qu'est-ce qu'on vous conseille ?   *2 points*

A ☐ De sortir du stade.
B ☐ D'aller à l'autre stade.
C ☐ D'avancer dans le stade.

DOCUMENT 2

Lisez la question. Écoutez le document puis répondez.

❷ Que doit-on faire avant de nager ?   *1 point*

A ☐ Prendre une douche.
B ☐ Digérer des aliments.
C ☐ Faire des exercices d'échauffement.

DOCUMENT 3

Lisez la question. Écoutez le document puis répondez.

❸ Où pouvez-vous faire l'activité ?   *1 point*

  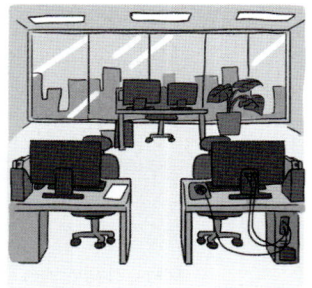

A ☐   B ☐   C ☐

DOCUMENT 4

Lisez la question. Écoutez le document puis répondez.

❹ Qu'est-ce qui est interdit ? `0,5 point`

   A ☐ Faire la queue.
   B ☐ Faire du sport ensemble.
   C ☐ Avoir un contact physique.

DOCUMENT 5

Lisez la question. Écoutez le document puis répondez.

❺ À quoi devez-vous faire attention ? `0,5 point`

A ☐

B ☐

C ☐

DOCUMENT 6

Lisez la question. Écoutez le document puis répondez.

❻ Que pouvez-vous acheter à prix réduit ? `1 point`

A ☐

B ☐

C ☐

Étape 2

문제 5의 내용을 해석해 보세요.

여러분은 광고를 듣습니다. [6점]

자료 1
문제를 읽으세요. 자료를 듣고 답변하세요.

❶ 당신에게 무엇을 충고하는가? [2점]
- A ☐ 경기장에서 나갈 것
- B ☐ 다른 경기장으로 갈 것
- C ☐ 경기장 안으로 나아갈 것

자료 2
문제를 읽으세요. 자료를 듣고 답변하세요.

❷ 수영하기 전에 무엇을 해야 하는가? [1점]
- A ☐ 샤워하기
- B ☐ 음식물을 소화시키기
- C ☐ 준비 운동을 하기

자료 3
문제를 읽으세요. 자료를 듣고 답변하세요.

❸ 당신은 어디에서 활동을 할 수 있는가? [1점]

A ☐

B ☐

C ☐

자료 4

문제를 읽으세요. 자료를 듣고 답변하세요.

❹ 무엇이 금지되는가? `0.5점`

   A ☐ 줄 서는 것
   B ☐ 함께 운동하는 것
   C ☐ 신체적인 접촉을 하는 것

자료 5

문제를 읽으세요. 자료를 듣고 답변하세요.

❺ 무엇에 주의해야 하는가? `0.5점`

A ☐   B ☐   C ☐

자료 6

문제를 읽으세요. 자료를 듣고 답변하세요.

❻ 할인 가격에 무엇을 살 수 있는가? `1점`

A ☐   B ☐   C ☐

Étape 3

문제 5의 필수 어휘를 익히고, 스크립트를 확인해 보세요.

자료 1

어휘

conseiller 충고하다, 조언하다 | stade (m.) 경기장 | avancer (앞으로) 나아가다 | rang (m.) 열, 줄 | spectateur (m.) 관중

스크립트

S'il vous plaît, il y a encore des places au premier rang du stade. Est-ce que vous pouvez vous déplacer un peu ? Il y a des spectateurs qui veulent entrer. Merci.

알려드립니다, 경기장 첫 번째 열에는 아직 자리들이 있습니다. 조금 이동해 주시겠습니까? 들어가기를 원하는 관중들이 있습니다. 감사합니다

자료 2

어휘

digérer 소화시키다 | exercices d'échauffement (m.pl.) 준비 운동 | piscine (f.) 수영장 | oublier 잊다 | avant de + 동사원형 ~하기 전에 | eau (f.) 물

스크립트

Mesdames et messieurs,
la piscine ouvre dans 10 minutes. N'oubliez pas de faire des exercices d'échauffement avant d'entrer dans l'eau. Nous vous rappelons que nous sommes ouverts tous les jours de 10 h à 18 h.

신사 숙녀 여러분,
수영장이 10분 뒤에 문을 엽니다. 물 속에 들어가기 전에 준비 운동하는 것을 잊지 마세요. 저희 수영장은 매일 10시부터 18시까지 개장한다는 것을 여러분께 상기시켜 드립니다.

자료 3

어휘

semaine (f.) 주 | santé (f.) 건강 | centre de gym (m.) 헬스장

> Pour la semaine de la santé, le centre de gym propose des activités sportives tous les jours de 18 h à 20 h. Pour connaître le programme, visitez notre site.
>
> 건강 주간을 맞이하여 헬스장은 매일 18시부터 20시까지 스포츠 활동들을 제안합니다. 프로그램을 알기 위해서는 우리의 온라인 사이트를 방문하세요.

자료 4

faire la queue 줄을 서다 | ensemble 함께, 같이 | contact (m.) 접촉 | physique 신체적인 | séance d'autographe (f.) 사인회 | toucher 만지다 | sécurité (f.) 안전 | compréhension (f.) 이해, 양해

> Bonsoir. La séance d'autographe va commencer. Merci de faire la queue. Nous vous informons qu'il est interdit de toucher l'acteur pour la sécurité. Merci de votre compréhension.
>
> 안녕하세요. 사인회가 곧 시작되겠습니다. 줄을 서 주시면 감사하겠습니다. 안전을 위해 배우를 만지는 것은 금지된다는 것을 여러분께 알려드리며 여러분의 양해에 감사드립니다.

자료 5

bibliothèque (f.) 도서관 | strictement 엄격히, 엄밀히 | effets personnels (m.pl.) 개인 물품들 | s'absenter 자리를 비우다, 잠시 떠나다 | risquer ~할 위험이 있다 | se faire voler 도난당하다

> Attention ! La bibliothèque est un lieu public et il est strictement interdit de manger ou boire. Ne laissez pas vos effets personnels quand vous vous absentez de votre poste car vous risquez de vous faire voler.
>
> 주의하세요! 도서관은 공공장소이고 먹거나 마시는 것은 엄격하게 금지됩니다. 도난당할 위험이 있으므로 자리에 없을 때는 개인 물품들을 두지 마십시오.

자료 6

어휘

vente (f.) 판매 | rayon (m.) 매장, 코너 | vêtement (m.) 의류

스크립트

Tous les jours dans notre grand magasin, nous vous offrons les meilleurs prix ! Aujourd'hui, vente exceptionnelle au rayon vêtements : tout est à moins 20 %. Faites-vous plaisir !

우리 백화점에서는 매일 최고의 가격을 여러분께 제공합니다! 오늘 의류 코너에서 할인 판매가 있는데 모든 것이 20% 쌉니다. 마음껏 즐기세요!

Étape 4

문제 5의 해설을 확인해 보세요.

해설

문항	풀이 요령
1	안내 방송을 듣고 어떤 행동을 해야 하는지 묻는 문제이다. 음성에서 경기장 첫 번째 열에 아직 자리가 있다고 하면서 "Est-ce que vous pouvez vous déplacer un peu ? 조금 이동해 주시겠습니까?"라고 했으므로, 경기장 안으로 더 들어가라는 요구임을 알 수 있다. 따라서 정답은 **C**.
2	수영장의 안내 방송으로, 수영하기 전에 해야 하는 것이 무엇인지를 묻고 있다. "N'oubliez pas de faire des exercices d'échauffement avant d'entrer dans l'eau. 물 속에 들어가기 전에 준비 운동 하는 것을 잊지 마세요."라는 내용에 따라 정답은 **C**.
3	음성에서 안내하는 활동을 하는 장소를 묻는 문제이다. "le centre de gym propose des activités sportives tous les jours de 18 h à 20 h 헬스장은 매일 18시부터 20시까지 스포츠 활동들을 제안합니다"라는 내용에 따라 정답은 **A**.
4	안내 방송에서 언급한 금지 사항이 무엇인지 묻는 문제이다. "il est interdit de toucher l'acteur pour la sécurité 안전을 위해 배우를 만지는 것은 금지된다"라고 하였으므로 정답은 **C**.
5	도서관 안내 방송으로, 어떤 점을 주의해야 하는지 묻고 있다. "Ne laissez pas vos effets personnels quand vous vous absentez de votre poste car vous risquez de vous faire voler. 도난당할 위험이 있으므로 자리에 없을 때는 개인 물품들을 두지 마십시오."라는 내용에 따라 정답은 **A**. 이런 내용이 언급될 경우, '가방, 휴대폰' 또한 어휘 또는 그림으로 선택지에 제시될 수 있다.
6	백화점 안내 방송으로, 가격이 할인된 물품들이 무엇인지 묻고 있다. "vente exceptionnelle au rayon vêtements, tout est à moins 20 % 의류 코너에서 할인 판매가 있는데 모든 것이 20% 쌉니다"라고 했으므로 정답은 **A**. 이런 유형의 자료가 출제되면 해당 장소가 어디인지를 묻는 문제 또한 출제될 수 있다.

EXERCICE 1 실전 연습

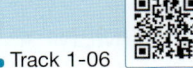 Track 1-06

Étape 1 전략에 따라 EXERCICE 1 연습 문제를 풀어 보세요.

Vous écoutez des annonces publiques.

6 points

DOCUMENT 1

Lisez la question. Écoutez le document puis répondez.

❶ Que devez-vous faire ?

2 points

A ☐ Attendre tranquillement.
B ☐ Acheter le billet d'entrée.
C ☐ Céder la place aux personnes âgées.

DOCUMENT 2

Lisez la question. Écoutez le document puis répondez.

❷ À quelle heure peut-on entendre ce message ?

1 point

A ☐ À 18 h 40.
B ☐ À 19 h 40.
C ☐ À 20 h 40.

DOCUMENT 3

Lisez la question. Écoutez le document puis répondez.

❸ Quelles activités pouvez-vous faire ?

1 point

A ☐

B ☐

C ☐

DOCUMENT 4

Lisez la question. Écoutez le document puis répondez.

❹ Vous ne devez pas … `0,5 point`

A ☐ crier.

B ☐ encourager.

C ☐ aller à votre place.

DOCUMENT 5

Lisez la question. Écoutez le document puis répondez.

❺ Qu'est-ce qu'on annule ? `0,5 point`

A ☐   B ☐   C ☐

DOCUMENT 6

Lisez la question. Écoutez le document puis répondez.

❻ Qu'est-ce qu'on peut commander ? `1 point`

 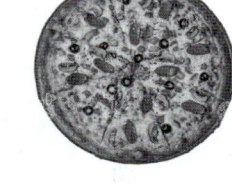 

A ☐   B ☐   C ☐

Étape 2

문제 6의 내용을 해석해 보세요.

여러분은 광고를 듣습니다. 6점

자료 1
문제를 읽으세요. 자료를 듣고 답변하세요.

❶ 당신은 무엇을 해야 합니까? 2점
   A □ 조용히 기다리기
   B □ 입장표를 사기
   C □ 노인들에게 자리를 양보하기

자료 2
문제를 읽으세요. 자료를 듣고 답변하세요.

❷ 몇 시에 이 메시지를 들을 수 있습니까? 1점
   A □ 18시 40분에
   B □ 19시 40분에
   C □ 20시 40분에

자료 3
문제를 읽으세요. 자료를 듣고 답변하세요.

❸ 당신은 어떤 활동들을 할 수 있습니까? 1점

A □   B □   C □

자료 4

문제를 읽으세요. 자료를 듣고 답변하세요.

❹  당신은 … 해서는 안 된다. `0.5점`

    A ☐ 소리지는 것을
    B ☐ 격려하는 것을
    C ☐ 당신의 자리로 가는 것을

자료 5

문제를 읽으세요. 자료를 듣고 답변하세요.

❺  무엇을 취소하는가? `0.5점`

A ☐   B ☐   C ☐

자료 6

문제를 읽으세요. 자료를 듣고 답변하세요.

❻  무엇을 주문할 수 있습니까? `1점`

 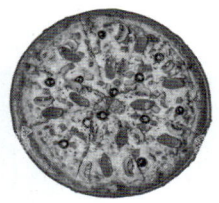 

A ☐   B ☐   C ☐

DELF A2 · 듣기

Étape 3 문제 6의 필수 어휘를 익히고, 스크립트를 확인해 보세요.

자료 1

어휘

tranquillement 조용히 | céder 양보하다 | rester 있다, ~이 남아 있다 | guichet (m.) 창구 | pousser 밀다

스크립트

S'il vous plaît, il reste encore des billets de concert au guichet. Ne poussez pas les autres personnes ! Il y a des personnes âgées. Merci.

잠시만요, 아직 창구에 콘서트 표들이 남아 있습니다. 다른 사람들을 밀지 마세요! 어르신들이 계십니다. 감사합니다.

자료 2

어휘

entendre 들리다, 듣다 | atelier (m.) 아틀리에, 작업장 | ranger 정리하다 | outil (m.) 도구

스크립트

Mesdames et messieurs, l'atelier ferme dans 20 minutes. Merci de ranger vos outils. Nous vous rappelons que nous sommes ouverts tous les jours de 9 ㄱ à 20 h.

신사 숙녀 여러분, 아틀리에는 20분 뒤에 닫습니다. 여러분의 도구들을 정리해 주시면 감사하겠습니다. 저희는 매일 9시부터 20시까지 연다는 것을 여러분께 상기시켜 드립니다.

자료 3

어휘

protection (f.) 보호 | association (f.) 협회, 단체 | proposer 제안하다 | sauvegarde (f.) 보호

> Pour la semaine de la protection des animaux, l'association propose des activités de sauvegarde tous les jours de 10 h à 18 h. Vous pouvez avoir plus d'informations sur notre site internet.
>
> 동물 보호 주간을 맞이하여, 협회는 10시부터 18시까지 매일 보호 활동을 제안합니다. 당신은 우리의 인터넷 사이트에서 더 많은 정보를 얻을 수 있습니다.

자료 4

crier 소리 지르다 | **encourager** 격려하다 | **place** (f.) 자리, 좌석 | **match** (m.) 경기 | **fort** 강하게 | **jeu** (m.) 경기, 게임

> Bonsoir. Le match de tennis va commencer. Merci d'aller à votre place. Nous vous informons qu'il est interdit de parler fort pendant le jeu. Merci.
>
> 안녕하세요. 테니스 경기가 곧 시작합니다. 여러분의 좌석으로 가 주시면 감사하겠습니다. 경기가 진행되는 동안 크게 말하는 것이 금지된다는 것을 여러분께 알려드립니다. 감사합니다.

자료 5

annuler 취소하다 | **regret** (m.) 유감, 후회 | **annulation** (f.) 취소 | **exposition** (f.) 전시회 | **prévu** 예정된 | **peintre** 화가

> Mesdames et messieurs, nous sommes au regret de vous informer de l'annulation de notre exposition spéciale prévue pour la semaine prochaine à cause d'un problème de santé du peintre.
>
> 신사 숙녀 여러분, 화가의 건강 문제로 인해 다음 주로 예정된 특별 전시회의 취소를 알리게 되어 유감으로 생각합니다.

DELF A2 · 듣기

자료 6

어휘

tenir à ~하기를 몹시 바라다 | commande (f.) 주문 | bouquet de fleurs (m.) 꽃다발 | divers 다양한 | livraison à domicile (f.) 택배 | gratuit 무료의

스크립트

Nous tenons à vous informer que nous prenons les commandes de bouquet de fleurs pour célébrer divers anniversaires. La livraison à domicile est gratuite jusqu'à la fin du mois de mars, profitez-en !

저희가 다양한 기념일을 축하하기 위한 꽃다발 주문을 받는다는 것을 여러분께 알려드립니다. 택배는 3월 말까지 무료이니 마음껏 누리세요!

Étape 4

문제 6의 해설을 확인해 보세요.

해설

문항	풀이 요령
1	안내 방송을 듣고 어떤 행동을 해야 하는지 묻는 문제이다. "Ne poussez pas les autres personnes ! 다른 사람들을 밀지 마세요!"라는 내용이 나오는데, 이는 조용히 기다리라는 의미이므로 정답은 **A**. 노인들이 있다(Il y a des personnes âgées)는 내용이 언급되기는 하지만 자리를 양보하라는 말은 없기 때문에 **C**는 정답이 될 수 없다.
2	안내 방송을 들을 수 있는 시간을 묻는 문제이다. "l'atelier ferme dans 20 minutes 아틀리에는 20분 뒤에 닫습니다"라고 했는데, "nous sommes ouverts tous les jours de 9 h à 20 h 저희는 매일 9시부터 20시까지 연다"라고 했다. 따라서 안내 방송을 들을 수 있는 시각은 **B**의 19시 40분이다.
3	어떤 활동을 할 수 있는지 묻는 문제이다. 음성에 "Pour la semaine de la protection des animaux 동물 보호 주간을 맞이하여"라고 했으므로 정답은 **A**. **B**의 해변 쓰레기 줍기 행사(plage propre)는 시험에 자주 출제되는 표현이므로 알아 두자.
4	안내 방송에서 언급한 금지 사항이 무엇인지 묻는 문제이다. "il est interdit de parler fort pendant le jeu 경기가 진행되는 동안 크게 말하는 것이 금지된다"라고 했으므로 **A**가 정답이다.
5	취소된 행사가 무엇인지를 묻는 문제이다. 화가의 건강 문제로 인해 "l'annulation de notre exposition spéciale prévue pour la semaine prochaine 다음 주로 예정된 특별 전시회의 취소"를 알리게 되었다고 했으므로 정답은 **A**.
6	무엇을 주문할 수 있는지 묻는 문제이다. "nous prenons les commandes de bouquet de fleurs pour célébrer divers anniversaires 다양한 기념일을 축하하기 위한 꽃다발 주문을 받는다"라는 내용에 따라 정답은 **C**.

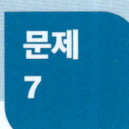

EXERCICE 1 실전 연습

🎧 Track 1-07

| Étape 1 | 전략에 따라 EXERCICE 1 연습 문제를 풀어 보세요. |

Vous écoutez des annonces publiques.

6 points

DOCUMENT 1

Lisez la question. Écoutez le document puis répondez.

❶ Qu'est-ce qu'on vous conseille ? *2 points*

A ☐ de rester debout.
B ☐ de quitter la place.
C ☐ de confirmer la place.

DOCUMENT 2

Lisez la question. Écoutez le document puis répondez.

❷ Quand entend-on ce message ? *1 point*

A ☐ Le matin.
B ☐ L'après-midi.
C ☐ Le soir.

DOCUMENT 3

Lisez la question. Écoutez le document puis répondez.

❸ De quelle activité pouvez-vous profiter ? *1 point*

A ☐　　　　　B ☐　　　　　C ☐

DOCUMENT 4

Lisez la question. Écoutez le document puis répondez.

❹ Vous de ne devez pas ...   `0,5 point`

A ☐ danser.

B ☐ chanter.

C ☐ prendre des photos.

DOCUMENT 5

Lisez la question. Écoutez le document puis répondez.

❺ Pourquoi le train a-t-il été annulé ?   `0,5 point`

A ☐   B ☐   C ☐

DOCUMENT 6

Lisez la question. Écoutez le document puis répondez.

❻ Qu'est-ce que la mairie offre ?   `1 point`

A ☐   B ☐   C ☐

| Étape 2 | 문제 7의 내용을 해석해 보세요. |

여러분은 광고를 듣습니다. `6점`

자료 1
문제를 읽으세요. 자료를 듣고 답변하세요.

❶ 당신에게 무엇을 충고합니까? `2점`
- A ☐ 서 있을 것
- B ☐ 자리를 떠날 것
- C ☐ 자리를 확인할 것

자료 2
문제를 읽으세요. 자료를 듣고 답변하세요.

❷ 이 메시지를 언제 들을 수 있는가? `1점`
- A ☐ 아침
- B ☐ 오후
- C ☐ 저녁

자료 3
문제를 읽으세요. 자료를 듣고 답변하서요.

❸ 당신은 어떤 활동들을 즐길 수 있는가? `1점`

A ☐   B ☐   C ☐

자료 4

문제를 읽으세요. 자료를 듣고 답변하세요.

❹ 당신은 … 안 된다.   `0.5점`

    A ☐ 춤추면
    B ☐ 노래하면
    C ☐ 사진을 찍으면

자료 5

문제를 읽으세요. 자료를 듣고 답변하세요.

❺ 왜 기차가 취소되었는가?   `0.5점`

    A ☐   B ☐   C ☐

자료 6

문제를 읽으세요. 자료를 듣고 답변하세요.

❻ 시청은 무엇을 제공하는가?   `1점`

    A ☐   B ☐   C ☐

Étape 3

문제 7의 필수 어휘를 익히고, 스크립트를 확인해 보세요.

자료 1

어휘

debout 서 있는 상태로 | quitter 떠나다 | confirmer 확인하다 | vérifier 확인하다 | siège (m.) 좌석 | avant de ~하기 전에 | réservé 예약된, 전용의 | âgé 나이 든

스크립트

Votre attention, s'il vous plaît ! Nous vous prions de vérifier votre siège avant de prendre place car quelques places sont réservées aux personnes âgées, merci.

주목해 주시기 바랍니다! 몇몇 좌석들은 고령자들 전용석이므로 자리에 앉기 전 여러분의 좌석을 확인해 주시기 바랍니다. 감사합니다.

자료 2

어휘

auto-école (f.) 운전 학원 | cours (m.) 수업 | conduite (f.) 운전

스크립트

Mesdames et messieurs, l'auto-école ferme dans 15 minutes. Merci de mettre fin à votre test de code. Nous vous rappelons que les cours de conduite commencent à 9 h et finissent à 20 h.

신사 숙녀 여러분, 자동차 학원이 15분 후에 문을 닫습니다. 법규 테스트를 끝내 주시기 바랍니다. 운전 수업은 9시에 시작하고 20시에 끝난다는 것을 여러분께 상기시켜 드립니다.

자료 3

어휘

été (m.) 여름 | agence de voyage (f.) 여행사 | nautique 수상의, 수중의

스크립트

Pour les vacances d'été, l'agence de voyage propose des loisirs nautiques. Pour connaître tous les programmes, visitez notre site.

여름 휴가를 맞이하여 여행사는 수상 레저 활동들을 제안합니다. 모든 프로그램들을 알기 위해서는 우리의 온라인 사이트에 방문하세요.

자료 4

어휘

pièce de théâtre (f.) 연극, 희곡 | spectacle (m.) 공연

스크립트

Bonsoir. La pièce de théâtre va commencer. Merci d'aller à votre place. Nous vous informons qu'il est interdit de prendre des photos pendant le spectacle. Merci.

안녕하세요. 연극이 곧 시작됩니다. 여러분의 자리에 가 주시면 감사하겠습니다. 공연 중에는 사진 촬영이 금지된다는 것을 여러분께 알려드립니다. 감사합니다.

자료 5

어휘

annuler 취소하다 | cause (f.) 원인 | neige (f.) 눈 | gêne (f.) 불편 | occasionné 야기된

스크립트

Mesdames et messieurs, le train numéro 456 à destination de Chamonix a été annulé pour cause de neige. Nous nous excusons pour la gêne occasionnée.

신사 숙녀 여러분, Chamonix행 기차 456편이 눈으로 인해 취소되었습니다. 불편을 끼쳐 드려 죄송합니다.

자료 6

어휘

mairie (f.) 시청 | offrir 주다, 제공하다 | mardi (m.) 화요일 | gratuitement 무료로 | chapeau (m.) 모자

스크립트

Notre mairie invite les habitants à célébrer la fête de la culture, le mardi 21 avril à 9 heures. Vous pourrez visiter gratuitement des monuments historiques et recevoir de jolis chapeaux de notre part. Venez avec votre famille !

우리 시청은 4월 21일 화요일 9시에 문화 축제를 기념하기 위해 주민들을 초대합니다. 역사적인 기념물들을 무료로 방문하고 예쁜 모자들을 받을 수 있을 것입니다. 가족과 함께 오세요!

Étape 4

문제 7의 해설을 확인해 보세요.

해설

문항	풀이 요령
1	안내 방송을 듣고 어떤 행동을 해야 하는지 묻는 문제이다. "Nous vous prions de vérifier votre siège avant de prendre place 자리에 앉기 전 여러분의 좌석을 확인해 주시기 바랍니다"라는 내용에 따라 정답은 **C**.
2	메시지를 들을 수 있는 시간을 묻는 문제이다. "l'auto-école ferme dans 15 minutes 자동차 학원이 15분 후에 문을 닫습니다"라고 하였고, "les cours de conduite commencent à 9 h et finissent à 20 h 운전 수업은 9시에 시작하고 20시에 끝난다"라고 하였으므로 정답은 저녁인 **C**. 참고로 '~분 전'이라는 표현으로 moins을 알아 두어야 한다.
3	어떤 활동들을 할 수 있는지 묻고 있다. "l'agence de voyage propose des loisirs nautiques 여행사는 수상 레저 활동들을 제안합니다"라고 하였으므로 정답은 **A**. nautique라는 단어를 모를 경우 이 문제를 풀기 어렵지만, "les vacances d'été 여름 휴가"라는 단어를 듣고 연관되는 활동을 떠올리면 정답을 찾을 수 있다.
4	안내 방송에서 언급한 금지 사항이 무엇인지 묻는 문제이다. "il est interdit de prendre des photos pendant le spectacle 공연 중에는 사진 촬영이 금지된다"라고 하였으므로 정답은 **C**.

5	기차 운행이 취소된 이유를 묻고 있다. "pour cause de neige 눈으로 인해" 기차가 취소되었다는 내용에 따라 정답은 **A**. 교통과 관련하여서는 공항, 기차역, 지하·철역 등의 안내 방송이 많이 출제되므로 비행기(avion), 기차(train), 지하철(métro) 등의 어휘를 알아 두자.
6	시청에서 나오는 안내 방송으로, 시청에서 제공하는 물품이 무엇인지 묻고 있다. "Vous pourrez visiter gratuitement des monuments historiques et recevoir de jolis chapeaux de notre part. 역사적인 기념물들을 무료로 방문하고 예쁜 모자들을 받을 수 있을 것입니다."라는 내용에 따라 정답은 **B**.

EXERCICE 1 실전 연습

🎧 Track 1-08

Étape 1 전략에 따라 EXERCICE 1 연습 문제를 풀어 보세요.

Vous écoutez des annonces publiques. *6 points*

DOCUMENT 1

Lisez la question. Écoutez le document puis répondez.

❶ Que devez-vous faire ? *2 points*

A ☐ Rester debout.
B ☐ Quitter la place.
C ☐ Déplacer la voiture.

DOCUMENT 2

Lisez la question. Écoutez le document puis répondez.

❷ À quel moment peut-on entendre ce message ? *1 point*

A ☐ Le matin.
B ☐ Le midi.
C ☐ Le soir.

DOCUMENT 3

Lisez la question. Écoutez le document puis répondez.

❸ Qu'est-ce que la mairie propose ? *1 point*

 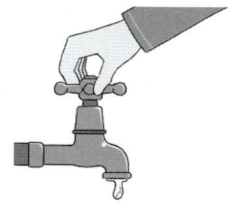 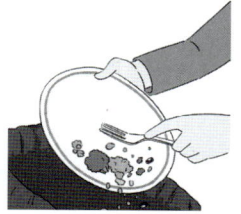

A ☐ B ☐ C ☐

74 DELF A2

DOCUMENT 4

Lisez la question. Écoutez le document puis répondez.

❹ Qu'est-ce qu'on ne doit pas faire ? `0,5 point`

　A ☐ Aider les autres coureurs.
　B ☐ Gêner les autres coureurs.
　C ☐ Parler avec les autres coureurs.

DOCUMENT 5

Lisez la question. Écoutez le document puis répondez.

❺ Où peut-on entendre cette annonce ? `0,5 point`

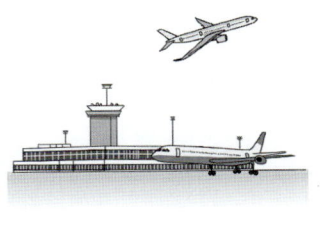

　　A ☐　　　　　　B ☐　　　　　　C ☐

DOCUMENT 6

Lisez la question. Écoutez le document puis répondez.

❻ Quelle activité pouvez-vous faire ? `1 point`

　　A ☐　　　　　　B ☐　　　　　　C ☐

| Étape 2 | 문제 8의 내용을 해석해 보세요. |

여러분은 광고를 듣습니다. `6점`

자료 1
문제를 읽으세요. 자료를 듣고 답변하서 요.

❶ 당신은 무엇을 해야 하는가? `2점`
- A ☐ 서 있는 것
- B ☐ 자리를 뜨는 것
- C ☐ 자동차를 옮기는 것

자료 2
문제를 읽으세요. 자료를 듣고 답변하시오.

❷ 어떤 순간에 이 메시지를 들을 수 있는가? `1점`
- A ☐ 아침
- B ☐ 정오
- C ☐ 저녁

자료 3
문제를 읽으세요. 자료를 듣고 답변하세요.

❸ 시청은 무엇을 제안하는가? `1점`

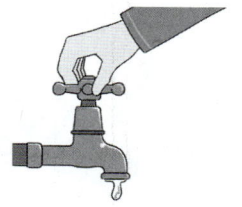

A ☐   B ☐   C ☐

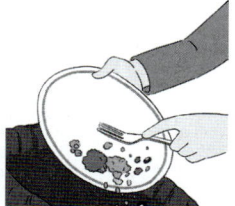

76 DELF A2

자료 4

문제를 읽으세요. 자료를 듣고 답변하세요.

❹ 무엇을 해서는 안 되는가?　　　　　　　　　　　　　　　　　　　　　0.5점

　A ☐ 다른 선수들을 돕는 것
　B ☐ 다른 선수들을 방해하는 것
　C ☐ 다른 선수들과 말하는 것

자료 5

문제를 읽으세요. 자료를 듣고 답변하세요.

❺ 어디서 이 안내 방송을 들을 수 있는가?　　　　　　　　　　　　　　0.5점

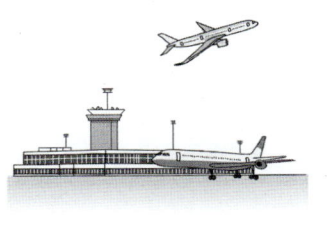　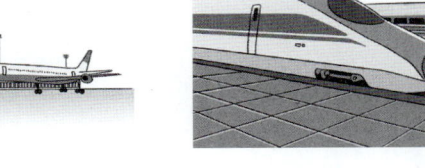　

　A ☐　　　　　B ☐　　　　　C ☐

자료 6

문제를 읽으세요. 자료를 듣고 답변하세요.

❻ 당신은 어떤 활동을 할 수 있는가?　　　　　　　　　　　　　　　　1점

　A ☐　　　　　B ☐　　　　　C ☐

Étape 3

문제 8의 필수 어휘를 익히고, 스크립트를 확인해 보세요.

자료 1

어휘

debout 서 있는 상태로 | quitter 떠나다 | déplacer 이동시키다, 옮기다 | garer 주차시키다 | entrée (f.) 입구 | véhicule (m.) 차량

스크립트

S'il vous plaît, il y a encore de la place au parking. Ne garez pas votre voiture devant l'entrée ! Il y a des véhicules qui veulent entrer. Merci.

부탁드립니다, 주차장에 아직 자리가 있습니다. 입구 앞에 차를 주차하지 마세요! 들어오려는 차량들이 있습니다. 감사합니다.

자료 2

어휘

moment (m.) 순간 | terminer 끝내다 | achat (m.) 구매

스크립트

Mesdames et messieurs, le centre commercial ferme dans 30 minutes. Nous vous prions de terminer vos achats. Nous vous rappelons que nous sommes ouverts tous les jours de 10 h 30 à 20 h.

신사 숙녀 여러분, 쇼핑몰이 30분 후에 문을 닫습니다. 쇼핑을 끝내 주시기를 부탁드립니다. 저희는 매일 10시 30분부터 20시까지 개장한다는 것을 상기시켜 드립니다.

DELF A2 · 듣기

자료 3

어휘

mairie (f.) 시청 | économie (f.) 절약 | éteindre 끄다 | lumière (f.) 빛, 조명 | pendant ~동안

스크립트

Pour la semaine des économies d'énergie, la mairie propose d'éteindre la lumière pendant une heure. Pour connaître le programme, visitez le site de la mairie.

에너지 절약 주간을 맞이하여 시청은 한 시간 동안 불을 끌 것을 제안합니다. 프로그램을 알기 위해서는 시청 온라인 사이트에 방문하세요.

자료 4

어휘

aider 돕다 | coureur 경주자, 선수 | gêner 방해하다 | marathon (m.) 마라톤 | bientôt 곧 | se ranger 정렬하다 | ligne de depart (f.) 출발선 | déranger 방해하다 | course (f.) 경주

스크립트

Bonjour. Le marathon va bientôt commencer. Rangez-vous sur la ligne de départ ! Nous vous informons qu'il est interdit de déranger les autres coureurs pendant la course. Merci.

안녕하세요. 마라톤이 곧 시작됩니다. 출발선에 정렬해 주세요! 경주 동안 다른 선수들을 방해하는 것은 금지된다는 것을 여러분께 알려드립니다. 감사합니다.

자료 5

어휘

s'approcher de ~에 접근하다 | quai (m.) 플랫폼 | reculer 물러나다 | sécurité (f.) 안전 | vérifier 확인하다 | s'assurer 확인하다

스크립트

Mesdames et messieurs, le train va s'approcher du quai. Veuillez reculer pour votre sécurité. Vérifiez votre billet pour vous assurer que vous montez dans le bon train.

신사 숙녀 여러분, 기차가 플랫폼으로 다가옵니다. 안전을 위해 뒤로 물러나 주시기 바랍니다. 맞는 기차에 잘 탑승했는지 당신의 표를 확인하세요.

자료 6

어휘: salle de gym (f.) 체육관 | leçon (f.) 수업 | âgé 나이가 많은 | gratuit 무료의

스크립트:

Chers habitants,
La mairie organise une fête ce samedi soir à 19 h dans la salle de gym. Il y aura une leçon de danse pour les personnes âgées et c'est gratuit. Venez nombreux !

친애하는 주민 여러분,
시청이 이번 주 토요일 19시에 체육관에서 파티를 엽니다. 노인들을 위한 댄스 수업이 있으며 무료입니다. 많이 와 주세요!

Étape 4

문제 8의 해설을 확인해 보세요.

문항	풀이 요령
1	안내 방송을 듣고 어떤 행동을 해야 하는지 묻는 문제이다. "Ne garez pas votre voiture devant l'entrée ! 입구 앞에 차를 주차하지 마세요!"라는 말은 차를 다른 곳으로 이동시켜야 한다는 의미이므로 정답은 **C**.
2	안내 방송이 나오는 시간이 언제인지 묻는 문제이다. "le centre commercial ferme dans 30 minutes 쇼핑몰이 30분 후에 문을 닫습니다"라는 내용과 "nous sommes ouverts tous les jours de 10 h 30 à 20 h 매일 10시 30분부터 20시까지 개장한다"라는 것으로 보아 방송이 나오는 시간은 19시 30분이다. 따라서 정답은 **C**.
3	시청이 제안하는 것이 무엇인지 묻는 문제이다. 에너지 절약 주간을 맞이하여 "éteindre la lumière pendant une heure 한 시간 동안 불을 끌 것을 제안합니다"라는 내용에 따라 정답은 **A**. 이 밖에도 'gaspillage alimentaire 음식물 낭비' 역시 환경과 관련하여 자주 출제되는 표현이므로 함께 알아 두자.
4	안내 방송에서 언급한 금지 사항이 무엇인지 묻는 문제이다. "il est interdit de déranger les autres coureurs pendant la course 경주 동안 다른 선수들을 방해하는 것은 금지된다"라는 내용에 따라 정답은 **B**. 반드시 지켜야 할 사항을 표현할 때에는 'il est obligatoire de …'를 사용한다는 것도 알아 두자.

5	안내 방송이 들리는 장소를 찾는 문제이다. "Le train va s'approcher du quai 기차가 플랫폼으로 다가옵니다", "Vérifiez votre billet pour vous assurer que vous montez dans le bon train. 맞는 기차에 잘 탑승했는지 당신의 표를 확인하세요."라는 내용이 있으므로 정답은 기차역(la gare)인 **B**.
6	시청에서 할 수 있는 활동이 무엇인지 묻는 문제로, "une leçon de danse pour les personnes âgées 노인들을 위한 댄스 수업"이라는 내용에 따라 정답은 **A**.

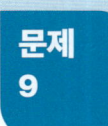

EXERCICE 1 실전 연습

🎧 Track 1-09

 전략에 따라 EXERCICE 1 연습 문제를 풀어 보세요.

Vous écoutez des annonces publiques.

6 points

DOCUMENT 1

Lisez la question. Écoutez le document puis répondez.

❶ Qu'est-ce qu'on demande ?   *2 points*

A ☐ De descendre du tramway.
B ☐ D'entrer à l'intérieur du tramway.
C ☐ D'attendre le prochain tramway.

DOCUMENT 2

Lisez la question. Écoutez le document puis répondez.

❷ Qui habite dans ce logement ?   *1 point*

A ☐ Les personnes âgées.
B ☐ Les enfants maltraités.
C ☐ Les personnes sans domicile fixe.

DOCUMENT 3

Lisez la question. Écoutez le document puis répondez.

❸ Que pouvez-vous faire lors de cet événement ?   *1 point*

A ☐   B ☐   C ☐

DOCUMENT 4

Lisez la question. Écoutez le document puis répondez.

❹ Qu'est-ce qu'on demande ? `0,5 point`

A ☐ De s'asseoir.
B ☐ De complimenter quelqu'un.
C ☐ De ne pas menacer quelqu'un.

DOCUMENT 5

Lisez la question. Écoutez le document puis répondez.

❺ Qu'est-ce que vous devez faire ? `0,5 point`

 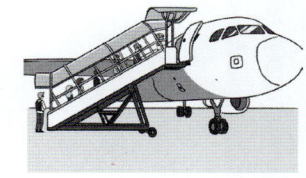 

A ☐ B ☐ C ☐

DOCUMENT 6

Lisez la question. Écoutez le document puis répondez.

❻ Qu'est-ce qu'on peut acheter à prix avantageux ? `1 point`

A ☐ B ☐ C ☐

| Étape 2 | 문제 9의 내용을 해석해 보세요. |

여러분은 광고를 듣습니다.   6점

자료 1
문제를 읽으세요. 자료를 듣고 답변하세요.

❶ 당신에게 무엇을 요구하는가?   2점
  A ☐ 트램에서 내릴 것
  B ☐ 트램 안쪽으로 들어갈 것
  C ☐ 다음 트램을 기다릴 것

자료 2
문제를 읽으세요. 자료를 듣고 답변하세요.

❷ 이 숙소에 누가 살고 있는가?   1점
  A ☐ 나이 든 사람들
  B ☐ 학대당한 아동들
  C ☐ 거주지가 없는 사람들

자료 3
문제를 읽으세요. 자료를 듣고 답변하세요.

❸ 이 행사 때 당신은 무엇을 할 수 있는가?   1점

A ☐   B ☐   C ☐

자료 4

문제를 읽으세요. 자료를 듣고 답변하세요.

❹ 무엇을 요구하는가? `0.5점`

　A □ 앉을 것
　B □ 누군가를 칭찬하는 것
　C □ 누군가를 위협하지 않을 것

자료 5

문제를 읽으세요. 자료를 듣고 답변하세요.

❺ 당신은 무엇을 해야 하는가? `0.5점`

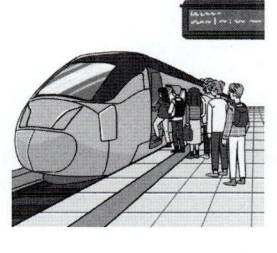  

　A □　　　　　　B □　　　　　　C □

자료 6

문제를 읽으세요. 자료를 듣고 답변하세요.

❻ 무엇을 싸게 살 수 있는가? `1점`

　A □　　　　　　B □　　　　　　C □

문제 9의 필수 어휘를 익히고, 스크립트를 확인해 보세요.

자료 1

어휘

descendre 내리다 | tramway (m.) 트램 | à l'intérieur de ~의 안에 | attendre 기다리다 | à l'arrière de ~뒤쪽에 | se déplacer 이동하다

스크립트

S'il vous plaît, il reste encore des places à l'arrière du tramway. Est-ce que vous pouvez vous déplacer vers l'intérieur ? Il y a des passagers qui veulent monter. Merci.

부탁드립니다. 트램 뒤쪽에 아직 자리들이 있습니다. 안쪽으로 이동해 주시겠어요? 탑승하기를 원하는 승객들이 있습니다. 감사합니다.

자료 2

어휘

logement (m.) 주거, 숙소 | maltraité 학대 받은 | sans domicile fixe 주거지가 없는 | maison de retraite (f.) 양로원 | visiteur 방문객 | être prié de + 동사원형 ~해 주시기 바랍니다 | chambre (f.) 방

스크립트

La maison de retraite ferme dans 15 minutes. Tous les visiteurs sont priés de sortir des chambres. Nous vous rappelons que nous sommes ouverts tous les jours de 8 h à 19 h.

양로원은 15분 후에 문을 닫습니다. 모든 방문객들은 방에서 나와 주시기 바랍니다. 저희는 매일 8시부터 19시까지 열려 있다는 것을 여러분께 상기시켜 드립니다.

자료 3

어휘

Toussaint (f.) 만성절 | église (f.) 가톨릭 교회 | religieux 종교적인

스크립트

Pour la semaine de la Toussaint, l'église propose des activités religieuses tous les jours de 18 h à 20 h. Pour connaître le programme, visitez notre site.

만성절 주간을 맞이하여 교회는 매일 18시부터 20시까지 종교적 활동들을 제안합니다. 프로그램을 알기 위해서는 우리의 온라인 사이트에 방문하세요.

자료 4

어휘

complimenter 칭찬하다 | menacer 위협하다 | réunion (f.) 회의 | représentant 대표자 | syndicat (m.) 조합 | insulter 모욕하다 | discussion (f.) 토론

스크립트

Bonsoir. On va commencer la réunion dans 10 minutes. Les représentants des syndicats sont priés de prendre place. Nous vous informons qu'il est interdit d'insulter quelqu'un pendant la discussion, merci.

안녕하세요. 10분 후에 회의를 시작하겠습니다. 조합 대표님들은 착석해 주시기 바랍니다. 토론 동안 누군가를 모욕하는 것은 금지된다는 것을 여러분께 알려드립니다, 감사합니다.

자료 5

어휘

passager 승객 | quai (m.) 플랫폼 | billet (m.) 표

스크립트

Votre attention, s'il vous plaît. Pour les passagers du TGV numéro 2194 à destination de Nice, merci de venir au quai 6 avec votre billet.

주목해 주시기 바랍니다. Nice행 TGV 2194호의 승객들께서는 표를 소지하고 6번 플랫폼으로 와 주시면 감사하겠습니다.

자료 6

어휘

avantageux 유리한, 값이 싼 | marché (m.) 시장 | vente (f.) 판매 | exceptionnel 예외적인, 특별한

스크립트

Tous les jours dans notre marché aux fleurs, nous vous offrons les meilleurs prix ! Aujourd'hui, vente exceptionnelle sur les roses, tout est à moins 30 %. Faites-vous plaisir !

우리의 꽃 시장에서 매일 우리는 여러분께 최고의 가격을 제공합니다. 오늘은 장미 특별 할인이고, 모든 것이 30 퍼센트 쌉니다. 여러분 스스로를 기쁘게 해 주세요!

Étape 4
문제 9의 해설을 확인해 보세요

해설

문항	풀이 요령
1	트램에서의 안내 방송을 듣고 어떤 행동을 해야 하는지 묻는 문제이다. "Est-ce que vous pouvez vous déplacer vers l'ntérieur ? 안쪽으로 이동해 주시겠어요?"라는 문장에 따라 정답은 **B**.
2	해당 숙소에 살고 있는 사람들이 누구인지 묻는 문제이다. 양로원(La maison de retraite)은 노인들을 위한 장소이므로 정답은 **A**.
3	행사에서 할 수 있는 활동을 묻는 문제이다. "l'église propose des activités religieuses tous les jours de 18 h à 20 h 교회는 매일 18시부터 20시까지 종교적 활동들을 제안합니다"라는 내용에 따라 정답은 **A**. Toussaint이라는 단어를 모른다 할지라도 église(가톨릭 교회)와 religieuse(종교적인)에서 정답을 찾을 수 있다.
4	안내 방송에서 요구하고 있는 행동을 묻는 문제이다. 두 가지 사항을 요구하고 있는데 하나는 "Les représentants des syndicats sont priés de prendre place. 조합 대표님들은 착석해 주시기 바랍니다."라는 것이고 다른 하나는 "il est interdit d'insulter quelqu'un pendant la discussion 토론 동안 누군가를 모욕하는 것은 금지됨"이라고 하였으므로 정답은 **A**. 모욕과 위협은 다른 의미이므로 **C**는 정답이 될 수 없다.
5	안내 방송을 듣고 어떤 행동을 해야 하는지 묻는 문제이다. "les passagers du TGV numéro 2194 à destination de Nice Nice행 TGV 2194호의 승객들"이라는 내용으로 보아 기차와 관련된 것이므로 정답은 **A**. "quai 6 6번 플랫폼"이라는 표현을 통해서도 정답을 유추할 수 있다.
6	할인되는 품목이 무엇인지 묻는 문제이다. 오늘은 "vente exceptionnelle sur les roses 장미 특별 할인"이라는 내용에 따라 정답은 **B**.

EXERCICE 1 실전 연습

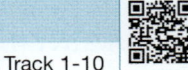 Track 1-10

Étape 1
전략에 따라 EXERCICE 1 연습 문제를 풀어 보세요.

Vous écoutez des annonces publiques.

6 points

DOCUMENT 1
Lisez la question. Écoutez le document puis répondez.

❶ On vous demande de (d') … *2 points*

A ☐ descendre du bateau.
B ☐ attendre le prochain bateau.
C ☐ entrer à l'intérieur du bateau.

DOCUMENT 2
Lisez la question. Écoutez le document puis répondez.

❷ À quel moment peut-on entendre ce message ? *1 point*

A ☐ Le matin.
B ☐ Le midi.
C ☐ Le soir.

DOCUMENT 3
Lisez la question. Écoutez le document puis répondez.

❸ Que propose l'association ? *1 point*

A ☐   B ☐   C ☐

DOCUMENT 4

Lisez la question. Écoutez le document puis répondez.

❹ Vous devez lever la main pour …   *0,5 point*

A ☐ avoir la parole.
B ☐ sortir de la salle.
C ☐ donner votre accord.

DOCUMENT 5

Lisez la question. Écoutez le document puis répondez.

❺ Quel moyen de transport est concerné ?   *0,5 point*

  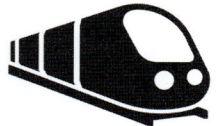

A ☐   B ☐   C ☐

DOCUMENT 6

Lisez la question. Écoutez le document puis répondez.

❻ Qu'est-ce que vous pouvez acheter aujourd'hui ?   *1 point*

A ☐   B ☐   C ☐

DELF A2 · 듣기

> **Étape 2** 문제 10의 내용을 해석해 보세요.

여러분은 광고를 듣습니다. 『6점』

자료 1
문제를 읽으세요. 자료를 듣고 답변하세요.

❶ 당신에게 …을 요구한다. 『2점』
  A ☐ 배에서 내릴 것
  B ☐ 다음 배를 기다릴 것
  C ☐ 배 안으로 들어갈 것

자료 2
문제를 읽으세요. 자료를 듣고 답변하세요.

❷ 어느 순간에 이 메시지를 들을 수 있는가? 『1점』
  A ☐ 아침
  B ☐ 정오
  C ☐ 저녁

자료 3
문제를 읽으세요. 자료를 듣고 답변하세요.

❸ 단체는 무엇을 제안하는가? 『1점』

A ☐   B ☐   C ☐

자료 4

문제를 읽으세요. 자료를 듣고 답변하세요.

❹  당신은 ⋯ 위해 손을 들어야 한다. 　　0.5점

　　A ☐ 말을 하기
　　B ☐ 교실에서 나가기
　　C ☐ 당신의 동의를 표시하기

자료 5

문제를 읽으세요. 자료를 듣고 답변하세요.

❺  어떤 교통수단과 관련이 있는가? 　　0.5점

　　　A ☐　　　　　　B ☐　　　　　　C ☐

자료 6

문제를 읽으세요. 자료를 듣고 답변하세요.

❻  당신은 오늘 무엇을 살 수 있는가? 　　1점

　　　A ☐　　　　　　B ☐　　　　　　C ☐

Étape 3 문제 10의 필수 어휘를 익히고, 스크립트를 확인해 보세요.

자료 1

어휘

bateau (m.) 배 | à l'intérieur de ~의 안에 | bateau-mouche (m.) 센강 유람선

스크립트

S'il vous plaît, il reste encore des places dans le bateau-mouche. Est-ce que vous pouvez vous déplacer un peu ? Il y a des touristes qui veulent monter. Merci.

유람선 안쪽에 아직 자리들이 있습니다. 약간 이동해 주시겠어요? 탑승하기를 원하는 관광객들이 있습니다. 감사합니다.

자료 2

어휘

aquarium (m.) 수족관 | s'approcher de ~에 다가가다 | entrée (f.) 입구 | rappeler 상기시키다

스크립트

Mesdames et messieurs, l'aquarium va ouvrir dans 15 minutes. Veuillez vous approcher de l'entrée. Nous vous rappelons que nous sommes ouverts tous les jours de 10 h à 18 h.

신사 숙녀 여러분, 수족관이 15분 후에 문을 엽니다. 입구 쪽으로 가 주시기 바랍니다. 저희는 매일 10시부터 18시까지 개장한다는 것을 여러분께 상기시켜 드립니다.

자료 3

어휘

association (f.) 단체, 협회 | bientôt 곧 | atmosphérique 대기의 | consulter 참조하다

스크립트

C'est bientôt la Journée Mondiale de l'Environnement et l'association Terre organise le concours de dessin. Le sujet concerne la pollution atmosphérique. Pour participer à cet événement, consultez notre site Internet.

곧 세계 환경의 날을 맞이하여 Terre 단체가 첫 번째 그림 대회를 개최할 것입니다. 주제는 대기 오염과 관련됩니다. 이 행사에 참여하기 위해서는, 우리의 인터넷 사이트를 참고하세요.

자료 4

어휘

lever 들다 | parole (f.) 말 | maire 시장 | projet (m.) 계획 | annuel 연간의

스크립트

Bonsoir. Monsieur le Maire va vous présenter le projet annuel de notre ville. Nous vous rappelons qu'il faut lever la main pour prendre la parole. Merci.

안녕하세요. 시장님께서 우리 마을의 연간 계획을 여러분께 소개할 것입니다. 발언을 하기 위해서는 손을 들어야 한다는 것을 여러분께 상기시켜 드립니다. 감사합니다.

자료 5

어휘

transport 교통 | concerné 관련된 | annuler 취소하다 | grève (f.) 파업

스크립트

Votre attention, s'il vous plaît. Tous les trains ont été annulés à cause de la grève. Tous les passagers sont priés de venir au bureau de réservation pour avoir plus d'informations. Merci de votre compréhension.

주목해 주시기 바랍니다. 모든 기차들이 파업 때문에 취소되었습니다. 모든 승객들은 더 많은 정보를 얻기 위해 예약 사무실로 오시기 바랍니다. 여러분의 양해에 감사드립니다.

DELF A2 · 듣기

자료 6

어휘

charcuterie (f.) 돼지고기 가공식품점 | offrir 제공하다 | prix (m.) 가격 | vente (f.) 판매 | viande de porc (f.) 돼지고기

스크립트

Tous les jours dans notre charcuterie, nous vous offrons les meilleurs prix ! Aujourd'hui, vente exceptionnelle sur la viande de porc, tout est à moins 20 %. Profitez-en !

우리의 돼지고기 가공식품점에서 매일 우리는 여러분께 최고의 가격을 제공합니다. 오늘은 돼지고기 특별 할인이고, 모든 것이 20 퍼센트 쌉니다. 이번 할인을 마음껏 누리세요!

Étape 4

문제 10의 해설을 확인해 보세요.

해설

문항	풀이 요령
1	센강 유람선 안에서 들리는 안내 방송으로, 방송에서 요구하는 것이 무엇인지 묻는 문제이다. "il reste encore des places dans le bateau-mouche 유람선 안쪽에 아직 자리들이 있습니다", "Est-ce que vous pouvez vous déplacer un peu ? 약간 이동해 주시겠어요?"라는 것은 안쪽으로 들어가 달라는 의미이므로 정답은 **C**.
2	안내 방송을 들을 수 있는 시간을 묻는 문제이다. "l'aquarium va ouvrir dans 15 minutes 수족관이 15분 후에 문을 엽니다" 그리고 "nous sommes ouverts tous les jours de 10 h 매일 10시부터 18시까지 개장한다"라고 하였으므로 지금 시간은 9시 45분이다. 따라서 정답은 **A**.
3	환경 단체가 제안하는 활동이 무엇인지를 묻는 문제이다. "l'association Terre organise le concours de dessins. Terre 단체가 첫 번째 그림 대회를 개최할 것입니다"라는 내용이 나오므로 정답은 **B**.
4	시장의 연간 계획안 발표에 관한 안내 방송이다. "il faut lever la main pour prendre la parole 발언을 하기 위해서는 손을 들어야 한다"라는 내용에 따라 정답은 **A**.
5	안내 방송이 어떤 교통 수단과 관련되어 있는지를 묻는 문제이다. "Tous les trains ont été annulés à cause de la grève. 모든 기차들이 파업 때문에 취소되었습니다."라는 내용에 따라 정답은 **C**.
6	상점에서 구입할 수 있는 것이 무엇인지 묻는 내용이다. 안내 방송이 나오는 곳이 돼지고기 가공식품점이고, "vente exceptionnelle sur la viande de porc 돼지고기 특별 할인"이라는 내용에 따라 정답은 **C**.

듣기 평가

EXERCICE 2

Vous écoutez la radio.

당신은 라디오를 듣습니다.

완전 공략

DELF A2 듣기

1 핵심 포인트

3개의 document으로 이루어져 있으며 총 배점은 6점이다. 라디오 방송과 관련된 내용이며 모든 document 마다 두 번씩 듣게 된다.

Document 1	특정 라디오 방송에서 행사(미니 콘서트, 대담 등)와 관련한 정보를 전달하는 내용으로서 문항 수는 2개이다. 첫 번째 문제는 방송 주제가 무엇인지를 물으며 주로 삽화를 제시하고 정답을 고르는 방식으로 배점은 0.5점이다. 두 번째 문제는 이 행사에 참여하려면 어떻게 해야 하는지를 묻는데 주어진 문장을 보고 정답을 고르면 된다. 배점은 1점이다.
Document 2	특정 장소(도서나 그림 전시회)에서 하는 특별한 행사와 관련한 정보를 알려주는데 문항 수는 2개이다. 첫 번째는 행사 기간과 관련한 문제이고 두 번째는 이 행사에서 무엇을 할 수 있는지를 묻는 방식으로 진행될 수 있다. 배점은 각 문항당 1점이며 선택지에 명사나 명사구가 주어진다.
Document 3	특정한 장소에서 하는 특별한 행사에 대한 정보를 알려주는 방식으로 이 장소에서 할 수 있는 활동들과 입장료 등이 주요 내용을 이룬다. 문항 수는 2개로 첫 번째 문제는 이 장소가 특별한 점이 무엇인지를 묻는 방식이다. 선택지에는 문장이 주어지며 알맞은 정답을 고르면 되며 배점이 2점이다. 두 번째 문제는 어떠한 활동을 할 수 있는지를 묻는데 일반적으로 선택지에 삽화가 주어지며 알맞은 것을 고르면 된다. 배점은 0.5점이다.

2 고득점 전략

① 방송의 목적에 집중한다.

라디오 방송 형식으로 사회, 교육, 문화 등 다양한 분야에 걸쳐 특별한 행사를 안내하거나 정보를 전달한다. 방송 음성의 주제와 유형에 따라 문제 형식과 답안 선택 요령도 달라지므로, 음성의 주제와 유형을 정확하게 파악하도록 노력해야 한다.

② 의문사를 보고 전략적으로 접근한다.

하나의 document마다 2개의 문항이 출제되므로, 첫 번째 듣기와 두 번째 듣기를 구분하여 어떤 문제부터 풀지 전략을 세우면 유리하다. 첫 번째 듣기에서 무난한 난이도의 문제부터 초대한 모두 풀고, 두 번째 듣기에서 고난이도의 문제를 푼다. 문제에 제시된 의문사가 'que 무엇을', 'qui 누가', 'où 어디'라면 비교적 손쉽게 단서를 파악할 수 있는 경우가 대부분이다. 반면, 'pourquoi 왜', 'comment 어떻게'로 시작하는 질문은 보다 신중한 판단이 필요하다.

EXERCICE 2 실전 연습

🎧 Track 2-01

Étape 1 전략에 따라 EXERCICE 2 연습 문제를 풀어 보세요.

Vous écoutez la radio.

`6 points`

DOCUMENT 1

Lisez les questions. Écoutez le document puis répondez.

❶ De quoi parle la journaliste ?   `0,5 point`

A ☐   B ☐   C ☐

❷ Qu'est-ce qu'il faut faire pour entrer dans ce lieu ?   `1 point`

A ☐ Faire la queue.
B ☐ Se lever très tôt.
C ☐ Réserver son billet.

DOCUMENT 2

Lisez les questions. Écoutez le document puis répondez.

❸ L'événement a lieu ...   `1 point`

A ☐ en été.
B ☐ en automne.
C ☐ en hiver.

❹ Que les enfants peuvent-ils faire ? `1 point`

A ☐ Du sport.

B ☐ Du dessin.

C ☐ De la lecture.

DOCUMENT 3

Lisez les questions. Écoutez le document puis répondez.

❺ Quelle est la particularité de ce parc de loisirs ? `2 points`

A ☐ L'entrée est gratuite.

B ☐ On peut apprendre à nager.

C ☐ Il accueille des enfants handicapés.

❻ Quelles activités peut-on faire ? `0,5 point`

A ☐   B ☐   C ☐

| Étape 2 | 문제 1의 내용을 해석해 보세요. |

당신은 라디오를 듣습니다.　　　　　　　　　　　　　　　　　　　　　　　　　6점

자료 1
문제들을 읽으세요. 자료를 듣고 답변하세요.

❶ 신문 기자는 무엇에 대해 말하는가?　　　　　　　　　　　　　　　　　0.5점

　　　A ☐　　　　　　　　　　B ☐　　　　　　　　　　C ☐

❷ 이 장소에 들어가기 위해서는 무엇을 해야 하는가?　　　　　　　　　　1점
　　A ☐ 줄 서기
　　B ☐ 매우 일찍 일어나기
　　C ☐ 표 예약하기

자료 2
문제들을 읽으세요. 자료를 듣고 답변하세요.

❸ 행사는 … 개최된다.　　　　　　　　　　　　　　　　　　　　　　　1점
　　A ☐ 여름에
　　B ☐ 가을에
　　C ☐ 겨울에

❹ 아이들은 무엇을 할 수 있는가? [1점]
- A ☐ 스포츠
- B ☐ 그림
- C ☐ 독서

자료 3

문제들을 읽으세요. 자료를 듣고 답변하세요.

❺ 이 유원지의 특징은 무엇인가? [2점]
- A ☐ 입장이 무료다.
- B ☐ 수영하는 것을 배울 수 있다.
- C ☐ 장애가 있는 아동들을 환대한다.

❻ 어떤 활동들을 할 수 있는가? [0.5점]

A ☐   B ☐   C ☐

Étape 3 문제 1의 필수 어휘를 익히고, 스크립트를 확인해 보세요.

자료 1

어휘
journaliste 기자 | il faut ~해야 한다 | entrer 들어가다(입장하다) | lieu (m.) 장소 | faire la queue 줄을 서다 | se lever 일어나다 | tôt 일찍 | réserver 예약하다 | billet (m.) 표 | découvrir 발견하다 | entrée (f.) 입장, 입구 | gratuit 무료의

스크립트

Demain soir au Zénith de Paris, venez découvrir le grand concert du jeune chanteur de rock Patrick Fiori. L'entrée est gratuite, mais réservez le billet en ligne.

내일 저녁, Zénith de Paris에 젊은 락 가수인 Patrick Fiori의 위대한 공연을 보러 오세요. 입장은 무료이지만 온라인으로 표를 예약하세요.

자료 2

어휘

événement (m.) 행사 | avoir lieu 개최되다, 일어나다 | été (m.) 여름 | automne (m.) 가을 | hiver (m.) 겨울 | dessin (m.) 데생, 그림 | lecture (f.) 읽기, 독서 | amoureux 애호가 | peinture (f.) 그림, 회화 | de ... à ~부터 ~까지 | peintre 화가 | tableau (m.) 그림 | magnifique 멋진, 훌륭한 | apprendre 배우다 | à partir de ~부터

스크립트

Événement pour les amoureux de la peinture. Du 1er au 7 janvier, vous allez pouvoir rencontrer des peintres et voir des tableaux magnifiques. Les enfants vont même pouvoir apprendre à dessiner avec un artiste. Rendez-vous à partir de vendredi.

그림 애호가들을 위한 행사입니다. 1월 1일부터 7일까지, 여러분들은 화가들을 만날 수 있고 훌륭한 그림들을 볼 수 있을 것입니다. 아이들은 심지어 예술가와 함께 그림을 그리는 것을 배울 수 있습니다. 금요일부터 방문하세요!

자료 3

어휘

particularité (f.) 특성, 특징 | parc de loisirs (m.) 유원지 | nager 수영하다 | accueillir 맞이하다, 환영하다 | handicapé 장애가 있는 | se promener 산책하다 | jouer au ballon 공놀이하다 | réservation (f.) 예약

스크립트

À Nice, un parc de loisirs pour enfants handicapés vient d'ouvrir. Pour 10 €, vous pouvez vous promener avec vos enfants dans le parc, aller voir des animaux, ou même jouer au ballon à la salle de sport. Tout ça sans réservation !

니스에서 장애가 있는 어린이들을 위한 한 유원지가 막 개장했습니다. 10유로로 당신은 공원에서 아이들과 산책할 수 있고, 동물들을 보러 갈 수 있으며, 스포츠 센터에서 공놀이를 할 수도 있습니다. 이 모든 것을 예약 없이 말이죠!

Étape 4 : 문제 1의 해설을 확인해 보세요.

문항	풀이 요령
1	음성에서 언급하고 있는 주제가 무엇인지 묻는 문제이다. "le grand concert du jeune chanteur de rock 젊은 락 가수 … 위대한 공연"이라고 하였으므로 정답은 **A**.
2	공연장에 입장하기 위한 조건을 묻고 있는데 "L'entrée est gratuite, mais réservez le billet en ligne. 입장은 무료이지만 온라인으로 표를 예약하세요."라고 하였으므로 정답은 **C**. 공연을 의미하는 어휘들(spectacle, représentation, récital)과 입장 조건(유료 payant, 성인 adulte 등) 또한 문제로 출제될 수 있으므로 알아 두자.
3	행사가 언제 개최되는지 묻고 있다. 음성에서 "Du 1er au 7 janvier 1월 1일부터 7일까지" 진행된다고 했는데, 이는 겨울에 해당하므로 정답은 **C**.
4	행사에서 아이들이 할 수 있는 활동이 무엇인지 묻고 있다. 'Les enfants vont même pouvoir apprendre à dessiner avec un artiste. 아이들은 심지어 예술가와 함께 그림을 그리는 것을 배울 수 있습니다."라고 했으므로 정답은 **B**.
5	유원지 개장과 관련한 문제로서 5번 문제에서는 이 장소의 특징을 묻고 있다. 음성에서 "un parc de loisirs pour enfants handicapés 장애가 있는 어린이들을 위한 유원지"라고 하였으므로 정답은 **C**.
6	이 장소에서 할 수 있는 활동이 무엇인지를 묻고 있다. 음성어서 "vous pouvez vous promener avec vos enfants dans le parc, aller voir des animaux, ou même jouer au ballon à la salle de sport 당신은 공원에서 아이들과 산책할 수 있고, 동물들을 보러 갈 수 있으며, 스포츠 센터에서 공놀이를 할 수도 있습니다"라고 했으므로 정답은 **B**. 스키는 스프츠지만 공놀이가 아니므로 답이 될 수 없다.

EXERCICE 2 실전 연습

 Track 2-02

Étape 1 전략에 따라 EXERCICE 2 연습 문제를 풀어 보세요.

Vous écoutez la radio.

6 points

DOCUMENT 1

Lisez les questions. Écoutez le document puis répondez.

❶ Qui est l'invité de cette émission ? *0,5 point*

A ☐   B ☐   C ☐

❷ Pour entrer, il faut … *1 point*

A ☐ acheter le CD.
B ☐ arriver à l'heure.
C ☐ faire une réservation.

DOCUMENT 2

Lisez les questions. Écoutez le document puis répondez.

❸ Quand aura lieu l'événement ? *1 point*

A ☐ L'été.
B ☐ L'automne.
C ☐ Le printemps.

❹ Les jeunes peuvent faire une activité … 　　　　　　　　　　　　　　　　　1 point

A ☐ sportive.
B ☐ scientifique.
C ☐ économique.

DOCUMENT 3
Lisez les questions. Écoutez le document puis répondez.

❺ Pourquoi cette pension est-elle spéciale ? 　　　　　　　　　　　　　　　　2 points

A ☐ Il y a des chambres pour les handicapés.
B ☐ Les animaux sont gardés dans une ambiance familiale.
C ☐ Il y a une réduction spéciale pour les petits animaux.

❻ Comment devez-vous consulter les prix ? 　　　　　　　　　　　　　　　　0,5 point

A ☐

B ☐

C ☐

Étape 2

문제 2의 내용을 해석해 보세요.

당신은 라디오를 듣습니다. [6점]

자료 1
문제들을 읽으세요. 자료를 듣고 답변하세요.

❶ 이 방송의 초대 손님은 누구인가? [0.5점]

A ☐   B ☐   C ☐

❷ 들어가기 위해서는 … 한다. [1점]
  A ☐ CD를 사야
  B ☐ 제 시간에 도착해야
  C ☐ 예약을 해야

자료 2
문제들을 읽으세요. 자료를 듣고 답변하세요.

❸ 행사는 언제 열릴 예정인가? [1점]
  A ☐ 여름
  B ☐ 가을
  C ☐ 봄

❹ 젊은이들은 … 활동을 할 수 있다.　　　　　　　　　　　　　　　　　1점
　　A □ 스포츠적인
　　B □ 과학적인
　　C □ 경제적인

자료 3
문제들을 읽으세요. 자료를 듣고 답변하세요.

❺ 이 보호소는 왜 특별한가?　　　　　　　　　　　　　　　　　　　　2점
　　A □ 장애인들을 위한 방들이 있다.
　　B □ 동물들은 가족적인 분위기 속에서 돌봄을 받는다.
　　C □ 작은 동물들을 위한 특별 할인이 있다.

❻ 가격을 어떻게 상담해야 하는가?　　　　　　　　　　　　　　　　　0.5점

　　A □　　　　　　　　　　　B □　　　　　　　　　　　C □

Étape 3　문제 2의 필수 어휘를 익히고, 스크립트를 확인해 보세요.

자료 1

invité 초대받은 사람, 손님 | émission (f.) 방송 | à l'heure 정각에, 정시에 | faire une réservation 예약하다 | recevoir 받다, 맞이하다 | représenter 나타내다 | variété (f.) 다양성 | il est nécessaire de + 동사원형 ~하는 것이 필요하다 | réserver 예약하다 | par téléphone 전화로

스크립트

Ce soir sur la radio NRJ, nous recevons le chanteur qui représente la variété française. Vous pouvez écouter ses nouvelles chansons. Le ticket d'entrée est gratuit mais il est nécessaire de réserver par téléphone ou sur notre site internet.

오늘 저녁 NRJ 라디오에서 저희는 프랑스의 다양성을 나타내는 가수를 모십니다. 당신은 그의 새로운 노래들을 들을 수 있습니다. 입장 티켓은 무료지만 전화로 또는 저희 인터넷 사이트에서 예약하셔야 합니다.

자료 2

어휘

printemps (m.) 봄 | économique 경제적인 | scientifique 과학적인, 과학자 | robot (m.) 로봇 | invention (f.) 발명품 | merveilleux 훌륭한, 멋진 | avoir l'occasion de + 동사원형 ~할 기회가 있다 | voler 날다 | drone (m.) 드론

스크립트

Événement pour les amoureux des robots. Du 1er au 3 avril, vous allez pouvoir rencontrer des scientifiques et voir des inventions merveilleuses. Les jeunes vont avoir l'occasion d'apprendre à faire voler des drones. Rendez-vous à partir de vendredi.

로봇 애호가들을 위한 행사입니다. 4월 1일부터 3일까지 당신은 과학자들을 만나고 멋진 발명품들을 볼 수 있을 것입니다. 젊은이들은 드론을 날리는 것을 배울 기회가 있을 것입니다. 금요일부터 방문하세요!

자료 3

어휘

pension (f.) 펜션, 하숙, 보호소 | spécial 특별한 | garder 돌보다, 보살피다 | ambiance (f.) 분위기 | familial 가족적인 | réduction (f.) 가격 할인 | consulter 문의하다 | partir en vacances 휴가(바캉스)를 떠나다 | compagnon 친구, 동반자 | calme 조용한 | confortable 안락한, 쾌적한 | expert 전문가 | professionnel 직업인 | diplômé 학위가 있는 | s'occuper de ~을 맡다, 돌보다 | bien-aimé 매우 사랑하는

스크립트

Une information avantageuse : à Paris, une nouvelle pension pour animaux domestiques vient d'ouvrir. Quand vous partez en vacances, elle garde votre compagnon dans une ambiance familiale, calme et confortable. Des experts et des professionnels diplômés s'occupent de votre animal bien-aimé. Vous pouvez consulter les prix par téléphone ou sur le site internet.

이로운 정보: 파리에서 반려동물들을 위한 새로운 보호소가 막 개장했습니다. 당신이 휴가를 떠날 때 가족적이고 조용하며 편안한 분위기 속에서 당신의 친구를 돌봅니다. 전문가들과 학위가 있는 직업인들이 당신의 매우 사랑하는 동물을 돌볼 것입니다. 전화 또는 저희의 인터넷 사이트로 가격에 대해 문의하실 수 있습니다.

Étape 4

문제 2의 해설을 확인해 보세요.

해설

문항	풀이 요령
1	라디오 방송에서 들을 수 있는 내용에 관한 문제로, 이 방송의 초대 손님이 누구인지 묻고 있다. "nous recevons le chanteur qui représente la variété française. 저희는 프랑스의 다양성을 나타내는 가수를 모십니다"라는 내용에 따라 정답은 **A**.
2	라디오 방송의 입장 방법을 묻고 있다. "il est nécessaire de réserver par téléphone ou sur notre site internet 전화로 또는 저희 인터넷 사이트에서 예약하셔야 합니다"라는 내용에 따라 정답은 **C**.
3	로봇과 관련된 행사가 열리는 시기를 묻고 있다. 음성에서 "Du 1er au 3 avril 4월 1일부터 3일까지"라고 했으므로 정답은 **C**.
4	이 행사에서 젊은이들이 무슨 활동을 할 수 있는지 묻고 있다. "Les jeunes vont avoir l'occasion d'apprendre à faire voler des drones. 젊은이들은 드론을 날리는 것을 배울 기회가 있을 것입니다."라고 하였으므로 정답은 **B**.
5	음성에서 언급된 동물 보호소가 특별한 점이 무엇인지 묻는 문제이다. "elle garde votre compagnon dans une ambiance familiale, calme et confortable 가족적이고 조용하며 편안한 분위기 속에서 당신의 친구를 돌봅니다"라고 하였으므로 정답은 **B**.
6	가격을 상담하기 위한 방법이 무엇인지 묻고 있다. "Vous pouvez consulter les prix par téléphone ou sur le site internet. 전화 또는 저희의 인터넷 사이트로 가격에 대해 문의하실 수 있습니다"라는 내용에 따라 정답은 **A**.

EXERCICE 2 실전 연습

🎧 Track 2-03

Étape 1 전략에 따라 EXERCICE 2 연습 문제를 풀어 보세요.

Vous écoutez la radio. *6 points*

DOCUMENT 1
Lisez les questions. Écoutez le document puis répondez.

❶ Quelle activité pouvez-vous faire avec vos enfants ? *0,5 point*

A ☐   B ☐   C ☐

❷ Le centre de loisirs vous offre … *1 point*

A ☐ un vélo.
B ☐ un T-shirt.
C ☐ un jus de fruits.

DOCUMENT 2
Lisez les questions. Écoutez le document puis répondez.

❸ La fête aura lieu … *1 point*

A ☐ en été.
B ☐ en automne.
C ☐ en hiver.

④ Le grand gagnant peut avoir …   [1 point]

A ☐ une moto.

B ☐ une voiture.

C ☐ une bicyclette.

DOCUMENT 3

Lisez les questions. Écoutez le document puis répondez.

⑤ Que peut-on apprendre dans cette école ?   [2 points]

A ☐ À faire du vélo.

B ☐ À faire de la moto.

C ☐ À conduire une voiture.

⑥ Que doit-on préparer ?   [0,5 point]

A ☐   B ☐   C ☐

Étape 2

문제 3의 내용을 해석해 보세요.

당신은 라디오를 듣습니다. 6점

자료 1

문제들을 읽으세요. 자료를 듣고 답변하세요.

❶ 당신은 어떤 활동을 자녀들과 함께 할 수 있는가? 0.5점

A ☐   B ☐   C ☐

❷ 레저 센터는 당신에게 … 제공한다. 1점

  A ☐ 자전거를
  B ☐ 티셔츠를
  C ☐ 과일 주스를

자료 2

문제들을 읽으세요. 자료를 듣고 답변하세요.

❸ 축제는 … 개최될 것이다. 1점

  A ☐ 여름에
  B ☐ 가을에
  C ☐ 겨울에

DELF A2 · 듣기

❹ 대상 수상자는 … 가질 수 있다. 　　　　　　　　　　　　　　　　1점

　A ☐ 오토바이를
　B ☐ 자동차를
　C ☐ 자전거를

자료 3

문제들을 읽으세요. 자료를 듣고 답변하세요.

❺ 이 학교에서 무엇을 배울 수 있는가? 　　　　　　　　　　　　　2점

　A ☐ 자전거 타는 것
　B ☐ 오토바이 타는 것
　C ☐ 자동차를 운전하는 것

❻ 무엇을 준비해야 하는가? 　　　　　　　　　　　　　　　　　　0.5점

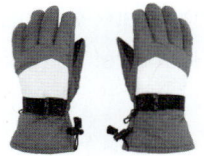　　　　

　A ☐　　　　　　　　B ☐　　　　　　　　C ☐

Étape 3 　문제 3의 필수 어휘를 익히고, 스크립트를 확인해 보세요.

자료 1

vélo (m.) 자전거 | proposer 제안하다 | sortie (f.) 외출 | en famille 가족끼리 | apprécier 감상하다 |
spectacle (m.) 공연, 연극 | inoubliable 잊을 수 없는 | gratuitement 무료로 | boisson (f.) 음료

스크립트

Mesdames et messieurs,
ce samedi, le centre de loisirs vous propose une sortie en famille. Vous pouvez faire du vélo avec vos enfants au parc. Ou bien, vous pouvez apprécier le magnifique spectacle pour passer un moment inoubliable. Nous vous offrons gratuitement des boissons.

신사 숙녀 여러분,
이번 주 토요일, 레저 센터는 당신에게 가족 외출을 제안합니다. 당신은 공원에서 당신의 자녀들과 자전거를 탈 수 있습니다. 또는 당신은 잊지 못할 순간을 보내기 위해 멋진 공연을 관람할 수 있습니다. 음료를 무료로 제공합니다.

자료 2

어휘

fête (f.) 축제 | avoir lieu 개최되다, 일어나다 | gagnant 승리자, 당첨자 | moto (f.) 오토바이 | bicyclette (f.) 자전거 | mairie (f.) 시청 | apporter 가져오다 | participer 참여하다 | concours (m.) 경기

스크립트

Chers habitants,
la fête de notre village aura lieu le 6 octobre sur la place de la mairie. Vous pouvez apporter des plats et ce sera une bonne occasion de rencontrer vos nouveaux voisins. D'ailleurs, vous pouvez participer au concours de chanson organisé par la mairie. Le grand gagnant peut gagner un vélo. Venez nombreux !

친애하는 주민 여러분,
마을 축제가 시청 광장에서 10월 6일에 열립니다. 음식들을 가져오실 수 있고, 새로운 이웃들을 만날 수 있는 좋은 기회가 될 것입니다. 게다가 당신은 시청에서 주최하는 노래 경연 대회에 참가할 수 있습니다. 대상 수상자는 자전거를 타 가실 수 있습니다. 많이 와 주세요!

자료 3

어휘

conduire 운전하다 | apprendre à ~하는 것을 배우다 | faire de la bicyclette 자전거를 타다 | à partir de ~부터 | terrain de jeux (m.) 놀이터 | aide (f.) 도움 | oublier 잊어버리다 | casque (m.) 헬멧

스크립트

Une information originale : à Paris, une école du vélo pour enfants vient d'ouvrir. Pour 30 €, vos enfants peuvent apprendre à faire de la bicyclette. À partir de maintenant, vos enfants peuvent faire du vélo dans le parc ou sur le terrain de jeux sans aucune aide. Tout ça sans réservation ! Et n'oubliez pas d'apporter le casque.

참신한 정보: 파리에서 아이들을 위한 자전거 학교가 문을 열었습니다. 30유로에 당신의 아이들은 자전거 타는 것을 배울 수 있습니다. 지금부터 당신의 아이들은 아무런 도움 없이 공원 또는 놀이터에서 자전거를 탈 수 있습니다. 이 모든 것을 예약 없이 말이죠! 헬멧을 가져오는 것을 잊지 마세요.

Étape 4

문제 3의 해설을 확인해 보세요.

해설

문항	풀이 요령
1	레저 센터에서 자녀들과 어떤 활동을 할 수 있는지를 묻고 있다. "Vous pouvez faire du vélo avec vos enfants au parc. 당신은 공원에서 당신의 자녀들과 자전거를 탈 수 있습니다"라는 내용에 따라 정답은 **A**.
2	레저 센터가 제공하는 것이 무엇인지 묻고 있다. "Nous vous offrons gratuitement des boissons. 음료를 무료로 제공합니다."라는 내용에 따라 정답은 **C**.
3	마을 축제에 관한 내용으로, 행사 시기와 관련한 문제이다. "la fête de notre village aura lieu le 6 octobre 마을 축제가 10월 6일에 열립니다"라고 했으므로, 계절은 가을인 **B**.
4	대상 수상자의 상품을 묻는 문제로, "Le grand gagnant peut gagner un vélo. 대상 수상자는 자전거를 타 가실 수 있습니다."라는 내용에 따라 정답은 **C**.
5	이 학교에서 무엇을 배울 수 있는지 묻는 문제이다. "vos enfants peuvent apprendre à faire de la bicyclette 당신의 아이들은 자전거 타는 것을 배울 수 있습니다"라고 하였으므로 정답은 **A**.
6	준비물이 무엇인지 묻는 문제이다. "n'oubliez pas d'apporter le casque 헬멧을 가져오는 것을 잊지 마세요"라는 내용에 따라 정답은 **B**.

EXERCICE 2 실전 연습

🎧 Track 2-04

전략에 따라 EXERCICE 2 연습 문제를 풀어 보세요.

Vous écoutez la radio.

6 points

DOCUMENT 1

Lisez les questions. Écoutez le document puis répondez.

❶ De quel spectacle parle la journaliste ? *0,5 point*

A ☐　　　　　　　　B ☐　　　　　　　　C ☐

❷ Pour entrer, vous devez … *1 point*

A ☐ vendre le billet.
B ☐ acheter le catalogue.
C ☐ faire une réservation par Internet.

DOCUMENT 2

Lisez les questions. Écoutez le document puis répondez.

❸ Qui va organiser cet événement ? *1 point*

A ☐ Une école.
B ☐ Une mairie.
C ☐ Une société.

❹ Que peuvent faire les employés ?   [1 point]

A ☐ Faire du sport.

B ☐ Faire une promenade.

C ☐ Manger de la nourriture.

DOCUMENT 3

Lisez les questions. Écoutez le document puis répondez.

❺ Quel est l'avantage de cette activité ?   [2 points]

A ☐ Elle est gratuite.

B ☐ On peut passer du temps avec sa famille.

C ☐ Elle permet aux enfants de se concentrer sur leurs études.

❻ Quelle activité les enfants peuvent-ils faire à la nuit ?   [0,5 point]

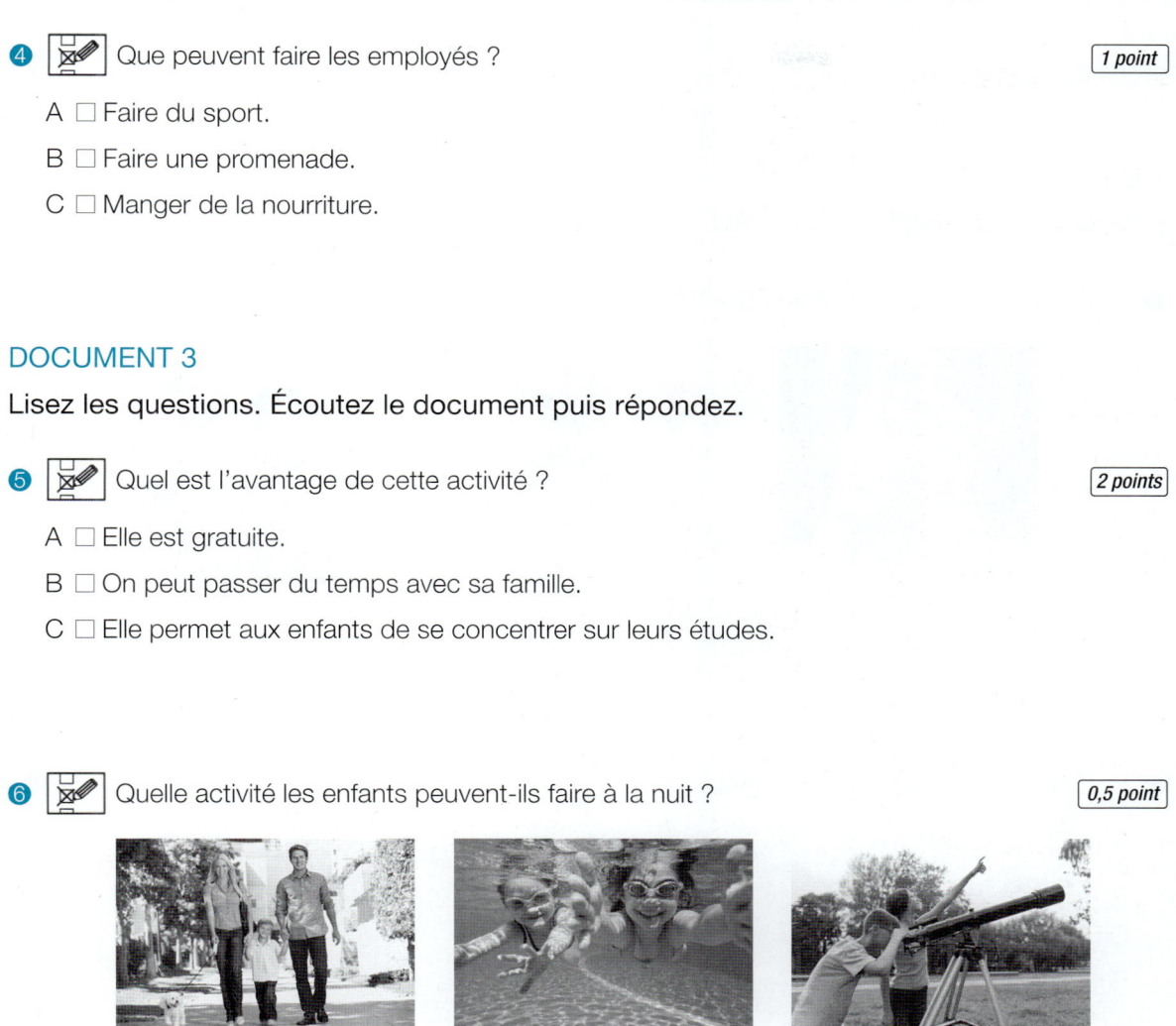

A ☐   B ☐   C ☐

Étape 2

문제 4의 내용을 해석해 보세요.

당신은 라디오를 듣습니다. 6점

자료 1
문제들을 읽으세요. 자료를 듣고 답변하세요.

❶ 기자는 어떤 공연에 대해 말하는가? 0.5점

A ☐   B ☐   C ☐

❷ 입장하기 위해서 당신은 … 한다. 1점

A ☐ 티켓을 팔아야
B ☐ 카탈로그를 사야
C ☐ 인터넷으로 예약을 해야

자료 2
문제들을 읽으세요. 자료를 듣고 답변하세요.

❸ 누가 이 행사를 개최하는가? 1점

A ☐ 학교
B ☐ 시청
C ☐ 회사

❹ 직원들은 무엇을 할 수 있는가?   1점

A ☐ 운동하기
B ☐ 산책하기
C ☐ 음식을 먹기

자료 3

문제들을 읽으세요. 자료를 듣고 답변하세요.

❺ 이 활동의 장점은 무엇인가?   2점

A ☐ 무료다.
B ☐ 가족과 함께 시간을 보낼 수 있다.
C ☐ 아이들이 공부에 집중할 수 있게 해 준다.

❻ 밤에 아이들은 무엇을 할 수 있는가?   0.5점

A ☐   B ☐   C ☐

Étape 3 문제 4의 필수 어휘를 익히고, 스크립트를 확인해 보세요.

자료 1

spectacle (m.) 공연 | vendre 팔다 | faire une reservation 예약하다 | découvrir 알아내다, 발견하다 | grand 위대한 | danseur 무용수 | il est nécessaire de + 동사원형 ~하는 것이 필요하다

> Ce soir à l'Opéra de Paris, venez découvrir le grand spectacle de la jeune danseuse de ballet, Marie Claire. L'entrée est gratuite, mais il est nécessaire de réserver par téléphone ou sur notre site internet.
>
> 오늘 저녁 l'Opéra de Paris에서 젊은 여성 발레리나인 Marie Claire의 위대한 공연을 발견하러 오세요. 입장은 무료이지만 전화나 저희의 인터넷 사이트로 예약하셔야 합니다.

자료 2

événement (m.) 행사 | mairie (f.) 시청 | société (f.) 회사, 사회 | employé 직원 | faire une promenade 산책하다 | nourriture (f.) 음식 | compagnie (f.) 회사 | pique-nique (m.) 소풍 | à l'occasion de ~을 맞이하여 | goûter 맛보다 | agréable 기분 좋은, 유쾌한

> Événement pour les employés. Notre compagnie va organiser un pique-nique vendredi prochain à l'occasion de son dixième anniversaire. Vous pourrez goûter des plats délicieux offerts par la compagnie. Vous pouvez venir avec votre famille pour passer une journée agréable.
>
> 직원들을 위한 행사. 우리 회사는 창립 10주년을 맞이하여 다음 주 금요일에 피크닉을 계획하고 있습니다. 여러분은 회사에서 제공되는 맛있는 음식들을 맛볼 수 있을 것입니다. 여러분은 기분 좋은 하루를 보내기 위해 가족과 함께 와도 됩니다.

자료 3

passer (시간을) 보내다 | permettre 허락하다, 가능하게 하다 | se concentrer 집중하다 | bois (m.) 숲 | camping (m.) 캠핑(장) | fôret (f.) 숲 | sauvage 야생의 | étoile (f.) 별 | brillant 빛나는 | ciel (m.) 하늘

스크립트

Une information originale : Au bois de Vincennes, un nouveau camping pour les familles vient d'ouvrir. Pour 10€, vos enfants peuvent se promener dans la forêt, découvrir de petits animaux sauvages. Ils pourront voir des étoiles brillantes dans le ciel de la nuit. Tout ça sans réservation !

참신한 정보: Vincennes 숲에서 가족을 위한 새로운 캠핑장이 막 문을 열었습니다. 10유로에 당신의 아이들은 숲 속에서 산책을 하고 작은 야생동물들을 발견할 수 있습니다. 이들은 밤 하늘에 빛나는 별들을 볼 수 있을 것입니다. 이 모든 것을 예약 없이 말이죠!

Étape 4

문제 4의 해설을 확인해 보세요.

해설

문항	풀이 요령
1	어떤 공연인지를 묻는 문제이다. "venez découvrir le grand spectacle de la jeune danseuse de ballet, Marie Claire 젊은 여성 발레리나인 Marie Claire의 위대한 공연을 발견하러 오세요"라고 했으므로 정답은 **B**.
2	두 번째 문제는 입장하기 위한 조건을 묻고 있는데, "il est nécessaire de réserver par téléphone ou sur notre site internet 전화나 저희의 인터넷 사이트로 예약하셔야 합니다"라는 내용에 따라 정답은 **C**.
3	행사의 주최자를 묻는 문제이다. "Notre compagnie va organiser un pique-nique vendredi prochain à l'occasion de son dixième anniversaire. 우리 회사는 창립 10주년을 맞이하여 다음 주 금요일에 피크닉을 계획하고 있습니다."라는 내용에 따라 정답은 **C**.
4	직원들이 할 수 있는 활동에 대한 문제로, "Vous pourrez goûter des plats délicieux offerts par la compagnie. 여러분은 회사에서 제공되는 맛있는 음식들을 맛볼 수 있을 것입니다."라는 내용에 따라 정답은 **C**.
5	캠핑장 개장에 대한 정보와 관련한 문제로, 이 활동의 장점이 무엇인지를 묻고 있다. "Au bois de Vincennes, un nouveau camping pour les familles vient d'ouvrir. Vincennes 숲에서 가족을 위한 새로운 캠핑장이 막 문을 열었습니다."라는 내용에 따라 정답은 **B**.
6	밤에 할 수 있는 활동이 무엇인지를 묻고 있다. "Ils pourront voir des étoiles brillantes dans le ciel de la nuit. 이들은 밤 하늘에 빛나는 별들을 볼 수 있을 것입니다."라는 내용에 따라 정답은 **C**.

EXERCICE 2 실전 연습

🎧 Track 2-05

 전략에 따라 EXERCICE 2 연습 문제를 풀어 보세요.

Vous écoutez la radio.   *6 points*

DOCUMENT 1
Lisez les questions. Écoutez le document puis répondez.

❶ De quoi parle la journaliste ?   *0,5 point*

A ☐   B ☐   C ☐

❷ Comment pouvez-vous réserver ?   *1 point*

A ☐ Par lettre.
B ☐ Par Internet.
C ☐ Par téléphone.

DOCUMENT 2
Lisez les questions. Écoutez le document puis répondez.

❸ L'événement se déroule pendant ...   *1 point*

A ☐ une journée.
B ☐ une semaine.
C ☐ un mois.

❹ L'activité des jeunes concerne ... [1 point]

A ☐ le jeu.

B ☐ le sport.

C ☐ la cuisine.

DOCUMENT 3

Lisez les questions. Écoutez le document puis répondez.

❺ Pourquoi ce marché est-il spécial ? [2 points]

A ☐ On y vend des produits à prix net.

B ☐ On peut y acheter des produits locaux.

C ☐ On y vend uniquement des produits exotiques.

❻ Que pouvez-vous faire ? [0,5 point]

A ☐   B ☐   C ☐

문제 5의 내용을 해석해 보세요.

당신은 라디오를 듣습니다. 　　　　　　　　　　　　　　　　　　　　　　　　6점

자료 1
문제들을 읽으세요. 자료를 듣고 답변하세요.

❶ 기자는 무엇에 대해 말하는가? 　　0.5점

　　A □ 　　　　　　　B □ 　　　　　　　C □

❷ 어떻게 예약할 수 있는가? 　　1점

A □ 편지로
B □ 인터넷으로
C □ 전화로

자료 2
문제들을 읽으세요. 자료를 듣고 답변하세요.

❸ 행사는 … 동안 지속된다. 　　1점

A □ 하루
B □ 일주일
C □ 한 달

❹ 아이들의 활동은 … 관련 있다. 1점

　A ☐ 게임
　B ☐ 운동
　C ☐ 요리

자료 3

문제들을 읽으세요. 자료를 듣고 답변하세요.

❺ 왜 이 시장은 특별한가? 2점

　A ☐ 물건들을 정가에 판다.
　B ☐ 특산물들을 살 수 있다.
　C ☐ 이국적인 물건들만 판매한다.

❻ 무엇을 할 수 있는가? 0.5점

　　　A ☐　　　　　　　B ☐　　　　　　　C ☐

Étape 3

문제 5의 필수 어휘를 익히고, 스크립트를 확인해 보세요.

자료 1

어휘

écrivain 작가 | ouvrage (m.) 작품 | recevoir 받다 | autographe (m.) 사인

스크립트

Ce soir à la Maison de la radio, venez rencontrer le grand écrivain Guillaume Musso. Il va vous parler de son nouvel ouvrage et vous pourrez recevoir son autographe. L'entrée est gratuite, mais vous devez reserver sur notre site internet ou bien venez tôt car on limite le nombre de personnes.

오늘 저녁, Maison de la radio에서 위대한 작가인 Guillaume Musso를 만나러 오세요. 그는 자신의 새 작품에 대해 여러분께 말할 것이고 당신은 그의 사인을 받을 수 있을 것입니다. 입장은 무료이지만 저희의 인터넷 사이트에서 예약을 하거나 일찍 오세요. 왜냐하면 인원을 제한하기 때문입니다.

자료 2

어휘

se dérouler 일어나다, 전개되다 | pendant ~동안 | cuisine (f.) 요리 | chocolat (m.) 초콜릿 | artisan 장인 | démonstration (f.) 시범, 실습 | chocolatier 초콜릿 제작업자

스크립트

Événement pour les amoureux du chocolat. Du 1er au 7 novembre, vous allez pouvoir rencontrer des artisans et voir une démonstration. Les enfants vont même pouvoir faire un gâteau au chocolat avec des chocolatiers. Passez un bon moment avec votre famille !

초콜릿 애호가들을 위한 행사입니다. 11월 1일부터 7일까지 당신은 장인들을 만날 수 있으며 시범을 볼 수 있습니다. 아이들은 초콜릿 제조업자들과 함께 초콜릿 케이크를 만들 수도 있습니다. 가족과 함께 좋은 시간을 보내세요!

자료 3

어휘

marché (m.) 시장 | à prix net 정가로 | local 지역의, 지방 특유의 | vendre 팔다 | uniquement 오로지, 단지 | exotique 이국적인 | régional 지역적인 | à bon prix 좋은 가격 | réanimer 다시 활기를 띠게 하다 | économie (f.) 경제

DELF A2

DELF A2 · 듣기

스크립트

Une information pratique : à Lille, un marché local pour les habitants vient d'ouvrir. Vous pouvez acheter tous les produits régionaux à bon prix sans aller dans une grande ville. D'ailleurs, c'est une bonne occasion de réanimer l'économie régionale.

실용적인 정보: Lille에 주민들을 위한 지역 시장이 막 개장했습니다. 당신은 대도시로 가지 않고도 좋은 가격에 모든 특산물들을 살 수 있습니다. 게다가 이것은 지역 경제를 다시 활성화시킬 수 있는 좋은 기회입니다.

Étape 4

문제 5의 해설을 확인해 보세요.

문항	풀이 요령
1	기자가 언급하는 행사가 무엇인지를 묻고 있다. "venez rencontrer le grand écrivain Guillaume Musso 위대한 작가인 Guillaume Musso를 만나러 오세요"라고 하였으므로 정답은 **A**.
2	행사에 참석하기 위한 예약 방법을 묻고 있다. "vous devez réserver sur notre site internet ou bien venez tôt car on limite le nombre de personnes 저희의 인터넷 사이트에서 예약을 하거나 일찍 오세요. 왜냐하면 인원을 제한하기 때문입니다"라는 내용에 따라 정답은 **B**.
3	행사가 얼마 동안 지속되는지를 묻는 문제로, "Du 1er au 7 novembre 11월 1일부터 7일까지"라고 하였으므로 정답은 **B**.
4	아이들이 할 수 있는 활동이 무엇인지 묻고 있다. "Les enfants vont même pouvoir faire un gâteau au chocolat avec des chocolatiers. 아이들은 초콜릿 제조업자들과 함께 초콜릿 케이크를 만들 수도 있습니다."라는 내용이 있으므로 정답은 **C**.
5	음성에서 언급된 시장이 특별한 이유를 묻고 있다. "acheter tous les produits régionaux 모든 특산물들을 살 수 있습니다"라는 내용에 따라 정답은 **B**.
6	시장에서 할 수 있는 활동이 무엇인지 묻고 있다. "un marché local pour les habitants vient d'ouvrir 주민들을 위한 지역 시장이 막 개장했습니다"라는 내용에 따라 정답은 **A**.

EXERCICE 2 실전 연습

🎧 Track 2-06

Étape 1 — 전략에 따라 EXERCICE 2 연습 문제를 풀어 보세요.

Vous écoutez la radio. *6 points*

DOCUMENT 1

Lisez les questions. Écoutez le document puis répondez.

❶ De quel problème parle l'invité ? *0,5 point*

A ☐

B ☐

C ☐

❷ Pour entrer, … *1 point*

A ☐ il faut payer.
B ☐ il faut réserver en ligne.
C ☐ la réservation est obligatoire.

DOCUMENT 2

Lisez les questions. Écoutez le document puis répondez.

❸ Combien de temps dure l'événement ? *1 point*

A ☐ Deux semaines.
B ☐ Deux mois.
C ☐ Deux ans.

❹ Que les enfants peuvent-ils apprendre à faire ? [1 point]

A ☐ Faire du yoga.

B ☐ Faire de la natation.

C ☐ Faire de la peinture.

DOCUMENT 3

Lisez les questions. Écoutez le document puis répondez.

❺ Pour qui la mairie organise-t-elle cet événement ? [2 points]

A ☐ Pour les enfants.

B ☐ Pour les adolescents.

C ☐ Pour les adultes.

❻ Qu'est-ce qu'on peut apprendre ? [0,5 point]

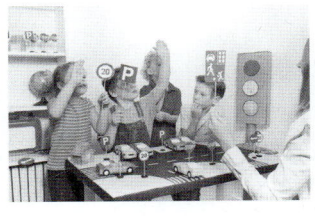  

A ☐ B ☐ C ☐

Étape 2

문제 6의 내용을 해석해 보세요.

당신은 라디오를 듣습니다. | 6점

자료 1

문제들을 읽으세요. 자료를 듣고 답변하세요.

❶ 초대 손님은 어떤 문제에 다해 말하고 있습니까? | 0.5점

A ☐　　　　　　　　　B ☐　　　　　　　　　C ☐

❷ 들어가기 위해서는, … | 1점

A ☐ 돈을 지불해야 한다.
B ☐ 온라인으로 예약을 해야 한다.
C ☐ 예약이 필수적이다.

자료 2

문제들을 읽으세요. 자료를 듣고 답변하세요.

❸ 행사는 얼마동안 진행되는가? | 1점

A ☐ 2주
B ☐ 2달
C ☐ 2년

130　DELF A2

❹ 아이들은 무엇을 하는 것을 배울 수 있는가? 1점

A □ 요가를 하는 것
B □ 수영을 하는 것
C □ 그림을 그리는 것

자료 3
문제들을 읽으세요. 자료를 듣고 답변하세요.

❺ 시청은 누구를 위해 이 행사를 개최하는가? 2점

A □ 아이들을 위해서
B □ 청소년들을 위해서
C □ 성인들을 위해서

❻ 무엇을 배울 수 있는가? 0.5점

A □   B □   C □

Étape 3 문제 6의 필수 어휘를 익히고, 스크립트를 확인해 보세요.

자료 1

어휘
payer 지불하다 | obligatoire 필수적인 | écologiste 생태학자, 환경보호론자 | environnement (m.) 환경 | indispensable 필수적인

스크립트

Ce soir, nous invitons l'écologiste Mathieu. Il va nous parler des problèmes de l'environnement. Il est indispensable de réserver par téléphone car il y aura beaucoup de monde.

오늘 저녁, 우리는 생태학자인 Mathieu를 모십니다. 그는 우리에게 환경 문제에 대해 말할 것입니다. 입장은 무료이지만 전화로 예약하셔야 하는 것이 필수적인데 왜냐하면 사람들이 많을 것이기 때문입니다.

자료 2

어휘

durer 지속되다 | semaine (f.) 주 | mois (m.) 달 | an (m.) 연(年) | peinture (f.) 그림 그리기 | nager 수영하다 | piscine couverte (f.) 실내 수영장 | se relaxer 긴장을 풀다

스크립트

Événement pour les vacances d'été. Le club de loisirs organise de nombreux événements pour votre famille. Du 01 juillet au 30 août, les enfants peuvent apprendre à nager dans la piscine couverte. Et puis, il y aura un cours de yoga pour les parents, ce qui vous permettra de vous relaxer. Pour plus d'informations, consultez le site internet de notre club.

여름 휴가를 위한 행사입니다. 레저 센터에서 당신의 가족을 위해 많은 행사들을 개최합니다. 7월 1일부터 8월 30일까지, 아이들은 실내 수영장에서 수영하는 것을 배울 수 있습니다. 그리고 부모들을 위한 요가 수업이 있는데 이것은 당신이 긴장을 풀 수 있게 해 줄 것입니다. 더 많은 정보를 얻기 위해서는 저희 클럽의 인터넷 사이트를 참고하세요.

자료 3

어휘

mairie (f.) 시청 | adolescent 청소년 | adulte 성인 | auto-école (f.) 자동차 운전 학원 | expliquer 설명하다 | règle (f.) 규칙 | conduite (f.) 행동, 품행 | s'arrêter 멈추다

132 DELF A2

스크립트

Une information originale : la mairie de Lyon ouvre une auto-école pour les enfants pendant une semaine. On explique aux enfants les règles de bonne conduite (regarder autour de soi avant de traverser la rue, s'arrêter au feu rouge...)

참신한 정보: 리옹 시청은 일주일 동안 아이들을 위한 자동차 학교를 엽니다. 아이들에게 올바른 행동 규칙들(도로를 건너기 전 주위를 둘러볼 것, 빨간 불에서 멈추기 ...)을 설명합니다.

Étape 4

문제 6의 해설을 확인해 보세요.

해설

문항	풀이 요령
1	초대 손님이 언급한 문제가 무엇인지를 묻고 있다. "Il va nous parler des problèmes de l'environnement. 그는 우리에게 환경 문제에 대해 말할 것입니다."라고 했으므로 정답은 **A**.
2	입장 방법에 관한 문제이다. "Il est indispensable de réserver par telephone 전화로 예약하셔야 하는 것이 필수적인데"라는 내용에 따라 정답은 **C**.
3	행사가 얼마 동안 진행되는지 묻는 문제로서 "Du 01 juillet au 30 août 7월 1일부터 8월 30일까지" 아이들이 수영하는 것을 배울 수 있다고 하였으므로 정답은 **B**.
4	아이들이 무엇을 배울 수 있는지 묻는 문제이다. "les enfants peuvent apprendre à nager dans la piscine couverte 아이들은 실내 수영장에서 수영하는 것을 배울 수 있습니다"라는 내용에 따라 정답은 **B**.
5	시청에서 개최하는 행사의 대상이 누구인지 묻고 있다. "une auto-école pour les enfants 아이들을 위한 자동차 학교"를 연다고 하였으므로 정답은 **A**.
6	교육받는 내용이 무엇인지 묻고 있다. "regarder autour de soi avant de traverser la rue, s'arrêter au feu rouge... 도로를 건너기 전 주위를 둘러볼 것, 빨간 불에서 멈추기..."라는 내용에 따라 정답은 **A**.

EXERCICE 2 실전 연습

 Track 2-07

Étape 1 전략에 따라 EXERCICE 2 연습 문제를 풀어 보세요.

Vous écoutez la radio. *6 points*

DOCUMENT 1

Lisez les questions. Écoutez le document puis répondez.

❶ Quelle est la profession de l'invitée ? *0,5 point*

A ☐   B ☐   C ☐

❷ 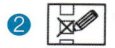 Vous ne devez pas … *1 point*

A ☐ applaudir.

B ☐ photographier.

C ☐ monter sur la scène.

DOCUMENT 2

Lisez les questions. Écoutez le document puis répondez.

❸ L'événement aura lieu … *1 point*

A ☐ au printemps.

B ☐ en été.

C ☐ en automne.

❹ Que pouvez-vous faire ? ⟦1 point⟧

A ☐ Essayer une voiture.

B ☐ Vendre un véhicule d'occasion.

C ☐ Acheter une voiture magnifique.

DOCUMENT 3

Lisez les questions. Écoutez le document puis répondez.

❺ Pourquoi ce lieu est-il spécial ? ⟦2 points⟧

A ☐ On peut y nager.

B ☐ Il se situe loin de la grande ville.

C ☐ Il accueille des animaux domestiques.

❻ Qu'est-ce qu'on peut faire ? ⟦0,5 point⟧

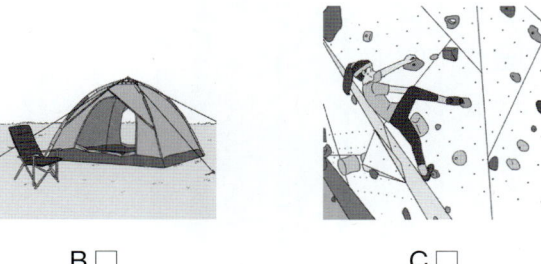

A ☐   B ☐   C ☐

 **Étape 2** 문제 7의 내용을 해석해 보세요.

당신은 라디오를 듣습니다. `6점`

자료 1
문제들을 읽으세요. 자료를 듣고 답변하세요.

❶ 초대 손님의 직업은 무엇인가? `0.5점`

A ☐　　　　　B ☐　　　　　C ☐

❷ 당신은 … 안 된다. `1점`
   A ☐ 박수를 치면
   B ☐ 사진을 찍으면
   C ☐ 무대에 올라가면

자료 2
문제들을 읽으세요. 자료를 듣고 답변하세요.

❸ 행사는 … 개최될 것이다. `1점`
   A ☐ 봄에
   B ☐ 여름에
   C ☐ 가을에

DELF A2 · 듣기

❹ 당신은 무엇을 할 수 있는가? **1점**

A □ 시험 운전하기
B □ 중고차를 판매하기
C □ 멋진 차를 사기

자료 3

문제들을 읽으세요. 자료를 듣고 답변하세요.

❺ 왜 이 장소가 특별한가? **2점**

A □ 그곳에서 수영을 할 수 있다.
B □ 대도시에서 멀리 떨어져 있다.
C □ 반려동물들을 수용한다.

❻ 무엇을 할 수 있는가? **0.5점**

A □   B □   C □

Étape 3 문제 7의 필수 어휘를 익히고, 스크립트를 확인해 보세요.

어휘

자료 1

occasion (f.) 기회 | guitariste 기타리스트

Ce soir à Radio France, nous recevons Patricia Miu. Vous aurez l'occasion d'écouter le grand concert de cette jeune guitariste. Il est interdit de prendre des photos.

오늘 저녁 Radio France에서 Patricia Miu를 맞이합니다. 당신은 이 젊은 기타리스트의 위대한 공연을 들을 수 있는 기회를 갖게 될 것입니다. 사진을 찍는 것은 금지입니다.

자료 2

véhicule d'occasion (m.) 중고차 | **automobile (m.)** 자동차 | **exceptionnel** 예외적인, 특별한 | **partager** 나누다, 함께 하다

Événement pour les amoureux des automobiles. Du 2 au 6 octobre, il y a le Salon de l'automobile à Paris. Vous aurez l'occasion de conduire des voitures exceptionnelles. Venez avec votre bien-aimé(e) pour partager un beau souvenir.

자동차 애호가들을 위한 행사입니다. 10월 2일부터 6일까지, 파리에서 자동차 박람회가 열립니다. 당신은 특별한 자동차들을 운전할 기회를 갖게 될 것입니다. 사랑하는 사람과 함께 오셔서 멋진 추억을 나누세요.

자료 3

se situer 위치하다 | **animal domestique (m.)** 반려동물, 가축 | **plage (f.)** 해변 | **installer** 설치하다 | **bronzer au soleil** 햇볕에 몸을 태우다, 일광욕하다 | **piscine (f.)** 수영장

Une information pratique : à Paris, une plage va être installée sur le quai de la Seine. Vous pouvez bronzer au soleil, aller à la piscine ou faire du sport. Tout ça sans réservation !

실용적인 정보: 파리에서 센느 강변에 해변이 설치될 것입니다. 당신은 일광욕을 할 수 있고 수영장에 가거나 운동을 할 수 있습니다. 이 모든 것을 예약 없이 말이죠!

문제 7의 해설을 확인해 보세요.

문항	풀이 요령
1	초대 손님의 직업을 묻는 문제로, "le grand concert de cette jeune guitariste 젊은 기타리스트의 위대한 공연"이라는 내용으로 보아 정답은 **A**.
2	금지 사항에 대한 문제이다. "Il est interdit de prendre des photos. 사진을 찍는 것은 금지입니다." 라는 내용에 따라 정답은 **B**.
3	행사 기간과 관련한 문제로서 "Du 2 au 6 octobre 10월 2일부터 6일까지"라고 하였으므로 정답은 **C**. 박람회가 며칠 동안 진행되는지를 묻는 방식으로 문제가 출제될 수도 있다.
4	행사에서 할 수 있는 활동이 무엇인지를 묻고 있다. "Vous aurez l'occasion de conduire des voitures exceptionnelles. 당신은 특별한 자동차들을 운전할 기회를 갖게 될 것입니다."라는 내용에 따라 정답은 **A**.
5	음성에서 언급된 장소가 특별한 이유에 대해 묻고 있다. 음성에서 센느 강변에 해변이 설치될 것인데, 이 해변에서 "Vous pouvez bronzer au soleil, aller à la piscine ou faire du sport. 당신은 일광욕을 할 수 있고 수영장에 가거나 운동을 할 수 있습니다."라고 했다. 이는 이 장소에서 수영을 할 수 있다는 의미이므로, 정답은 **A**.
6	이 장소에서 할 수 있는 활동에 대한 문제이다. 해변에서 "Vous pouvez bronzer au soleil, aller à la piscine ou faire du sport. 당신은 일광욕을 할 수 있고 수영장에 가거나 운동을 할 수 있습니다." 라는 내용에 따라, 정답은 **A**.

EXERCICE 2 실전 연습

🎧 Track 2-08

Étape 1 전략에 따라 EXERCICE 2 연습 문제를 풀어 보세요.

Vous écoutez la radio. *6 points*

DOCUMENT 1

Lisez les questions. Écoutez le document puis répondez.

❶ De quel événement parle la journaliste ? *0,5 point*

A ☐   B ☐   C ☐

❷ Pour participer, … *1 point*

A ☐ il faut acheter le billet d'entrée.
B ☐ il est nécessaire de faire une réservation.
C ☐ il faut préparer l'instrument de musique.

DOCUMENT 2

Lisez les questions. Écoutez le document puis répondez.

❸ Qui pouvez-vous rencontrer ? *1 point*

A ☐ Les critiques.
B ☐ Les chanteurs.
C ☐ Les dessinateurs.

❹ L'événement aura lieu …   `1 point`

A ☐ au début de novembre.

B ☐ au milieu de novembre.

C ☐ à la fin de novembre.

DOCUMENT 3

Lisez les questions. Écoutez le document puis répondez.

❺ Pourquoi ce lieu est-il spécial ?   `2 points`

A ☐ Il ouvre même pendant la nuit.

B ☐ On peut pratiquer des sports d'hiver en été.

C ☐ On peut pratiquer des sports estivaux en hiver.

❻ Quel sport pouvez-vous pratiquer ?   `0,5 point`

A ☐   B ☐   C ☐

Étape 2 문제 8의 내용을 해석해 보세요

당신은 라디오를 듣습니다.

자료 1

문제들을 읽으세요. 자료를 듣고 답변하세요.

❶ 기자는 어떤 행사에 대해 말하는가?

A ☐　　　　　　　　B ☐　　　　　　　　C ☐

❷ 참가하기 위해서는 …

A ☐ 입장권을 사야 한다.
B ☐ 예약을 하는 것이 필요하다.
C ☐ 악기를 준비해야 한다.

자료 2

문제들을 읽으세요. 자료를 듣고 답변하세요.

❸ 당신은 누구를 만날 수 있는가?

A ☐ 비평가들
B ☐ 가수들
C ☐ 만화가들, 데생화가들

DELF A2 · 듣기

❹ 행사는 … 개최될 것이다. [1점]

A □ 11월 초에
B □ 11월 중엽에
C □ 11월 말에

자료 3
문제들을 읽으세요. 자료를 듣고 답변하세요.

❺ 왜 이 장소가 특별한가? [2점]

A □ 밤에도 문을 연다.
B □ 여름에 겨울 스포츠를 할 수 있다.
C □ 겨울에 여름 스포츠를 할 수 있다.

❻ 어떤 스포츠를 할 수 있는가? [0.5점]

A □   B □   C □

Étape 3 문제 8의 필수 어휘를 익히고, 스크립트를 확인해 보세요.

자료 1

어휘 il est nécessaire de ~가 필요하다 | concours (m.) 경연 대회 | frais (m.pl.) 비용 | participation (f.) 참가

NRJ organise un concours de chansons ce soir. Il n'y a pas de frais de participation, mais vous devez apporter votre instrument de musique.

NRJ는 오늘 저녁에 노래 경연 대회를 개최합니다. 참가비는 없지만 당신은 당신의 악기를 가져와야 합니다.

자료 2

critique 비평가, 평론가 | dessinateur 만화가 | bande dessinée (f.) 만화 | auteur 작가 | préféré 좋아하는 | à partir de ~부터

Événement pour les amoureux des bandes dessinées. Du 1er au 7 novembre, vous allez pouvoir rencontrer des auteurs et lire des albums de bandes dessinées. Les enfants vont même pouvoir dessiner leur histoire préférée avec un artiste. Rendez-vous à partir de samedi.

만화를 사랑하는 사람들을 위한 행사. 11월 1일부터 7일까지, 당신은 작가들을 만나고 만화집들을 읽을 수 있습니다. 아이들은 작가와 함께 그들이 좋아하는 이야기를 그릴 수도 있습니다. 토요일부터 방문하세요.

자료 3

pratiquer 수행하다, (행위, 활동을) 하다 | estival 여름의 | au milieu de ~한가운데 | patinoire (f.) 스케이트 링크 | piste de luges (f.) 썰매장

Une information pratique : à Paris, un centre de loisirs pour skieurs vient d'ouvrir. Pour 50 €, vous pouvez faire du ski au milieu de l'été, aller à la patinoire, ou même à la piste de luges.

실용적인 정보: 파리에서 스키어들을 위한 레저 센터가 막 개장했습니다. 50유로에 당신은 한여름에 스키를 탈 수 있고 스케이트 링크에 가거나 썰매장에 갈 수도 있습니다.

| Étape 4 | 문제 8의 해설을 확인해 보세요. |

문항	풀이 요령
1	기자가 언급하는 행사의 성격을 묻는 문제이다. "NRJ organise un concours de chansons ce soir. NRJ는 오늘 저녁에 노래 경연 대회를 개최합니다."라는 내용에 따라 정답은 **B**.
2	행사에 참가하기 위한 방법을 묻는 문제이다. "vous devez apporter votre instrument de musique 당신은 당신의 악기를 가져와야 합니다"라는 내용에 따라 정답은 **C**.
3	행사에서 누구를 만날 수 있는지 묻고 있다. "vous allez pouvoir rencontrer des auteurs et lire des albums de bandes dessinées 당신은 작가들을 만나고 만화집들을 읽을 수 있습니다"라고 하였으므로 정답은 **C**. '무엇을 할 수 있는지'를 묻는 문제 또한 출제될 수 있는데, 이럴 경우 선택지는 삽화로 제시될 확률이 크다.
4	행사가 개최되는 시기를 묻고 있다. 음성에서 "Du 1er au 7 novembre 11월 1일부터 7일까지"라고 했고 이는 11월 초에 해당하므로, 정답은 **A**.
5	음성에서 언급된 레저 센터가 특별한 이유를 묻고 있다. "vous pouvez faire du ski au milieu de l'été 한여름에 스키를 탈 수 있고"라는 내용이 있는데, 스키는 대표적인 겨울 스포츠에 해당하므로 정답은 **B**.
6	레저 센터에서 할 수 있는 활동을 묻는 문제이다. "vous pouvez faire du ski au milieu de l'été, aller à la patinoire, ou même à la piste de luges 당신은 한여름에 스키를 탈 수 있고 스케이트 링크에 가거나 썰매장에 갈 수도 있습니다"라는 내용에 따라 정답은 **A**.

EXERCICE 2 실전 연습

🎧 Track 2-09

 전략에 따라 **EXERCICE 2** 연습 문제를 풀어 보세요.

Vous écoutez la radio. *6 points*

DOCUMENT 1

Lisez les questions. Écoutez le document puis répondez.

❶ Qu'est-ce qu'on peut voir à cet événement ? *0,5 point*

A ☐   B ☐   C ☐

❷ Qui peut entrer dans ce lieu sans payer ? *1 point*

A ☐ Tous les enfants.
B ☐ Les enfants handicapés.
C ☐ Les enfants de quatre ans.

DOCUMENT 2

Lisez les questions. Écoutez le document puis répondez.

❸ Combien de temps dure l'événement ? *1 point*

A ☐ Une journée.
B ☐ Une semaine.
C ☐ Un mois.

❹ Les enfants peuvent faire une activité … [1 point]

A ☐ sportive.
B ☐ écologique.
C ☐ scientifique.

DOCUMENT 3

Lisez les questions. Écoutez le document puis répondez.

❺ Pourquoi ce lieu est-il spécial ? [2 points]

A ☐ On peut y entrer gratuitement.
B ☐ Il accueille des animaux domestiques.
C ☐ Il garde les enfants pendant que leurs parents travaillent.

❻ Quelle activité est proposée ? [0,5 point]

A ☐   B ☐   C ☐

| Étape 2 | 문제 9의 내용을 해석해 보세요.

당신은 라디오를 듣습니다. 6점

자료 1
문제들을 읽으세요. 자료를 듣고 답변하세요.

❶ 이 행사에서 무엇을 볼 수 있는가? 0.5점

A ☐   B ☐   C ☐

❷ 누가 돈을 내지 않고 이 장소에 들어갈 수 있는가? 1점

A ☐ 모든 아이들
B ☐ 장애 아동들
C ☐ 4세 아이들

자료 2
문제들을 읽으세요. 자료를 듣고 답변하세요.

❸ 얼마 동안 행사가 진행되는가? 1점

A ☐ 하루
B ☐ 일주일
C ☐ 한 달

DELF A2 · 듣기

❹ 🖉 아이들은 … 활동을 할 수 있다. [1점]

A ☐ 스포츠
B ☐ 친환경적인
C ☐ 과학적인

자료 3

문제들을 읽으세요. 자료를 듣고 답변하세요.

❺ 🖉 이 장소는 왜 특별한가? [2점]

A ☐ 이곳에 무료로 들어갈 수 있다.
B ☐ 반려동물들을 받아들인다.
C ☐ 부모들이 일을 하는 동안 아이들을 돌본다.

❻ 🖉 어떤 활동이 제안되는가? [0.5점]

A ☐　　　　　B ☐　　　　　C ☐

Étape 3 문제 9의 필수 어휘를 익히고, 스크립트를 확인해 보세요.

자료 1

어휘 | monde (m.) 세계 | mystérieux 신비로운

듣기 평가 149

Ce soir au Moulin Rouge, venez découvrir le monde mystérieux du jeune magicien Bernard Billis. L'entrée est gratuite pour les enfants de moins de 5 ans et nous vous souhaitons une excellente soirée.

오늘 저녁, Moulin Rouge에 젊은 가술사 Bernard Billis의 신비로운 세계를 발견하러 오세요. 5세 미만의 아이들에게 입장은 무료이니 멋진 저녁 시간을 보내시기 바랍니다.

자료 2

écologique 친환경적인 | scientifique 과학적인, 과학자 | connu 유명한, 잘 알려진 | communiquer 의사소통하다 | doté de ~을 가지고 있는 | intelligence artificielle (f.) 인공지능

Événement pour les amoureux des robots. Du 1er au 7 juillet, vous allez pouvoir rencontrer des scientifiques très connus. Les jeunes vont même pouvoir communiquer avec des robots dotés d'intelligence artificielle. Rendez-vous à partir de vendredi.

로봇을 사랑하는 사람들을 위한 행사. 7월 1일부터 7일까지 당신은 매우 유명한 과학자들을 만날 수 있습니다. 젊은(어린)이들은 심지어 인공지능 로봇과 의사소통을 할 수도 있습니다. 금요일부터 방문하세요!

자료 3

chien (m.) 개 | piscine (f.) 수영장 | se faire examiner 검사받다 | vétérinaire 수의사

Une information originale : à Marseille, un grand café pour chiens vient d'ouvrir. Pour 20 €, vos chiens peuvent aller à la petite piscine du café, rencontrer les autres chiens. Ou bien ils peuvent se faire examiner par un vétérinaire.

참신한 정보: Marseille에서 개들을 위한 한 큰 카페가 문을 열었습니다. 20유로에 당신의 개들은 카페의 작은 수영장에 갈 수 있고 다른 개들을 만날 수 있습니다. 그렇지 않으면 수의사에게 검사를 받을 수도 있습니다.

DELF A2 · 듣기

Étape 4 문제 9의 해설을 확인해 보세요.

문항	풀이 요령
1	음성에서 언급된 행사에서 볼 수 있는 활동이 무엇인지 묻고 있다. "le monde mystérieux du jeune magicien Bernard Billis 젊은 마술사 Bernard Billis의 신비로운 세계"라는 내용에 따라 정답은 **A**.
2	음성에서 언급된 장소에 무료로 입장 가능한 사람이 누구인지 묻고 있다. "L'entrée est gratuite pour les enfants de moins de 5 ans 5세 미만의 아이들에게 입장은 무료"라는 내용에 따라 정답은 **C**.
3	행사의 지속 기간을 묻는 문제로, "Du 1er au 7 juillet 7월 1일부터 7일까지" 진행된다고 했으므로 정답은 **B**.
4	행사에서 아이들이 할 수 있는 활동이 무엇인지 묻고 있다. 'Les jeunes vont même pouvoir communiquer avec des robots dotés d'intelligence artificielle. 젊은(어린)이들은 심지어 인공지능 로봇과 의사소통을 할 수도 있습니다."라고 했으므로, 정답은 **C**. 인공지능(intelligence artificielle)이라는 어휘를 모른다 할지라도 로봇(robots)이라는 단어를 통해 과학과 관련된 활동이라는 것을 알 수 있다.
5	이 장소의 특별한 점은 무엇인지 묻고 있다. "un grand café pour chiens vient d'ouvrir 개들을 위한 한 큰 카페가 문을 열었습니다"라고 하였으므로 정답은 **B**.
6	이 장소에서 어떤 활동을 할 수 있는지를 묻고 있다. "vos chiens peuvent aller à la petite piscine du café, rencontrer les autres chiens 당신의 개들은 카페의 작은 수영장에 갈 수 있고 다른 개들을 만날 수 있습니다"라는 내용에 따라 정답은 **A**.

 **EXERCICE 2 실전 연습**

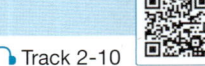 🎧 Track 2-10

Étape 1 전략에 따라 EXERCICE 2 연습 문제를 풀어 보세요.

Vous écoutez la radio. `6 points`

DOCUMENT 1

Lisez les questions. Écoutez le document puis répondez.

❶ Quel est le prix du gagnant ? `0,5 point`

A ☐   B ☐   C ☐

❷ Pour entrer, il faut … `1 point`

A ☐ venir très tôt.
B ☐ acheter un billet.
C ☐ faire une réservation.

DOCUMENT 2

Lisez les questions. Écoutez le document puis répondez.

❸ Cet événement aura lieu . . `1 point`

A ☐ au début de mars.
B ☐ au milieu de mars.
C ☐ à la fin de mars.

❹ Les enfants peuvent avoir un animal …   *1 point*

  A ☐ sauvage.

  B ☐ aquatique.

  C ☐ de compagnie.

DOCUMENT 3

Lisez les questions. Écoutez le document puis répondez.

❺ Cet événement concerne …   *2 points*

  A ☐ la culture.

  B ☐ le travail.

  C ☐ le voyage.

❻ Qu'est-ce que vous pouvez faire ?   *0,5 point*

      A ☐   B ☐   C ☐

| Étape 2 | 문제 10의 내용을 해석해 보세요. |

당신은 라디오를 듣습니다. | 6점 |

자료 1
문제들을 읽으세요. 자료를 듣고 답변하세요.

❶ 당첨자 상품은 무엇인가? | 0.5점 |

A ☐   B ☐   C ☐

❷ 입장하기 위해서, … 한다. | 1점 |
- A ☐ 매우 일찍 와야
- B ☐ 표를 사야
- C ☐ 예약을 해야

자료 2
문제들을 읽으세요. 자료를 듣고 답변하서 요.

❸ 이 행사는 … 개최될 것이다. | 1점 |
- A ☐ 3월 초에
- B ☐ 3월 중순에
- C ☐ 3월 말에

❹ 아이들은 … 동물을 가질 수 있다. 1점

A ☐ 야생
B ☐ 수생
C ☐ 반려

자료 3

문제들을 읽으세요. 자료를 듣고 답변하세요.

❺ 이 행사는 … 관련된다. 2점

A ☐ 문화와
B ☐ 일과
C ☐ 여행과

❻ 당신은 무엇을 할 수 있는가? 0.5점

A ☐   B ☐   C ☐

Étape 3 문제 10의 필수 어휘를 익히고, 스크립트를 확인해 보세요.

자료 1

어휘 prix (m.) 가격, 상, 상품 | gagnant 당첨자 | chaîne (f.) 채널 | participer à ~에 참가하다 | tirage au sort (m.) 추첨, 제비뽑기 | attendre 기다리다 | limiter 제한하다, 한정하다 | participant 참가자, 참석자

스크립트

Ce soir sur France 2, venez participer au grand tirage au sort. Une belle voiture vous attend. La participation est gratuite, mais vous devez absolument réserver en ligne car nous allons limiter le nombre de participants.

오늘 저녁 France 2 채널에서 큰 추첨에 참여하러 오세요. 멋진 자동차가 여러분들을 기다립니다. 참여는 무료지만, 참여자 수에 제한이 있기 때문에 반드시 온라인으로 예약하셔야 합니다.

자료 2

어휘

au début de ~초에 | au milieu de ~의 한가운데 | à la fin de ~말에 | sauvage 야생의 | aquatique 수중의, 수생의 | animal de compagnie (m.) 반려동물 | domestique 가정의, 가족의 | adorable 사랑스러운 | vétérinaire 수의의 | adopter 입양하다

스크립트

Vous aimez les animaux domestiques ? Du 1er au 7 mars, vous allez pouvoir rencontrer des chiens et des chats adorables à la clinique vétérinaire COMPAGNON. Les enfants peuvent adopter un petit chien. Rendez-vous à partir de lundi.

당신은 반려동물들을 좋아하나요? 3월 1일부터 7일까지, 여러분은 사랑스러운 개들과 고양이들을 COMPAGNON 동물 병원에서 만날 수 있습니다. 아이들은 작은 개를 입양할 수 있습니다. 월요일부터 방문하세요.

자료 3

어휘

salon (m.) 박람회 | emploi (m.) 직업 | identifier 확인하다 | entreprise (f.) 기업 | présent 참석한, 참여한 | intéresser 관심을 끌다 | s'entraîner 연습하다, 훈련하다 | à l'oral 구두로 | lors de ~할 때 | entretien (m.) 인터뷰

스크립트

Une information pratique : à Paris, il y aura un salon de l'emploi. Identifiez les entreprises présentes qui vous intéressent et entraînez-vous à l'oral lors d'un entretien.

실용적인 정보: 파리에서 직업 박람회가 열릴 것입니다. 당신이 관심 있는 참여 기업들을 확인하고 면접 시 구술 연습을 하세요.

Étape 4 문제 10의 해설을 확인해 보세요.

문항	풀이 요령
1	텔레비전 방송에서 진행하는 추첨 행사에 관한 안내 방송으로, 당첨자 상품이 무엇인지 묻고 있다. "Une belle voiture vous attend. 멋진 자동차가 여러분들을 기다립니다."라는 내용에 따라 정답은 **B**.
2	입장하기 위한 조건이 무엇인지를 묻고 있다. "vous devez absolument réserver en ligne 반드시 온라인으로 예약하셔야 합니다"라는 내용에 따라 정답은 **C**.
3	행사가 개최되는 시기에 관한 문제로, "Du 1er au 7 mars 3월 1일부터 7일까지"라고 했으므로 정답은 **A**.
4	아이들이 입양할 수 있는 동물이 무엇인지 묻는 문제이다. "Les enfants peuvent adopter un petit chien. 아이들은 작은 개를 입양할 수 있습니다."라는 내용에 따라 정답은 **C**.
5	음성에서 언급된 행사가 무엇과 관련이 있는지를 묻고 있다. "il y aura un salon de l'emploi 직업 박람회가 열릴 것입니다"라고 했으므로, 정답은 **B**.
6	행사에서 어떤 활동을 할 수 있는지를 묻고 있다. "entraînez-vous à l'oral lors d'un entretien 면접 시 구술 연습을 하세요"라는 내용에 따라 정답은 **A**.

EXERCICE 3

듣기 평가

Vous écoutez ce message sur un répondeur téléphonique.
Lisez les questions. Écoutez le document puis répondez.

전화 자동 응답기에서 이 메시지를 듣습니다.
문제들을 읽으세요. 자료를 듣고 답변하세요.

완전 공략

DELF A2 듣기

1 핵심 포인트

하나의 document로 이루어져 있으며 배점은 6점이다. 총 6개의 문항으로 구성되고 두 번 듣게 된다. 전화 자동 응답기와 관련한 문제로서 특정한 일로 부탁, 요구와 관련한 메시지를 듣고 내용을 이해하는지를 묻는다. 배점은 문항당 0.5점에서 2점까지 다양하게 구성된다. 문제 방식도 예를 들어 어떤 일로 메시지를 남겼는지, 원하는 물건이 무엇인지, 대상은 누구인지, 전달 방식은 어떻게 되는지 등으로 매우 다양하다. 선택지에는 삽화와 명사구, 문장 등이 제시된다.

2 고득점 전략

① 두 사람의 관계부터 파악한다.

음성 메시지 형식상 메시지 앞부분에 수신자와 발신자가 언급되며, 공적인 내용이나 업무 관련 메시지인 경우 이름 뒤에 직업 또는 직장을 밝히게 된다. 해당 정보 관련 문제는 단골로 출제되므로 메시지의 첫 부분을 주의 깊게 들어 두 사람의 관계부터 파악하도록 한다.

② 메시지의 목적에 집중한다.

다양한 용건의 메시지가 등장할 수 있으며 메시지의 목적을 묻는 유형은 자주 출제되는 유형이므로 집중해서 듣도록 한다. 전화를 건 목적을 말할 때 보통 'voilà 다름이 아니라'로 서두를 여는 경우가 많으므로 참조한다.

③ 의문사를 보고 전략적으로 접근한다.

메시지 길이가 생각보다 길기 때문에, 첫 번째 듣기와 두 번째 듣기를 구분하여 어떤 문제부터 풀지 전략을 세우면 유리하다. 첫 번째 듣기에서 무난한 난이도의 문제부터 최대한 모두 풀고, 두 번째 듣기에서 고난이도의 문제를 푼다. 문제에 제시된 의문사가 'que 무엇을', 'qui 누가', 'où 어디'라면 비교적 손쉽게 단서를 파악할 수 있는 경우가 대부분이다. 반면, 'pourquoi 왜', 'comment 어떻게'로 시작하는 질문은 보다 신중한 판단이 필요하다.

EXERCICE 3 실전 연습

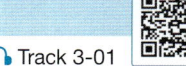
Track 3-01

전략에 따라 EXERCICE 3 연습 문제를 풀어 보세요.

Vous travaillez dans une pâtisserie.
Vous écoutez ce message sur un répondeur téléphonique.
Lisez les questions. Écoutez le document puis répondez.

6 points

❶ Mme Durand va fêter ...   *0,5 point*

A ☐ l'anniversaire de sa fille.
B ☐ l'anniversaire de son mari.
C ☐ l'anniversaire de sa grand-mère.

❷ Quel genre de gâteau Mme Durand commande-t-elle ?   *2 points*

A ☐ B ☐ C ☐

❸ Que Mme Durand veut-elle pour les gâteaux ?   *0,5 point*

  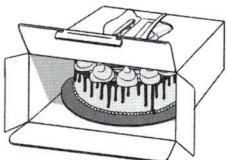

A ☐ B ☐ C ☐

4 Vous devez … Mme Durand. `0,5 point`

　A ☐ téléphoner à

　B ☐ laisser un texto à

　C ☐ prendre rendez-vous avec

5 Quelle information est-elle nécessaire pour Mme Durand ? `1,5 point`

　A ☐ Les prix des gâteaux.

　B ☐ Les goûts des gâteaux.

　C ☐ L'heure de livraison des gâteaux.

6 Qui va aller à la pâtisserie ? `1 point`

　A ☐ Mme Durand.

　B ☐ La fille de Mme Durand.

　C ☐ Le mari de Mme Durand.

Étape 2

문제 1의 내용을 해석해 보세요.

당신은 제과점에서 일합니다.
전화 자동 응답기에서 이 메시지를 듣습니다.
문제들을 읽으세요. 자료를 듣고 답변하세요. `6점`

❶ Durand 부인은 … 축하하려 한다. `0.5점`

A ☐ 딸의 생일을
B ☐ 남편의 생일을
C ☐ 할머니의 생일을

❷ Durand 부인은 어떤 종류의 케이크를 주문하는가? `2점`

A☐ B☐ C☐

❸ Durand 부인은 케이크에 대해 무엇을 원하는가? `0.5점`

  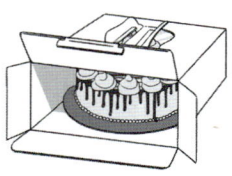

A☐ B☐ C☐

❹ 📝 당신은 Durand 부인에게 … 한다. [0.5점]

 A □ 전화해야
 B □ 문자 메시지를 남겨야
 C □ Durand 부인과 약속을 잡아야

❺ 📝 Durand 부인에게는 어떤 정보가 필요한가? [1.5점]

 A □ 케이크의 가격
 B □ 케이크의 맛
 C □ 케이크의 배송 시간

❻ 📝 누가 제과점에 갈 것인가? [1점]

 A □ Durand 부인
 B □ Durand 부인의 딸
 C □ Durand 부인의 남편

Étape 3

문제 1의 필수 어휘를 익히고, 스크립트를 확인해 보세요.

어휘

pâtisserie (f.) 제과점 | répondeur téléphonique (m.) 전화 자동 응답기 | fêter 축하하다 | anniversaire (m.) 생일, 기념일 | mari (m.) 남편 | grand-mère (f.) 할머니 | genre (m.) 종류 | gâteau (m.) 케이크 | commander 주문하다 | laisser 남기다 | texto (m.) 문자 메시지 | prix (m.) 가격 | goût (m.) 맛 | livraison (f.) 배송 | appeler 전화하다 | inviter 초대하다 | cousin (m.) 사촌 | trop de 너무 많은 | aliment (m.) 음식, 식품 | sucré 단 | à cause de ~때문에 | maladie (f.) 병 | nom (m.) 이름 | coûter 비용이 들다 | passer 지나가다, 들르다 | vers ~경에, 쯤에

스크립트

Bonjour. C'est Mme Durand. Je vous appelle parce que je voudrais commander un gâteau d'anniversaire pour ma grand-mère. Comme j'invite ses amis et ses cousins, il me faut deux grands gâteaux aux fruits pour 16 personnes. Ne mettez pas trop de chocolats parce que ma grand-mère ne doit pas manger d'aliments sucrés à cause de sa maladie. Pouvez-vous mettre son nom sur les gâteaux ? Je vais le prendre en photo. Appelez-moi pour me dire si c'est d'accord et combien ça va coûter. Mon mari va passer à la pâtisserie vers 18 h. Merci !

안녕하세요, 저는 Durand 부인입니다. 저희 할머니 생신 케이크를 주문하고 싶어서 전화 드렸습니다. 그녀의 친구들과 사촌들을 초대하기 때문에, 16인분의 큰 과일 케이크 두 개가 필요합니다. 할머니가 병 때문에 단 음식을 먹으면 안 되기 때문에, 초콜릿은 너무 많이 넣지 마세요. 케이크 위에 그녀의 이름을 써 주실 수 있을까요? (그것을) 사진을 찍으려고 합니다. 저에게 전화하셔서 괜찮으신지, 그리고 비용은 얼마가 될지 말해 주세요. 제 남편이 18시쯤 제과점에 들를 것입니다. 감사합니다!

문제 1의 해설을 확인해 보세요.

문항	풀이 요령
1	Durand 부인이 누구의 생일을 축하할 것인지를 묻고 있다. 음성에서 "Je vous appelle parce que je voudrais commander un gâteau d'anniversaire pour ma grand-mère. 저희 할머니 생신 케이크를 주문하고 싶어서 전화 드렸습니다."라고 하였으므로 정답은 **C**.
2	Durand 부인이 주문한 케이크의 종류에 대한 문제이다. "il me faut deux grands gâteaux aux fruits pour 16 personnes 16인분의 큰 과일 케이크 두 개가 필요합니다"라고 하였으므로 정답은 **A**.
3	Durand 부인이 케이크에 무엇을 하기를 원하는지에 대한 문제이다. "Pouvez-vous mettre son nom sur les gâteaux ? 케이크 위에 그녀의 이름을 써 주실 수 있을까요?"라는 내용에 따라 정답은 **A**.
4	해당 음성을 듣는 사람이 무엇을 해야 하는지 묻는 문제이다. "Appelez-moi 저에게 전화 주세요"라고 했으므로 정답은 **A**.
5	Durand 부인이 어떤 정보를 필요로 하는지 묻는 문제이다. "pour me dire si c'est d'accord et combien ça va coûter 괜찮으신지, 그리고 비용은 얼마가 될지 말해 주세요"라고 했으므로 정답은 **A**.
6	케이크를 찾으러 제과점에 갈 인물을 묻고 있다. "Mon mari va passer à la pâtisserie 제 남편이 ... 제과점에 들를 것입니다"라고 하였으므로 정답은 **C**.

EXERCICE 3 실전 연습

 Track 3-02

Étape 1 전략에 따라 EXERCICE 3 연습 문제를 풀어 보세요.

Vous restez à la maison.
Vous écoutez ce message sur un répondeur téléphonique.
Lisez les questions. Écoutez le document puis répondez.

6 points

❶ Où est-ce que la femme laisse ce message ? *0,5 point*

A ☐ B ☐ C ☐

❷ Le voisin n'est pas à la maison en raison de … *2 points*

A ☐ son travail.
B ☐ son enfant.
C ☐ son problème personnel.

❸ Quand est-ce que le voisin va revenir ? *0,5 point*

A ☐ Ce soir.
B ☐ Demain.
C ☐ Après-demain.

❹ Qu'est-ce que le voisin lui a demandé ? `0,5 point`

A ☐ De venir à l'hôpital.
B ☐ De rester à Paris.
C ☐ De s'occuper de son chien.

❺ Qu'est-ce que le voisin a fait pour votre enfant l'année dernière ? `1,5 point`

A ☐ Il a acheté un chien.
B ☐ Il a soigné votre fille.
C ☐ Il s'est occupé du chat de votre fille.

❻ Que devez-vous faire ? `1 point`

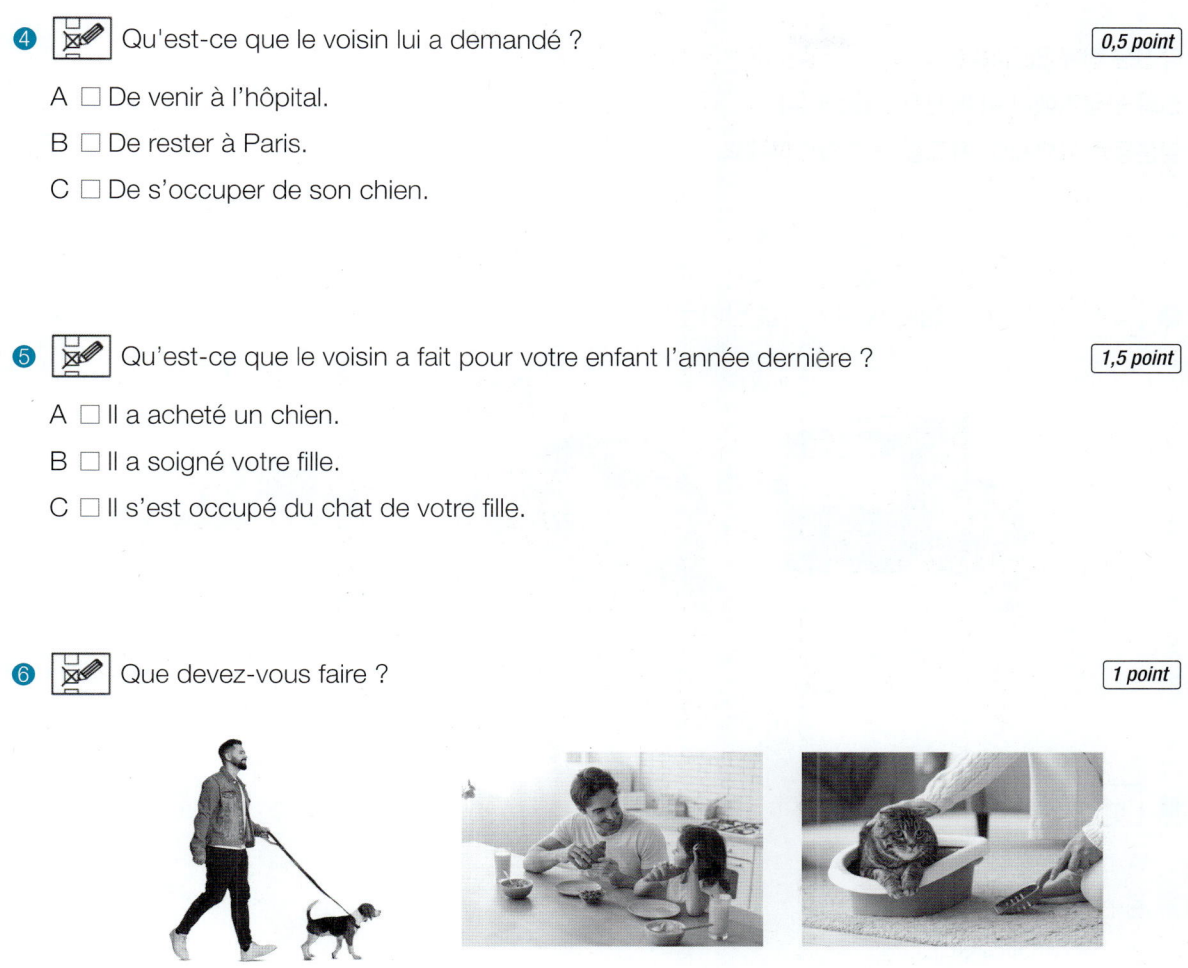

A ☐   B ☐   C ☐

Étape 2 문제 2의 내용을 해석해 보세요.

당신은 집에 있습니다.
전화 응답기에서 이 메시지를 듣습니다.
질문들을 읽으세요. 자료를 듣고 답변하세요.

`6점`

❶ 여자는 어디에서 이 메시지를 남기는가? `0.5점`

A ☐   B ☐   C ☐

❷ 이웃은 … 때문에 집에 없다. `2점`

A ☐ 그의 일
B ☐ 그의 자식
C ☐ 그의 개인적인 문제

❸ 이웃은 언제 돌아오는가? `0.5점`

A ☐ 오늘 저녁
B ☐ 내일
C ☐ 모레

❹ 이웃은 그녀에게 무엇을 부탁했는가? 0.5점

A □ 병원에 올 것
B □ 파리에 머물 것
C □ 그의 개를 돌볼 것

❺ 작년에 당신의 딸을 위해 이웃은 무엇을 했는가? 1.5점

A □ 그는 개를 샀다.
B □ 그는 당신의 딸을 돌보았다.
C □ 그는 당신의 딸의 고양이를 돌보았다.

❻ 당신은 무엇을 해야 하는가? 1점

　　A □　　　　　　B □　　　　　　C □

Étape 3

문제 2의 필수 어휘를 익히고, 스크립트를 확인해 보세요.

어휘

laisser 남기다 | en raison de ~때문에 | personnel 개인적인 | revenir 돌아오다 | après-demain (m.) 모레 | demander 부탁하다, 요청하다 | s'occuper de ~을 돌보다 | soigner 돌보다 | dernier 지난 | fille (f.) 딸 | quelque chose 무엇인가 | voyage d'affaires (m.) 출장 | comme ~때문에 | jusqu'à ~까지 | refuser 거절하다 | demande (f.) 요구, 부탁 | hospitalisé 입원한 | se promener 산책하다 | pâtée (f.) 사료 | coin (m.) 모서리, 구석 | salon (m.) 거실 | s'inquiéter 걱정하다 | aboyer 짖다 | compter sur ~을 믿다

스크립트

Allô ? Papa, c'est moi. Je suis à la gare et j'ai oublié de te dire quelque chose d'important ce matin. Notre voisin n'est pas à la maison car il est parti en voyage d'affaires et il va revenir dans deux jours. Il m'a demandé de garder son chien pendant son absence. Comme je dois rester à Paris jusqu'à après-demain, tu dois t'occuper de son chien. Je suis désolée mais je n'ai pas pu refuser sa demande car il a gardé mon chat l'année dernière quand j'étais hospitalisée. Tu te promènes avec lui une fois par jour et le voisin a préparé la pâtée du chien. Tu n'as aucune raison de t'inquiéter du chien car il est gentil et il n'aboie jamais. Je compte sur toi. Merci.

여보세요? 아빠, 저예요. 저는 기차역인데, 아빠한테 오늘 아침에 중요한 걸 말하는 걸 깜빡했어요. 우리 이웃이 출장을 가서 집에 없고 이틀 뒤에 돌아올 거예요. 그는 자기가 없는 동안 자기의 개를 돌봐 달라고 저한테 부탁했어요. 제가 모레까지 파리에 머물러야 해서, 아빠가 그의 개를 돌봐 주어야 해요. 죄송해요. 그런데 작년에 제가 입원했을 때 그가 제 고양이를 돌봐 줬어서 그의 부탁을 거절할 수가 없었어요. 하루에 한 번 개와 산책하고, 이웃이 개 사료를 준비했어요. 개에 대해서 아빠가 걱정할 이유는 전혀 없어요. 그는 착하고 절대 짖지 않거든요. 아빠를 믿어요. 고마워요.

문제 2의 해설을 확인해 보세요.

문항	풀이 요령
1	딸이 음성 메시지를 남기고 있는 장소를 묻는 문제이다. "Je suis à la gare 저는 기차역인데"라고 했으므로 정답은 **B**. 교통수단과 관련된 장소는 그림으로 제시되는 경우가 많다.
2	이웃이 집을 비운 이유를 묻는 문제이다. "Notre voisin n'est pas à la maison car il est parti en voyage d'affaires 우리 이웃이 출장을 가서 집에 없고"라고 했으므로 정답은 **A**.
3	이웃이 돌아오는 시기를 묻는 문제이다. 이웃이 출장을 갔는데 "il va revenir dans deux jours 이틀 뒤에 돌아올 거예요"라는 내용에 따라 정답은 **C**. 음성에 오늘 아침(ce matin)이라는 어휘도 등장하므로 혼동하지 않도록 주의해야 한다.
4	이웃이 그녀에게 무엇을 부탁했는지 묻는 문제이다. "Il m'a demandé de garder son chien pendant son absence. 그는 자기가 없는 동안 자기의 개를 돌봐 달라고 저한테 부탁했어요."라는 내용에 따라 정답은 **C**.
5	이웃이 딸을 위해 작년에 무엇을 해 주었는지 묻는 문제이다. "il a gardé mon chat l'année dernière quand j'étais hospitalisée 작년에 제가 입원했을 때 그가 제 고양이를 돌봐 줬다"라는 문장에 따라 정답은 **C**.
6	수신자가 무엇을 해야 하는지에 대한 문제이다. "Tu te promènes avec lui une fois par jour 하루에 한 번 개와 산책하고"라는 했으므로 정답은 **A**.

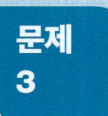

EXERCICE 3 실전 연습

🎧 Track 3-03

 전략에 따라 **EXERCICE 3** 연습 문제를 풀어 보세요.

Vous restez à la maison.
Vous écoutez ce message sur un répondeur téléphonique.
Lisez les questions. Écoutez le document puis répondez.

6 points

❶ ✏️ Pourquoi Catherine laisse-t-elle ce message à Thierry ? *0,5 point*

  A ☐ Pour lui demander de l'aide.
  B ☐ Pour annuler son rendez-vous.
  C ☐ Pour lui rappeler l'importance de la présentation.

❷ ✏️ Qu'est-il arrivé au père de Catherine ? *2 points*

A ☐   B ☐   C ☐

❸ ✏️ Quelle est la situation du père de Catherine ? *0,5 point*

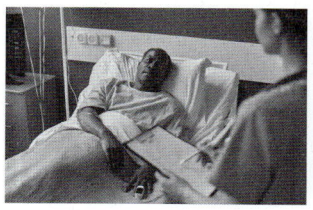  

A ☐   B ☐   C ☐

172 DELF A2

❹ Catherine doit ...   `0,5 point`

A ☐ être hospitalisée.

B ☐ s'occuper de son père.

C ☐ trouver un travail dans un hôpital.

❺ Catherine propose à Thierry de rencontrer ...   `1,5 point`

A ☐ au bureau.

B ☐ à la maison.

C ☐ dans la salle de réunion.

❻ Thierry répond par ...   `1 point`

A ☐ lettre.

B ☐ Internet.

C ☐ téléphone.

Étape 2

문제 3의 내용을 해석해 보세요.

당신은 집에 있습니다.
전화 자동 응답기에서 이 메시지를 듣습니다.
문제들을 읽으세요. 자료를 듣고 답변하세요.

`6점`

❶ 왜 Catherine는 Thierry에게 이 메시지를 남기는가? `0.5점`

A ☐ 그에게 도움을 부탁하기 위해서
B ☐ 그의 약속을 취소하기 위해서
C ☐ 그에게 프레젠테이션의 중요성을 상기시키기 위해서

❷ Catherine의 아버지에게 무슨 일이 일어났는가? `2점`

A ☐   B ☐   C ☐

❸ Catherine의 아버지의 상황은 어떠한가? `0.5점`

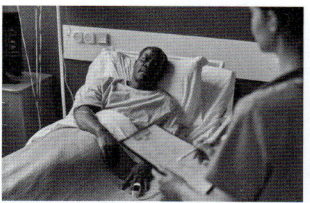  

A ☐   B ☐   C ☐

❹ Catherine는 … 한다.   `0.5점`

   A □ 병원에 입원해야
   B □ 그녀의 아버지를 돌봐야
   C □ 병원에서 일자리를 찾아야

❺ Catherine는 Thierry에게 … 만나자고 제안한다.   `1.5점`

   A □ 사무실에서
   B □ 집에서
   C □ 회의실에서

❻ Thierry는 … 답변한다.   `1점`

   A □ 편지로
   B □ 인터넷으로
   C □ 전화로

문제 3의 필수 어휘를 익히고, 스크립트를 확인해 보세요.

어휘

demander 부탁하다, 요청하다 | annuler 취소하다 | rendez-vous (m.) 약속 | rappeler 상기시키다 |
hospitalisé 입원한 | s'occuper de ~을 돌보다 | rencontrer 만나다 | salle de réunion (f.) 회의실 |
répondre 대답하다 | lettre (f.) 편지 | être obligé de + 동사원형 ~해야만 하다 | entreprise (f.) 회사 |
à côté de ~의 옆에 | soigner 보살피다, 간호하다 | choix (m.) 선택, 선택의 여지 | vivre 살다 | seul 혼자 |
prochain 다음의 | déranger 방해하다, 성가시게 굴다 | réponse (f.) 대답, 답장

스크립트

Salut Thierry, c'est moi Catherine. Voilà, je suis obligée d'annuler notre réunion demain soir. Je sais bien qu'elle est très importante pour préparer la présentation devant le CEO de notre entreprise. Mais mon père a eu un accident de voiture hier et il est hospitalisé. Je dois rester à côté de mon père pour le soigner pendant le week-end. Je suis vraiment désolée mais je n'ai pas le choix car il vit tout seul. Je te propose de nous voir à la salle de réunion de l'entreprise mardi prochain si cela ne te dérange pas. Appelle-moi au 06 18 20 88 76 pour me donner ta réponse. Merci.

안녕 Thierry, 나야 Catherine. 내일 저녁 우리 회의를 취소해야 돼. 나는 우리 회사의 CEO 앞에서 할 프레젠테이션을 준비하기 위해 그것이 매우 중요하다는 것을 잘 알고 있어. 그렇지만 우리 아버지께서 어제 자동차 사고를 당하셔서 병원에 입원해 계셔. 나는 주말 동안 그를 간호하기 위해 아버지 옆에 있어야 해. 정말 미안하지만, 아버지가 혼자 사셔서 선택의 여지가 없어. 너만 괜찮다면 다음 주 화요일 회사 회의실에서 만나는 것을 제안할게. 06 18 20 88 76으로 전화해서 내게 답변해 줘. 고마워.

문제 3의 해설을 확인해 보세요.

문항	풀이 요령
1	Catherine이 메시지를 남긴 이유를 묻고 있다. "je suis obligée d'annuler notre réunion demain soir 내일 저녁 우리 회의를 취소해야 돼"라고 하였으므로 정답은 **B**.
2	Catherine의 아버지에게 무슨 일이 일어났는지를 묻는 문제이다. "mon père a eu un accident de voiture hier 우리 아버지께서 어제 자동차 사고를 당하셨어"라고 하였으므로 정답은 **C**.
3	Catherine의 아버지의 상황에 대해 묻는 문제이다. 음성에서 그녀의 아버지가 자동차 사고를 당해서 "il est hospitalisé 병원에 입원해 계셔"라고 했다. 따라서 정답은 **A**.
4	Catherine이 해야 할 일에 대해 묻는 문제이다. "Je dois rester à côté de mon père pour le soigner pendant le week-end. 나는 주말 동안 그를 간호하기 위해 아버지 옆에 있어야 해."라고 하였으므로 정답은 **B**.
5	Catherine이 어디서 만나자고 제안하는지 묻고 있다. "Je te propose de nous voir à la salle de réunion de l'entreprise mardi prochain 다음 주 화요일 회사 회의실에서 만나는 것을 제안할게"라고 하였으므로 정답은 **C**.
6	수신자인 Thierry가 어떻게 응답할지를 묻는 문제이다. "Appelle-moi au 06 18 20 88 76 pour me donner ta réponse 06 18 20 88 76으로 전화해서 내게 답변해 줘"라고 하였으므로 정답은 **C**.

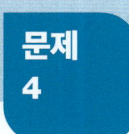

EXERCICE 3 실전 연습

🎧 Track 3-04

Étape 1 전략에 따라 EXERCICE 3 연습 문제를 풀어 보세요.

Vous restez à la maison.
Vous écoutez ce message sur un répondeur téléphonique.
Lisez les questions. Écoutez le document puis répondez.

6 points

❶ Quand l'événement aura-t-il lieu ? *0,5 point*

A ☐ Cette semaine.
B ☐ La semaine dernière.
C ☐ La semaine prochaine.

❷ Ce que vous aimez, c'est ... *2 points*

A ☐   B ☐   C ☐

❸ Que pouvez-vous voir ? *0,5 point*

A ☐   B ☐   C ☐

❹ 📝 Grâce à qui pouvez-vous aller à cet événement ? `0,5 point`

　A ☐ L'ami de Patrick.
　B ☐ Le collègue de Patrick.
　C ☐ L'un des membres de la famille de Patrick.

❺ 📝 Quand devez-vous téléphoner à Patrick ? `1,5 point`

　A ☐ Dans la soirée.
　B ☐ Dans l'après-midi.
　C ☐ Dans la matinée.

❻ 📝 Si vous refusez la proposition de Patrick, il … `1 point`

　A ☐ va rester à la maison.
　B ☐ va aller au cinéma tout seul.
　C ☐ va chercher quelqu'un d'autre.

Étape 2

문제 4의 내용을 해석해 보세요.

당신은 집에 있습니다.
당신은 전화 자동 응답기에서 이 메시지를 듣습니다.
질문들을 읽으세요. 자료를 듣고 답변하세요. `6점`

❶ 행사는 언제 열릴 것인가? `0.5점`

   A ☐ 이번 주
   B ☐ 지난 주
   C ☐ 다음 주

❷ 당신이 좋아하는 것은 …이다. `2점`

      A ☐   B ☐   C ☐

❸ 당신은 무엇을 볼 수 있는가? `0.5점`

      A ☐   B ☐   C ☐

❹ 누구 덕분에 당신은 이 행사에 갈 수 있는가? 　　0.5점

A ☐ Patrick의 친구
B ☐ Patrick의 동료
C ☐ Patrick의 가족 구성원 중 한 명

❺ 당신은 Patrick에게 언제 전화해야 하는가? 　　1.5점

A ☐ 저녁에
B ☐ 오후에
C ☐ 오전에

❻ 만일 당신이 Patrick의 제안을 거절한다면, 그는 … 　　1점

A ☐ 집에 머물 것이다.
B ☐ 혼자 극장에 갈 것이다.
C ☐ 다른 누군가를 찾을 것이다.

Étape 3

문제 4의 필수 어휘를 익히고, 스크립트를 확인해 보세요.

어휘

événement (m.) 사건, 행사 | avoir lieu 일어나다, 개최되다 | grâce à ~덕분에 | collègue 동료 | soirée (f.) 저녁 시간, 밤 | matinée (f.) 오전 중, 아침 나절 | refuser 거절하다 | seul 혼자 | autre 다른 | annoncer 알리다 | nouvelle (f.) 소식 | défilé de mode (m.) 패션쇼 | vêtement (m.) 의상 | occasion (f.) 기회 | apprécier 평가하다, 감상하다 | œuvre (f.) 작품 | créateur 창작자, 디자이너 | compétent 능력 있는 | domaine (m.) 영역, 분야 | assister à ~에 참석하다, 관람하다 | temps (m.) 시간

스크립트

Salut, c'est moi Patrick. Voilà, je vais t'annoncer une bonne nouvelle. Il y aura un défilé de mode à Paris lundi prochain. Je sais que tu t'intéresses beaucoup aux vêtements, ce sera une bonne occasion pour toi d'apprécier beaucoup d'œuvres de créateurs très compétents. Ma grande sœur travaille dans le domaine de la mode et on peut assister à d'excellents évènements grâce à son aide. C'est super, non ? Téléphone-moi demain soir si tu peux y aller. J'ai besoin de temps pour trouver quelqu'un d'autre si tu n'es pas libre. À plus tard !

안녕, 나야 Patrick. 너에게 좋은 소식을 알려 주려고 해. 다음 주 월요일에 파리에서 패션쇼가 있을 거야. 나는 네가 옷에 관심이 많다는 것을 알고 있고, 정말 능력 있는 디자이너들의 많은 작품을 감상할 수 있는, 너에게 좋은 기회가 될 거야. 내 큰누나가 패션 분야에서 일해서 그녀의 도움 덕분에 훌륭한 행사를 관람할 수 있어. 멋지지, 안 그래? 네가 거기 갈 수 있으면 내일 저녁에 나한테 전화해 줘. 만약 네가 시간이 안 되면 다른 누군가를 찾아야 할 시간이 필요해. 나중에 보자!

DELF A2 · 듣기

Étape 4 문제 4의 해설을 확인해 보세요.

문항	풀이 요령
1	행사가 언제 열리는지를 묻는 문제이다. "Il y aura un défilé de mode à Paris lundi prochain. 다음 주 월요일에 파리에서 패션쇼가 있을 거야."라는 내용에 따라 정답은 **C**.
2	수신자가 무엇을 좋아하는지 묻고 있다. "Je sais que tu t'intéresses beaucoup aux vêtements 나는 네가 옷에 관심이 많다는 것을 알고 있고"라고 하였으므로 답은 **A**.
3	행사에서 무엇을 볼 수 있는지 묻고 있다. "ce sera une bonne occasion pour toi d'apprécier beaucoup d'œuvres de créateurs très compétents 정말 능력 있는 디자이너들의 많은 작품을 감상할 수 있는, 너에게 좋은 기회가 될 거야"라고 하였으므로 정답은 **A**.
4	행사에 갈 수 있게 도와준 사람이 누구인지 묻는 문제이다. "Ma grande sœur travaille dans le domaine de la mode et on peut assister à d'excellents évènements grâce à son aide. 내 큰 누나가 패션 분야에서 일해서 그녀의 도움 덕분에 훌륭한 행사를 관람할 수 있어."라고 하였으므로 정답은 **C**. 이처럼 음성에 있는 어휘를 반복해서 사용하지 않고 의미가 통하는 어휘나 표현을 선택지에 제시하는 경우가 많다는 점에 유의하며 듣자.
5	수신자가 Patrick에게 언제 연락해야 하는지 묻고 있다. "Téléphone-moi demain soir si tu peux y aller. 네가 거기 갈 수 있으면 내일 저녁에 나한테 전화해 줘."라고 하였으므로 정답은 **A**.
6	수신자가 제안을 거절할 경우 Patrick이 할 행동에 대한 문제이다. "J'ai besoin de temps pour trouver quelqu'un d'autre si tu n'es pas libre. 만약 네가 시간이 안 되면 다른 누군가를 찾아야 할 시간이 필요해."라고 하였으므로 정답은 **C**.

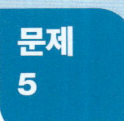

EXERCICE 3 실전 연습

🎧 Track 3-05

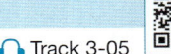

Étape 1 전략에 따라 EXERCICE 3 연습 문제를 풀어 보세요.

Vous restez à la maison.
Vous écoutez ce message sur un répondeur téléphonique.
Lisez les questions. Écoutez le document puis répondez.

6 points

❶ La profession de Nadine concerne ...   *0,5 point*

A ☐ le tourisme.
B ☐ l'immobilier.
C ☐ l'éducation.

❷ Le guide est en congé pour ...   *2 points*

   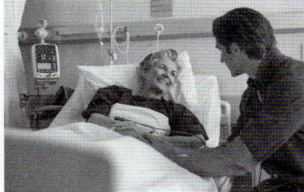   

A ☐   B ☐   C ☐

❸ Quel genre de travail allez-vous faire ?   *0,5 point*

A ☐   B ☐   C ☐

184 DELF A2

❹ Quand pouvez-vous commencer le travail ? [0,5 point]

A ☐ Dans deux mois.
B ☐ Dans deux semaines.
C ☐ Dans deux ans.

❺ Un petit groupe de touristes va visiter ... [1,5 point]

A ☐ les villes touristiques.
B ☐ les musées très connus.
C ☐ les monuments historiques.

❻ Comment donnez-vous la réponse à Nadine ? [1 point]

A ☐ Par lettre.
B ☐ Par e-mail.
C ☐ Par téléphone.

Étape 2

문제 5의 내용을 해석해 보세요.

당신은 집에 있습니다.
전화 자동 응답기에서 이 메시지를 듣습니다.
문제들을 읽으세요. 자료를 읽고 답변하세요. 6점

❶ Nadine의 직업은 …과 관련 있다. 0.5점

A □ 관광
B □ 부동산
C □ 교육

❷ 가이드는 …을(를) 위해 휴가 중이다. 2점

 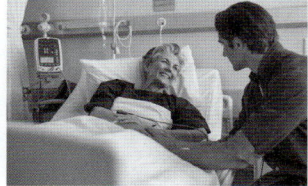 

A □   B □   C □

❸ 어떤 종류의 일을 하게 되는가? 0.5점

A □   B □   C □

❹ 언제 일을 시작할 수 있는가? 0.5점

A ☐ 2달 뒤에
B ☐ 2주 뒤에
C ☐ 2년 뒤에

❺ 소규모 관광객 그룹이 …을 방문할 것이다. 1.5점

A ☐ 관광 도시들
B ☐ 매우 잘 알려진 미술관들
C ☐ 역사적 기념물들

❻ 당신은 Nadine에게 어떻게 답장하는가? 1점

A ☐ 편지로
B ☐ 이메일로
C ☐ 전화로

Étape 3 문제 5의 필수 어휘를 익히고, 스크립트를 확인해 보세요.

어휘

profession (f.) 직업 | tourisme (m.) 관광 | immobilier (m.) 부동산 | être en congé 휴가 중에 있다, 휴직 중이다 | commencer 시작하다 | touristique 관광의 | connu 잘 알려진 | monument (m.) 기념물 | agence de voyages (f.) 여행사 | congé parental (m.) 육아 휴직 | expérimenté 경험이 많은, 노련한 | accepter 받아들이다 | château (m.) 성 | envoyer 보내다 | courriel (m.) 전자 우편, 이메일

스크립트

Bonjour, c'est Madame Nadine, de l'agence de voyages Travel. Je vous laisse ce message pour vous proposer un travail. L'un de nos guides est en congé parental à partir du mois prochain et nous avons besoin d'un guide expérimenté. Si vous acceptez notre proposition, vous pouvez commencer le travail dans deux mois. Un petit groupe de touristes va venir pour visiter les châteaux et vous allez les guider pendant une semaine. Si vous êtes intéressé par ce travail, envoyez-moi un courriel à voyagetravail.fr. Merci et à bientôt.

안녕하세요, 저는 Travel 여행사의 Nadine입니다. 당신에게 일자리를 하나 제안 드리기 위해 이 메시지를 남깁니다. 저희 가이드들 중 한 명이 다음 달부터 육아 휴직이라, 경험이 많은 가이드가 한 명 필요합니다. 만약 당신이 저희의 제안을 받아들이신다면, 당신은 2달 뒤에 일을 시작하실 수 있습니다. 소규모 관광객들이 성들을 방문하러 올 것이고, 당신은 일주일 동안 그들을 가이드하면 됩니다. 이 일에 관심이 있으시다면, voyagetravail.fr로 저에게 메일을 보내주세요. 감사드리며 곧 뵙겠습니다.

문제 5의 해설을 확인해 보세요.

문항	풀이 요령
1	Nadine의 직업을 묻고 있다. "c'est Madame Nadine, de l'agence de voyages Travel 저는 Travel 여행사의 Nadine입니다"라고 하였으므로 정답은 **A**.
2	기존의 가이드가 휴직한 이유가 무엇인지 묻고 있다. "L'un de nos guides est en congé parental à partir du mois prochain 저희 가이드들 중 한 명이 다음 달부터 육아 휴직이라"라고 하였으므로 정답은 **A**.
3	수신자가 어떤 일을 하게 될지에 대한 문제이다. "nous avons besoin d'un guide expérimenté 경험이 많은 가이드가 한 명 필요합니다"라고 하였으므로 정답은 **A**.
4	수신자가 언제부터 일을 시작할 수 있는지 묻는 문제이다. "Si vous acceptez notre proposition, vous pouvez commencer le travail dans deux mois. 만약 당신이 저희의 제안을 받아들이신다면, 당신은 2달 뒤에 일을 시작하실 수 있습니다."라고 하였으므로 정답은 **A**.
5	수신자가 가이드할 관광객들이 어디를 방문하는지 묻는 문제이다. "Un petit groupe de touristes va venir pour visiter les châteaux 소규모 관광객들이 성들을 방문하러 올 것"이라는 문장에 따라 정답은 **C**.
6	수신자가 Nadine에게 어떻게 답장해야 할 지 묻는 문제이다. "envoyez-moi un courriel à voyagetravail.fr voyagetravail.fr로 저에게 메일을 보내주세요"라고 하였으므로 정답은 **B**.

EXERCICE 3 실전 연습

Étape 1 전략에 따라 EXERCICE 3 연습 문제를 풀어 보세요.

Vous restez à la maison.
Vous écoutez ce message sur un répondeur téléphonique.
Lisez les questions. Écoutez le document puis répondez.

6 points

❶ Le travail de Gérard est dans le domaine de ... *0,5 point*

A ☐ l'art.
B ☐ l'éducation.
C ☐ le tourisme.

❷ Où pouvez-vous aller ? *2 points*

A ☐   B ☐   C ☐

❸ Où pouvez-vous loger ? *0,5 point*

 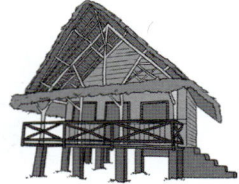 

A ☐   B ☐   C ☐

❹ Vous pouvez vivre une expérience …   `0,5 point`

A ☐ sportive.

B ☐ éducative.

C ☐ gastronomique.

❺ Quelle est la condition pour gagner le cadeau ?   `1,5 point`

A ☐ Envoyer les photos.

B ☐ Écrire vos impressions.

C ☐ Participer au tirage au sort.

❻ Que pouvez-vous gagner ?   `1 point`

A ☐ Une voiture.

B ☐ Une bicyclette.

C ☐ Un appareil photo.

| Étape 2 | 문제 6의 내용을 해석해 보세요. |

당신은 집에 있습니다.
당신은 전화 응답기에서 이 메시지를 듣습니다.
질문들을 읽으세요. 자료를 듣고 답변하세요.

[6점]

❶ Gérard는 … 분야에서 일한다. [0.5점]

A ☐ 예술
B ☐ 교육
C ☐ 관광

❷ 당신은 어디에 갈 수 있는가? [2점]

A ☐ B ☐ C ☐

❸ 당신은 어디에서 묵을 수 있는가? [0.5점]

A ☐ B ☐ C ☐

❹ 당신은 … 경험을 할 수 있다. [0.5점]

A □ 스포츠적인
B □ 교육적인
C □ 식도락의

❺ 선물을 얻기 위한 조건은 무엇인가? [1.5점]

A □ 사진을 보낼 것
B □ 당신의 느낌들을 적을 것
C □ 추첨에 참여할 것

❻ 당신은 무엇을 탈 수 있는가? [1점]

A □ 자동차
B □ 자전거
C □ 사진기

Étape 3

문제 6의 필수 어휘를 익히고, 스크립트를 확인해 보세요.

어휘

domaine (m.) 영역, 분야 | tourisme (m.) 관광 | loger 묵다, 숙박하다 | vivre 살다, 체험하다 | expérience (f.) 체험, 경험 | gastronomique 식도락의 | impression (f.) 인상, 감상, 느낌 | participer à ~에 참여하다, 참가하다 | tirage au sort (m.) 추첨, 제비뽑기 | offert 제공된 | inoubliable 잊을 수 없는, 잊지 못할 | île (f.) 섬 | chambre (f.) 방 | de luxe 값비싼, 고급의 | réputé 유명한, 평판이 높은 | passer (시간을) 보내다 | moment (m.) 순간, 시간 | agréable 기분 좋은, 유쾌한 | séjour (m.) 체류

스크립트

Bonjour, c'est Gérard, de l'hôtel Beau Rêve. Vous avez gagné un beau cadeau offert par notre hôtel. Vous pouvez passer deux jours inoubliables avec votre famille dans une île fantastique. Votre famille va loger dans une chambre de luxe de l'hôtel et vous allez prendre des repas préparés par un chef de cuisine réputé. Voulez-vous passer un moment agréable avec votre famille sans vous inquiéter de l'argent ? C'est très simple ! Écrivez-nous vos impressions après votre séjour ! Vous pouvez aussi gagner un appareil photo. Mais si vous n'acceptez pas cette condition, vous ne pouvez pas recevoir ce cadeau.

안녕하세요, 저는 Beau Rêve 호텔의 Gérard입니다. 당신은 저희 호텔에서 제공하는 멋진 선물에 당첨되셨습니다. 당신은 환상적인 섬에서 당신의 가족과 함께 잊지 못할 이틀을 보낼 수 있습니다. 당신의 가족은 호텔 특실에서 묵게 될 것이고 유명한 셰프가 준비한 식사를 하게 될 것입니다. 돈 걱정 없이 당신의 가족과 함께 즐거운 시간을 보내길 원하세요? 아주 간단합니다! 투숙하신 후 당신의 느낌을 저희에게 보내주세요! 당신은 또한 사진기도 탈 수 있습니다. 그러나 만일 당신이 이 조건을 수락하지 않는다면, 당신은 이 선물을 받을 수 없습니다.

DELF A2 · 듣기

Étape 4

문제 6의 해설을 확인해 보세요.

해설

문항	풀이 요령
1	메시지를 남긴 사람의 직업이 무엇인지 묻고 있다. "c'est Gérard, de l'hôtel Beau Rêve 저는 Beau Rêve 호텔의 Gérard입니다"라고 하였으므로 정답은 **C**.
2	휴가를 보내게 될 장소를 묻고 있다. "Vous pouvez passer deux jours inoubliables avec votre famille dans une île fantastique. 당신은 환상적인 섬에서 당신의 가족과 함께 잊지 못할 이틀을 보낼 수 있습니다."라는 문장에 따라 정답은 **C**.
3	휴가 시 머물 숙소를 묻고 있다. "Votre famille va loger dans une chambre de luxe de l'hôtel 당신의 가족은 호텔 특실에서 묵게 될 것"이라는 내용에 따라 정답은 **A**.
4	휴가 동안 하게 될 경험이 무엇인지 묻고 있다. "vous allez prendre des repas préparés par un chef de cuisine réputé 유명한 셰프가 준비한 식사를 하게 될 것입니다"라고 했으므로 정답은 **C**.
5	당첨이 되기 위해서는 무엇을 해야 하는지 묻는 문제이다. "Écrivez-nous vos impressions après votre séjour ! 투숙하신 후 당신의 느낌을 저희에게 보내주세요!"라고 하였으므로 정답은 **B**.
6	무엇을 선물로 받을 수 있는지 묻는 문제이다. "Vous pouvez aussi gagner un appareil photo. 당신은 또한 사진기도 탈 수 있습니다."라고 하였으므로 정답은 **C**.

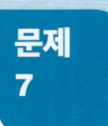

EXERCICE 3 실전 연습

Track 3-07

Étape 1 전략에 따라 EXERCICE 3 연습 문제를 풀어 보세요.

Vous restez à la maison.
Vous écoutez ce message sur un répondeur téléphonique.
Lisez les questions. Écoutez le document puis répondez.

6 points

❶ Qu'est-ce que l'université organise ?   *0,5 point*

A ☐ Un festival.
B ☐ Une fête de la musique.
C ☐ Un concours de chant.

❷ Quand l'événement aura-t-il lieu ?   *2 points*

A ☐   B ☐   C ☐

❸ Qu'est-ce que Samuel a fait pendant les vacances ?   *0,5 point*

A ☐   B ☐   C ☐

❹ Qu'est-ce qu'on peut faire ? `0,5 point`

   A ☐ Visiter le musée.
   B ☐ Écouter de la musique.
   C ☐ Assister au spectacle de magie.

❺ Qui pouvez-vous rencontrer ? `1,5 point`

   A ☐ Une amie de Samuel.
   B ☐ Le professeur de Samuel.
   C ☐ Le nouveau collègue de Samuel.

❻ Quand Samuel vous attend ? `1 point`

   A ☐ Le matin.
   B ☐ L'après-midi.
   C ☐ Le soir.

Étape 2 — 문제 7의 내용을 해석해 보세요.

당신은 집에 있습니다.
당신은 전화 응답기에서 이 메시지를 듣습니다.
문제들을 읽으세요. 자료를 듣고 답변하세요.

| 6점 |

❶ 대학교는 무엇을 개최하는가? | 0.5점 |

A ☐ 페스티벌
B ☐ 음악 축제
C ☐ 노래 경연 대회

❷ 언제 행사가 열릴 것인가? | 2점 |

A ☐   B ☐   C ☐

❸ Samuel은 방학 동안 무엇을 하였는가? | 0.5점 |

A ☐   B ☐   C ☐

198 DELF A2

❹ 무엇을 할 수 있는가? 0.5점

A ☐ 미술관 방문하기
B ☐ 음악 듣기
C ☐ 마술 공연 관람하기

❺ 당신은 누구를 만날 수 있는가? 1.5점

A ☐ Samuel의 여자인 친구
B ☐ Samuel의 선생님
C ☐ Samuel의 새로운 동료

❻ 언제 Samuel은 당신을 기다리는가? 1점

A ☐ 아침
B ☐ 오후
C ☐ 저녁

문제 7의 필수 어휘를 익히고, 스크립트를 확인해 보세요.

fête (f.) 축제 | concours (m.) 콩쿠르, 경연 대회 | spectacle (m.) 공연 | magie (f.) 마술, 마법 | rencontrer 만나다 | collègue 동료 | attendre 기다리다 | absolument 절대적으로, 꼭 | pièce de théâtre (f.) 연극 | rôle principal (m.) 주연 | répétition (f.) 연습, 리허설 | s'amuser 즐기다 | entrée principale (f.) 정문

Salut Arnaud, c'est Samuel. Tu es libre demain ? Mon université organise une grande fête à partir du 3 octobre et j'aimerais t'inviter. Il y a beaucoup de spectacles à voir et surtout, tu dois absolument voir une pièce de théâtre car j'y joue le rôle principal. J'ai fait des répétitions pendant les vacances d'été. Et puis, on pourra s'amuser en écoutant les chansons du groupe de rock. Tu peux aussi rencontrer ma nouvelle amie. Qu'est-ce que tu en penses ? Si tu es d'accord, je t'attends à 14 h devant l'entrée principale de l'université.

안녕 Arnaud, 나야 Samuel. 너 내일 시간 있어? 우리 대학교가 10월 3일부터 큰 축제를 여는데 너를 초대하고 싶어. 볼 만한 많은 공연들이 있어. 너는 특히 연극을 꼭 봐야 해. 내가 거기서 주연을 맡았거든. 나는 여름 방학 동안 (그 공연을) 연습했어. 그리고 록 그룹의 노래들을 들으면서 즐길 수 있어. 너는 내가 새로 사귄 (여자인) 친구를 만날 수도 있어. 어떻게 생각해? 만약 네가 괜찮다면, 학교 정문 앞에서 14시에 너를 기다릴게.

Étape 4 문제 7의 해설을 확인해 보세요.

문항	풀이 요령
1	대학교에서 무엇을 개최하는지 묻고 있다. "Mon université organise une grande fête 우리 대학교가 큰 축제를 연다"라고 하였으므로 정답은 **A**.
2	행사가 언제 열리는지에 대한 문제이다. "Mon université organise une grande fête à partir du 3 octobre 우리 대학교가 10월 3일부터 큰 축제를 연다"라고 했그, 10월은 가을이므로 정답은 **B**.
3	Samuel이 방학 동안 무엇을 했는지 묻고 있다. 앞에서 "j'y joue le rôle principal 내가 거기서 주연을 맡았거든", "J'ai fait des répétitions pendant les vacances d'été. 나는 여름 방학 동안 (그 공연을) 연습했어."라고 하였으므로 정답은 **A**.
4	축제에서 무엇을 볼 수 있는지 묻는 문제이다. "on pourra s'amuser en écoutant les chansons du groupe de rock 록 그룹의 노래들을 들으면서 즐길 수 있어"라고 했으므로 정답은 **B**.
5	수신자가 만날 수 있는 사람이 누구인지 묻고 있다. "Tu peux aussi rencontrer ma nouvelle amie 너는 내가 새로 사귄 (여자인) 친구를 만날 수도 있어"라고 했으므로 정답은 **A**.
6	Samuel이 수신자를 언제 기다리는지 묻는 문제이다. "je t'attends à 14 h devant l'entrée principale de l'université 학교 정문 앞에서 14시에 너를 기다릴게."라고 하였으므로 정답은 **B**.

EXERCICE 3 실전 연습

🎧 Track 3-08

Étape 1 전략에 따라 EXERCICE 3 연습 문제를 풀어 보세요.

Vous êtes à la maison.
Vous écoutez ce message sur un répondeur téléphonique.
Lisez les questions. Écoutez le document puis répondez.

6 points

❶ Quand est-ce que Véronique va à Paris ? *0,5 point*

A ☐ La semaine prochaine.
B ☐ Le mois prochain.
C ☐ l'année prochaine.

❷ Comment Véronique va-t-elle à Paris ? *2 points*

A ☐   B ☐   C ☐

❸ Qu'est-ce que Véronique va faire jusqu'à vendredi ? *0,5 point*

A ☐   B ☐   C ☐

❹ Qui Véronique veut-elle voir ? [0,5 point]

A ☐ Vos parents.
B ☐ Votre famille.
C ☐ Vos collègues.

❺ Qu'est-ce que Véronique a acheté ? [1,5 point]

A ☐ Un jouet.
B ☐ Une bouteille de vin.
C ☐ Un instrument de musique.

❻ Véronique a envie de rester … [1 point]

A ☐ à l'hôtel.
B ☐ chez vous.
C ☐ à l'auberge de jeunesse.

Étape 2
문제 8의 내용을 해석해 보세요.

당신은 집에 있습니다.
당신은 전화 응답기에서 이 메시지를 듣습니다.
문제들을 읽으세요. 자료를 듣고 답변하세요.　　　　　　　　　　　　　6점

❶ Véronique는 언제 파리에 가는가?　　0.5점
　A ☐ 다음 주
　B ☐ 다음 달
　C ☐ 내년

❷ Véronique는 어떻게 파리에 가는가?　　2점

　A ☐　　　　　　B ☐　　　　　　C ☐

❸ Véronique는 금요일까지 무엇을 할 것인가?　　0.5점

　A ☐　　　　　　B ☐　　　　　　C ☐

❹ 📝 Véronique는 누구를 보고 싶어 하는가? [0.5점]

A ☐ 당신의 부모
B ☐ 당신의 가족
C ☐ 당신의 동료들

❺ 📝 Véronique는 무엇을 샀는가? [1.5점]

A ☐ 장난감
B ☐ 포도주 한 병
C ☐ 악기

❻ 📝 Véronique는 … 머물고 싶어 한다. [1점]

A ☐ 호텔에
B ☐ 당신 집에
C ☐ 유스호스텔에

문제 8의 필수 어휘를 익히고, 스크립트를 확인해 보세요.

어휘

jouet (m.) 장난감, 완구 | bouteille (f.) 병 | instrument (m.) 악기 | avoir envie de + 동사원형 ~하고 싶다 | rester 머무르다 | auberge de jeunesse (f.) 유스호스텔 | voyage d'affaires (m.) 출장 | bureau (m.) 사무실 | longtemps 오래, 오랫동안 | nouveau-né 신생아, 아기 | poupée (f.) 인형 | chambre (f.) 방

스크립트

Salut Laurent, c'est moi, Véronique. Qu'est-ce que tu fais le week-end prochain ? Je vais peut-être aller à Paris lundi prochain pour un voyage d'affaires. J'y vais en train et je vais travailler au bureau jusqu'à vendredi, je serai libre le week-end. Comme cela fait longtemps que je ne t'ai pas vu, j'aimerais tellement te voir. Et puis, j'aimerais rencontrer ton nouveau-né et ta femme. J'ai acheté une jolie poupée qui parle. Est-ce que je peux rester chez toi pendant le week-end ? Sinon, je vais réserver une chambre à l'hôtel. Réponds-moi et à très bientôt !

안녕 Laurent, 나야 Véronique. 너 다음 주 주말에 뭐해? 내가 출장 때문에 아마도 다음 주 월요일에 파리에 갈 것 같아. 그곳에 기차를 타고 갈 건데 금요일까지 사무실에서 일하고 주말에 시간이 있을 거야. 내가 너를 보지 못한 지 오래되었기 때문에 너를 정말로 보고 싶어. 그리고 너의 갓 태어난 아기와 네 아내를 만나고 싶어. 말하는 예쁜 인형을 샀어. 주말 동안 내가 네 집에 머물 수 있니? 그렇지 않으면 호텔 방을 예약할 거야. 내게 답장해 줘. 곧 보자!

Étape 4 문제 8의 해설을 확인해 보세요.

문항	풀이 요령
1	Véronique가 언제 파리에 가는지 묻고 있다. "Je vais peut-être aller à Paris lundi prochain pour un voyage d'affaires. 내가 출장 때문에 아마도 다음 주 월요일에 파리에 갈 것 같아."라고 했으므로 정답은 **A**.
2	Véronique가 파리에 갈 때 어떤 교통수단을 이용하는지 묻고 있다. "J'y vais en train 그곳에 기차를 타고 갈 것"이라고 했으므로 정답은 **C**.
3	Véronique가 금요일까지 무엇을 할 것인지 묻고 있다. "je vais travailler au bureau jusqu'à vendredi 금요일까지 사무실에서 일하고"라고 하였으므로 정답은 **A**.
4	Véronique가 누구를 보고 싶어 하는지 묻는 문제이다. "j'aimerais rencontrer ton nouveau-né et ta femme 너의 갓 태어난 아기와 네 아내를 만나고 싶어"라고 하였으므로 정답은 **B**.
5	Véronique가 무엇을 샀는지 묻는 문제이다. "J'ai acheté une jolie poupée qui parle. 말하는 예쁜 인형을 샀어."라고 하였으므로 정답은 **A**.
6	Véronique가 어디에 묵고 싶어하는지 묻는 문제이다. "Est-ce que je peux rester chez toi pendant le week-end ? 주말 동안 내가 네 집에 머물 수 있니?"라고 물었으므로 정답은 **B**. "Sinon, je vais réserver une chambre à l'hôtel 그렇지 않으면 호텔 방을 예약할 거야"는 수신자의 집에 머물 수 없을 경우이므로 혼동하여 **A**를 고르지 않도록 주의한다.

EXERCICE 3 실전 연습

 Track 3-09

 전략에 따라 EXERCICE 3 연습 문제를 풀어 보세요.

Vous restez à la maison.
Vous écoutez ce message sur un répondeur téléphonique.
Lisez les questions. Écoutez le document puis répondez.

6 points

❶ Le message de Sophie concerne ...   *0,5 point*

A ☐ le voyage d'affaires.
B ☐ le résultat de l'entretien.
C ☐ l'examen d'entrée à l'université.

❷ Quelle est votre spécialité ?   *2 points*

A ☐   B ☐   C ☐

❸ La langue étrangère que vous parlez est liée à ...   *0,5 point*

A ☐   B ☐   C ☐

❹ Votre travail concerne ...   `0,5 point`

    A ☐ l'art.

    B ☐ le tourisme.

    C ☐ le commerce.

❺ Quand pouvez-vous travailler ?   `1,5 point`

    A ☐ en été.

    B ☐ en automne.

    C ☐ en hiver.

❻ Comment contactez-vous Sophie ?   `1 point`

    A ☐ Par lettre.

    B ☐ Par e-mail.

    C ☐ Par téléphone.

| Étape 2 | 문제 9의 내용을 해석해 보세요. |

당신은 집에 머물고 있습니다.
당신은 전화 응답기에서 이 메시지를 듣습니다.
문제들을 읽으세요. 자료를 듣고 답변하세요. 　　　　　　　　　　　　　　　 6점

❶ Sophie의 메시지는 … 관계 있다. 　　　　　　　　　　　　　　　　　　 0.5점

　　A ☐ 출장과
　　B ☐ 면접 결과와
　　C ☐ 대학 입학 시험과

❷ 당신의 전공은 무엇인가? 　　　　　　　　　　　　　　　　　　　　　　 2점

　　　A ☐ 　　　　　　　　B ☐ 　　　　　　　　C ☐

❸ 당신이 말하는 외국어는 … 와(과) 관련이 있다. 　　　　　　　　　　 0.5점

　　　A ☐ 　　　　　　　　B ☐ 　　　　　　　　C ☐

DELF A2 · 듣기

❹ 📝 당신의 일은 … 관련 있다. [0.5점]

A ☐ 예술과
B ☐ 관광과
C ☐ 무역과

❺ 📝 당신은 언제 일을 할 수 있는가? [1.5점]

A ☐ 여름에
B ☐ 가을에
C ☐ 겨울에

❻ 📝 당신은 어떻게 Sophie와 접촉하는가? [1점]

A ☐ 편지로
B ☐ e-mail로
C ☐ 전화로

Étape 3

문제 9의 필수 어휘를 익히고, 스크립트를 확인해 보세요.

어휘

concerner ~에 관계되다, 관련되다 | résultat (m.) 결과 | entretien (m.) 면접 | examen (m.) 시험 | entrée (f.) 입학, 입사 | spécialité (f.) 전공 | langue (f.) 언어 | étranger 외국의 | lier à ~와 관련되다, 연관되다 | commerce (m.) 무역 | société (f.) 회사 | avoir le plaisir de + 동사원형 ~하는 것을 기쁨으로 여기다 | admis 허용된, 채용된 | compagnie (f.) 회사 | quelqu'un 누군가, 어떤 사람 | candidat 후보, 지원자 | adéquat 적절한, 적합한 | informatique (f.) 정보 과학, 정보 처리 기술 | maîtriser 완전히 숙달하다 | faire du commerce 무역하다 | se charger de (일을) 맡다 | vente (f.) 판매 | à propos de ~에 대하여

스크립트

Bonjour Monsieur Fabien, c'est Madame Sophie, de la société ADAME. J'ai le plaisir de vous informer que vous êtes admis. En fait, notre compagnie cherche quelqu'un spécialisé dans le domaine informatique, vous êtes le candidat adéquat à nos besoins car vous avez fait des études d'informatique à l'université. D'ailleurs, vous maîtrisez bien l'anglais et c'est un grand avantage pour nous car nous faisons du commerce avec beaucoup d'entreprises américaines. Vous allez vous charger des ventes. Vous pouvez commencer le travail à partir du 01 février. Si vous avez des questions à propos du travail, contactez-moi au 06 78 58 69 21. Bonne journée !

안녕하세요 Fabien 씨, 저는 ADAME 회사의 Sophie입니다. 당신이 채용되었다는 것을 당신에게 알리게 되어 기쁩니다. 사실 저희 회사는 컴퓨터 분야에 전문적인 사람을 찾고 있고, 당신은 대학에서 컴퓨터를 전공했기 때문에 저희 필요에 적합한 지원자입니다. 게다가 당신이 영어에 능통한 것은 저희에게 큰 장점입니다. 저희는 많은 미국 기업들과 무역을 하기 때문입니다. 당신은 판매를 담당하시게 될 것입니다. 당신은 2월 1일부터 일을 시작하실 수 있습니다. 만약 업무와 관련하여 질문이 있으시면 06 78 58 69 21로 연락 주세요. 좋은 하루 되세요!

문제 9의 해설을 확인해 보세요.

문항	풀이 요령
1	Sophie가 무엇에 관해 메시지를 남겼는지 묻고 있다. "J'ai le plaisir de vous informer que vous êtes admis. 당신이 채용되었다는 것을 당신에게 알리게 되어 기쁩니다."라고 하였으므로 정답은 **B**.
2	수신자의 전공을 묻는 문제이다. "vous avez fait des études d'informatique à l'université 당신은 대학에서 컴퓨터를 전공했다"라고 하였으므로 정답은 **A**.
3	수신자가 할 줄 아는 언어를 묻고 있다. "vous maîtrisez bien l'anglais 당신이 영어에 능통한 것"이라고 하였으므로 정답은 **C**.
4	수신자가 하게 될 업무가 무엇인지 묻는 문제이다. "nous faisons du commerce avec beaucoup d'entreprises américaines 저희는 많은 미국 기업들과 무역을 합니다"라는 내용과, "Vous allez vous charger des ventes. 당신은 판매를 담당하시게 될 것입니다."라는 문장으로 보아 정답은 **C**.
5	수신자가 일을 시작하게 될 시기에 대한 문제이다. "Vous pouvez commencer le travail à partir du 01 février. 당신은 2월 1일부터 일을 시작하실 수 있습니다."라고 하였으므로 정답은 **C**.
6	Sophie에게 연락하는 방법을 묻고 있다. "Si vous avez des questions à propos du travail, contactez-moi au 06 78 58 69 21. 만약 업무와 관련하여 질문이 있으시면 06 78 58 69 21로 연락 주세요."라고 하였으므로 정답은 **C**.

EXERCICE 3 실전 연습

🎧 Track 3-10

Étape 1 전략에 따라 EXERCICE 3 연습 문제를 풀어 보세요.

Vous restez à la maison.
Vous écoutez ce message sur un répondeur téléphonique.
Lisez les questions. Écoutez le document puis répondez.

6 points

❶ Pourquoi Mr. Martin a-t-il laissé ce message ? *0,5 point*

A ☐ Pour son voyage scolaire.
B ☐ Pour son voyage d'affaires.
C ☐ Pour son voyage en famille.

❷ En quelle saison Mr. Martin veut-il partir ? *2 points*

A ☐   B ☐   C ☐

❸ Quelle est la destination de voyage préférée ? *0,5 point*

A ☐   B ☐   C ☐

❹ 📝 La durée du voyage est ...   `0,5 point`

   A ☐ une semaine.
   B ☐ un mois.
   C ☐ un an.

❺ 📝 Quelle est l'activité préférée de la femme de Mr. Martin ?   `1,5 point`

   A ☐ Le sport.
   B ☐ La lecture.
   C ☐ La promenade.

❻ 📝 À quel moment Mr. Martin va-t-il venir à l'agence de voyage ?   `1 point`

   A ☐ Demain matin.
   B ☐ Demain après-midi.
   C ☐ Demain soir.

Étape 2

문제 10의 내용을 해석해 보세요.

당신은 집에 머물고 있습니다.
당신은 전화 응답기에서 이 메시지를 듣습니다.
문제들을 읽으세요. 자료를 읽고 답변하세요.

6점

❶ 왜 Martin 씨는 이 메시지를 남겼는가? 0.5점

A ☐ 수학여행을 위해서
B ☐ 출장을 위해서
C ☐ 가족 여행을 위해서

❷ 어떤 계절에 Martin 씨는 떠나길 원하는가? 2점

A ☐   B ☐   C ☐

❸ 선호하는 여행 예정지는 어디인가? 0.5점

A ☐   B ☐   C ☐

❹ 📝 여행 기간은 …이다. `0.5점`
- A ☐ 일주일
- B ☐ 한 달
- C ☐ 일 년

❺ 📝 Martin 씨의 부인의 선호하는 활동은 무엇인가? `1.5점`
- A ☐ 스포츠
- B ☐ 독서
- C ☐ 산책

❻ 📝 Martin 씨는 여행사에 언제 올 것인가? `1점`
- A ☐ 내일 아침
- B ☐ 내일 오후
- C ☐ 내일 저녁

Étape 3 문제 10의 필수 어휘를 익히고, 스크립트를 확인해 보세요.

어휘

voyage scolaire (m.) 수학여행 | voyage d'affaires (m.) 출장 | voyage en famille (m.) 가족 여행 | saison (f.) 계절 | destination (f.) 목적지 | préféré 좋아하는, 선호하는 | durée (f.) 기간 | lecture (f.) 독서 | promenade (f.) 산책 | vacances (f.pl.) 휴가, 바캉스 | avoir l'occasion de ~할 기회를 갖다 | avoir l'intention de ~할 계획이다 | discuter 논의하다, 의견을 나누다 | à propos de ~에 대하여 | asiatique 아시아의 | date (f.) 날짜 | départ (m.) 출발 | sport nautique (m.) 수상 스포츠

스크립트

Bonjour Mr. Serge, c'est Mr. Martin. Je vous appelle pour réserver un voyage en famille. C'est bientôt les vacances d'été et mes enfants n'ont jamais eu l'occasion de visiter les pays étrangers. Alors, j'ai l'intention de partir en vacances avec ma famille. J'ai discuté avec ma famille à propos de la destination du voyage et ils préfèrent les pays asiatiques. La date de départ sera le 15 juillet et celle du retour le 15 août. Et ma femme veut faire du sport nautique. Demain, je vais passer à votre agence de voyage à 18 h après le travail. Merci.

안녕하세요 Serge 씨, 저는 Martin입니다. 가족 여행을 예약하기 위해 당신에게 전화드립니다. 곧 여름 휴가이고, 제 아이들은 외국을 방문할 기회가 전혀 없었습니다. 그래서 저는 제 가족들과 휴가를 떠날 계획입니다. 여행지에 대해 가족과 상의했는데, 그들은 아시아 국가들을 선호합니다. 출발 날짜는 7월 15일이고 귀국 날짜는 8월 15일입니다. 그리고 제 아내는 수상 스포츠를 하고 싶어합니다. 내일, 제가 퇴근 후 18시에 당신의 여행사에 들르겠습니다. 감사합니다.

DELF A2 · 듣기

Étape 4 문제 1의 해설을 확인해 보세요.

해설

문항	풀이 요령
1	Martin 씨가 메시지를 남긴 이유를 묻는 문제이다. "Je vous appelle pour réserver un voyage en famille. 가족 여행을 예약하기 위해 당신에게 전화드립니다."라고 하였으므로 정답은 **C**.
2	Martin 씨가 여행을 가고 싶은 계절을 묻고 있다. "C'est bientôt les vacances d'été 곧 여름 휴가이고"라는 내용과 "j'ai l'intention de partir en vacances avec ma famille 저는 제 가족들과 휴가를 떠날 계획입니다"라는 내용에 따라 정답은 **B**.
3	좋아하는 여행지를 묻고 있다. "J'ai discuté avec ma famille à propos de la destination du voyage et ils préfèrent les pays asiatiques. 여행지에 대해 가족과 상의했는데, 그들은 아시아 국가들을 선호합니다."라고 했으므로 정답은 **A**.
4	여행 기간에 대한 문제이다. "La date de départ sera le 15 juillet et celle du retour le 15 août. 출발 날짜는 7월 15일이고 귀국 날짜는 8월 15일입니다."라고 했으므로 정답은 **B**.
5	Martin 씨 부인이 좋아하는 활동이 무엇인지 묻고 있다. "ma femme veut faire du sport nautique 제 아내는 수상 스포츠를 하고 싶어합니다"라고 했으므로 정답은 **A**.
6	Martin 씨가 언제 여행사에 올 지 묻는 문제이다. "Demain, je vais passer à votre agence de voyage à 18 h après le travail. 내일, 제가 퇴근 후 18시에 당신의 여행사에 들르겠습니다."라고 했으므로 정답은 **C**.

EXERCICE 4

듣기 평가

Vous écoutez 4 dialogues. Cochez pour associer chaque dialogue à la situation correspondante.
Attention : il y a 6 situations mais seulement 4 dialogues.
Lisez les situations. Écoutez es dialogues puis répondez.

당신은 4개의 대화들을 듣습니다. 해당하는 상황에 각 대화를 연결하기 위해 표기하세요.
주의: 6개의 상황이 있지만 대화는 단 4개입니다.
상황들을 읽으세요. 대화들을 듣고 답변하세요.

완전 공략

DELF A2 듣기

1 핵심 포인트

총 4개의 dialogue로 이루어져 있으며 첫 번째 듣기 이전 문제를 읽는 시간이 30초 주어진다. 그리고 첫 번째 듣기가 끝난 후 30초 동안 답을 표기하는 시간이 주어지고 이후 두 번째 듣기가 끝나면 30초 동안 답을 표기하는 시간이 주어진다.

2 고득점 전략

① **핵심 어휘 및 표현에 초점을 맞춘다.**

각 상황마다 어떤 주제에 대해 말하고 있는지 알 수 있는 핵심 어휘와 표현들을 포함하고 있다. 보기항을 미리 훑어 해당 상황에 들어맞는 어휘와 표현을 미리 떠올려 보고, 이에 초점을 맞추어 듣도록 한다.

② **성급함은 금물, 전체를 고려한다.**

앞부분에서 보기항 하나를 잘못 연결하기 시작하면, 이어지는 문제들까지 연쇄적으로 오답을 고를 위험이 있다. 각 대화를 들을 때 이미 앞서 선택한 보기항도 배제하지 말고, 전체를 고려하면서 필요한 경우 앞서 선택한 답안을 정정해 가며 풀도록 한다.

EXERCICE 4 실전 연습

🎧 Track 4-01

Étape 1 전략에 따라 EXERCICE 4 연습 문제를 풀어 보세요.

Vous écoutez 4 dialogues. Cochez pour associer chaque dialogue à la situation correspondante.

Attention : il y a 6 situations mais seulement 4 dialogues.

Lisez les situations. Écoutez les dialogues puis répondez.

7 points

	A. Inviter quelqu'un	B. Remercier quelqu'un	C. Demander un service	D. Accepter des excuses	E. S'informer sur les transports	F. Se renseigner sur des horaires
❶ Dialogue 1 *(2 points)*	☐	☐	☐	☐	☐	☐
❷ Dialogue 2 *(0,5 point)*	☐	☐	☐	☐	☐	☐
❸ Dialogue 3 *(2,5 points)*	☐	☐	☐	☐	☐	☐
❹ Dialogue 4 *(2 points)*	☐	☐	☐	☐	☐	☐

222　DELF A2

Étape 2 문제 1의 내용을 해석해 보세요.

당신은 4개의 대화들을 듣습니다. 해당하는 상황에 각 대화를 연결하기 위해 표기하세요.
주의: 6개의 상황이 있지만 대화는 단 4개입니다.
상황들을 읽으세요. 대화들을 듣고 답변하세요.

7점

	A. 누군가를 초대하기	B. 누군가에게 감사하기	C. 서비스를 부탁하기	D. 사과를 받아들이기	E. 교통에 대해 알아보기	F. 시간표에 대해 문의하기
❶ 대화 1 (2점)	☐	☐	☐	☐	☐	☐
❷ 대화 2 (0.5점)	☐	☐	☐	☐	☐	☐
❸ 대화 3 (2.5점)	☐	☐	☐	☐	☐	☐
❹ 대화 4 (2점)	☐	☐	☐	☐	☐	☐

Étape 3 문제 1의 필수 어휘를 익히고, 스크립트를 확인해 보세요.

어휘

dialogue (m.) 대화 | cocher 표시하다 | associer 연결하다 | chaque 각자의 | correspondant 해당하는 | seulement 단지 | inviter 초대하다 | remercier 감사하다 | demander 요구하다, 부탁하다 | accepter 수락하다, 받아들이다 | excuse (f.) 변명, 사과 | s'informer 알아보다 | transport (m.) 교통 | se renseigner 문의, 조회하다 | horaire (m.) 시간표 | nouveau 새로운 | quartier (m.) 동네 | asiatique 아시아의 | là-bas 저기에, 그곳에 | gare (f.) 기차역 | loin de ~에서 먼 | à pied 걸어서 | bagage (m.) 짐, 가방 | s'inquiéter 걱정하다 | directement 곧바로, 직접 | tant mieux 다행이다 | garder 돌보다 | absence (f.) 부재 | accompagner 동반하다, 동행하다 | fils (m.) 아들 | midi (m.) 정오 | se promener 산책하다 | bibliothèque (f.) 도서관 | fermé 닫힌 | emprunter 빌리다 | devoir (m.) 숙제 | jour férié (m.) 휴일 | si ~인지 아닌지

Dialogue 1

Homme : Tu as vu le nouveau restaurant coréen dans notre quartier ?
Femme : Oui. C'est bien pour toi parce que tu adores les plats asiatiques.
Homme : Bien sûr ! Ça te dirait d'aller dîner là-bas demain soir ?
Femme : Pourquoi pas ?

대화 1

남자 : 너 우리 동네에 새로운 한국 식당을 봤니?
여자 : 응. 너한테는 좋은 거지, 왜냐하면 너는 아시아 음식들을 아주 좋아하니까 말야.
남자 : 물론이지! 내일 저녁에 거기에 저녁 먹으러 가는 거 어때?
여자 : 왜 안 되겠어? (= 좋지!)

Dialogue 2

Femme : Excusez-moi, la gare est loin d'ici ?
Homme : Mais non. Non, ça prend 15 minutes à pied.
Femme : Mais il n'y pas de bus ? J'ai beaucoup de bagages alors…
Homme : Ne vous inquiétez pas ! Il y a un bus qui va directement jusqu'à la gare.
Femme : Ah, tant mieux. Merci.

대화 2

여자 : 실례합니다만, 기차역이 여기서 먼가요?
남자 : 천만에요. 아뇨, 걸어서 15분 걸립니다.
여자 : 그렇지만 버스는 없나요? 제가 짐이 많아서 …
남자 : 걱정하지 마세요! 기차역까지 바로 가는 버스가 있어요.
여자 : 아, 다행이네요. 감사합니다.

Dialogue 3

Femme : Salut Pierre ! Tu pourrais garder mon chien pendant mon absence ? Je dois accompagner mon fils à l'école.
Homme : Aucun problème. Tu reviens à quelle heure ?
Femme : À midi.
Homme : Aucun problème. Je vais me promener au parc avec lui.

대화 3

여자 : 안녕 Pierre! 너 내가 없는 동안 내 개를 돌봐 줄 수 있어? 내가 아들을 학교까지 데려다 줘야 하거든.
남자 : 아무 문제없어. 너 몇 시에 돌아오는데?
여자 : 정오에.
남자 : 아무 문제없어. 개와 함께 공원을 산책할게.

Dialogue 4

Homme : Tu sais à quelle heure ouvre la bibliothèque ?
Femme : Mais... elle est fermée, on est lundi.
Homme : Et demain ? Je dois emprunter un livre pour faire mes devoirs.
Femme : Demain c'est un jour férié, alors je ne sais pas si elle sera ouverte.

대화 4

남자 : 너 도서관이 몇 시에 여는지 아니?
여자 : 근데 … 도서관은 닫았어, 월요일이잖아.
남자 : 그럼 내일은? 나는 숙제를 하기 위해 책을 빌려야 해.
여자 : 내일은 휴일이라서 도서관이 여는지 모르겠어.

Étape 4

문제 1의 해설을 확인해 보세요.

문항	풀이 요령
1	"Ça te dirait d'aller dîner là-bas demain soir ? 내일 저녁에 거기에 저녁 먹으러 가는 거 어때?"라는 문장이 나오므로 정답은 **A**. 'Ça te dirait/dit de + 동사원형'은 상대방에게 무엇을 제안하거나 초대할 때 자주 사용되는 표현이다. 이외에도 'je te propose de + 동사원형 너에게 ~할 것을 제안할게', 'tu peux venir ? 너 올 수 있어?', 'je t'invite 내가 너를 초대할게' 등의 표현도 함께 알아 두자.
2	"Il y a un bus qui va directement jusqu'à la gare. 기차역까지 바로 가는 버스가 있어요."라는 문장이 나오므로 정답은 **E**. 교통편과 관련하여 'train 기차', 'métro 지하철' 등의 단어를 알고 있어야 하고, 장소를 묻는 표현으로 'je cherche ~ 저는 ~을 찾고 있어요', 'où est ~ ? ~가 어디에 있나요?' 등의 문장들도 숙지해야 한다.
3	"Tu pourrais garder mon chien pendant mon absence ? 너 내가 없는 동안 내 개를 돌봐 줄 수 있어?"라는 문장이 나오므로 정답은 **C**. 부탁할 때는 'tu (vous) peux (pouvez) m'aider ?', 부탁이나 제안을 수락할 때는 'd'accord 알겠어', 'pas de problème 문제없어' 등의 표현이 자주 사용된다는 것도 알아 두자.
4	"Tu sais à quelle heure ouvre la bibliothèque ? 너 도서관이 몇 시에 여는지 아니?"라고 질문하고 있으므로 정답은 **F**. 'prochain 다음의', 'dernier 지난', 'midi 정오', 'minuit 자정' 등의 어휘도 시간을 나타내는 표현으로 자주 사용된다.

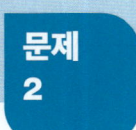 문제 2

EXERCICE 4 실전 연습

 Track 4-02

 Étape 1   전략에 따라 EXERCICE 4 연습 문제를 풀어 보세요.

Vous écoutez 4 dialogues. Cochez pour associer chaque dialogue à la situation correspondante.

Attention : il y a 6 situations mais seulement 4 dialogues.

Lisez les situations. Écoutez les dialogues puis répondez.

7 points

	A. Inviter quelqu'un	B. Demander un lieu	C. Demander un service	D. Accepter des excuses	E. Annuler un rendez-vous	F. Se renseigner sur des horaires
❶ Dialogue 1 *(2 points)*	☐	☐	☐	☐	☐	☐
❷ Dialogue 2 *(0,5 point)*	☐	☐	☐	☐	☐	☐
❸ Dialogue 3 *(2,5 points)*	☐	☐	☐	☐	☐	☐
❹ Dialogue 4 *(2 points)*	☐	☐	☐	☐	☐	☐

Étape 2
문제 2의 내용을 해석해 보세요.

당신은 4개의 대화들을 듣습니다. 해당하는 상황에 각 대화를 연결하기 위해 표기하세요.
주의 : 6개의 상황이 있지만 대화는 단 4개입니다.
상황들을 읽으세요. 대화들을 듣고 답변하세요.

7점

	A. 누군가를 초대하기	B. 장소를 묻기	C. 서비스를 부탁하기	D. 사과를 받아들이기	E. 약속을 취소하기	F. 시간표에 대해 문의하기
❶ 대화 1 (2점)	☐	☐	☐	☐	☐	☐
❷ 대화 2 (0.5점)	☐	☐	☐	☐	☐	☐
❸ 대화 3 (2.5점)	☐	☐	☐	☐	☐	☐
❹ 대화 4 (2점)	☐	☐	☐	☐	☐	☐

Étape 3
문제 2의 필수 어휘를 익히고, 스크립트를 확인해 보세요.

annuler 취소하다 | automobile (f.) 자동차 | s'intéresser à ~에 관심이 있다 | apprendre 알다, 배우다 | essayer 시도하다 | cette fois-ci 이번에 | payer 지불하다 | entrée (f.) 입장, 표 | soigner 보살피다, 돌보다 | bouger 움직이다 | à cause de ~때문에 | valise (f.) 가방 | centre-ville (m.) 중심가, 시내 | attendre 기다리다 | revenir 돌아오다 | tout de suite 곧, 즉시 | magasin (m.) 상점 | boutique (f.) 상점 | au coin de ~의 모퉁이에, 구석에

Dialogue 1

Homme : Tu sais qu'il y a le Salon de l'automobile à Paris ?
Femme : Oui. Je m'intéresse beaucoup aux voitures et j'ai appris cette nouvelle sur Internet.
Homme : On peut essayer une nouvelle voiture cette fois-ci. Ça te dirait d'y aller ce samedi ? Je te paie l'entrée.
Femme : C'est vrai ? Merci.

대화 1

남자 : 너 파리에서 자동차 전시회가 있는 것을 아니?
여자 : 응. 나는 자동차에 관심이 많아서 인터넷을 통해 그 소식을 알았어.
남자 : 이번에는 새로운 차를 시승해 볼 수 있어. 이번 주 토요일에 그곳에 가는 거 어때? 표는 내가 낼게.
여자 : 정말? 고마워.

Dialogue 2

Femme : Tu n'as pas oublié de venir à mon anniversaire demain ?
Homme : Non, mais mon père est malade et je dois le soigner. Alors, je ne peux pas venir chez toi.
Femme : Je suis vraiment désolée.
Homme : Moi aussi. Mais je vais passer chez toi la semaine prochaine.

대화 2

여자 : 너 내일 내 생일에 오는 것을 잊지 않았지?
남자 : 안 잊었지, 그렇지만 아버지가 아프셔서 그를 간호해야 해. 그래서 너의 집에 가지 못해.
여자 : 정말 유감이야.
남자 : 나도 마찬가지야. 그렇지만 내가 다음 주에 너의 집에 들릴게.

Dialogue 3

Femme : Bonjour monsieur. Excusez-moi, vous pourriez m'aider à prendre un taxi ? Je ne peux pas bouger à cause de mes valises.
Homme : Mais bien sûr, vous allez où ?
Femme : Au centre-ville.
Homme : Attendez ici ! Je reviens tout de suite.

대화 3

여자 : 안녕하세요. 죄송하지만 택시 잡는 것을 도와주실 수 있나요? 제 가방들 때문에 움직일 수가 없네요.
남자 : 물론이죠. 어디 가시는데요?
남자 : 시내요.
남자 : 여기서 기다리세요! 곧 돌아오겠습니다.

Dialogue 4

Homme : Tu sais à quelle heure ouvre le magasin ?
Femme : Mais... il est fermé, on est dimanche.
Homme : Et demain ? Je n'ai rien à manger à la maison.
Femme : Si tu veux, une petite boutique au coin de la rue ouvre à 9 h ce matin.

대화 4
남자 : 상점이 몇 시에 문 여는지 알아?
여자 : 근데… 상점은 닫았어. 일요일이잖아.
남자 : 그럼 내일은? 집에 먹을 것이 하나도 없어.
여자 : 네가 원한다면, 길 모퉁이에 작은 가게가 오늘 아침 9시에 문을 열어

Étape 4

문제 2의 해설을 확인해 보세요.

문항	풀이 요령
1	자동차 전시회에 같이 가자는 내용의 대화이다. 남자의 대화 중 "Ça te dirait d'y aller ce samedi ? Je te paie l'entrée. 이번 주 토요일에 그곳에 가는 거 어때? 표는 내가 낼게."에서 제안 및 초대하는 상황임을 알 수 있으므로 정답은 **A**.
2	친구의 생일 파티 참석 여부에 대해 이야기하는 내용이다. 남자가 "mais mon père est malade et je dois le soigner. Alors, je ne peux pas venir chez toi. 그렇지만 아버지가 아프셔서 그를 간호해야 해. 그래서 너의 집에 가지 못해."라고 하였으므로 정답은 **E**. 상대방에게 좋지 않은 일이 있을 때 'Je suis vraiment désolé(e)'를 많이 사용한다.
3	"Excusez-moi, vous pourriez m'aider à prendre un taxi ? 죄송하지만 택시 잡는 것을 도와주실 수 있나요?"라는 문장으로 보아 정답은 **C**. 선택지가 demander de l'aide로 주어질 수도 있다는 점에 유의한다.
4	"Tu sais à quelle heure ouvre le magasin ? 상점이 몇 시에 문 여는지 알아?"라는 문장으로 보아 정답은 **F**. 시간과 관련하여 'Quelle heure est-il ? 몇 시입니까?'와 'commencer(ouvrir) à + 시간 ~시에 시작하다(열다)', 'finir(fermer) à + 시간 ~시에 끝나다(닫다)'도 자주 쓰인다.

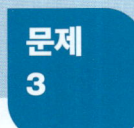

EXERCICE 4 실전 연습

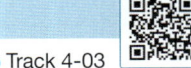
Track 4-03

전략에 따라 EXERCICE 4 연습 문제를 풀어 보세요.

Vous écoutez 4 dialogues. Cochez pour associer chaque dialogue à la situation correspondante.

Attention : il y a 6 situations mais seulement 4 dialogues.

Lisez les situations. Écoutez les dialogues puis répondez.

7 points

	A. Inviter quelqu'un	B. Proposer un travail	C. Demander un service	D. Refuser une proposition	E. S'informer sur les transports	F. Se renseigner sur des horaires
❶ Dialogue 1 *(2 points)*	☐	☐	☐	☐	☐	☐
❷ Dialogue 2 *(0,5 point)*	☐	☐	☐	☐	☐	☐
❸ Dialogue 3 *(2,5 points)*	☐	☐	☐	☐	☐	☐
❹ Dialogue 4 *(2 points)*	☐	☐	☐	☐	☐	☐

| Étape 2 | 문제 3의 내용을 해석해 보세요. |

당신은 4개의 대화들을 듣습니다. 해당하는 상황에 각 대화를 연결하기 위해 표기하세요.
주의 : 6개의 상황이 있지만 대화는 단 4개입니다.
상황들을 읽으세요. 대화들을 듣고 답변하세요.

7점

	A. 누군가를 초대하기	B. 일자리를 제안하기	C. 서비스를 부탁하기	D. 제안을 거절하기	E. 교통에 대해 알아보기	F. 시간표에 대해 문의하기
❶ 대화 1 (2점)	☐	☐	☐	☐	☐	☐
❷ 대화 2 (0.5점)	☐	☐	☐	☐	☐	☐
❸ 대화 3 (2.5점)	☐	☐	☐	☐	☐	☐
❹ 대화 4 (2점)	☐	☐	☐	☐	☐	☐

| Étape 3 | 문제 3의 필수 어휘를 익히고, 스크립트를 확인해 보세요. |

 어휘

gagner 돈을 벌다 | argent de poche (m.) 용돈 | juillet (m.) 7월 | mairie (f.) 시청 | se tromper de ~을 착각하다 | direction (f.) 방향 | autre côté (m.) 반대쪽 | à pied 걸어서, 도보로 | presque 거의 | marche (f.) 걷기 | chien (m.) 개 | brun 갈색 | collier (m.) 목걸이 | autour de ~의 주위에 | cou (m.) 목 | courir 달리다 | vers ~쪽으로 | occasion (f.) 기회

Dialogue 1

Femme : Je vais travailler au café pendant les vacances. Tu veux travailler avec moi ?
Homme : Bien sûr. J'ai besoin du travail pour gagner de l'argent de poche.
Femme : Bien. Le travail commence au mois de juillet.
Homme : D'accord. Mais, c'est où, le café ?

대화 1

여자 : 나는 방학 동안 카페에서 일할 거야. 너 나랑 같이 일하고 싶니?
남자 : 물론이지. 나는 용돈을 벌기 위해 일자리가 필요해.
여자 : 좋아. 일은 7월에 시작할 거야.
남자 : 알았어. 그런데 카페가 어디야?

Dialogue 2

Femme : Excusez-moi, vous savez si ce bus va à la mairie ?
Homme : Non, vous vous trompez de direction. C'est de l'autre côté.
Femme : Ah bon ? Est-ce que je peux y aller à pied ?
Homme : Non, il y a presque une heure de marche.

대화 2

여자 : 실례합니다. 이 버스가 시청까지 가는지 아세요?
남자 : 아니요, 방향을 착각하셨어요. 시청은 반대쪽이에요.
여자 : 아, 그래요? 제가 걸어서 그곳에 갈 수 있나요?
남자 : 아니요, 걸어서 거의 한 시간 걸려요.

Dialogue 3

Femme : Excusez-moi, vous pourriez m'aider à trouver mon chien ?
Homme : Mais bien sûr. Comment est-il ?
Femme : Il est petit, brun et il a un collier autour du cou.
Homme : Ah, je l'ai vu tout à l'heure. Il a couru vers le parc.

대화 3

여자 : 실례합니다, 제 개를 찾도록 저를 도와주실 수 있나요?
남자 : 물론이죠. 어떻게 생겼나요?
여자 : 작고, 갈색이며 목에 목걸이를 하고 있어요.
남자 : 아, 조금 전에 봤어요. 공원 쪽으로 달려갔어요.

Dialogue 4

Homme : J'aimerais partir en voyage avec toi cet été. Qu'est-ce que tu en penses ?
Femme : Je voudrais bien mais je ne peux pas. Je dois aller au Canada avec ma famille.
Homme : C'est dommage.
Femme : On aura une autre occasion de voyager ensemble.

대화 4

남자 : 나는 이번 여름에 너와 함께 여행을 떠나고 싶어. 이것에 대해 어떻게 생각해?
여자 : 나도 그러고 싶지만 그럴 수 없어. 가족과 함께 캐나다에 가야 하거든.
남자 : 유감이야.
여자 : 함께 여행할 다른 기회가 있을 거야.

Étape 4

문제 3의 해설을 확인해 보세요.

문항	풀이 요령
1	대화에서 여자가 "Je vais travailler au café pendant les vacances. Tu veux travailler avec moi ? 나는 방학 동안 카페에서 일할 거야. 너 나랑 같이 일하고 싶니?"라고 남자에게 함께 일할 것을 제안하고 있으므로 정답은 **B**.
2	대화에서 여자가 "Excusez-moi, vous savez si ce bus va à la mairie ? 실례합니다. 이 버스가 시청까지 가는지 아세요?", "Est-ce que je peux y aller à pied ? 제가 걸어서 그곳에 갈 수 있나요?"라고 물었으므로 정답은 **E**.
3	"Excusez-moi, vous pourriez m'aider à trouver mon chien ? 실례합니다, 제 개를 찾도록 저를 도와주실 수 있나요?"라고 묻고 있으므로 정답은 **C**.
4	남자가 함께 여행하자고 제안하는 말에 "Je voudrais bien mais je ne peux pas. Je dois aller au Canada avec ma famille. 나도 그러고 싶지만 그럴 수 없어. 가족과 함께 캐나다에 가야 하거든."이라고 여자가 답하는 것으로 보아 정답은 **D**. 제안을 거절할 때 유감이라는 의미의 표현들 (J'aimerais bien mais je ne peux pas)을 사용한다는 것을 기억하자.

EXERCICE 4 실전 연습

🎧 Track 4-04

 전략에 따라 EXERCICE 4 연습 문제를 풀어 보세요.

Vous écoutez 4 dialogues. Cochez pour associer chaque dialogue à la situation correspondante.

Attention : il y a 6 situations mais seulement 4 dialogues.

Lisez les situations. Écoutez les dialogues puis répondez. *7 points*

	A. Proposer quelque chose	B. Refuser	C. Demander un service	D. Offrir un repas	E. S'informer sur les transports	F. Se renseigner sur des horaires
❶ Dialogue 1 *(2 points)*	☐	☐	☐	☐	☐	☐
❷ Dialogue 2 *(0,5 point)*	☐	☐	☐	☐	☐	☐
❸ Dialogue 3 *(2,5 points)*	☐	☐	☐	☐	☐	☐
❹ Dialogue 4 *(2 points)*	☐	☐	☐	☐	☐	☐

Étape 2 문제 4의 내용을 해석해 보세요.

당신은 4개의 대화들을 듣습니다. 해당하는 상황에 각 대화를 연결하기 위해 표기하세요.
주의 : 6개의 상황이 있지만 대화는 단 4개입니다.
상황들을 읽으세요. 대화들을 듣고 답변하세요.

7점

	A. 무엇인가를 제안하기	B. 거절하기	C. 서비스를 부탁하기	D. 식사를 제공하기	E. 교통에 대해 알아보기	F. 시간표에 대해 문의하기
❶ 대화 1 (2점)	☐	☐	☐	☐	☐	☐
❷ 대화 2 (0.5점)	☐	☐	☐	☐	☐	☐
❸ 대화 3 (2.5점)	☐	☐	☐	☐	☐	☐
❹ 대화 4 (2점)	☐	☐	☐	☐	☐	☐

Étape 3 문제 4의 필수 어휘를 익히고, 스크립트를 확인해 보세요.

à côté de ~옆에 | pantalon (m.) 바지 | centre commercial (m.) 쇼핑몰 | grand magasin (m.) 백화점 | examen (m.) 시험 | difficile 어려운 | se voir 서로 보다(만나다) | préférer 선호하다 | préparer 준비하다, 마련하다

> 스크립트

Dialogue 1
Homme : Tu as vu le nouveau magasin de vêtements à côté de la gare ?
Femme : Oui. Ça tombe bien pour toi parce que tu voulais acheter un pantalon.
Homme : Tu as raison ! Tu peux venir avec moi cet après-midi ?
Femme : D'accord !

대화 1
남자 : 너 기차역 옆에 새로운 옷 가게 봤어?
여자 : 응. 너한테는 잘 된 일이지, 왜냐하면 너는 바지를 사고 싶어 했으니까 말야.
남자 : 네가 옳아. 너 오늘 오후에 나랑 갈 수 있어?
여자 : 알았어!

Dialogue 2
Femme : Excusez-moi, vous savez si ce bus va au centre commercial ?
Homme : Non, pas celui-ci. Le bus pour le centre vient de passer.
Femme : Et le grand magasin est loin d'ici ?
Homme : Oui, mais vous pouvez prendre le métro pour y aller.

대화 2
여자 : 실례합니다, 이 버스가 쇼핑몰에 가는지 아시나요?
남자 : 아니요, 저것은 아닙니다. 몰로 가는 버스가 방금 지나갔어요.
여자 : 그럼 백화점이 여기서 먼가요?
남자 : 네, 하지만 당신은 거기에 가기 위해 지하철을 탈 수 있어요.

Dialogue 3
Femme : Tu peux m'aider ? J'ai un examen de français la semaine prochaine et il est trop difficile pour moi.
Homme : Mais bien sûr. Je suis libre ce week-end. On se voit où ?
Femme : Je préfère travailler chez moi.
Homme : Pas de problème.

대화 3
여자 : 너 나를 도와줄 수 있어? 다음 주에 프랑스어 시험이 있는데 내게는 너무 어려워.
남자 : 물론이지. 나는 이번 주말에 시간 있어. 우리 어디서 볼까?
여자 : 나는 내 집에서 공부하는 것을 선호해.
남자 : 문제없어.

Dialogue 4

Homme : Mes amis vont venir chez moi demain.
Femme : Ah bon ? Qu'est-ce que vous allez manger ?
Homme : Je vais préparer le plat traditionnel de ma région.
Femme : C'est une très bonne idée.

대화 4

남자 : 내 친구들이 내일 내 집에 올 거야.
여자 : 아 그래? 너희들 무엇을 먹을 거야?
남자 : 나는 내 지역의 전통 음식을 준비할 거야.
여자 : 그거 매우 좋은 생각이야.

Étape 4 문제 4의 해설을 확인해 보세요.

문항	풀이 요령
1	대화에서 남자가 "Tu peux venir avec moi cet après-midi ? 너 오늘 오후에 나랑 갈 수 있어?"라고 말하며 새로 생긴 옷 가게에 함께 갈 것을 제안하고 있으므로 정답은 **A**.
2	대화에서 여자가 "vous savez si ce bus va au centre commercial ? 이 버스가 쇼핑몰에 가는지 아시나요?"라고 물었으므로 정답은 **E**.
3	대화에서 여자가 "Tu peux m'aider ? J'ai un examen de français la semaine prochaine et il est trop difficile pour moi. 너 나를 도와줄 수 있어? 다음 주에 프랑스어 시험이 있는데 내게는 너무 어려워."라고 남자에게 부탁하고 있으므로 정답은 **C**.
4	대화에서 남자가 내일 그의 집에 친구들이 방문할 예정이며, "Je vais préparer le plat traditionnel de ma région. 나는 내 지역의 전통 음식을 준비할 거야."라고 하였으므로 정답은 **D**.

EXERCICE 4 실전 연습

🎧 Track 4-05

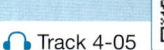

Étape 1 전략에 따라 EXERCICE 4 연습 문제를 풀어 보세요.

Vous écoutez 4 dialogues. Cochez pour associer chaque dialogue à la situation correspondante.

Attention : il y a 6 situations mais seulement 4 dialogues.

Lisez les situations. Écoutez les dialogues puis répondez.

7 points

	A. Proposer	B. Annoncer une nouvelle	C. Demander de l'aide	D. Accepter des excuses	E. S'informer sur les transports	F. Se renseigner sur des horaires
❶ Dialogue 1 *(2 points)*	☐	☐	☐	☐	☐	☐
❷ Dialogue 2 *(0,5 point)*	☐	☐	☐	☐	☐	☐
❸ Dialogue 3 *(2,5 points)*	☐	☐	☐	☐	☐	☐
❹ Dialogue 4 *(2 points)*	☐	☐	☐	☐	☐	☐

Étape 2 문제 5의 내용을 해석해 보세요.

당신은 4개의 대화들을 듣습니다. 해당하는 상황에 각 대화를 연결하기 위해 표기하세요.
주의 : 6개의 상황이 있지만 대화는 단 4개입니다.
상황들을 읽으세요. 대화들을 듣고 답변하세요.

7점

	A. 제안하기	B. 소식 전하기	C. 도움을 청하기	D. 사과를 받아들이기	E. 교통에 대해 알아보기	F. 시간표에 대해 문의하기
❶ 대화 1 (2점)	☐	☐	☐	☐	☐	☐
❷ 대화 2 (0.5점)	☐	☐	☐	☐	☐	☐
❸ 대화 3 (2.5점)	☐	☐	☐	☐	☐	☐
❹ 대화 4 (2점)	☐	☐	☐	☐	☐	☐

Étape 3 문제 5의 필수 어휘를 익히고, 스크립트를 확인해 보세요.

어휘 savoir 알다 | station de radio (f.) 라디오 방송국 | concours (m.) 경연 대회 | chant (m.) 노래, 노래부르기 | participer 참가하다 | campagne (f.) 농촌, 시골 | propre 자기 자신의 | tant mieux 잘 됐다, 다행이다 | réaliser 실현하다, 실행하다 | rêve (m.) 꿈 | déplacer 옮기다 | lourd 무거운 | cuisine (f.) 부엌 | pharmacie (f.) 약국

스크립트

Dialogue 1

Homme : Tu sais qu'une station de radio organise un concours de chant ?
Femme : Oui. Tu dois être content parce que tu as toujours voulu devenir chanteur.
Homme : Très content ! Tu ne veux pas y participer avec moi ?
Femme : Pourquoi pas ?

대화 1

남자 : 너 라디오 방송국이 노래 경연 대회를 개최하는 거 알아?
여자 : 응. 너는 항상 가수가 되고 싶어 했으니까 만족할 거야.
남자 : 매우 만족해! 나랑 같이 거기에 참가하지 않을래?
여자 : 왜 안 되겠어? (= 좋지!)

Dialogue 2

Homme : Tu sais que Jean habite à la campagne depuis 3 mois ?
Femme : Non, mais il a travaillé à Paris, n'est-ce pas ?
Homme : Oui, mais il vient d'ouvrir son propre restaurant au petit village.
Femme : Tant mieux pour lui. Il a réalisé son rêve.

대화 2

남자 : 너 Jean이 3개월 전부터 시골에 살고 있는 것을 아니?
여자 : 아니, 그런데 그는 Paris에서 일했잖아, 그렇지 않아?
남자 : 응, 그렇지만 그는 작은 마을에 자신의 식당을 차렸어.
여자 : 그를 위해서는 잘 되었네. 그는 꿈을 이루었구나.

Dialogue 3

Femme : Chéri ! Tu peux m'aider à déplacer cette table ? Elle est trop lourde.
Homme : Mais bien sûr. Où veux-tu mettre ça ?
Femme : Dans la cuisine.
Homme : Pas de problème. Tu restes ici et je peux le faire tout seul.

대화 3

여자 : 여보! 이 식탁을 옮기게 나를 도와줄 수 있어요? 너무 무거워요.
남자 : 아, 물론이죠. 이것을 어디다 놓고 싶어요?
여자 : 부엌에요.
남자 : 문제없어요. 당신은 여기에 있고 내가 혼자 그것을 할 수 있어요.

Dialogue 4

Homme : Tu sais à quelle heure ferme la pharmacie ?
Femme : Comme il est 20 heures, c'est déjà fermé.
Homme : Tant pis. Je dois attendre jusqu' à demain.
Femme : Bon courage !

대화 4

남자 : 너 약국이 몇 시에 문을 닫는지 알아?
여자 : 지금 20시라서 벌써 닫았어.
남자 : 할 수 없지. 내일까지 기다려야지.
여자 : 힘을 내!

Étape 4

문제 5의 해설을 확인해 보세요.

문항	풀이 요령
1	대화에서 남자가 "Tu ne veux pas y participer avec moi ? 나랑 같이 거기에 참가하지 않을래?"라고 말하며 여자에게 방송국에서 개최하는 노래 경연 대회에 같이 참가할 것을 제안하고 있으므로 정답은 **A**.
2	대화에서 남자가 여자에게 "Tu sais que Jean habite à la campagne depuis 3 mois ? 너 Jean이 3개월 전부터 시골에 살고 있는 것을 아니?", "il vient d'ouvrir son propre restaurant au petit village 그는 작은 마을에 자신의 식당을 차렸어"라고 말하며 Jean의 근황을 전해주고 있으므로 정답은 **B**. 어떤 소식을 다른 사람에게 전할 때는 'tu sais que …'를 많이 사용한다.
3	대화에서 여자가 남자에게 "Tu peux m'aider à déplacer cette table ? 이 식탁을 옮기게 나를 도와줄 수 있어요?"라고 부탁하였으므로 정답은 **C**.
4	대화에서 남자가 "Tu sais à quelle heure ferme la pharmacie ? 너 약국이 몇 시에 문을 닫는지 알아?"라고 시간을 묻고 있으므로 정답은 **F**.

EXERCICE 4 실전 연습

🎧 Track 4-06

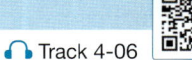

 전략에 따라 EXERCICE 4 연습 문제를 풀어 보세요.

Vous écoutez 4 dialogues.- Cochez pour associer chaque dialogue à la situation correspondante.

Attention : il y a 6 situations mais seulement 4 dialogues.

Lisez les situations. Écoutez les dialogues puis répondez.

7 points

	A. proposer	B. Remercier quelqu'un	C. Demander de l'aide	D. Accepter des excuses	E. Demander des nouvelles	F. Se renseigner sur des horaires
❶ Dialogue 1 *(2 points)*	☐	☐	☐	☐	☐	☐
❷ Dialogue 2 *(0,5 point)*	☐	☐	☐	☐	☐	☐
❸ Dialogue 3 *(2,5 points)*	☐	☐	☐	☐	☐	☐
❹ Dialogue 4 *(2 points)*	☐	☐	☐	☐	☐	☐

Étape 2

문제 6의 내용을 해석해 보세요.

당신은 4개의 대화들을 듣습니다. 해당하는 상황에 각 대화를 연결하기 위해 표기하세요.
주의 : 6개의 상황이 있지만 대화는 단 4개입니다.
상황들을 읽으세요. 대화들을 듣고 답변하세요.

7점

	A. 제안하기	B. 누군가에게 감사하기	C. 도움 청하기	D. 사과를 받아들이기	E. 안부 묻기	F. 시간표에 대해 문의하기
❶ 대화 1 (2점)	☐	☐	☐	☐	☐	☐
❷ 대화 2 (0.5점)	☐	☐	☐	☐	☐	☐
❸ 대화 3 (2.5점)	☐	☐	☐	☐	☐	☐
❹ 대화 4 (2점)	☐	☐	☐	☐	☐	☐

Étape 3

문제 6의 필수 어휘를 익히고, 스크립트를 확인해 보세요.

remercier ~에게 감사하다 | quartier (m.) 동네 | content 만족한 | s'entendre bien avec ~와 사이가 좋다 | route (f.) 도로 | il vaut mieux + 동사원형 ~하는 것이 더 낫다 | promouvoir 승진하다 | oublier 잊다, 잊어버리다 | encouragement (m.) 격려 | félicitation (f.) 축하, 칭찬

Dialogue 1

Homme : Tu sais que Paul va venir vivre dans notre quartier ?
Femme : Oui. Tu dois être content parce que tu t'entends bien avec lui depuis longtemps.
Homme : Très content ! Je vais préparer le dîner pour lui et peux-tu m'aider ?
Femme : D'accord !

대화 1

남자 : 너 Paul이 우리 동네에 살러 위해 온다는 것을 아니?
여자 : 응. 너는 예전부터 그와 잘 지냈으니까 만족할 거야.
남자 : 매우 만족해! 그를 위해 저녁을 준비하려고 하는데 너 나를 도와줄 수 있어?
여자 : 알았어!

Dialogue 2

Homme : Excusez-moi, je suis en retard.
Femme : Ce n'est pas grave. Moi aussi, je viens d'arriver.
Homme : Il y a trop de voitures sur la route.
Femme : C'est vrai. Il vaut mieux prendre le métro à cette heure-ci.

대화 2

남자 : 미안합니다, 제가 늦었어요.
여자 : 괜찮습니다. 저도 막 도착했어요.
남자 : 도로에 차들이 너무 많아요.
여자 : 정말요. 이 시간에는 지하철을 타는 것이 나아요.

Dialogue 3

Femme : Mon mari est promu directeur et je vais organiser une petite fête demain soir. Tu peux venir ?
Homme : Mais bien sûr, tu habites toujours dans le même appartement ?
Femme : Oui. Et tu peux venir avec ta femme si tu veux.
Homme : Pas de problème.

대화 3

여자 : 내 남편이 부장으로 승진해서 내일 저녁에 작은 파티를 열려고 해. 너 올 수 있니?
남자 : 그럼 물론이지. 여전히 같은 아파트에 살고 있니?
여자 : 응. 그리고 네가 원하면 네 아내랑 같이 와도 돼.
남자 : 문제없어.

Dialogue 4

Homme : Je n'aurais pas pu passer l'examen sans ton aide. Merci beaucoup.
Femme : Mais non. Tu as bien préparé ton examen.
Homme : En tout cas, je n'oublierai jamais ton encouragement.
Femme : Toutes mes félicitations encore une fois !

대화 4
남자 : 나는 너의 도움 없이는 시험을 치르지 못했을 거야. 정말 고마워.
여자 : 천만에. 네가 시험을 잘 준비했지.
남자 : 어쨌든 너의 격려를 결코 잊지 않을게.
여자 : 다시 한번 축하해!

Étape 4

문제 6의 해설을 확인해 보세요.

문항	풀이 요령
1	대화에서 남자가 "Je vais préparer le dîner pour lui et peux-tu m'aider ? 그를 위해 저녁을 준비하려고 하는데 너 나를 도와줄 수 있어?"라고 하였으므로 정답은 **C**.
2	약속 시간에 늦어서 사과하는 상대방에게 "Ce n'est pas grave. Moi aussi, je viens d'arriver 괜찮습니다. 저도 막 도착했어요"라고 답하고 있으므로 정답은 **D**.
3	여자가 남자에게 "Mon mari est promu directeur et je vais organiser une petite fête demain soir. Tu peux venir ? 내 남편이 부장으로 승진해서 내일 저녁에 작은 파티를 열려고 해. 너 올 수 있니?"라고 물었으므로 정답은 **A**. Proposer 대신 Inviter가 선택지에 있었다면 그것도 답이 될 수 있다.
4	"Je n'ai pas pu passer l'examen sans ton aide. Merci beaucoup. 나는 너의 도움 없이는 시험을 치르지 못했을 거야. 정말 고마워."라고 하였으므로 정답은 **B**. 감사 표현으로 'Je te remercie, grâce à ~'도 함께 기억하자.

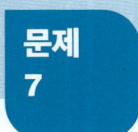

EXERCICE 4 실전 연습

🎧 Track 4-07

Étape 1 전략에 따라 EXERCICE 4 연습 문제를 풀어 보세요.

Vous écoutez 4 dialogues. Cochez pour associer chaque dialogue à la situation correspondante.

Attention : il y a 6 situations mais seulement 4 dialogues.

Lisez les situations. Écoutez les dialogues puis répondez.

7 points

	A. Inviter quelqu'un	B. Remercier quelqu'un	C. Demander un service	D. Accepter des excuses	E. S'informer sur les transports	F. Se renseigner sur des horaires
❶ Dialogue 1 *(2 points)*	☐	☐	☐	☐	☐	☐
❷ Dialogue 2 *(0,5 point)*	☐	☐	☐	☐	☐	☐
❸ Dialogue 3 *(2,5 points)*	☐	☐	☐	☐	☐	☐
❹ Dialogue 4 *(2 points)*	☐	☐	☐	☐	☐	☐

Étape 2 문제 7의 내용을 해석해 보세요.

당신은 4개의 대화들을 듣습니다. 해당하는 상황에 각 대화를 연결하기 위해 표기하세요.
주의 : 6개의 상황이 있지만 대화는 단 4개입니다.
상황들을 읽으세요. 대화들을 듣고 답변하세요.

7점

	A. 누군가를 초대하기	B. 누군가에게 감사하기	C. 도움을 청하기	D. 사과를 받아들이기	E. 교통에 대해 알아보기	F. 시간표에 대해 문의하기
❶ 대화 1 (2점)	☐	☐	☐	☐	☐	☐
❷ 대화 2 (0.5점)	☐	☐	☐	☐	☐	☐
❸ 대화 3 (2.5점)	☐	☐	☐	☐	☐	☐
❹ 대화 4 (2점)	☐	☐	☐	☐	☐	☐

Étape 3 문제 7의 필수 어휘를 익히고, 스크립트를 확인해 보세요.

어휘   ne … que … ~밖에 | se dépêcher 서두르다 | projet (m.) 계획 | s'amuser 즐기다, 놀다 | génial 뛰어난, 훌륭한

스크립트

Dialogue 1

Homme : Tu peux m'aider à faire mes devoirs ?
Femme : Bien sûr. Quel est ton problème ?
Homme : Je ne trouve pas la bonne réponse de l'exercice 4.
Femme : D'abord, tu dois comprendre le sens de cette phrase.

대화 1

남자 : 너 내가 숙제를 하는 것을 도와줄 수 있니?
여자 : 물론이지. 너의 문제가 뭔데?
남자 : 연습문제 4번의 답을 찾지 못하겠어.
여자 : 우선 너는 이 문장의 의미를 이해해야 돼.

Dialogue 2

Femme : Excusez-moi, comment aller à l'aéroport ?
Homme : Prenez le bus 32, Il s'arrête juste devant l'aéroport.
Femme : Merci. Et combien de temps ça prend ?
Homme : Environ 20 minutes.

대화 2

여자 : 실례합니다. 공항에 어떻게 가나요?
남자 : 32번 버스를 타세요. 공항 바로 앞에 섭니다.
여자 : 고맙습니다. 얼마나 걸리나요?
남자 : 20분 정도 걸려요.

Dialogue 3

Femme : S'il vous plaît ! Vous travaillez jusqu'à quelle heure ?
Homme : Le magasin ferme à 20 heures.
Femme : Oh là là ! Il ne reste que 20 minutes.
Homme : Dépêchez-vous si vous voulez acheter quelque chose.

대화 3

여자 : 실례합니다! 당신은 몇 시까지 일하시나요?
남자 : 상점은 20시에 문을 닫아요.
여자 : 오 이런! 20분밖에 남지 않았네요.
남자 : 뭔가 사고 싶으시다면 서두르세요.

Dialogue 4

Homme : Qu'est-ce que tu vas faire ce week-end ?
Femme : Je n'ai pas de projet pour le moment. Pourquoi ?
Homme : J'ai une maison à la campagne et j'y vais avec mes amis. On va bien s'amuser. Tu viens ?
Femme : C'est vrai ? C'est génial !

대화 4

남자 : 이번 주말에 너 뭐할 거니?
여자 : 지금으로서는 계획이 없어. 왜?
남자 : 내가 시골에 집이 있는데 친구들과 그곳에 갈 거야. 우리 재미있게 놀 건데. 너 갈래?
여자 : 정말이야? 멋지다!

Étape 4

문제 7의 해설을 확인해 보세요.

문항	풀이 요령
1	대화에서 남자가 "Tu peux m'aider à faire mes devoirs ? 너 내가 숙제를 하는 것을 도와줄 수 있니?"라며 여자에게 도움을 요청하고 있으므로 정답은 **C**. 도움을 요청하는 상황에서 많이 사용하는 문장으로 'tu peux m'aider ?'도 함께 알아두자.
2	대화에서 여자가 "comment aller à l'aéroport ? 공항에 어떻게 가나요?"라며 공항까지 가는 교통편을 묻고 있으므로 정답은 **E**.
3	여자가 점원에게 "Vous travaillez jusqu'à quelle heure ? 당신은 몇 시까지 일하시나요?"라고 상점의 폐점 시간을 묻고 있으므로 정답은 **F**.
4	대화에서 남자가 "J'ai une maison à la campagne et j'y vais avec mes amis. On va bien s'amuser. Tu viens ? 내가 시골에 집이 있는데 친구들과 그곳에 갈 거야. 우리 재미있게 놀 건데. 너 갈래?"라고 하였는데, 이는 제안(proposer) 또는 초대(inviter)에 해당한다. 따라서 정답은 **A**.

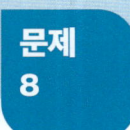 문제 8

EXERCICE 4 실전 연습

🎧 Track 4-08

 Étape 1 전략에 따라 EXERCICE 4 연습 문제를 풀어 보세요.

Vous écoutez 4 dialogues. Cochez pour associer chaque dialogue à la situation correspondante.

Attention : il y a 6 situations mais seulement 4 dialogues.

Lisez les situations. Écoutez les dialogues puis répondez.

7 points

	A. Inviter quelqu'un	B. Remercier quelqu'un	C. Demander un service	D. Refuser	E. Conseiller	F. Se renseigner sur des horaires
❶ Dialogue 1 *(2 points)*	☐	☐	☐	☐	☐	☐
❷ Dialogue 2 *(0,5 point)*	☐	☐	☐	☐	☐	☐
❸ Dialogue 3 *(2,5 points)*	☐	☐	☐	☐	☐	☐
❹ Dialogue 4 *(2 points)*	☐	☐	☐	☐	☐	☐

Étape 2

문제 8의 내용을 해석해 보세요.

당신은 4개의 대화들을 듣습니다. 해당하는 상황에 각 대화를 연결하기 위해 표기하세요.
주의 : 6개의 상황이 있지만 대화는 단 4개입니다.
상황들을 읽으세요. 대화들을 듣고 답변하세요.

7점

	A. 누군가를 초대하기	B. 누군가에게 감사하기	C. 도움을 청하기	D. 거절하기	E. 충고하기	F. 시간표에 대해 문의하기
❶ 대화 1 (2점)	☐	☐	☐	☐	☐	☐
❷ 대화 2 (0.5점)	☐	☐	☐	☐	☐	☐
❸ 대화 3 (2.5점)	☐	☐	☐	☐	☐	☐
❹ 대화 4 (2점)	☐	☐	☐	☐	☐	☐

Étape 3

문제 8의 필수 어휘를 익히고, 스크립트를 확인해 보세요.

 어휘

conseiller 충고하다, 권하다 | garder 지키다 | ancien 이전의 | souhaiter 바라다 | pressé 바쁜 | à temps 제시간에 | attendre 기다리다 | coup de fil (m.) 통화, 전화 | marcher 작동하다

Dialogue 1

Homme : On va jouer au tennis cet après-midi ?
Femme : Désolée mais je ne peux pas. J'ai déjà un rendez-vous avec mon amie.
Homme : Qu'est-ce que vous allez faire ?
Femme : Je ne sais pas encore.

대화 1

남자 : 오늘 오후에 우리 테니스 칠까?
여자 : 유감이지만 그럴 수 없어. 나는 이미 내 친구와 약속이 있어.
남자 : 너희들 뭐 할 건데?
여자 : 아직 모르겠어.

Dialogue 2

Femme : Tu peux garder ma maison demain soir ?
Homme : Pas de problème. Tu vas sortir ?
Femme : Oui. Je vais rencontrer mon ancien professeur.
Homme : Je te souhaite une bonne soirée.

대화 2

여자 : 너 내일 저녁에 내 집을 봐줄 수 있니?
남자 : 문제없어. 너 외출할 거야?
여자 : 응. 내 은사님을 만날 거야.
남자 : 좋은 저녁 시간이 되기를 바랄게.

Dialogue 3

Femme : L'aéroport, s'il vous plaît !
Homme : Si vous êtes pressée, je vous conseille de prendre le métro.
Femme : Je dois prendre l'avion dans 30 minutes.
Homme : Oh là là ! Vous ne pourrez pas y arriver à temps avec le taxi.

대화 3

여자 : 공항이요!
남자 : 만일 당신이 바쁘면 지하철을 탈 것을 권합니다.
여자 : 30분 뒤에 비행기를 타야 해요.
남자 : 오 이런! 당신은 택시로는 제시간에 공항에 도착할 수 없을 거예요.

DELF A2 · 듣기

Dialogue 4

Homme : Tu sais à quelle heure ouvre le magasin de téléphone portable ?
Femme : Il est 9 heures et il n'est pas encore ouvert.
Homme : J'attends un coup de fil très important mais il ne marche pas.
Femme : Il y a un magasin qui ouvre à cette heure-ci mais il est un peu loin d'ici.

대화 4

남자 : 너 휴대폰 가게가 몇 시에 문을 여는지 아니?
여자 : 지금이 9시니까 아직 안 열었어.
남자 : 매우 중요한 전화를 기다리고 있는데 휴대폰이 작동되지 않아.
여자 : 이 시간에 문을 연 가게가 있기는 한데 여기서 조금 멀어.

Étape 4

문제 8의 해설을 확인해 보세요.

문항	풀이 요령
1	테니스를 치자는 제안에 대해 여자가 "Désolée mais je ne peux pas. J'ai déjà un rendez-vous avec mon amie. 유감이지만 그럴 수 없어. 나는 이미 내 친구와 약속이 있어."라고 거절하는 내용이므로 정답은 **D**.
2	여자가 남자에게 "Tu peux garder ma maison demain soir ? 너 내일 저녁에 내 집을 봐줄 수 있니?"라고 부탁하고 있으므로 정답은 **C**.
3	공항에 가려는 여자에게 "Si vous êtes pressée, je vous conseille de prendre le métro. 만일 당신이 바쁘면 지하철을 탈 것을 권합니다."라고 권유하고 있으므로 정답은 **E**.
4	대화에서 남자가 여자에게 "Tu sais à quelle heure ouvre le magasin de téléphone portable ? 너 휴대폰 가게가 몇 시에 문을 여는지 아니?"라고 물었으므로 정답은 **F**.

EXERCICE 4 실전 연습

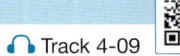

 전략에 따라 EXERCICE 4 연습 문제를 풀어 보세요.

Vous écoutez 4 dialogues. Cochez pour associer chaque dialogue à la situation correspondante.

Attention : il y a 6 situations mais seulement 4 dialogues.

Lisez les situations. Écoutez les dialogues puis répondez.

7 points

	A. Proposer quelque chose	B. Demander le chemin	C. Demander un service	D. Accepter des excuses	E. S'informer sur les transports	F. Demander le prix
❶ Dialogue 1 *(2 points)*	☐	☐	☐	☐	☐	☐
❷ Dialogue 2 *(0,5 point)*	☐	☐	☐	☐	☐	☐
❸ Dialogue 3 *(2,5 points)*	☐	☐	☐	☐	☐	☐
❹ Dialogue 4 *(2 points)*	☐	☐	☐	☐	☐	☐

Étape 2 문제 9의 내용을 해석해 보세요.

당신은 4개의 대화들을 듣습니다. 해당하는 상황에 각 대화를 연결하기 위해 표기하세요.
주의 : 6개의 상황이 있지만 대화는 단 4개입니다.
상황들을 읽으세요. 대화들을 듣고 답변하세요.

7점

	A. 무엇인가를 제안하기	B. 길 묻기	C. 도움을 청하기	D. 사과를 받아들이기	E. 교통에 대해 알아보기	F. 가격 묻기
❶ 대화 1 (2점)	☐	☐	☐	☐	☐	☐
❷ 대화 2 (0.5점)	☐	☐	☐	☐	☐	☐
❸ 대화 3 (2.5점)	☐	☐	☐	☐	☐	☐
❹ 대화 4 (2점)	☐	☐	☐	☐	☐	☐

Étape 3 문제 9의 필수 어휘를 익히고, 스크립트를 확인해 보세요.

salon de coiffure (m.) 미용실 | au coin de 모퉁이에 | coiffer 머리를 손질하다 | commissariat (m.) 경찰서 | sac (m.) 가방 | en face de ~의 맞은편에 | garer 주차하다 | débutant 신인, 입문자 | être en promotion 세일 중인 | plaire à qn ~의 마음에 들다

스크립트

Dialogue 1

Homme : Tu as vu le nouveau salon de coiffure au coin de la rue ?
Femme : Oui. Tu dois être content parce que tu n'as pas besoin d'aller loin pour te coiffer.
Homme : Très content ! On y va ensemble un jour ?
Femme : D'accord.

대화 1

남자 : 너 길모퉁이에 있는 새 미용실 봤니?
여자 : 응. 머리 하러 멀리 갈 필요가 없어서 너는 만족하겠다.
남자 : 매우 만족해! 언제 그곳에 함께 갈까?
여자 : 좋아.

Dialogue 2

Femme : Excusez-moi ! Je cherche le commissariat.
Homme : Qu'est-ce que vous avez ?
Femme : J'ai perdu mon sac dans le métro.
Homme : Vous n'avez pas de chance. Il est juste en face de la rue.

대화 2

여자 : 실례합니다! 경찰서를 찾는데요.
남자 : 무슨 일이시죠?
여자 : 지하철 안에서 가방을 잃어버렸어요.
남자 : 운이 없군요. 경찰서는 바로 길 맞은편에 있어요.

Dialogue 3

Femme : Bonjour monsieur. Excusez-moi, vous pourriez m'aider à garer la voiture ? Je suis débutante et la place est trop petite pour moi.
Homme : Pas de problème. Je vais garer votre voiture près de l'entrée du magasin.
Femme : Merci. Vous êtes très gentil.
Homme : Je vous en prie.

대화 3

여자 : 안녕하세요 선생님. 죄송하지만 차를 주차하는 것을 도와주실 수 있나요? 저는 초보자고 저한테는 공간이 너무 작네요.
남자 : 문제없습니다. 상점 입구 가까이에 당신의 차를 주차할게요.
여자 : 고맙습니다. 정말 친절하시네요.
남자 : 천만에요.

Dialogue 4

Homme : Bonjour madame. Qu'est-ce que vous cherchez ?
Femme : Bonjour monsieur. Je voudrais acheter un téléphone portable.
Homme : Je vous conseille ce nouveau modèle. Il est en promotion jusqu'à aujourd'hui.
Femme : Il me plaît. C'est combien ?

대화 4

남자 : 안녕하세요 부인. 무엇을 찾으세요?
여자 : 안녕하세요. 휴대폰을 사고 싶은데요.
남자 : 이 모델을 추천드려요. 오늘까지 할인 판매 중입니다.
여자 : 마음에 들어요. 얼마죠?

Étape 4 문제 9의 해설을 확인해 보세요.

문항	풀이 요령
1	대화에서 남자가 새 미용실에 대해 언급하면서 "On y va ensemble un jour ? 언제 그곳에 함께 갈까?"라고 여자에게 묻고 있는데, 이는 일종의 제안이므로 정답은 **A**.
2	대화에서 여자가 "Excusez-moi ! Je cherche le commissariat. 실례합니다! 경찰서를 찾는데요." 라며 경찰서의 위치를 묻고 있으므로 정답은 **B**.
3	대화에서 여자가 "Excusez-moi, vous pourriez m'aider à garer la voiture ? 차를 주차하는 것을 도와주실 수 있나요?"라며 부탁하고 있으므로 정답은 **C**.
4	대화에서 여자가 휴대폰에 대해 "C'est combien ? 얼마죠?"라고 물었으므로 정답은 **F**. 가격과 관련된 표현으로 à bon prix, à prix modéré (저렴한 가격으로) 등도 함께 알아 두자.

EXERCICE 4 실전 연습

🎧 Track 4-10

전략에 따라 **EXERCICE 4** 연습 문제를 풀어 보세요.

Vous écoutez 4 dialogues. Cochez pour associer chaque dialogue à la situation correspondante.

Attention : il y a 6 situations mais seulement 4 dialogues.

Lisez les situations. Écoutez les dialogues puis répondez.

7 points

	A. Proposer quelque chose	B. Demander un lieu	C. Demander un service	D. Accepter des excuses	E. S'informer sur les transports	F. Se renseigner sur des horaires
❶ Dialogue 1 *(2 points)*	☐	☐	☐	☐	☐	☐
❷ Dialogue 2 *(0,5 point)*	☐	☐	☐	☐	☐	☐
❸ Dialogue 3 *(2,5 points)*	☐	☐	☐	☐	☐	☐
❹ Dialogue 4 *(2 points)*	☐	☐	☐	☐	☐	☐

Étape 2

문제 10의 내용을 해석해 보세요.

당신은 4개의 대화들을 듣습니다. 해당하는 상황에 각 대화를 연결하기 위해 표기하세요.
주의 : 6개의 상황이 있지만 대화는 단 4개입니다.
상황들을 읽으세요. 대화들을 듣고 답변하세요.

7점

	A. 무엇인가를 제안하기	B. 장소 묻기	C. 서비스를 부탁하기	D. 사과를 받아들이기	E. 교통에 대해 알아보기	F. 시간표에 대해 문의하기
❶ 대화 1 (2점)	☐	☐	☐	☐	☐	☐
❷ 대화 2 (0.5점)	☐	☐	☐	☐	☐	☐
❸ 대화 3 (2.5점)	☐	☐	☐	☐	☐	☐
❹ 대화 4 (2점)	☐	☐	☐	☐	☐	☐

Étape 3

문제 10의 필수 어휘를 익히고, 스크립트를 확인해 보세요.

 어휘

sortir 발매되다, 개봉하다 | film d'action (m.) 액션 영화 | acteur principal (m.) 주연 배우 | scène (f.) 장면 | spectaculaire 화려한, 눈부신 | avec plaisir 기꺼이 | mairie (f.) 시청 | tourner 돌다 | à gauche 왼쪽으로 | aller tout droit 곧장 가다 | droite (f.) 오른쪽 | accueillir 맞이하다 | commander 주문하다 | faire la cuisine 요리하다 | piscine (f.) 수영장 | de toute façon 어쨌든 | rénover 보수하다 | au moins 적어도

Dialogue 1

Homme : Tu sais que le nouveau film de Luc Besson vient de sortir ?
Femme : Oui. C'est un film d'action et l'acteur principal est américain.
Homme : Il y aura des scènes spectaculaires. Ça te dirait d'aller voir ce film ce soir ? Je te paie le billet de cinéma.
Femme : Avec plaisir.

대화 1

남자 : 너 Luc Besson의 새 영화가 개봉된 것을 아니?
여자 : 응. 액션 영화이고 주연 배우가 미국인이야.
남자 : 화려한 신들이 있을 거야. 오늘 저녁에 이 영화를 보러 가는 건 어때? 네 영화 티켓은 내가 살게.
여자 : 기꺼이.

Dialogue 2

Femme : Excusez-moi monsieur ! Où est la mairie ?
Homme : Tournez à la première rue à gauche ! Après, vous allez tout droit et elle est sur votre droite.
Femme : Ça prend combien de temps pour y aller ?
Homme : 20 minutes à pied

대화 2

여자 : 실례합니다 선생님! 시청이 어디입니까?
남자 : 첫 번째 길에서 왼쪽으로 도세요! 그 후에 곧장 가면 시청은 당신 오른쪽에 있습니다.
여자 : 그곳에 가는 데 얼마나 걸리나요?
남자 : 걸어서 20분이요.

Dialogue 3

Femme : Salut Bellier. Tu peux garder ma fille pendant deux heures ? Mes amis viennent à Paris ce soir et je dois aller à la gare pour les accueillir.
Homme : Aucun problème mais le dîner ?
Femme : Tu peux commancer une pizza si tu veux.
Homme : Mais non. Je vais faire la cuisine pour ta fille.

대화 3

여자 : 안녕 Bellier. 두 시간 동안 내 딸을 봐줄 수 있니? 내 친구들이 오늘 저녁에 파리에 오는데 그들을 맞이하러 기차역에 가야 하거든.
남자 : 아무 문제없지만 저녁 식사는?
여자 : 네가 원하면 피자를 주문해도 돼.
남자 : 아냐, 나는 네 딸을 위해 요리할게.

Dialogue 4

Homme : Isabelle. Tu sais à quelle heure ouvre la piscine ?
Femme : Mais⋯ elle est fermée, on est dimanche.
Homme : Et demain ? Il fait trop chaud pour rester à la maison.
Femme : De toute façon, elle est en train d'être rénovée. Alors je pense qu'elle sera fermée pendant au moins un mois.

대화 4

남자 : Isabelle. 너 수영장이 몇 시에 문을 여는지 알아?
여자 : 그런데... 수영장은 닫혔어, 오늘 일요일이잖아.
남자 : 그럼 내일은? 집에 있기에는 너무 더워.
여자 : 어쨌든 수영장은 보수 중이야. 그래서 적어도 한 달 동안은 문을 닫을 것이라고 생각해.

Étape 4

문제 10의 해설을 확인해 보세요.

문항	풀이 요령
1	대화에서 남자가 여자에게 "Ça te dirait d'aller voir ce film ce soir ? 오늘 저녁에 이 영화를 보러 가는 건 어때?"라고 말했으므로 정답은 **A**.
2	대화에서 여자가 "Où est la mairie ? 시청이 어디입니까?"라고 물었고 상대방이 시청에 어떻게 가는지 대답해 주고 있으므로 정답은 **B**. 교통을 묻는 상황인 **E**와 혼동해서는 안 되는데, 정답이 교통을 묻는 상황이 되려면 대화 속에 교통수단이 언급되어야 한다.
3	여자가 남자에게 "Tu peux garder ma fille pendant deux heures ? 두 시간 동안 내 딸을 봐줄 수 있니?"라고 부탁하고 있으므로 정답은 **C**. 부탁의 표현으로 'tu (vous) peux (pouvez) m'aider ?'가 자주 쓰이며, 부탁이나 제안을 수락할 때는 d'accord, pas de problème 등의 표현이 쓰인다.
4	남자가 여자에게 "Tu sais à quelle heure ouvre la piscine ? 너 수영장이 몇 시에 문을 여는지 알아?"라고 묻고 있으므로 정답은 **F**. 시간과 관련하여 'midi (정오), minuit (자정)' 등의 어휘도 알아 두어야 한다.

Compréhension des écrits

1 독해 완전 분석

A2 독해 평가의 유형은 총 4개로 구분된다. 1번 유형은 6개의 광고가 주어지며, 총 8명의 기호도를 나타내는 문장이 제시된다. 그리고 각 인물의 선호도 및 필요로 하는 조건에 부합하는 광고를 하나씩 연결하는 유형이다. 2번 유형은 이메일 또는 편지 형식을 중심으로 특정 주제와 관련한 내용들 (안내, 행사 등)을 이해하는지 묻는 유형이다. 3번 유형은 특정 주제와 관련된 지시 또는 안내 정보를 제공하는 기사문을 읽고 문제를 푸는 유형으로서 Document 1, 2, 3 으로 이루어진다. 4번 유형은 사회, 교육, 건강, 사회적 이슈 등 다양한 주제의 르포를 읽고 문제를 푸는 유형이다.

2 독해 유형 파악 [30분, 총 25점]

유형	특징
1 상황과 광고 연결 (6점)	이전 구유형과는 달리 광고가 6개가 제시되고 기호도를 나타내는 항목 또한 8개가 제시되기 때문에 헷갈리는 동시에 시간이 더 소요된다.
2 서신 내용 이해 (6점)	스포츠클럽이나 어느 단체에서 진행하는 행사와 관련하여 시간과 활동에 대해 구체적으로 기술하고 해당되는 답을 고르는 방식이다.
3 정보 이해 (6점)	Document 3개로 이루어져 있으며 특히 유의할 사항은 이 3개의 자료들이 내용적으로 서로 연관이 있다는 것이다.
4 기사문 이해 (7점)	도시 소개, 특정 장소의 특징을 알려주는 방식의 르포로서 정보 전달을 목적으로 한다.

3 독해 평가 이것만은 꼭!

❶ 어휘나 표현에 주의하라.

이전 구유형과는 달리 주관식 문제가 없고 전부 객관식 문제이기 때문에 보기에 주어지는 어휘나 표현이 텍스트에 있는 것들과 의미는 같거나 유사하지만 동일한 단어를 사용하지 않을 확률이 매우 높다. 따라서 평소에 어휘 학습에 신경을 써야 한다.

❷ 유형의 차별성에 유의하라.

Exercice 3의 경우 과거 시험과 비교하여 전체 문항 수는 6문제로 동일하지만 document 3개로 구성되어 있고 각 document가 2문제씩 묶여 있다. 특히 document에서 제시하고 있는 텍스트의 내용들이 서로 연관성이 있다는 점에 유의해야 한다.

❸ 함정에 유의하라.

주관식 문제가 없기 때문에 난이도를 적절하게 유지하기 위해 응시자들이 착각할 수 있는 사항들을 섞어 놓는 경향이 있다. 따라서 보다 세밀하게 문제들을 살펴볼 필요가 있다.

| 독해 평가 | **EXERCICE 1**

광고 성격의 지문을 읽고 각 인물의 선호도와 필요에 맞게 연결해야 한다. 이를 위해 'aimer 좋아하다, 애호하다', 'adorer 아주 좋아하다', 'préférer 선호하다, 더 좋아하다', 'être passionné(e) ~에 열정적이다, ~에 열광하다', 's'intéresser à ~에 관심이 있다', 'vouloir 바라다, 원하다'와 같은 선호 및 필요를 나타내는 주요 어휘를 익히는 것이 중요하다.

완전 공략

DELF A2 독해

1 핵심 포인트

4개의 EXERCICE 중 특히 집중이 요구되는 유형이다. 이전 시험의 경우 광고문의 숫자와 기호도를 나타내는 문장의 숫자가 동일하기 때문에 적합한 것들끼리 연결하는 데 큰 부담이 없었다. 그러나 신 유형의 경우 광고문이 6개고 주어진 기호도 문장이 8개가 됨으로써 답을 찾는 데 시간도 많이 소요되며 정답을 혼동할 수 있기 때문에 긴장을 풀지 말고 문제를 풀어야 한다.

2 빈출 주제

친구들에게 제안하고 싶은 활동들(주말에 하고 싶은 활동, 방문하고 싶은 장소, 듣고 싶은 수업, 가고 싶은 식당 등)을 주제로 매우 다양한 상황이 등장할 수 있다.

3 고득점 전략

① 핵심 어휘나 표현을 찾아라.

제시되는 예들이 많고 복잡한 듯 보이지만 핵심이 되는 단어들이 반드시 제시되기 마련이다. 따라서 당황하지 말고 의미적으로 연관이 될 수 있는 것들을 찾아내는 것이 필요하다.

② 확률에 유의하라.

제시되는 예문들의 수가 많기 때문에 확실치 않은 문제들이 발생할 수밖에 없다. 이럴 경우 과거처럼 모르는 문제를 놔두고 아는 문제 중심으로 문제를 풀고 나머지를 정답으로 택하는 방식을 취하면 난관에 부딪칠 수 있다. 즉, 정답이 확실치 않다고 해도 연결될 수 있는 문장들이 많이 남아있기 때문에 확률적으로 올바른 답을 고르기가 쉽지 않다. 이런 문제가 생기게 되면 시간을 허비하지 말고 문제를 놔두고 다음 문제를 풀면서 시간을 절약해야 한다.

③ 당황하지 말라.

문제를 받아보면 광고문도 많고 정답을 고르는 칸이 굉장히 복잡하게 보일 수 있다. 이로 인해 많은 응시자들이 당황하는 경우가 있는데 침착함을 유지하면서 확실한 답만을 고르면서 문제를 풀어야 한다.

EXERCICE 1 실전 연습

공략에 따라 **EXERCICE 1** 연습 문제를 풀어 보세요.

Vous voulez proposer des activtés à vos amis. Vous lisez cette publicité.

6 points

❶ Document 1
La plongée sous-marine Cousteau

Prêt de tenues de plongée (y compris maillot de bain), cours de plongée sous-marine pour débutants, ouvert tous les jours de 10 h à 19 h, sauf le lundi.

❷ Document 2
Boulangerie Le Vieux Pain

Venez goûter toutes sortes de pains : baguette traditionnelle, pain au chocolat, croissant, etc. Vous pouvez aussi commander le gâteau d'anniversaire. Fermé le mardi matin.

❸ Document 3
Café de la Paix

Situé juste à côté du parc, vous pouvez faire tranquillement vos devoirs ou votre travail personnel. Ou bien, vous pouvez faire la conversation avec votre bien-aimé ou vos amis dans une ambiance romantique en prenant un café ou un thé. 18 rue Saint-Maurice.

❹ Document 4
Salon de beauté

Situé au centre ville, coupe (de cheveux) courte raffinée, shampoing avec massage par pression des doigts et soin du visage. Fermé le lundi.

❺ Document 5
Magasin de souvenirs

Toutes sortes de produits traditionnels et de souvenirs pour les touristes, vendredi soir à partir de 21 h, place de Saint-Ouen. Profitez aussi de notre site Internet.

❻ Document 6
Fitness Park

Avec Fitness Park, améliorez votre condition physique et développez votre masse musculaire à seulement 29€ / Mois.

Qu'est-ce que vous allez proposer à vos amis ? Associez chaque document à la personne correspondante.

Attention : il y a huit personnes mais seulement six documents.

Cochez une seule case pour chaque document.

Personnes	❶ Document 1 (1,5 point)	❷ Document 2 (1,5 point)	❸ Document 3 (0,5 point)	❹ Document 4 (1 point)	❺ Document 5 (1 point)	❻ Document 6 (0,5 point)
A. Simon adore les animaux.	☐	☐	☐	☐	☐	☐
B. Olivier voudrait manger un dessert.	☐	☐	☐	☐	☐	☐
C. Lucie a envie d'acheter une voiture.	☐	☐	☐	☐	☐	☐
D. Paul veut faire une activité nautique.	☐	☐	☐	☐	☐	☐
E. Pierre veut arranger sa coiffure trop longue.	☐	☐	☐	☐	☐	☐
F. Aline souhaite acheter quelque chose sur le site touristique.	☐	☐	☐	☐	☐	☐
G. Vincent veut faire du sport parce qu'il n'a pas de muscle.	☐	☐	☐	☐	☐	☐
H. Marie cherche un lieu où elle peut faire un projet de groupe pour l'école.	☐	☐	☐	☐	☐	☐

Étape 2   문제 1의 내용을 해석한 후, 필수 어휘를 익히세요.

당신은 당신의 친구들에게 활동들을 제안하기를 원합니다. 당신은 이 광고를 읽습니다.   6점

❶ 자료 1
스쿠버 다이빙 Cousteau

잠수복 대여 (수영복 포함), 초보자를 위한 잠수 수업, 매일 10시부터 19시까지 개장, 월요일 제외.

❷ 자료 2
빵집 Le Vieux Pain

모든 종류의 빵들을 맛보러 오세요: 전통 바게뜨, 초콜릿 빵, 크루아상 등. 생일 케이크도 주문할 수 있습니다. 화요일 아침 문 닫음.

❸ 자료 3
Café de la Paix

공원 바로 옆에 위치하고 있으며 당신의 과제 또는 개인 업무를 조용히 할 수 있습니다. 그렇지 않다면 당신은 커피나 차를 마시며 낭만적인 분위기 속에서 당신의 사랑하는 사람 또는 친구들과 대화를 할 수 있습니다. Saint-Maurice 거리 18번지.

❹ 자료 4
미용실

시내 중심에 위치, 세련된 단발 커트, 지압 마사지 샴푸와 얼굴 관리. 월요일 휴무.

❺ 자료 5
기념품 가게

관광객들을 위한 모든 종류의 전통 물건과 기념품들, 금요일 저녁 21시부터 Saint-Ouen 광장. 우리의 인터넷 사이트도 활용하세요.

❻ 자료 6
Fitness Park

Fitness Park와 함께, 월 단 29유로로 당신의 신체 조건을 개선하고 근육량을 늘리세요.

DELF A2 · 독해

당신은 당신의 친구들에게 무엇을 제안하겠습니까? 각 자료를 해당하는 사람에게 연결하세요.
주의: 사람은 8명이지만 자료는 6개뿐입니다.
각 자료에 해당하는 하나의 케이스(사람)에 X표 하세요.

Personnes	❶ 자료 1 (1.5점)	❷ 자료 2 (1.5점)	❸ 자료 3 (0.5점)	❹ 자료 4 (1점)	❺ 자료 5 (1점)	❻ 자료 6 (0.5점)
A. Simon은 동물들을 아주 좋아한다.	☐	☐	☐	☐	☐	☐
B. Olivier는 디저트를 먹길 원한다.	☐	☐	☐	☐	☐	☐
C. Lucie는 자동차를 사기를 원한다.	☐	☐	☐	☐	☐	☐
D. Paul은 수중 활동을 하길 원한다.	☐	☐	☐	☐	☐	☐
E. Pierre는 너무 긴 머리카락을 정리하고 싶어 한다.	☐	☐	☐	☐	☐	☐
F. Aline는 관광 사이트에서 무엇인가를 사기를 원한다.	☐	☐	☐	☐	☐	☐
G. Vincent은 근육이 없기 때문에 운동을 하기를 원한다.	☐	☐	☐	☐	☐	☐
H. Marie는 학교 팀플을 할 수 있는 장소를 찾고 있다.	☐	☐	☐	☐	☐	☐

어휘
proposer 제안하다 | activité (f.) 활동 | publicité (f.) 광고 | plongée sous-marine (f.) 스쿠버 다이빙 | prêt (m.) 대여 | tenue de plongée (f.) 잠수복 | y compris ~을 포함하여 | maillot de bain (m.) 수영복 | commander 주문하다 | situé 위치한 | tranquillement 조용히 | ambiance (f.) 분위기 | salon de beauté (m.) 미용실 | coupe (f.) 커트 | raffiné 세련된 | doigt (m.) 손가락 | améliorer 개선시키다 | physique 신체적인 | masse musculaire (f.) 근육량 | correspondant 해당하는 | nautique 수상의, 수중의

Étape 3

문제 1의 해설을 확인해 보세요.

해설

문제	풀이 요령
A	Simon은 동물들을 무척 좋아한다고 했는데, 이 제시문 중에서는 **해당 사항이 없다**. 만약 제시문 중 정답이 있으려면, chien 개, chat 고양이, lion 사자, tigre 호랑이, éléphant 코끼리'와 같은 동물 관련 어휘 또는 'zoo 동물원' 등의 어휘가 등장해야 한다.
B	Olivier가 먹고 싶은 디저트 관련 어휘는 자료 **2번**에 집중적으로 등장한다. 'goûter 맛보다, gâteau 케이크' 외에 디저트 관련 빈출 어휘 'fromage 치즈, tarte 타르트, yaourt 요구르트, crème brûlée 크림 브륄레'까지 두루 알아 두자.
C	Lucie는 자동차를 사기를 원한다고 했는데, 이 제시문 중에서는 **해당 사항이 없다**. 만약 제시문 중 정답이 있으려면, 'salon automobile 자동차 전시회, voiture 자동차' 등의 어휘가 등장해야 한다.
D	Paul은 수중 활동을 하길 원한다고 했는데, 자료 1에 'cours de plongée sous-marine pour débutants 초보자를 위한 잠수 수업'과 같은 내용들이 있다. 그러므로 정답은 **1번**.
E	Pierre는 'arranger sa coiffure trop longue 너무 긴 머리를 정리'하고 싶어한다고 했다. 따라서 Pierre와 연결될 광고는 미용 관련 내용이어야 한다. 'salon de beauté 미용실, shampoing 샴푸, coupe 커트' 등 미용 관련 내용을 광고하는 **4번**이 정답이다.
F	Aline는 관광 사이트에서 무엇인가를 사고 싶어한다. 따라서 이와 관련된 자료를 찾아야 하는데, 자료 5의 장소는 관광 상품을 비롯하여 다양한 물건들을 팔고 있다. 그리고 인터넷 사이트를 참고하라는 내용에 따라 **5번** 광고가 정답이다. 자료에 제시된 'produit 상품, souvenir 기념품'와 함께 'cadeau 선물' 등의 어휘도 함께 숙지하는 것이 좋다.
G	Vincent은 근육이 없기 때문에 운동을 하기를 원한다고 했다. 따라서 'salle de gym 헬스장'이나 'sport 운동'과 관련한 어휘들이 제시문에 있어야 한다. 자료 6에 'Fitness Park와 함께 월 단 29유로로 당신의 신체 조건을 개선하고 근육량을 늘리'라는 내용의 광고가 있으므로 **6번**이 정답이다.
H	학교 팀플을 해야 하는 Marie에게는 여럿이 함께 이야기할 수 있는 장소가 필요할 것이다. 따라서 'faire la conversation 대화'를 할 수 있는 'café 카페'인 **3번** 광고가 정답이다.

EXERCICE 1 실전 연습

Étape 1 공략에 따라 EXERCICE 1 연습 문제를 풀어 보세요.

Vous voulez proposer des activités à vos amis. Vous lisez cette publicité.

6 points

❶ Document 1
Vous avez besoin d'un peu de temps pour vous relaxer ou passer un moment agréable avec votre famille ? Nous vous proposons un séjour dans une île mystérieuse.

Tarif : 200 euros.

❷ Document 2
Le Club de sport recrute des joueurs pour participer au match de foot. Entraînement au stade toulousain tous les jours après 19 h.

Frais d'inscription : 50 euros

❸ Document 3
Nous vous invitons dans un monde fantastique. Le grand magicien va faire dispaître une belle femme sous vos yeux. Et les enfants auront l'occasion d'apprendre un tour de magie avec des cartes.

Maison de la magie, samedi de 13 h à 15 h.

Tarifs : 30 euros par adulte et 20 euros par enfant

❹ Document 4
L'Atelier Millet vient d'ouvrir. Vous pouvez apprendre non seulement le dessin mais aussi le portrait. Vous pouvez exposer vos œuvres dans une exposition pour les amateurs.

Les cours : mercredi, vendredi de 14 heures à 18 heures.

Tarif unique : 30 euros.

❺ Document 5
C'est la fête du cinéma et le Gaumont vous propose des films anciens tels que des films muets. Profitez-en !

À partir du 05 mai jusqu'au 07 mai.

Tarifs : 17 euros ou 12 en tarif réduit

❻ Document 6
À l'occasion de l'ouverture du magasin, tous les produits sont à moitié prix.

Si vous vous intéressez surtout aux vêtements, profitez-en !

Qu'est-ce que vous allez proposer à vos amis ? Associez chaque document à la personne correspondante.

Attention : il y a huit personnes mais seulement six documents.

Cochez une seule case pour chaque document.

Personnes	① Document 1 (1,5 point)	② Document 2 (1,5 point)	③ Document 3 (0,5 point)	④ Document 4 (1 point)	⑤ Document 5 (1 point)	⑥ Document 6 (0,5 point)
A. Luc adore les animaux.	☐	☐	☐	☐	☐	☐
B. Daniel voudrait se relaxer.	☐	☐	☐	☐	☐	☐
C. Aline rêve de devenir peintre.	☐	☐	☐	☐	☐	☐
D. Frédéric s'intéresse aux films.	☐	☐	☐	☐	☐	☐
E. Le football est la passion de Thierry.	☐	☐	☐	☐	☐	☐
F. Isabelle veut apprendre à cuisiner.	☐	☐	☐	☐	☐	☐
G. Simon a besoin d'un nouveau pantalon.	☐	☐	☐	☐	☐	☐
H. Catherine adore les spectacles fantastiques.	☐	☐	☐	☐	☐	☐

문제 2의 내용을 해석한 후, 필수 어휘를 익히세요.

당신은 당신의 친구들에게 활동들을 제안하기를 원합니다. 당신은 이 광고를 읽습니다.

6점

❶ 자료 1

긴장을 풀거나 가족과 안락한 순간을 보낼 약간의 시간이 필요한가요? 우리는 신비스러운 섬에서의 체류를 당신에게 제안합니다.

가격: 200유로.

❷ 자료 2

스포츠 클럽은 축구 시합에 참가할 선수들을 모집합니다. 매일 19시 이후 툴루즈 경기장에서 훈련.

등록비: 50유로.

❸ 자료 3

우리는 당신을 환상의 세계로 초대합니다. 위대한 마술사가 당신의 눈앞에서 미녀를 사라지게 할 것입니다. 그리고 아이들은 카드로 하는 마술을 배울 기회가 있을 것입니다.

마술관, 토요일 13시부터 15시.

요금: 성인 30유로와 아이 20유로.

❹ 자료 4

Millet 아틀리에가 막 문을 열었습니다. 당신은 데생뿐만 아니라 초상화도 배울 수 있습니다. 당신은 아마추어들을 위한 전시회에 당신의 작품들을 출품할 수 있습니다.

수업: 수요일, 금요일 14시부터 18시까지.

균일가: 30유로.

❺ 자료 5

영화 축제이고 Gaumont은 당신에게 무성 영화와 같은 오래된 영화들을 제안합니다. 이것을 활용하세요!

5월 5일부터 5월 7일까지.

요금: 17유로 혹은 할인 요금 12유로.

❻ 자료 6

상점 개장을 맞이하여 모든 제품들이 반값입니다.

만일 특히 의류에 관심이 있다면 이것을 활용하세요!

당신은 당신의 친구들에게 무엇을 제안하겠습니까? 각 자료를 해당하는 사람에게 연결하세요.
주의: 사람은 8명이지만 자료는 6개뿐입니다.
각 자료에 해당하는 하나의 케이스(사툰)에 X표 하세요.

Personnes	❶ 자료 1 (1.5 점)	❷ 자료 2 (1.5 점)	❸ 자료 3 (0.5 점)	❹ 자료 4 (1 점)	❺ 자료 5 (1 점)	❻ 자료6 (0.5 점)
A. Luc은 동물들을 아주 좋아한다.	☐	☐	☐	☐	☐	☐
B. Daniel은 긴장을 풀기를 원한다.	☐	☐	☐	☐	☐	☐
C. Aline는 화가가 되기를 원한다.	☐	☐	☐	☐	☐	☐
D. Frédéric은 영화에 관심이 있다.	☐	☐	☐	☐	☐	☐
E. 축구는 Thierry의 열정이다.	☐	☐	☐	☐	☐	☐
F. Isabelle은 요리하는 것을 배우고 싶어 한다.	☐	☐	☐	☐	☐	☐
G. Simon은 새 바지가 필요하다.	☐	☐	☐	☐	☐	☐
H. Catherine는 환상적인 공연을 아주 좋아한다.	☐	☐	☐	☐	☐	☐

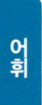

séjour (m.) 체류 | mystérieux 신비스러운 | recruter 모집하다, 채용하다 | entraînement (m.) 훈련, 연습 | toulousain 툴루즈의 | fantastique 환상적인 | disparaître 사라지다 | tour (m.) 마술, 기교 | adulte 성인 | portrait (m.) 초상화 | exposition (f.) 전시회 | tarif unique (m.) 균일가 | film muet (m.) 무성 영화 | tarif réduit (m.) 할인가 | à l'occasion de ~을 맞이하여

| Étape 3 | 문제 2의 해설을 확인해 보세요. |

문제	풀이 요령
A	Luc은 동물들을 아주 좋아한다고 했는데, 이 제시문 중에서는 **해당 사항이 없다**. 만약 제시문 중 정답이 있으려면, 'chien 개, chat 고양이, lion 사자, tigre 호랑이, éléphant 코끼리'와 같은 동물 관련 어휘 또는 'zoo 동물원' 등의 어휘가 등장해야 한다.
B	Daniel은 긴장을 풀고 싶어하는데, 자료 1에서 'Vous avez besoin d'un peu de temps pour vous relaxer ou passer un moment agréable avec votre famille ? 긴장을 풀거나 가족과 안락한 순간을 보낼 약간의 시간이 필요한가요?'라는 내용이 있으므로 **1번**이 정답. 텍스트에 있는 어휘를 다시 쓰는 것을 피하기 위해 se relaxer와 동의어인 'se reposer, se détendre'와 같은 어휘들을 사용할 수도 있다는 점에 유의해야 한다.
C	Aline는 화가가 되기를 원한다고 했는데, 'L'Atelier Millet vient d'ouvrir. Vous pouvez apprendre non seulement le dessin mais aussi le portrait. Millet 아틀리에가 막 문을 열었습니다. 당신은 데생뿐만 아니라 초상화도 배울 수 있습니다.'라는 내용에 따라 정답은 **4번**.
D	Frédéric은 영화를 아주 좋아한다고 했는데, 'C'est la fête du cinéma et le Gaumont vous propose des films anciens tels que des films muets. 영화 축제이고 Gaumont은 당신에게 무성 영화와 같은 오래된 영화들을 제안합니다.'라는 내용에 따라 정답은 **5번**. 영화와 관련하여 'acteur(rice) 배우, film d'aventure 어드벤처 영화, film d'horreur 공포 영화, film d'action 액션 영화' 등의 어휘도 함께 알아두어야 한다.
E	Thierry는 축구에 빠져 있다고 했고, 'Le Club de sport recrute des joueurs pour participer au match de foot. 스포츠 클럽은 축구 시합에 참가할 선수들을 모집합니다.'라는 내용에 따라 정답은 **2번**.
F	Isabelle이 요리하는 것을 배우고 싶어 한다고 했는데, 요리와 관련한 내용이 광고에는 없기 때문에 **해당 사항이 없다**.
G	Simon은 새 바지가 필요하다고 했는데, 'Si vous vous intéressez surtout aux vêtements, profitez-en ! 만일 특히 의류에 관심이 있다면 이것을 활용하세요!'라는 내용에 따라 정답은 **6번**. 의류와 관련하여 'robe 원피스, jupe 치마, chemise 셔츠' 등의 어휘도 알아두어야 한다.
H	Catherine는 환상적인 공연을 좋아한다고 했는데 자료 3에 'Nous vous invitons dans un monde fantastique. Le grand magicien va faire dispaître une belle femme sous vos yeux. 우리는 당신을 환상의 세계로 초대합니다. 위대한 마술사가 당신의 눈앞에서 미녀를 사라지게 할 것입니다.'라는 내용이 있으므로 **3번**이 정답이다.

EXERCICE 1 실전 연습

공략에 따라 EXERCICE 1 연습 문제를 풀어 보세요.

Vous voulez proposer des activités à vos amis. Vous lisez cette publicité.   *6 points*

---

❶ Document 1

Papeterie

Vente d'articles de bureau ou de fournitures scolaires (le stylo-bille, le papier copie, cahiers, etc); Elle se trouve près de l'école. Ouvert tous les jours, sauf le lundi.

❷ Document 2

Gilbert

Librairie située au centre commercial, elle vend spécialement les livres anciens. Ouvert tous les jours sauf le dimanche.

❸ Document 3

Le salon esthétique Beauté

Venez avec vos parents pour soigner la peau. Nos spécialistes expérimentés font de leur mieux pour revitaliser votre peau. Ce sera un bon cadeau pour la fête des parents !

❹ Document 4

Piscine couverte Saint-Maur

Situé au centre ville, c'est un lieu idéal pour fuir la chaleur. Et puis, vous pouvez faire de la natation avec vos enfants en sûreté.

❺ Document 5

Magasin de vêtements

En face de la mairie, vous pouvez acheter toutes sortes d'habits. Et profitez du moment des soldes. Ouvert toute l'année, sauf les jours fériés.

❻ Document 6

Musée

Pour célébrer l'ouverture du café Élise et le réaménagement de sa librairie, le musée vous propose de jouer avec ses nouveaux espaces. Photographiez ce qui représente pour vous le musée de l'Élysée.

Qu'est-ce que vous allez proposer à vos amis ? Associez chaque document à la personne correspondante.

Attention : il y a huit personnes mais seulement six documents.

Cochez une seule case pour chaque document.

Personnes	❶ Document 1 *(1,5 point)*	❷ Document 2 *(1,5 point)*	❸ Document 3 *(0,5 point)*	❹ Document 4 *(1 point)*	❺ Document 5 *(1 point)*	❻ Document 6 *(0,5 point)*
A. Alice aime nager.	☐	☐	☐	☐	☐	☐
B. Vincent adore l'histoire du moyen âge.	☐	☐	☐	☐	☐	☐
C. Max s'intéresse à la musique.	☐	☐	☐	☐	☐	☐
D. Isabelle adore faire de la photo.	☐	☐	☐	☐	☐	☐
E. Patrice veut acheter quelques articles pour la rentrée.	☐	☐	☐	☐	☐	☐
F. Anna souhaite offrir un pantalon à son amie.	☐	☐	☐	☐	☐	☐
G. Béatrice souhaite se promener dans un parc.	☐	☐	☐	☐	☐	☐
H. Xavier a récemment vu des rides sur le visage de sa mère.	☐	☐	☐	☐	☐	☐

| Étape 2 | 문제 3의 내용을 해석한 후, 필수 어휘를 익히세요. |

당신은 당신의 친구들에게 활동들을 제안하기를 원합니다. 당신은 이 광고를 읽습니다.   6점

❶ 자료 1
문구점

사무용품 또는 학용품 (볼펜, 복사지, 공책 등) 판매; 학교 가까운 곳에 위치함. 월요일을 제외하고 매일 문 엶.

❷ 자료 2
Gilbert

중심가에 위치해 있는 서점, 특히 고서들을 판매함. 일요일을 제외하고 매일 문 엶.

❸ 자료 3
피부 관리샵 Beauté

부모님과 함께 피부 관리하러 오세요. 우리의 노련한 전문가들은 당신의 피부가 생기를 되찾게 하기 위해 최선을 다할 것입니다. 어버이날을 위한 좋은 선물이 될 것입니다!

❹ 자료 4
실내 수영장 Saint-Maur

시내에 위치해 있으며 더위를 피하기 위한 이상적인 장소임. 그리고 안전하게 당신의 아이들과 함께 수영할 수 있음.

❺ 자료 5
의류점

시청 맞은편에 위치하며 모든 종류의 의류를 살 수 있습니다. 그리고 할인 판매 순간을 활용하세요. 공휴일을 제외하고 연중무휴 열려 있습니다.

❻ 자료 6
미술관

Élise 카페 개장과 서점 수리를 축하하기 위해 미술관은 여러분께 새로운 공간과 함께 즐길 것을 제안합니다. 당신에게 있어서 Élysée 미술관을 대표하는 것을 사진 찍으세요.

DELF A2 · 독해

당신은 당신의 친구들에게 무엇을 제안하겠습니까? 각 자료를 해당하는 사람에게 연결하세요.
주의: 사람은 8명이지만 자료는 6개뿐입니다.
각 자료에 해당하는 하나의 케이스(사람)에 X표 하세요.

Personnes	❶ 자료 1 (1.5 점)	❷ 자료 2 (1.5 점)	❸ 자료 3 (0.5 점)	❹ 자료 4 (1 점)	❺ 자료 5 (1 점)	❻ 자료 6 (0.5점)
A. Alice는 수영하는 것을 좋아한다.	☐	☐	☐	☐	☐	☐
B. Vincent은 중세 시대의 역사를 아주 좋아한다.	☐	☐	☐	☐	☐	☐
C. Max는 음악에 관심이 있다.	☐	☐	☐	☐	☐	☐
D. Isabelle은 사진 찍는 것을 아주 좋아한다.	☐	☐	☐	☐	☐	☐
E. Patrice는 개학을 위한 몇 가지 물건들을 사고 싶어 한다.	☐	☐	☐	☐	☐	☐
F. Anna는 친구에게 바지를 주고 싶어 한다.	☐	☐	☐	☐	☐	☐
G. Béatrice는 공원에서 산책하기를 원한다.	☐	☐	☐	☐	☐	☐
H. Xavier는 최근 어머니의 얼굴에서 주름을 보았다.	☐	☐	☐	☐	☐	☐

어휘

papeterie (f.) 문방구 | article de bureau (m.) 사무용품 | fourniture scolaire (f.) 학용품 | stylo-bille (m.) 볼펜 | cahier (m.) 공책 | librairie (f.) 서점 | salon esthétique (m.) 피부 관리샵 | peau (f.) 피부 | expérimenté 경험 많은, 노련한 | revitaliser 생기를 되찾게 하다 | piscine couverte (f.) 실내 수영장 | fuir 피하다 | chaleur (f.) 더위 | en sûreté 안전하게 | habit (m.) 의류 | solde (m.) 할인 | jour férié (m.) 공휴일 | réaménagement (m.) 수리 | espace (m.) 공간 | rentrée (f.) 개학 | ride (f.) 주름

Étape 3

문제 3의 해설을 확인해 보세요.

해설

문제	풀이 요령
A	Alice는 수영하는 것을 좋아한다고 했는데, 자료 4에 수영장 (piscine)에 대한 이야기가 나오므로 **4번**이 정답. 수영과 관련하여 'maillot (de bain) 수영복, bonnet de bain 수영모' 등의 어휘도 함께 알아두어야 한다.
B	Vincent는 중세 시대의 역사를 아주 좋아한다고 했는데, 자료 2에 'elle vend spécialement les livres anciens 특히 고서들을 판매함'이라는 내용이 있으므로 **2번**이 정답.
C	Max는 음악에 관심이 있다고 했는데, 이 제시문 중에서는 **해당 사항이 없다**. 음악과 관련하여 'chanson 노래, musique moderne (classique) 현대(고전) 음악' 등의 어휘도 함께 알아두자.
D	Isabelle이 사진 찍는 것을 좋아한다고 했는데, 자료 6에 'Photographiez ce qui représente pour vous le musée de l'Élysée. 당신에게 있어서 Élysée 미술관을 대표하는 것을 사진 찍으세요.'라는 내용이 있으므로 **6번**이 정답. 사진과 관련하여 'appareil photo 사진기, studio de photographie 사진관, photographe 사진작가' 등의 어휘도 함께 알아두어야 한다.
E	Patrice가 개학을 위한 물건들을 사길 원한다고 했다. 자료 1에 'Vente d'articles de bureau ou de fournitures scolaires (le stylo-bille, le papier copie, cahiers, etc) 사무용품 또는 학용품 (볼펜, 복사지, 공책 등) 판매'한다는 내용에 따라 **1번**이 정답.
F	Anna가 친구에게 H-지를 주고 싶어 한다고 했는데, 자료 5에서 'vous pouvez acheter toutes sortes d'habits 모든 종류의 의류를 살 수 있습니다'라고 했으므로 **5번**이 정답.
G	Béatrice는 공원에서 산책하기를 원하는데, 산책이나 공원과 관련한 내용이 제시문에 없기 때문에 **해당 사항이 없다**.
H	Xavier가 최근 어머니의 얼굴에서 주름을 보았다고 했는데, 자료 3에 'Venez avec vos parents pour soigner la peau. 부모님과 함께 피부 관리하러 오세요.'라는 내용이 있으므로 **3번**이 정답.

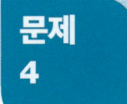

EXERCICE 1 실전 연습

공략에 따라 **EXERCICE 1** 연습 문제를 풀어 보세요.

Vous voulez proposer des activités à vos amis. Vous lisez cette publicité.

6 points

❶ Document 1
Sport idéal pour passer un week-end d'hiver. Oubliez le froid en faisant du ski avec vos amis sous la neige. Station de ski Chamoix, ouverte de 10 heures à 18 heures.

Tarif : 30 euros.

❷ Document 2
Vous voulez vous échapper d'une grande ville ? Situé près de Paris, le bois de Vincennes vous offre un espace tranquille. Vous pouvez respirer un air frais en vous promenant et vous allez découvrir des fleurs sauvages.

❸ Document 3
Vculez-vous devenir réalisateur de cinéma ? Vous avez de la chance car il y a un stage pour débutants organisé par notre club de cinéma. Pour avoir plus d'informations, connectez-vous à notre site internet.

❹ Document 4
Vous vous intéressez au hip-hop mais vous pensez que c'est difficile à apprendre ? Ne vous inquiétez pas ! Notre école de musique invite les jeunes chanteurs pour ouvrir un cours particulier pour débutants au mois de juillet.

❺ Document 5
Bonne nouvelle pour les enfants !

Le zoo de Lyon va ouvrir dans une semaine ! Le tigre, le lion et l'éléphant attendent votre famille. Venez passer un moment agréable !

❻ Document 6
Découvrez Livre Paris

Le plus grand événement littéraire vous donne rendez-vous en mars chaque année depuis 1981. Livre Paris est devenu un événement riche et varié s'cuvrant aux grands catalogues de l'édition contemporaine.

Qu'est-ce que vous allez proposer à vos amis ? Associez chaque document à la personne correspondante.

Attention : il y a huit personnes mais seulement six documents.

Cochez une seule case pour chaque document.

Personnes	❶ Document 1 (1,5 point)	❷ Document 2 (1,5 point)	❸ Document 3 (0,5 point)	❹ Document 4 (1 point)	❺ Document 5 (1 point)	❻ Document 6 (0,5 point)
A. Gérard aime skier.	☐	☐	☐	☐	☐	☐
B. Lucie adore la lecture.	☐	☐	☐	☐	☐	☐
C. Frédéric adore les animaux.	☐	☐	☐	☐	☐	☐
D. Fiona regarde souvent les films.	☐	☐	☐	☐	☐	☐
E. Julien veut faire le tour du monde.	☐	☐	☐	☐	☐	☐
F. Fabien aime bien la chanson.	☐	☐	☐	☐	☐	☐
G. Gabriel est passionné par la nature.	☐	☐	☐	☐	☐	☐
H. Vincent veut apprendre une langue étrangère.	☐	☐	☐	☐	☐	☐

Étape 2   문제 4의 내용을 해석한 후, 필수 어휘를 익히세요.

당신은 당신의 친구들에게 활동들을 제안하기를 원합니다. 당신은 이 광고를 읽습니다.   6점

❶ 자료 1
겨울 주말을 보내기 위한 이상적인 스포츠. 눈을 맞으며 친구들과 스키를 타면서 추위를 잊으세요. Chamoix 스키장, 10시부터 18시까지 개장.

요금: 30유로.

❷ 자료 2
당신은 대도시를 벗어나길 원합니까? 파리 가까이에 위치해 있는 Vincennes 숲은 조용한 공간을 당신에게 제공합니다. 당신은 산책을 하면서 맑은 공기를 마실 수 있고 야생화들을 발견하게 될 것입니다.

❸ 자료 3
당신은 영화 감독이 되기를 원하나요? 당신은 운이 좋은데 왜냐하면 우리 영화 클럽이 운영하는 초보자들을 위한 연수가 있기 때문입니다. 더 많은 정보들을 얻기 위해서는 우리 인터넷 사이트에 접속하세요.

❹ 자료 4
당신은 힙합에 관심이 있지만 배우기가 어려울 것이라고 생각하나요? 걱정하지 마세요! 우리 음악 학교는 7월에 초보자들을 위한 특별 수업을 열기 위해 젊은 가수들을 초대합니다.

❺ 자료 5
아이들을 위한 좋은 소식!

Lyon 동물원이 일주일 후에 개장합니다! 호랑이, 사자와 코끼리가 당신의 가족을 기다립니다. 즐거운 순간을 보내러 오세요!

❻ 자료 6
Livre Paris를 발견하세요

가장 큰 문학 행사가 1981년부터 매년 3월에 당신과 만납니다. Livre Paris는 동시대 출판의 위대한 카탈로그를 열면서 풍부하고 다채로운 행사가 되었습니다.

당신은 당신의 친구들에게 무엇을 제안하겠습니까? 각 자료를 해당하는 사람에게 연결하세요.
주의: 사람은 8명이지만 자료는 6개뿐입니다.
각 자료에 해당하는 하나의 케이스(사람)에 X표 하세요.

Personnes	❶ 자료 1 (1.5 점)	❷ 자료 2 (1.5 점)	❸ 자료 3 (0.5 점)	❹ 자료 4 (1 점)	❺ 자료 5 (1 점)	❻ 자료 6 (0.5점)
A. Gérard는 스키 타는 것을 좋아합니다.	☐	☐	☐	☐	☐	☐
B. Lucie는 독서를 아주 좋아합니다.	☐	☐	☐	☐	☐	☐
C. Frédéric은 동물들을 아주 좋아합니다.	☐	☐	☐	☐	☐	☐
D. Fiona는 영화를 자주 봅니다.	☐	☐	☐	☐	☐	☐
E. Julien은 세계 일주를 하기를 원합니다.	☐	☐	☐	☐	☐	☐
F. Fabien은 노래를 아주 좋아합니다.	☐	☐	☐	☐	☐	☐
G. Gabriel은 자연에 푹 빠졌습니다.	☐	☐	☐	☐	☐	☐
H. Vincent은 외국어를 배우기를 원합니다.	☐	☐	☐	☐	☐	☐

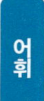
어휘

idéal 이상적인 | oublier 잊다 | froid (m.) 추위 | s'échapper 도망치다 | bois (m.) 숲 | offrir 제공하다 | espace (m.) 공간 | tranquille 조용한 | respirer 숨쉬다 | frais 신선한 | sauvage 야생의 | réalisateur 감독 | stage (m.) 연수 | hip-hop (m.) 힙합 | littéraire 문학의 | varié 다양한, 다채로운 | contemporain 동시대의, 현대의

Étape 3

문제 4의 해설을 확인해 보세요.

문제	풀이 요령
A	Gérard가 스키 타는 것을 좋아한다고 했는데, 자료 1에서 'Oubliez le froid en faisant du ski avec vos amis sous la neige 눈을 맞으며 친구들과 스키를 타면서 추위를 잊으라'고 했으므로 **1번**이 정답.
B	Lucie가 독서를 좋아한다고 했는데, 자료 6에서 'Le plus grand événement littéraire 가장 큰 문학 행사'라는 내용이 있다. 이는 도서와 관련한 것이므로 **6번**이 정답.
C	Frédéric이 동물을 좋아한다고 했다. 자료 5에서 'Le zoo de Lyon va ouvrir dans une semaine ! Le tigre, le lion et l'éléphant attendent votre famille. Lyon 동물원이 일주일 후에 개장합니다! 호랑이, 사자와 코끼리가 당신의 가족을 기다립니다'라는 내용에 따라 **5번**이 정답.
D	Fiona가 영화를 자주 본다고 했는데, 자료 3에 'Voulez-vous devenir réalisateur de cinéma ? 당신은 영화 감독이 되기를 원하나요?'라는 내용이 있고 'stage pour débutants organisé par notre club de cinéma 우리 영화 클럽이 운영하는 초보자들을 위한 연수'가 있다는 내용으로 보아 영화와 관련된 것임을 알 수 있으므로 **3번**이 정답.
E	Julien은 세계 일주를 하고 싶어 한다는 내용인데, 자료들 중에 여행과 관련한 것은 없기 때문에 **해당 사항이 없다**.
F	Fabien은 노래를 아주 좋아한다는 내용이 있는데, 자료 4에 'Vous vous intéressez au hip-hop mais vous pensez que c'est difficile à apprendre ? 당신은 힙합에 관심이 있지만 배우기가 어려울 것이라고 생각하나요?'라는 내용이 있으므로 **4번**이 정답.
G	Gabriel은 자연을 아주 좋아한다는 내용이 제시되어 있다. 자료 2에서 'le bois de Vincennes vous offre un espace tranquille Vincennes 숲은 조용한 공간을 당신에게 제공한다'는 내용이 있다. 따라서 **2번**이 정답.
H	Vincent이 외국어를 배우고 싶다고 했지만, 자료들 중 언어와 관련한 내용이 없기 때문에 **해당 사항이 없다**.

EXERCICE 1 실전 연습

공략에 따라 EXERCICE 5 연습 문제를 풀어 보세요.

Vous voulez proposer des activités à vos amis. Vous lisez cette publicité.

6 points

❶ Document 1
Le Montagnard

Vous voulez monter au sommet de la montagne ? Notre magasin a tous les équipements d'alpinisme. Profitez des soldes d'été.

Ouvert de 10 h à 20 h, sauf le lundi.

❷ Document 2
Restaurant Sous le toit de Paris

Un nouveau chef cuisinier vous permet de découvrir les plats typiques de la France. On vous offre gratuitement un verre de vin.

Ouvert de 11 h 30 à 21 h tous les jours sauf le lundi.

❸ Document 3
Tour du monde

L'agence de voyage vous présente le monde inconnu. Vous allez vivre une aventure spectaculaire. Qui sait ? Vous pourrez trouver un trésor dans une île déserte. Contactez-nous sans hésiter au voyage@travel.fr

❹ Document 4
Librairie Arthur

En face de l'université Saint-Denis, trouvez les livres qui vont vous plaire à prix réduit.

Ouvert de 10 h à 19 h, sauf le dimanche.

❺ Document 5
Marché Saint-Ouen

L'un des marchés aux puces plus connus dans Paris vous permet de découvrir des antiquités très rares.

Ouvert de 06 h à 18 h tous les dimanches.

❻ Document 6
Le Jardin du Luxembourg

Un magnifique jardin à la française mais également un musée de sculptures en plein air et un lieu pédagogique. Horaires et infos sur le site du jardin du Luxembourg.

Qu'est-ce que vous allez proposer à vos amis ? Associez chaque document à la personne correspondante.

Attention : il y a huit personnes mais seulement six documents.

Cochez une seule case pour chaque document.

Personnes	❶ Document 1 (1,5 point)	❷ Document 2 (1,5 point)	❸ Document 3 (0,5 point)	❹ Document 4 (1 point)	❺ Document 5 (1 point)	❻ Document 6 (0,5 point)
A. Muriel aime bien lire.	☐	☐	☐	☐	☐	☐
B. Anne est passionnée d'art.	☐	☐	☐	☐	☐	☐
C. Sophie veut manger des plats délicieux.	☐	☐	☐	☐	☐	☐
D. François adore les animaux.	☐	☐	☐	☐	☐	☐
E. Mathiew s'intéresse au bricolage.	☐	☐	☐	☐	☐	☐
F. Vincent collectionne les curiosités.	☐	☐	☐	☐	☐	☐
G. Thierry aime faire des randonnées dans la montagne.	☐	☐	☐	☐	☐	☐
H. Sacha aime explorer la terre mystérieuse.	☐	☐	☐	☐	☐	☐

Étape 2

문제 5의 내용을 해석한 후, 필수 어휘를 익히세요.

당신은 당신의 친구들에게 활동들을 제안하기를 원합니다. 당신은 이 광고를 읽습니다.　　6점

❶ Document 1
Le Montagnard (산사람)

당신은 산의 정상에 올라가길 원하나요? 우리 상점에는 모든 등반 장비들이 있습니다. 여름 할인 판매를 활용하세요.

10시부터 20시까지 개장, 월요일 제외.

❷ 자료 2
Sous le toit de Paris 식당

새로운 주방장이 당신에게 프랑스 대표 음식들을 발견하게 해 줄 것입니다. 포도주 한잔을 무료로 제공합니다.

11시 30분부터 21시까지 매일 개장, 월요일 제외.

❸ 자료 3
Tour du monde

여행사는 당신에게 미지의 세계를 소개합니다. 당신은 스펙타클한 모험을 하게 될 거예요. 누가 알겠어요? 당신은 무인도에서 보물을 발견할 수도 있습니다. 망설이지 말고 voyage@travel.fr로 우리에게 연락하세요.

❹ 자료 4
Arthur 서점

Saint-Denis 대학교 맞은편에서 할인된 가격으로 당신의 마음에 들 책들을 찾으세요.

10시부터 19시까지 개장, 일요일 제외.

❺ 자료 5
Saint-Ouen 시장

파리에서 가장 유명한 벼룩시장들 중 하나는 당신에게 매우 희귀한 골동품들을 발견하게 해줄 것입니다.

06시부터 18시까지 매주 일요일 개장.

❻ 자료 6
Luxembourg 공원

프랑스풍의 멋진 공원이면서 야외 조각 미술관이며 교육적 장소입니다. Luxembourg 공원 사이트에서 시간과 정보를 확인하세요.

DELF A2 · 독해

당신은 당신의 친구들에게 무엇을 제안하겠습니까? 각 자료를 해당하는 사람에게 연결하세요.
주의: 사람은 8명이지만 자료는 6개뿐입니다.
각 자료에 해당하는 하나의 케이스(사람)에 X표 하세요.

Personnes	❶ 자료 1 (1.5 점)	❷ 자료 2 (1.5 점)	❸ 자료 3 (0.5 점)	❹ 자료 4 (1 점)	❺ 자료 5 (1 점)	❻ 자료 6 (0.5 점)
A. Muriel은 읽는 것을 아주 좋아한다.	☐	☐	☐	☐	☐	☐
B. Anne는 예술에 빠져있다.	☐	☐	☐	☐	☐	☐
C. Sophie는 맛있는 음식들을 먹기를 원한다.	☐	☐	☐	☐	☐	☐
D. François는 동물들을 아주 좋아한다.	☐	☐	☐	☐	☐	☐
E. Mathiew는 목공일에 관심이 있다.	☐	☐	☐	☐	☐	☐
F. Vincent은 진기한 것들을 수집한다.	☐	☐	☐	☐	☐	☐
G. Thierry는 산에서 하이킹하는 것을 좋아한다.	☐	☐	☐	☐	☐	☐
H. Sacha는 신비스러운 땅을 탐험하는 것을 좋아한다.	☐	☐	☐	☐	☐	☐

어휘 montagnard 산골에 사는 (사람), 산(악)의 | équipement (m.) 장비, 용품 | alpinisme (m.) 등산, 등산 취미 | typique 전형적인, 대표적인 | inconnu 모르는, 미지의 | désert 사람이 거의 살지 않는 | marché aux puces (m.) 벼룩시장 | à la française 프랑스식으로, 프랑스풍으로 | sculpture (f.) 조각 | en plein air 야외에 | pédagogique 교육적인 | bricolage (m.) 공작, 작업, 목공일

Étape 3
문제 5의 해설을 확인해 보세요.

문제	풀이 요령
A	Muriel은 읽는 것을 좋아한다고 했으므로 독서와 관련된 사항을 찾아야 하는데, 자료 4에 'trouvez les livres qui vont vous plaire à prix réduit. 할인된 가격으로 당신의 마음에 들 책들을 찾으세요.'라고 했으므로 정답은 **4번**.
B	Anne는 예술을 좋아한다고 했는데, 자료 6에 'un musée de sculptures en plein air 야외 조각 미술관'이라는 내용이 있기 때문에 정답은 **6번**.
C	Sophie는 맛있는 음식을 먹고 싶다고 했으므로, 'Un nouveau chef cuisinier vous permet de découvrir les plats typiques de la France. 새로운 주방장이 당신에게 프랑스 대표 음식들을 발견하게 해 줄 것입니다.'라는 내용이 언급된 **2번**이 정답.
D	François는 동물을 좋아한다고 했는데, 주어진 보기에는 이와 관련된 내용들이 없기 때문에 **해당 사항이 없다**.
E	Mathiew는 목공일에 관심이 있다고 했지만, 주어진 보기에는 이와 관련된 내용들이 없기 때문에 **해당 사항이 없다**.
F	Vincent의 취미는 진귀한 것들을 수집하는 것이라고 했는데, 자료 5의 'marchés aux puces 벼룩시장'에서 'découvrir des antiquités très rares. 매우 희귀한 골동품들을 발견'할 수 있다는 내용에 따라 정답은 **5번**.
G	Thierry는 산에서 하이킹하는 것을 좋아한다고 했는데, 자료 1에 'Notre magasin a tous les équipements d'alpinisme. 우리 상점에는 모든 등반 장비들이 있습니다.'라는 내용이 있으므로 **1번**이 정답.
H	Sacha는 신비스러운 땅을 탐험하는 것을 좋아한다고 했다. 자료 3에서 'Vous allez vivre une aventure spectaculaire. 당신은 스펙타클한 모험을 하게 될 거예요.'라고 했으므로 **3번**이 정답.

독해 평가

EXERCICE 2

동호회나 마을 행사, 프로그램 등에 대한 내용을 읽고 이해도를 확인하는 문제가 출제된다. 주로 행사와 관련된 프로그램이나 일정을 알려주는 내용이 다뤄지며, 서신이나 공지 형식의 지문이 주어질 수 있다.

완전 공략

DELF A2 독해

1 핵심 포인트

특정 활동을 위한 가입자들에게 특별 행사와 관련한 전달 사항을 이메일로 보내는 형식의 문제 유형이다. 문항 수는 6문제로 삽화와 관련한 문제가 2문제 정도 포함되며 시간별로 일정을 소개하기 때문에 시간과 그 시간에 하는 활동들을 설명하는 내용에 초점을 맞추어야 한다.

2 빈출 주제

스포츠클럽, 시청에서 마을 행사, 강연회, 공연 등 일상생활에서 쉽게 접할 수 있는 다양한 상황들이 주제로 출제된다.

3 고득점 전략

① 요일, 달과 관련한 어휘들에 신경을 써야 한다.

일반적으로 행사와 관련하여 일정을 알려주는 방식이기 때문에 장소를 나타내는 어휘, 요일을 의미하는 단어 또는 활동과 연관된 표현들이 필연적으로 사용될 수 밖에 없다. 따라서 이런 유형의 어휘나 표현들을 꼭 숙지해야 한다.

② 지시사항을 주목하라.

어떠한 상황인지를 설명하는 지시사항을 보면 어떤 주제로 어떤 활동에 대한 안내인지를 대충 파악할 수 있다. 만약 문제를 풀다가 선택지에 모르는 어휘나 표현이 있는 경우 지시사항에서 제시하고 있는 상황을 파악하여 그와 연관된 것을 정답으로 고르면 맞을 확률을 높일 수 있다.

EXERCICE 2 실전 연습

공략에 따라 EXERCICE 2 연습 문제를 풀어 보세요.

Vous travaillez à Paris comme guide et vous recevez ce message.

6 points

> Bonjour,
>
> Je m'appelle Martin et je vous laisse ce message pour une affaire urgente. Un groupe de touristes va venir à Paris sans prévenir et notre agence de voyage est obligée de s'occuper d'eux. Est-ce que vous pouvez les guider ? Voici le programme de ce voyage :
>
> - lundi : Attendre le groupe à l'aéroport à 19 h et arriver à l'hôtel vers 20 h.
>
> - mardi : Visite des monuments à partir de 9 h : la tour Eiffel, l'Arc de Triomphe, la place de la Concorde. Déjeuner au restaurant français. Prendre le Bateau Mouche dans l'après-midi. Visite du musée du Louvre à partir de 15 h.
>
> - mercredi : Visite du quartier Montmartre dans la matinée (Sacré-Cœur, Moulin de la Galette). Déjeuner au restaurant Le Bon la Butte. Visite du château de Versailles l'après-midi. Shopping dans un magasin de souvenirs le soir.
>
> - jeudi : Arriver à l'aéroport avec le groupe avant 11 h.
>
> Je vous remercie d'avance de me rappeler au 06 14 21 01 98 ou de m'envoyer un courriel pour me dire si vous acceptez notre proposition.
>
> Au revoir.

Pour répondre aux questions, cochez la bonne réponse.

❶ Que propose M. Martin dans ce message ?   *1 point*

A ☐ Un travail.

B ☐ Un stage touristique.

C ☐ Un voyage d'affaires.

❷ Qu'est-ce que vous devez faire ?

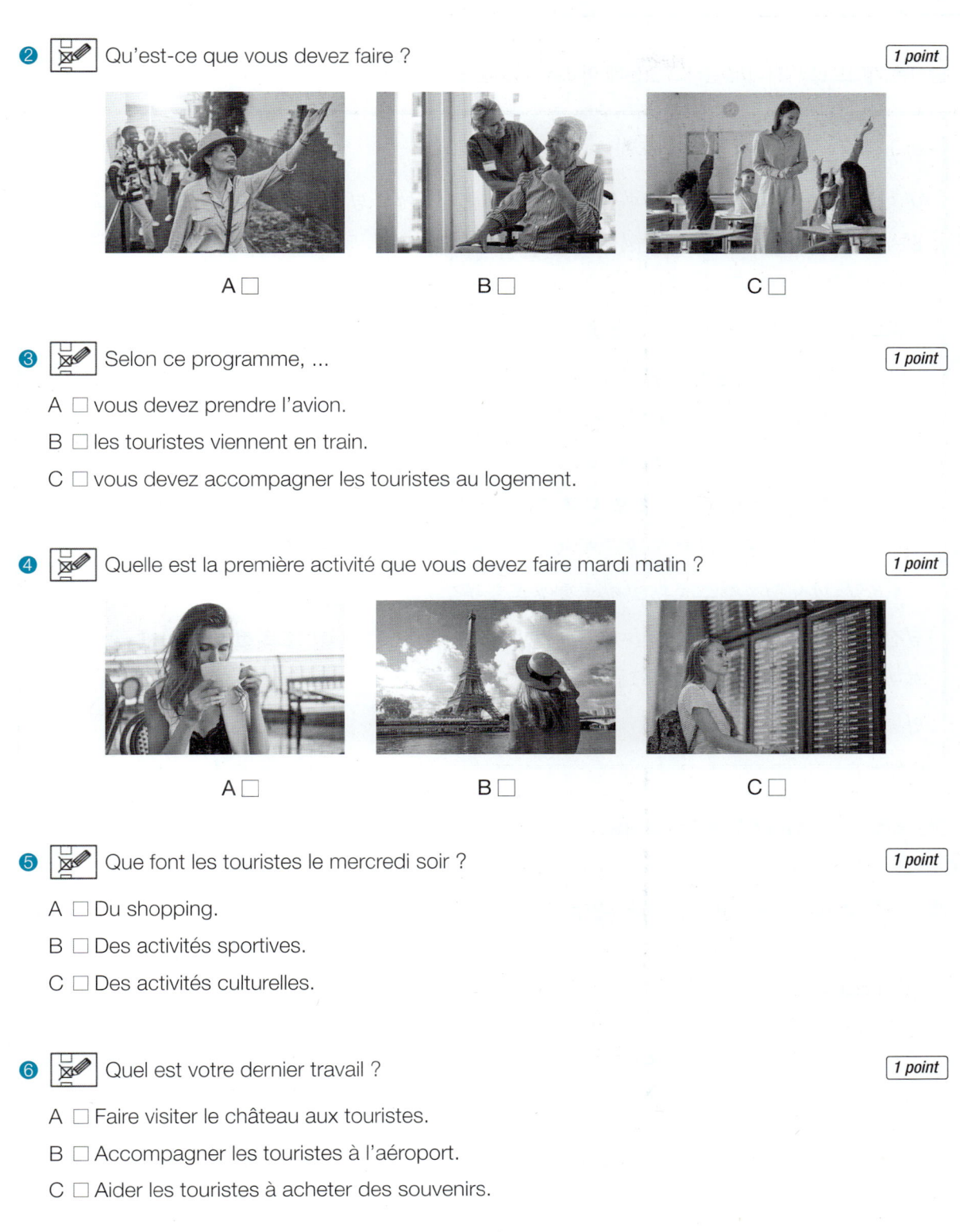

A ☐ B ☐ C ☐

❸ Selon ce programme, ...

A ☐ vous devez prendre l'avion.

B ☐ les touristes viennent en train.

C ☐ vous devez accompagner les touristes au logement.

❹ Quelle est la première activité que vous devez faire mardi matin ?

A ☐ B ☐ C ☐

❺ Que font les touristes le mercredi soir ?

A ☐ Du shopping.

B ☐ Des activités sportives.

C ☐ Des activités culturelles.

❻ Quel est votre dernier travail ?

A ☐ Faire visiter le château aux touristes.

B ☐ Accompagner les touristes à l'aéroport.

C ☐ Aider les touristes à acheter des souvenirs.

| Étape 2 | 문제 1의 내용을 해석한 후, 필수 어휘를 익히세요. |

당신은 가이드로 파리에서 일하고 있는데 이 메시지를 받습니다. `6점`

안녕하세요,

내 이름은 Martin이고 급한 일 때문에 이 메시지를 당신에게 남깁니다. 한 관광 그룹이 예고도 없이 파리에 올 것이고 우리 여행사가 그들을 맡아야 합니다. 당신이 이들을 가이드 해줄 수 있을까요? 해당 여행 프로그램은 다음과 같습니다. :

- 월요일: 19시에 공항에서 이 그룹을 기다리고 20시 경에 호텔에 도착할 것.

- 화요일: 9시부터 기념물 방문하기: 에펠탑, 개선문, 콩코르드 광장.
  프랑스 식당에서 점심 먹기. 오후에 바토 무슈 타기.
  15시부터 루브르 박물관 방문하기.

- 수요일: 아침 나절에 몽마르트르 지역 방문 (사크레 쾨르, 걀레뜨의 풍차). Le Bon la Butte 식당에서 점심 식사하기. 오후에 베르사이유 궁전 방문. 저녁에 기념품 가게에서 쇼핑.

- 목요일: 11시 까지 그룹과 함께 공항에 도착하기.

당신이 우리의 제안을 받아들일지를 내게 말하기 위해 06 14 21 01 98로 전화를 하거나 메일을 보내주실 것에 대해 미리 감사드립니다.

안녕히 계세요.

질문들에 답하기 위해 정답에 표기하세요.

❶ Martin 씨는 이 메시지에서 무엇을 제안하는가? `1점`

   A □ 일
   B □ 관광 연수
   C □ 출장

② 당신은 무엇을 해야 하는가? [1점]

A ☐   B ☐   C ☐

③ 이 프로그램에 따르면, ... [1점]

A ☐ 당신은 비행기를 타야 한다.
B ☐ 관광객들은 기차로 온다.
C ☐ 당신은 관광객들을 데리고 숙소로 가야 한다.

④ 당신이 화요일 아침에 해야 할 첫 번째 활동은 무엇인가? [1점]

A ☐   B ☐   C ☐

⑤ 관광객들은 수요일 저녁에 무엇을 하는가? [1점]

A ☐ 쇼핑
B ☐ 스포츠 활동들
C ☐ 문화적 활동들

⑥ 당신의 마지막 일은 무엇인가? [1점]

A ☐ 관광객들에게 성을 방문하게 하기
B ☐ 관광객들과 공항에 동행하기
C ☐ 관광객들이 기념품을 사도록 돕기

어휘 laisser 남기다 | urgent 긴급한 | agence de voyage (f.) 여행사 | être obligé de ~을 해야 하다 | attendre 기다리다 | tour Eiffel (f.) 에펠탑 | Arc de Triomphe (m.) 개선문 | place (f.) 광장 | remercier ~에게 감사하다 | d'avance 미리 | rappeler 다시 전화하다 | accompagner 동행하다, 인솔하다 | logement (m.) 숙소

Étape 3

문제 1의 해설을 확인해 보세요.

문제	풀이 요령
1	Martin이 무엇을 제안하고 있는지 묻는 문제이다. 'Un groupe de touristes va venir à Paris sans prévenir et notre agence de voyage est obligée de s'occuper d'eux. Est-ce que vous pouvez les guider ? 한 관광 그룹이 예고도 없이 파리에 올 것이고 우리 여행사가 그들을 맡아야 합니다. 당신이 이들을 가이드 해줄 수 있을까요?'라고 묻는 내용에 따라 정답은 **A**.
2	수신자가 해야 할 업무를 묻고 있다. 프랑스 파리 일대를 가이드하는 것이기 때문에 정답은 **A**.
3	관광 프로그램의 내용을 묻는 문제로, 'Attendre le groupe à l'aéroport à 19 h et arriver à l'hôtel vers 20 h. 19시에 공항에서 이 그룹을 기다리고 20시 경에 호텔에 도착할 것'이라는 내용에 따라 정답은 **C**. 'aéroport 공항'에서 관광객들을 픽업하라고 했으므로 **B**는 정답이 될 수 없다.
4	화요일 아침에 해야 할 일에 대해 묻는 문제로, 'Visite des monuments à partir de 9 h : la tour Eiffel, l'Arc de Triomphe, la place de la Concorde 9시부터 기념물 방문하기: 에펠탑, 개선문, 콩코르드 광장'라는 내용에 따라 정답은 **B**.
5	수요일 저녁에 하게 될 활동에 대한 질문이다. 'Shopping dans un magasin de souvenirs le soir 저녁에 기념품 가게에서 쇼핑'이라는 내용에 따라 정답은 **A**.
6	가이드로서 해야 할 마지막 업무가 무엇인지를 묻고 있다. 'jeudi : Arriver à l'aéroport avec le groupe avant 11 h 목요일: 11시 전까지 그룹과 함께 공항에 도착하기'라는 내용에 따라서 정답은 **B**.

EXERCICE 2 실전 연습

Étape 1 공략에 따라 EXERCICE 2 연습 문제를 풀어 보세요.

Vous êtes membre de l'association écologique. Vous recevez cette lettre.

6 points

Chers adhérents,

Nous organisons un événement pour la lutte contre la pollution de l'environnement le samedi 15 mai à partir de 10 h.

Programme

- *10 h : exposition dans le hall d'entrée de photos montrant la gravité de la pollution*
- *11 h : témoignage des experts par appel vidéo*
- *12 h 30 : déjeuner*
- *14 h : « Pourquoi doit-on protéger l'environnement ? », discussion animée par le docteur M. Vincent, écologiste, président de l'association GEO*
- *16 h : Projection d'un film documentaire*
- *18 h : dîner*

Nous recherchons des volontaires pour aider à l'organisation de cet événement : connexion internet, projection de film, rangement de la salle après l'événement.

Si vous voulez nous aider ou assister à cet événement, n'hésitez pas à nous contacter par e-mail à terre@geo.fr

---

Pour répondre aux questions, cochez la bonne réponse.

❶ L'événement a un rapport avec … *1 point*

  A ☐ les déchets industriels.
  B ☐ les droits des femmes.
  C ☐ les mauvais traitements sur enfants.

❷ L'exposition de photographie concerne …   *1 point*

A ☐   B ☐   C ☐

❸ Comment peut-on communiquer avec les experts ?   *1 point*

A ☐ Par lettre.

B ☐ Par Internet.

C ☐ Par courriel.

❹ Quel est le programme de 16 h ?   *1 point*

A ☐   B ☐   C ☐

❺ Que pouvez-vous faire pour aider les organisateurs ?   *1 point*

A ☐ Préparer le repas.

B ☐ Acheter des ordinateurs.

C ☐ Vérifier l'état du projecteur.

❻ Si vous voulez venir à cet événement, vous devez…   *1 point*

A ☐ envoyer un courriel.

B ☐ téléphoner à l'association.

C ☐ aller au secrétariat de l'association.

문제 2의 내용을 해석한 후, 필수 어휘를 익히세요.

당신은 친환경 단체 회원입니다. 당신은 이 편지를 받습니다.

6점

> 친애하는 회원들에게,
>
> 우리는 5월 15일 토요일 10시부터 환경 오염에 대항하기 위한 행사를 개최합니다.
>
> 프로그램
> - 10시: 입구 홀에서 오염의 심각성을 보여주는 사진 전시회
> - 11시: 영상 통화를 통한 전문가들의 증언
> - 12시 30분: 점심 식사
> - 14시: <왜 환경을 보호해야 하는가?>, 친환경주의자이며 GEO 단체의 회장인 Vincent 박사에 의해 진행되는 토론
> - 16시: 다큐멘터리 영화 상영
> - 18시: 저녁 식사
>
> 우리는 이 행사 운영을 도와줄 자원봉사자들을 찾습니다: 인터넷 연결, 영화 상영, 행사 후 홀 정리. 만일 우리를 돕거나 이 행사에 참석하기를 원한다면, 망설이지 말고 terre@geo.fr 이메일을 통해 우리에게 연락하세요.

질문들에 답하기 위해 정답에 표기하세요.

❶ 행사는 …와(과) 관련이 있다.   1점

　A ☐ 산업 쓰레기들
　B ☐ 여성들의 권리
　C ☐ 아동 학대

❷ 📝 사진 전시회는 …와(과) 관련 있다. [1점]

A ☐   B ☐   C ☐

❸ 📝 어떻게 전문가들과 의사소통을 하는가? [1점]

A ☐ 편지로
B ☐ 인터넷으로
C ☐ 이메일로

❹ 📝 16시의 프로그램은 무엇인가? [1점]

A ☐   B ☐   C ☐

❺ 📝 운영자들을 돕기 위해 당신은 무엇을 할 수 있는가? [1점]

A ☐ 식사 준비하기
B ☐ 컴퓨터 구입하기
C ☐ 프로젝터의 상태를 확인하기

❻ 📝 만일 당신이 이 행사에 오고 싶다면, 당신은 … 한다. [1점]

A ☐ 이메일을 보내야
B ☐ 단체에 전화를 해야
C ☐ 단체의 비서실(사무국)에 가야

DELF A2 · 독해

어휘

adhérent 회원, 가입자 | lutte (f.) 투쟁 | pollution de l'environnement (f.) 환경 오염 | montrer 보여주다 | gravité (f.) 심각성 | témoignage (m.) 증언 | appel vidéo (m.) 영상 통화 | protéger 보호하다 | écologiste 친환경주의자 | volontaire 자원봉사자 | connexion (f.) 연결 | rangement (m.) 정리 | assister à ~에 참석하다 | avoir un rapport avec ~와 관련이 있다 | déchet (m.) 쓰레기 | industriel 산업의 | droit (m.) 권리 | mauvais traitement (m.) 학대 | vérifier 확인하다 | état (m.) 상태 | projecteur (m.) 프로젝터, 영사기

Étape 3

문제 2의 해설을 확인해 보세요.

해설

문제	풀이 요령
1	행사가 어떤 것과 연관되는지를 묻고 있다. 'Nous organisons un événement pour la lutte contre la pollution de l'environnement 환경 오염에 대항하기 위한 행사를 개최한다'는 내용에 따라 정답은 **A**.
2	사진 전시회의 주제가 무엇인지를 묻고 있다. 'exposition (…) de photos montrant la gravité de la pollution 오염의 심각성을 보여주는 사진 전시회'라는 내용에 따라 정답은 **A**.
3	전문가들과의 소통 방법에 대한 문제이다. 'témoignage des experts par appel video 영상 통화를 통한 전문가들의 증언'이라는 내용에 따라 정답은 **B**.
4	16시 프로그램의 내용에 대해 묻고 있다. 'Projection d'un film documentaire 다큐멘터리 영화 상영'이라는 내용에 따라 정답은 **C**.
5	행사를 돕기 위한 활동 내용에 대한 문제로, 'Nous recherchons des volontaires pour aider à l'organisation de cet événement : connexion internet, projection de film, rangement de la salle après l'événement 행사 운영을 도와줄 자원봉사자들을 찾습니다: 인터넷 연결, 영화 상영, 행사 후 홀 정리'라는 내용에 따라 정답은 **C**.
6	행사에 참석하는 방법에 대한 문제이다. 'n'hésitez pas à nous contacter par e-mail à terre@geo.fr. 망설이지 말고 terre@geo.fr. 이메일을 통해 우리에게 연락하라'는 내용에 따라 정답은 **A**.

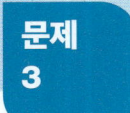

EXERCICE 2 실전 연습

공략에 따라 **EXERCICE 2** 연습 문제를 풀어 보세요.

Votre ami vous invite à la cérémonie de son mariage. Vous recevez cette lettre.

6 points

> *Chers amis,*
>
> *Nous vous invitons à la cérémonie de notre mariage le samedi 10 mai et voici le programme :*
>
> *17 h : l'arrivée des mariés dans la salle de réception.*
>
> *17 h 30 : le repas de mariage. Durant le repas, une animation de magie peut également être envisagée.*
>
> *19 h : le lancer du bouquet de la mariée. La mariée tourne le dos aux invités et jette son bouquet derrière elle sans regarder. L'invité sur qui arrive le bouquet, le garde.*
>
> *19 h 30 : l'arrivée du gâteau, de la pièce montée. La musique accompagne le gâteau.*
>
> *20 h : la soirée dansante. Le DJ s'occupe de la musique.*
>
> *Merci de confirmer votre présence par email à j10@jean.fr*

Pour répondre aux questions, cochez la bonne réponse.

❶ Au début du mariage, les mariés arrivent dans ... *1 point*

A ☐ un stade.

B ☐ une salle.

C ☐ un restaurant.

❷ Quel événement se déroule pendant le repas ? [1 point]

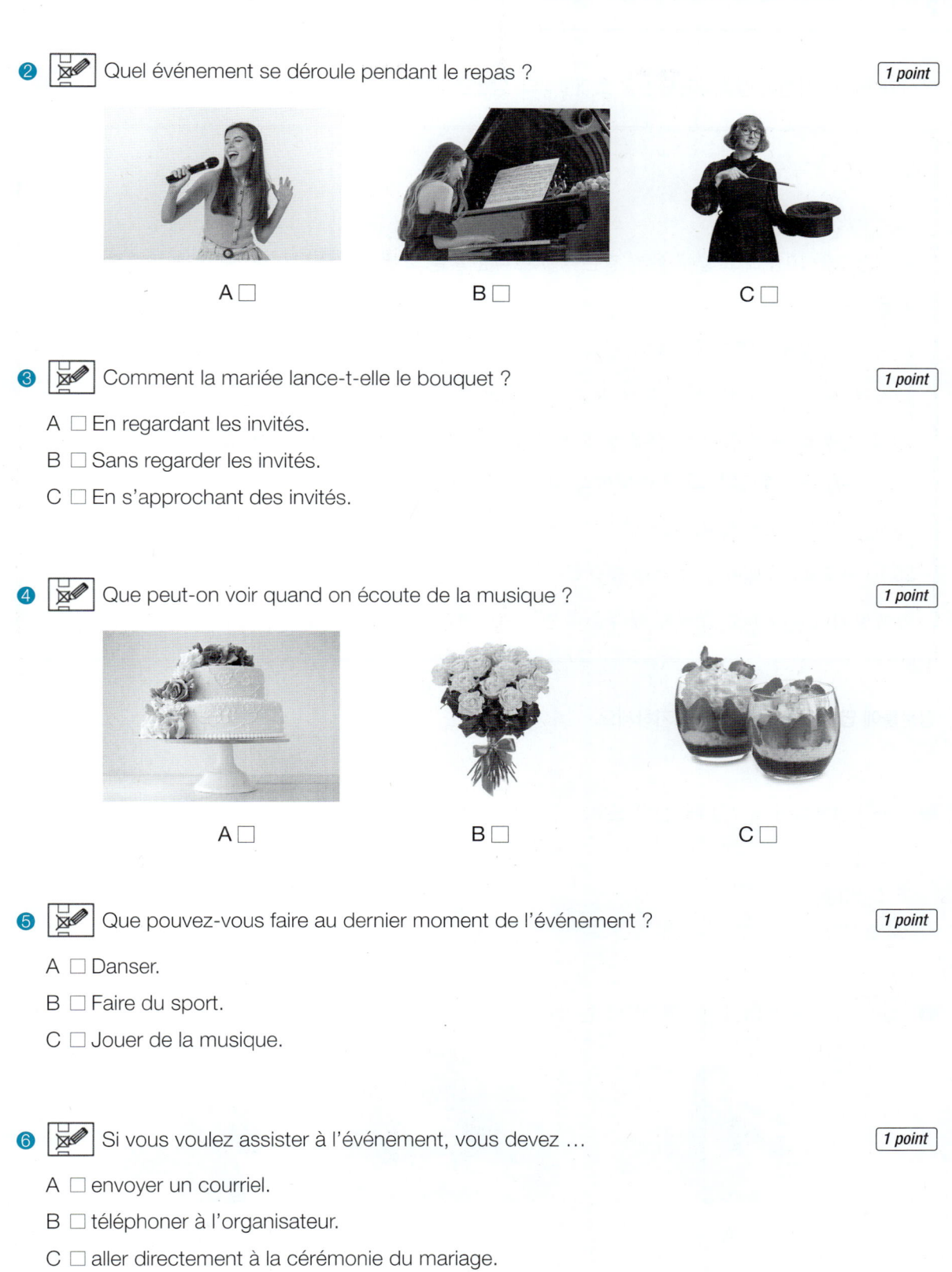

A ☐   B ☐   C ☐

❸ Comment la mariée lance-t-elle le bouquet ? [1 point]

A ☐ En regardant les invités.
B ☐ Sans regarder les invités.
C ☐ En s'approchant des invités.

❹ Que peut-on voir quand on écoute de la musique ? [1 point]

A ☐   B ☐   C ☐

❺ Que pouvez-vous faire au dernier moment de l'événement ? [1 point]

A ☐ Danser.
B ☐ Faire du sport.
C ☐ Jouer de la musique.

❻ Si vous voulez assister à l'événement, vous devez … [1 point]

A ☐ envoyer un courriel.
B ☐ téléphoner à l'organisateur.
C ☐ aller directement à la cérémonie du mariage.

Étape 2
문제 3의 내용을 해석한 후, 필수 어휘를 익히세요.

당신의 친구는 자신의 결혼식에 당신을 초대합니다. 당신은 이 편지를 받습니다. | 6점

친애하는 친구들에게,

우리는 5월 10일 토요일에 우리 결혼식에 여러분들을 초대하려고 합니다. 여기에 프로그램이 있습니다:

17시: 응접실에 신랑, 신부 도착.

17시 30분: 결혼 식사. 식사 동안 마술 공연이 또한 진행될 수 있습니다.

19시: 신부의 부케 던지기. 신부가 초대 손님들에게 등을 돌리고 쳐다보지 않고 등 뒤로 부케를 던집니다. 부케를 잡은 초대 손님이 그것을 간직합니다.

19시 30분: 케이크 도착, 데코레이션 케이크. 음악이 케이크와 함께 흘러나옵니다.

20시: 무도회. 디제이가 음악을 담당합니다.

이메일 j10@jean.fr로 당신의 참석을 확인해주시면 감사하겠습니다.

질문들에 답하기 위해 정답에 표기하세요.

❶ 결혼식이 시작할 때, 신랑 신부는 …에 도착한다. | 1점

A ☐ 운동장

B ☐ 방(홀)

C ☐ 식당

❷ 식사 동안 어떤 행사가 진행되는가? | 1점

A ☐

B ☐

C ☐

❸ 신부는 어떻게 부케를 던지는가?   1점

A ☐ 초대 손님들을 보면서
B ☐ 초대 손님들을 보지 않고
C ☐ 초대 손님들에게 다가가면서

❹ 음악을 들을 때 무엇을 볼 수 있는가?   1점

A ☐   B ☐   C ☐

❺ 행사의 마지막 순간에 무엇을 할 수 있는가?   1점

A ☐ 춤추기
B ☐ 운동하기
C ☐ 음악 연주하기

❻ 만일 당신이 행사에 참석하고 싶다면, 당신은 … 한다.   1점

A ☐ 이메일을 보내야
B ☐ 개최자에게 전화를 해야
C ☐ 결혼식에 직접 가야

어휘 cérémonie (f.) 예식 | marié(e) 신랑, 신부 | salle de réception (f.) 응접실, 접대실 | lancer 던지다, (m.) 던지기 | jeter 던지다 | bouquet (m.) 꽃다발 | garder 지키다, 보관하다 | pièce montée (f.) 데코레이션 케이크 | se dérouler 벌어지다, 전개되다 | s'approcher 다가가다 | assister à ~에 참석하다

Étape 3

문제 3의 해설을 확인해 보세요.

문제	풀이 요령
1	결혼식이 거행되는 첫 번째 장소에 관한 문제이다. 'l'arrivée des mariés dans la salle de reception 응접실에 신 랑, 신부 도착'이라는 내용에 따라 정답은 **B**.
2	식사 동안 벌어지는 행사가 무엇인지를 묻고 있다. 'Durant le repas, une animation de magie peut également être envisagée 식사 동안 마술 공연이 또한 진행될 수 있다'는 내용에 따라 정답은 **C**.
3	신부가 부케 던지는 방법에 관한 문제이다. 'La mariée tourne le dos aux invités et jette son bouquet derrière elle sans regarder 신부가 초대 손님들에게 등을 돌리고 쳐다보지 않고 등 뒤로 부케를 던진다'는 내용에 따라 정답은 **B**.
4	음악이 동반되는 식순과 관련된 문제로, 'l'arrivée du gâteau, de la pièce montée. La musique accompagne le gâteau 케이크 도착, 데코레이션 케이크. 음악이 케이크와 함께 흘러 나온다'는 내용에 따라 정답은 **A**.
5	마지막 행사가 무엇인지를 묻고 있다. 'la soirée dansante. Le DJ s'occupe de la musique 무도회. 디제이가 음악을 담당한다'라는 내용에 따라 정답은 **A**.
6	참석 확인 절차에 관한 문제로, 'confirmer votre présence par email 이메일로 당신의 참석을 확인해 달라'라는 내용어 따라 정답은 **A**.

EXERCICE 2 실전 연습

Étape 1 공략에 따라 EXERCICE 2 연습 문제를 풀어 보세요.

Une fête pour enfants aura lieu dans votre village. Vous recevez cette lettre.

6 points

Chers habitants,

Nous vous invitons à la journée des enfants le samedi 05 mai à partir de 11 h 30 à la place de la mairie.

Programme :

11 h 30 : démonstrations de vol des oiseaux. Le repas sera ensuite offert aux petits visiteurs ;

15 h : un spectacle dédié aux enfants sur le thème de la sauvegarde de l'environnement ;

16 h 30 : questions à choix multiple de rapidité pour gagner des biscuits apéritifs offerts par nos restaurants et bars partenaires de la Foire ;

17 h 30 : le grand goûter gratuit des petits : compotes et jus de fruits ;

Nous recherchons des personnes pour aider à l'organisation de l'événement : accueillir la famille, servir le goûter, surveiller les enfants …

Pour nous aider, contactez Jean au 06 13 24 67 88.

https://www.foiredesavoie.com/le-programme

Pour répondre aux questions, cochez la bonne réponse.

❶ L'événement a lieu dans … *1 point*

   A ☐ un restaurant.
   B ☐ un espace ouvert.
   C ☐ une salle de conférence.

❷ Quel est le premier événement ? [1 point]

A ☐   B ☐   C ☐

❸ Le sujet du spectacle de 15 h concerne ... [1 point]

A ☐ l'environnement familial.
B ☐ la protection de l'environnement.
C ☐ la destruction de l'environnement.

❹ Que pouvez-vous gagner par les questions à choix multiple ? [1 point]

A ☐   B ☐   C ☐

❺ Les enfants peuvent ... au grand goûter. [1 point]

A ☐ prendre un repas
B ☐ boire des boissons
C ☐ manger des poissons

❻ Si vous voulez aider cet événement, vous devez ... [1 point]

A ☐ aller à l'accueil.
B ☐ téléphoner à Jean.
C ☐ envoyer un courriel.

310 DELF A2

Étape 2 문제 4의 내용을 해석한 후, 필수 어휘를 익히세요.

아이들을 위한 축제가 우리 마을에서 열릴 예정입니다. 당신은 이 편지를 받습니다.

6점

친애하는 주민 여러분,

우리는 시청 광장에서 5월 5일 토요일 11시 30분부터 아이들의 날에 당신을 초대합니다.

프로그램:

11시 30분: 새들의 비행 시범. 이어서 식사가 어린 방문객들에게 제공될 것입니다.

15시: 환경 보호를 주제로 한, 오직 아이들을 위한 공연;

16시 30분: 우리 식당과 Foire 파트너 바가 제공하는 식전 비스킷을 얻기 위한 스피드 객관식 문제;

17시 30분: 아이들을 위한 무료 간식 시간: 과일 설탕조림과 과일 주스;

우리는 행사 운영을 도와줄 사람들을 찾고 있습니다: 가족 맞이하기, 간식 나눠주기, 아이들 감독하기...

우리를 돕기 위해서는 06 13 24 67 88로 Jean에게 연락주세요.

질문들에 답하기 위해 정답에 표기하세요.

❶ 행사는 ...에서 열린다.

1점

A ☐ 식당
B ☐ 열린 공간
C ☐ 강연실

❷ 첫 번째 행사는 무엇인가?　　　　　　　　　　　　　　　　1점

A☐　　　　　　　　B☐　　　　　　　　C☐

❸ 15시 공연의 주제는 … 관련된다.　　　　　　　　　　　　1점

A ☐ 가정 환경과
B ☐ 환경 보호와
C ☐ 환경 파괴와

❹ 객관식 문제들을 통해 당신은 무엇을 얻을 수 있는가?　　1점

A☐　　　　　　　　B☐　　　　　　　　C☐

❺ 아이들은 간식 시간에 … 수 있다.　　　　　　　　　　　　1점

A ☐ 식사를 할
B ☐ 음료수를 마실
C ☐ 생선을 먹을

❻ 만일 당신이 이 행사를 돕고 싶다면, 당신은 … 한다.　　　1점

A ☐ 접수대로 가야
B ☐ Jean에게 전화해야
C ☐ 이메일을 보내야

어휘

avoir lieu 열리다 | village (m.) 마을 | habitant 주민 | place (f.) 광장 | vol (m.) 비행 | oiseau (m.) 새 | dédié 오로지 특정한 목적을 위한, 전용의 | thème (m.) 주제 | sauvegarde (f.) 보호 | question à choix multiple (f.) 객관식 문제 | biscuit (m.) 비스킷 | apéritif 식욕을 돋우는, (m.) 식전에 마시는 술 | compote (f.) 과일의 설탕조림 | grand goûter (m.) 간식 시간 | salle de conférence (f.) 강연실(장) | sujet (m.) 주제 | destruction (f.) 파괴 | boisson (f.) 음료수 | poisson (m.) 생선

Étape 3

문제 4의 해설을 확인해 보세요.

해설

문제	풀이 요령
1	행사가 열리는 장소에 대해 묻고 있다. 지문에 'à la place de la mairie 시청 광장에서'라는 말이 있는데 광장은 실외 장소에 해당하므로 정답은 **B**.
2	첫 번째 행사의 내용과 관련한 문제로, 시간상으로 가장 먼저 벌어지는 것이 'démonstrations de vol des oiseaux 새들의 비행 시범'이기 때문에 정답은 **A**.
3	15시에 행해지는 행사가 무엇인지에 대해 묻는 문제이다. 'un spectacle dédié aux enfants sur le thème de la sauvegarde de l'environnement 환경 보호를 주제로 한, 오직 아이들을 위한 공연'이라는 내용으로 보아 주제가 환경 보호이므로 정답은 **B**.
4	스피드 객관식 문제의 상품이 무엇인지 묻고 있다. 'questions à choix multiple de rapidité pour gagner des biscuits apéritifs 식전 비스킷을 얻기 위한 스피드 객관식 문제'라는 내용에 따라 정답은 비스킷에 해당하는 **B**. apéritif는 명사로 쓰이면 식전술을 의미하지만, 여기서는 biscuit를 꾸며주는 형용사이므로 **A**를 고르지 않도록 주의한다.
5	간식 시간에 먹을 수 있는 것에 대한 문제이다. 지문에서 'compotes et jus de fruits 과일 설탕조림과 과일 주스'라고 했는데, 과일 주스가 음료수에 해당하므로 정답은 **B**.
6	행사에 도움을 주고 싶을 때의 방법에 대한 문제이다. 'Pour nous aider, contactez Jean au 06 13 24 67 88 우리를 돕기 위해서는 06 13 24 67 88로 Jean에게 연락하라'는 내용에 따라 정답은 **B**.

EXERCICE 2 실전 연습

Étape 1 공략에 따라 EXERCICE 2 연습 문제를 풀어 보세요.

Vous êtes membre dans un club de lecture. Vous recevez cette lettre.

6 points

Chers adhérents,

Nous vous invitons à la soirée d'automne du club de lecture le samedi 10 septembre à partir de 16 h à la salle de réunion du club.

Programme

- *16 h : exposition des meilleurs livres de l'année.*
- *17 h : remise des prix aux meilleurs adhérents (dix livres).*
- *17 h 30 : « Le livre est un compagnon éternel de la vie », discussion animée par l'écrivain Patrick et Pascal, représentant de la maison d'édition.*
- *19 h : repas.*

Nous recherchons des personnes pour aider au déroulement de l'événement : accueillir les adhérents, s'occuper de la disposition des places …

Pour nous aider, contactez Véronique au 06 20 15 25 89.

Merci de confirmer votre présence par email à clublecture@livre.fr

---

Pour répondre aux questions, cochez la bonne réponse.

❶ La fête a lieu dans …   *1 point*

     A ☐ un stade.
     B ☐ une salle.
     C ☐ un restaurant.

❷ Que gagnent les membres excellents ?　　　1 point

A ☐　　　B ☐　　　C ☐

❸ De quoi va parler l'écrivain ?　　　1 point

A ☐ De la valeur du livre dans la vie.
B ☐ Du rôle du collègue au travail.
C ☐ De l'importance de la note dans la vie scolaire.

❹ Que pouvez-vous faire pendant cette soirée ?　　　1 point

A ☐　　　B ☐　　　C ☐

❺ Les organisateurs de la soirée demandent si vous pouvez aider à …　　　1 point

A ☐ ranger la salle avant la réunion.
B ☐ faire la vaisselle après la soirée.
C ☐ acheter des nourritures pour l'événement.

❻ Si vous voulez venir à la soirée, vous devez …　　　1 point

A ☐ envoyer un courriel.
B ☐ téléphoner à Véronique.
C ☐ aller au secrétariat du club.

Étape 2	문제 5의 내용을 해석한 후, 필수 어휘를 익히세요.

당신은 독서 클럽의 회원입니다. 당신은 이 편지를 받습니다.   6점

> 친애하는 회원분들,
>
> 9월 10일 토요일 16시부터 클럽 회의실에서 독서 클럽의 가을 모임에 여러분들을 초대합니다.
>
> 프로그램
>
> - 16시: 올해의 최고의 책들 전시회.
> - 17시: 우수 회원들에게 상 수여 (책 10권).
> - 17시 30분: « 책은 인생의 영원한 동반자 », 작가 Patrick과 출판사 대표인 Pascal에 의해 진행되는 토론.
> - 19시: 식사.
>
> 우리는 행사 진행을 도와줄 사람들을 찾습니다: 회원들을 맞이하기, 자리 배치를 담당하기...
>
> 우리를 돕기 위해서는 06 20 15 25 89로 Véronique에게 연락주세요.
>
> 이메일 clublecture@livre.fr 로 당신의 참석을 확인해주시면 감사하겠습니다.

질문들에 답하기 위해 정답에 표기하세요.

❶ 모임은 ...에서 열린다.   1점
  A ☐ 운동장
  B ☐ 방(홀)
  C ☐ 식당

❷ 우수한 회원들은 무엇을 얻는가?   1점

A ☐   B ☐   C ☐

❸ 작가는 무엇에 대해 말할 것인가?   1점

   A ☐ 인생에서 책의 가치에 대해
   B ☐ 직장에서 동료의 역할에 대해
   C ☐ 학교생활에서 성적의 중요성에 대해

❹ 이 모임 동안 당신은 무엇을 할 수 있는가?   1점

           A ☐   B ☐   C ☐

❺ 모임 운영자들은 당신이 …을 도울 수 있는지를 묻고 있다.   1점

   A ☐ 모임 이전에 홀을 정리하는 것
   B ☐ 모임 후에 설거지를 하는 것
   C ☐ 행사를 위한 음식들을 사는 것

❻ 당신이 모임에 참석하고 싶다면 … 한다.   1점

   A ☐ 이메일을 보내야
   B ☐ Véronique에 전화를 해야
   C ☐ (독서) 클럽 사무국에 가야

어휘 membre (m.) 회원 | club de lecture (m.) 독서 클럽 | automne (m.) 가을 | compagnon (m.) 동반자 | éternel 영원한 | maison d'édition (f.) 출판사 | déroulement (m.) 진행 | disposition (f.) 배치 | confirmer 확인하다 | valeur (f.) 가치 | collègue 동료 | vie scolaire (f.) 학교생활 | ranger 정리하다 | faire la vaisselle 설거지하다

Étape 3

문제 5의 해설을 확인해 보세요.

해설

문제	풀이 요령
1	모임 장소에 대한 문제로, 'la salle de réunion du club 클럽 회의실'에서 개최한다는 내용이 있으므로 정답은 **B**.
2	우수 회원들에게 주는 상이 무엇인지를 묻고 있다. 책 10권을 수여한다는 내용에 따라 이에 해당하는 정답은 **A**. 텍스트의 'meilleurs adhérents'이 문제에서는 'membres excellents'라는 동의어로 출제된 것에 주의해야 한다.
3	작가가 말하는 토론의 주제에 대한 문제이다. 지문에 'Le livre est un compagnon éternel de la vie 책은 인생의 영원한 동반자'라는 내용이 있고, 이는 인생에서 책의 중요성을 강조하는 것이므로 정답은 **A**.
4	모임에서 할 수 있는 활동이 무엇인지를 묻고 있다. 지문에 식사를 한다는 내용이 있으므로 이에 해당하는 정답은 **A**.
5	운영자들이 요청하는 사항과 관련된 문제이다. 지문에 'accueillir les adhérents, s'occuper de la disposition des places 회원들을 맞이하기, 자리 배치를 담당하기'라는 내용이 있는데, 자리 배치는 홀을 정리한다는 의미와 관련이 있으므로 정답은 **A**.
6	모임에 참석하기 위한 방법에 대해 묻고 있다. 'confirmer votre présence par email 이메일로 당신의 참석을 확인해 달라'는 내용에 따라 정답은 **A**. 보기 **B**의 Véronique에게 전화를 하는 경우는 행사 진행을 돕기 위한 것이므로 **B**를 고르지 않도록 주의한다.

EXERCICE 3

독해 평가

메시지, 이메일, 웹사이트 게시글 등의 형식으로 제시된 글을 읽고 이해도를 확인하는 문제가 출제된다. 주요 내용으로는 특정 주제와 관련된 안내, 사용법, 주의 사항, 지시 및 당부 등이 포함되며, 간단한 신문 기사 형식의 글이 주어질 수도 있다. 총 3개의 document가 출제되어 부담을 느낄 수 있지만, 그만큼 정답의 단서도 충분히 제공되므로 차분하게 문제를 해결하는 것이 중요하다.

완전 공략

DELF A2 독해

1 핵심 포인트

시험 유형에서 이전 시험과 가장 차이를 보이는 부분으로서 무엇보다도 document 3개의 내용들이 서로 밀접하게 연관되어 있다는 점에 유의해야 한다. 그리고 각 document 별로 2문제씩 배당되기 때문에 문항 수에 비해 텍스트가 길게 느껴질 수 있으므로 정답을 고를 수 있는 핵심적인 사항들을 집중적으로 공략해야 한다.

2 빈출 주제

Document 1에서는 특별 장소에서 유의해야 할 사항, Document 2에서는 이메일 형식으로 이 장소와 관련된 업무 사항을 지시하거나 부탁하는 방식으로 진행된다. 그리고 Document 3에서는 특별한 장소(실험실, 주방 등)에 대한 이용 방법 등을 설명한다.

3 고득점 전략

① 유의사항 또는 지시사항과 연관되는 어휘나 표현들을 숙지하라.

특정 장소를 이용하는 경우 해야 할 것과 해서는 안 되는 금지사항들이 있기 마련인데 이와 관련된 표현 (il est interdit, vous devez ..., il est obligatoire de ...)들을 숙지하고, 명령문을 주로 사용하므로 이 또한 알아두어야 한다.

② 핵심 사항을 파악하라.

이메일 형식인 경우 부탁 또는 제안, 업무 지시사항 등의 주제로 텍스트가 구성된다. 따라서 누가, 어떤 일로 무슨 사항을 언급하고 있는지를 정확히 파악해야 문제를 푸는데 용이하다.

③ 순서에 유의하라.

사용법을 알려주는 내용의 텍스트인 경우 일반적으로 순서에 따라 문장이 나열되는데 혹시 문제에 있는 어휘를 알지 못해 해석이 불가능하다면 상식적으로 진행될 수 있는 순서를 생각하여 그에 맞는 정답을 고른다.

EXERCICE 3 실전 연습

Étape 1 공략에 따라 EXERCICE 3 연습 문제를 풀어 보세요.

Vous voulez obtenir le visa de court séjour pour rester à l'étranger pendant six mois. Vous lisez ces documents.

Pour répondre aux questions, cochez la bonne réponse.

6 points

DOCUMENT 1

Comment faire pour demander le visa de court séjour ?

Les conditions à remplir

- être âgé de 18 à 30 ans révolus à la date du dépôt de la demande de visa (35 ans pour le Canada) ;
- ne pas être accompagné d'enfants à charge ;
- être titulaire d'un passeport français en cours de validité ;
- justifier de la possession d'une assurance privée couvrant tous les risques liés à la maladie pour la durée du séjour.

❶ Selon ce texte, ... *0,5 point*

A ☐ vous avez besoin d'un diplôme universitaire.
B ☐ vous devez avoir votre passeport français à l'avance.
C ☐ il n'y a pas de limite d'âge pour demander ce dossier.

❷ Vous devez avoir une assurance ... *2 points*

A ☐ contre le vol.
B ☐ pour la santé.
C ☐ contre l'incendie.

DOCUMENT 2

Salut,

J'ai entendu dire que tu vas travailler à ma place pendant mon voyage d'affaires. Il n'y aura pas d'affaires urgentes à faire, mais si besoin, j'ai mis la liste des clients sur la table. N'oublie pas le rendez-vous avec Monsieur Durand ce vendredi ! Il va signer le contrat et je vais le mettre à côté de l'ordinateur. Si tu as besoin d'aide, demande à Patrick car il connaît bien mon travail.

Merci !

Gérard

❸ Le client doit venir pour …   `0,5 point`

A ☐ le repas.
B ☐ la réunion.
C ☐ la signature.

❹ Le contrat est …   `1 point`

A ☐ sur la table.
B ☐ devant l'ordinateur.
C ☐ à côté de l'ordinateur.

DOCUMENT 3

Rédiger le contrat général de vente

- vos conditions de vente : quand s'effectue le transfert de propriété,

- le critère de vos prix unitaires,

- les modalités de réduction de prix : rabais, remises et ristournes notamment,

- les conditions de règlement : avec notamment le taux des pénalités de retard et leurs conditions d'application.

5 Ce document concerne le contrat … *1 point*

A ☐ de travail.

B ☐ de bail.

C ☐ commercial.

6 Pour ne pas payer le supplément, le client doit faire très attention … *1 point*

A ☐ au moyen de transport.

B ☐ aux retards de paiements.

C ☐ à l'état des marchandises.

Étape 2 문제 1의 내용을 해석한 후, 필수 어휘를 익히세요.

당신은 6개월 동안 외국에 머물기 위해 단기 비자를 얻기를 원합니다. 이 자료들을 읽으세요. 질문들에 답변하기 위해 정답에 표기하세요.

`6점`

자료 1

단기 비자 신청을 어떻게 하는가?

충족시켜야 할 조건들

- 비자 신청일을 기하여 만18세부터 30세까지 (캐나다의 경우 35세);
- 부양할 자녀들을 동반하지 않을 것;
- 유효한 프랑스 여권을 가질 것;
- 체류 기간에 질병과 관련한 모든 위험을 처리해 줄 사보험이 있다는 것을 증명할 것

❶ 이 텍스트에 따르면, ... `0.5점`

  A □ 당신은 대학 학위증이 필요하다.
  B □ 당신은 사전에 프랑스 여권을 가지고 있어야 한다.
  C □ 이 서류를 신청하는 데 연령 제한이 없다.

❷ 당신은 ... 보험을 가지고 있어야 한다. `2점`

  A □ 도난에 대한
  B □ 건강을 위한
  C □ 화재에 대한

obtenir 얻다 | visa de court séjour (m.) 단기 체류 비자 | remplir 채우다, 충족시키다 | révolu 만기가 된 | dépôt (m.) 제출 | être titulaire de ~의 권리를 가지다 | passeport (m.) 여권 | validité (f.) 유효, 효력 | justifier 입증하다 | possession (f.) 소유 | assurance privée (f.) 사보험 | couvrant 보상해 주는 | risque (m.) 위험 | maladie (f.) 병 | durée (f.) 기간 | vol (m.) 도난 | incendie (m.) 화재

자료 2

> 안녕,
>
> 나의 출장 동안 네가 내 대신 일할 것이라는 말을 들었어. 해야 할 급한 업무는 없겠지만 혹시 필요할까봐 책상 위에 고객들 명단을 놔두었어. 이번 주 금요일에 Durand 씨와 약속을 잊지 마! 그는 계약서에 사인을 할 것이고 계약서를 컴퓨터 옆에 놔둘게. 도움이 필요하면 Patrick에게 물어봐, 왜냐하면 그가 내 일을 잘 알고 있거든.
>
> 고마워!
>
> Gérard

❸ 고객은 …을(를) 위해 와야 한다. [0.5점]

A ☐ 식사
B ☐ 회의
C ☐ 사인

❹ 계약서는 … 있다. [1점]

A ☐ 책상 위에
B ☐ 컴퓨터 앞에
C ☐ 컴퓨터 옆에

어휘

à ma place 내 대신 | voyage d'affaires (m.) 출장 | urgent 급한 | signer 사인하다 | contrat (m.) 계약(서) | ordinateur (m.) 컴퓨터 | client 고객 | repas (m.) 식사 | réunion (f.) 회의

DELF A2 · 독해

자료 3

판매 일반 계약서 작성하기

- 당신의 판매 조건들: 소유권 이전이 시행될 때

- 당신의 단일가에 대한 기준

- 가격 할인의 방식: 가격 인하, 할인 특히 리베이트 (수수료)

- 결제 조건들: 특히 지연에 대한 위약금 비율과 적용 조건들

---

⑤ 📝 이 자료는 … 계약과 관련된다.   `1점`

A ☐ 업무
B ☐ 임대
C ☐ 무역(상업)

⑥ 📝 추가 요금을 지불하지 않기 위해서, 고객은 … 주의해야 한다.   `1점`

A ☐ 운송 수단에
B ☐ 지불 지연에
C ☐ 상품의 상태에

어휘 | rédiger 작성하다 | vente (f.) 판매 | s'effectuer 행해지다 | transfert (m.) 이전 | propriété (f.) 소유권 | critère (m.) 기준 | prix unitaire (m.) 단일가 | modalité (f.) 방법 | réduction de prix (f.) 가격 할인 | rabais (m.) 가격 인하 | remise (f.) 할인 | ristourne (f.) 수수료 | règlement (m.) 결제 | taux (m.) 비율 | pénalité (f.) 벌금, 위약금 | application (f.) 적용 | bail (m.) 임대 | supplément (m.) 추가 요금 | paiement (m.) 지불 | état (m.) 상태 | marchandise (f.) 상품

Étape 3 · 문제 1의 해설을 확인해 보세요.

문제 분석

자료 1
단기 비자 발급에 관해 안내하는 내용이다. 공문서와 관련된 안내문은 주관하는 기관, 발급에 필요한 절차, 유효 기간 등 가장 기본적인 사항을 파악했는지 묻는 문제가 반드시 출제된다. 구체적으로 나열되는 비자 발급 조건들과 만약 일부 예외 조항이 있다면 무엇인지도 확인하며 읽어야 한다.

자료 2
어떤 주제로 글을 남겼는지 파악해야 한다. 그리고 부탁사항이나 요구사항들은 무엇이며 어떠한 점에 유의를 해야 하는지에 대해 언급하는 부분에 초점을 맞추어야 한다.

자료 3
계약서를 작성할 때의 유의해야 할 사항이 무엇인지를 설명하는 부분에 집중하고 특히 계약 위반 시에 어떠한 점들을 명확히 해야 하는지와 관련되는 부분에 초점을 맞춘다.

해설

문제	풀이 요령
1	단기 비자를 신청할 때의 조건과 관련된 문제이다. 'être titulaire d'un passeport français en cours de validité 유효한 프랑스 여권을 가질 것'이라는 내용에 따라 정답은 **B**. 보기 **C**의 경우, 'être âgé de 18 à 30 ans 18세부터 30세까지'라는 연령 제한이 있기 때문에 정답이 될 수 없다.
2	보험에 대한 문제이다. 지문의 'justifier de la possession d'une assurance privée couvrant tous les risques liés à la maladie pour la durée du séjour 체류 기간에 질병과 관련한 모든 위험을 처리해 줄 사보험이 있다는 것을 증명할 것'이라는 내용은 병에 대한 보험이 있어야 한다는 뜻이고, 이는 곧 건강과 연관되기 때문에 정답은 **B**.
3	고객이 무엇 때문에 와야 하는지에 대한 문제이다. 'Il va signer le contrat 그는 계약서에 사인을 할 것'이라는 내용에 따라 정답은 **C**.
4	계약서가 어디에 있는지를 묻고 있다. 'je vais le mettre à côté de l'ordinateur 계약서를 컴퓨터 옆에 놔둘게'라는 내용에 따라 정답은 **C**. 텍스트에 장소와 관련하여 책상(table)도 있기 때문에 혼동해서는 안 된다.
5	무엇과 관련된 내용인지를 묻고 있다. 'Rédiger le contrat général de vente 판매 일반 계약서 작성하기'라는 제목은 무역 또는 상업과 관련된 사항이므로 정답은 **C**.
6	추가 요금과 관련한 문제이다. 'les conditions de règlement : avec notamment le taux des pénalités de retard 결제 조건들: 특히 지연에 대한 위약금 비율'이라는 항목으로 보아 정답은 **B**.

EXERCICE 3 실전 연습

Étape 1 공략에 따라 EXERCICE 3 연습 문제를 풀어 보세요.

Vous travaillez dans un entrepôt. Vous lisez ces documents.
Pour répondre aux questions, cochez la bonne réponse.   *6 points*

DOCUMENT 1

Règles de sécurité

- Tout d'abord, l'employé doit vérifier s'il n'y a pas de fuite d'eau.
- Il est interdit de fumer dans les locaux à usage collectif.
- L'air doit être renouvelé de façon à préserver la pureté de l'atmosphère.
- Les locaux de travail fermés doivent être chauffés afin de maintenir une température convenable.
- Les salariés doivent disposer de cabinets d'aisance, de lavabos, voire de vestiaires.

❶ Quel est votre première tâche lors de l'arrivée au travail ?   *0,5 point*

A ☐ Allumer la lumière.
B ☐ Mettre le casque de sécurité.
C ☐ Identifier l'état de la perte d'eau.

❷ Qu'est-ce qui est important aux locaux de travail fermés ?   *2 points*

A ☐ Vérifier la ventilation.
B ☐ Faire attention au chauffage.
C ☐ Ranger des vêtements de travail.

DOCUMENT 2

Bonjour,

Merci de me remplacer pendant mon absence.

Toutes les listes des marchandises sont affichées mais si besoin, j'ai mis la liste des quantités de chaque produit sur la table. Pour rappel, les appareils électroménagers sont au fond de l'entrepôt. Monsieur Laurent va venir prendre des réfrigérateurs vers 10 h. Prends bien tes factures ! Et puis, téléphone au mécanicien en cas d'urgence (le numéro de téléphone est près de l'ordinateur).

Merci !

Arnaud

3 La liste des quantités des produits est … *0,5 point*

A ☐ sur la table.
B ☐ près de l'ordinateur.
C ☐ au fond de l'entrepôt.

4 Laurent va venir pour … des produits. *1 point*

A ☐ vendre
B ☐ réparer
C ☐ chercher

DOCUMENT 3

Mode d'emploi du chariot élévateur

- En premier lieu, vérifiez l'état de la surface de votre parcours.

- Vérifiez les pneus et les commandes avant de démarrer.

- Assurez-vous du poids des charges à transporter.

- Attachez votre ceinture de sécurité.

- Utilisez le klaxon lorsque vous approchez d'autres employés présents dans la zone.

- En dernier, faites inspecter son chariot tous les six mois.

* chariot élévateur : véhicule spécial qui lève ou descend des produits lourds.

⑤ Que devez-vous vérifier tout d'abord ?   *1 point*

A ☐ L'état du plancher de l'entrepôt.

B ☐ L'état de l'électricité de l'entrepôt.

C ☐ L'état des pneus du chariot élévateur.

⑥ Quelle est la dernière étape ?   *1 point*

A ☐ Examiner régulièrement l'état du chariot.

B ☐ Changer du chariot élévateur tous les six mois.

C ☐ Vérifier la quantité de l'essence du chariot.

Étape 2 문제 2의 내용을 해석한 후, 필수 어휘를 익히세요.

당신은 창고에서 일합니다. 당신은 이 자료들을 읽습니다.
질문들에 답하기 위해 정답에 표기하세요.

[6점]

자료 1

안전 규칙들

- 무엇보다도 먼저, 직원은 누수가 없는지 확인해야 한다.
- 단체 사용 장소에서 흡연은 금지된다.
- 공기는 대기의 깨끗함을 유지하는 방법으로 갈아야 한다.
- 닫힌 근무 장소들은 적당한 온도를 유지하기 위해 난방이 되어야 한다.
- 직원들은 화장실, 세면대, 그리고 탈의실을 사용할 수 있어야 한다.

❶ 당신이 직장에 도착했을 때 처음 할 일은 무엇인가? [0.5점]

A ☐ 불을 켜는 것
B ☐ 안전모를 쓰는 것
C ☐ 누수의 상태를 확인하는 것

❷ 닫힌 작업 장소에서 중요한 것은 무엇인가? [2점]

A ☐ 환기 장치를 확인하는 것
B ☐ 난방에 주의하는 것
C ☐ 작업복을 정리하는 것

어휘 entrepôt (m.) 창고 | règle (f.) 규칙 | sécurité (f.) 안전 | employé 직원 | vérifier 확인하다 | fuite d'eau (f.) 누수 | usage (m.) 사용 | collectif 집단의 | préserver 보존하다 | pureté (f.) 깨끗함 | atmosphère (f.) 공기, 대기 | convenable 적당한 | cabinets d'aisance 화장실 | lavabo (m.) 세면대 | vestiaire (m.) 탈의실 | allumer 켜다 | lumière (f.) 빛, 조명 | casque de sécurité (m.) 안전모 | perte d'eau (f.) 누수 | ventilation (f.) 환기 장치

DELF A2 · 독해

자료 2

안녕,

나의 부재 동안 나를 대체해주는 것에 대해 고마워.

상품들의 모든 목록들은 게시되었지만 필요할까봐 책상 위에 각 물건의 수량에 대한 목록을 놔두었어. 상기시키자면, 가전제품들은 창고 안쪽에 있어.

Laurent 씨가 10시경에 냉장고들을 가지러 올 거야. 납품서를 잘 챙겨! 그리고 위급 시에는 기계공에게 전화해 (전화번호는 컴퓨터 가까이에 있어).

고마워!

Arnaud

❸ 상품들의 양에 대한 목록은 … 있다.   [0.5점]

A □ 책상 위에
B □ 컴퓨터 가까이에
C □ 창고 안쪽에

❹ Laurent은 물건을 …. 위해 올 것이다.   [1점]

A □ 팔기
B □ 수리하기
C □ 찾기

어휘
remplacer 대체하다 | absence (f.) 부재 | marchandise (f.) 상품 | afficher 게시하다 | liste (f.) 목록 | quantité (f.) 양 | appareil électroménager (m.) 가전 제품 | au fond de ~안쪽에 | réfrigérateur (m.) 냉장고 | facture (f.) 청구서, 납품서 | mécanicien 기계공 | en cas de ~경우에 | urgence (f.) 응급

자료 3

지게차 사용법

- 첫 번째로, 당신이 다니는 길의 표면 상태를 확인하세요.

- 시동을 걸기 전에 타이어와 조종간을 확인하세요.

- 운반해야 할 짐의 무게를 확인하세요.

- 안전벨트를 매세요.

- 구역 내에 있는 다른 직원들에게 다가갈 때 경적을 사용하세요.

- 마지막으로 6개월마다 지게차를 검사하세요.

* 지게차: 무거운 물건들을 올리거나 내리는 특별한 차량.

❺ 당신은 가장 먼저 무엇을 확인해야 하는가? [1점]

A ☐ 창고의 바닥 상태
B ☐ 창고의 전기 상태
C ☐ 지게차 타이어의 상태

❻ 마지막 단계는 무엇인가? [1점]

A ☐ 지게차의 상태를 정기적으로 검사하기
B ☐ 6개월마다 지게차를 바꾸기
C ☐ 지게차의 휘발유 양을 확인하기

어휘

mode d'emploi (m.) 사용법 | chariot élévateur (m.) 지게차 | état (m.) 상태 | surface (f.) 지면 | parcours (m.) 길, 경로 | pneu (m.) 타이어 | commande (f.) 조종간 | démarrer 시동을 걸다 | s'assurer 확인하다 | poids (m.) 무게 | charge (f.) 짐, 적재 | transporter 운반하다 | attacher 매다 | ceinture de sécurité (f.) 안전벨트 | klaxon (m.) 경적 | inspecter 검사하다 | lourd 무거운 | plancher (m.) 바닥 | électricité (f.) 전기 | étape (f.) 단계 | régulièrement 규칙적으로 | essence (f.) 휘발유

| Étape 3 | 문제 2의 해설을 확인해 보세요. |

문제 분석

자료 1
지켜야 할 안전 규칙들이 무엇인지 항목별로 세밀히 살펴야 하는데 특히 해야 할 일들을 순서대로 확인해야 한다. 그리고 무엇보다도 주어진 규칙들보다 문항 수가 적기 때문에 문제에 해당되는 항목들이 무엇인지를 정확히 파악하는 것이 중요하다.

자료 2
어떤 내용인지의 주제를 파악하는 것이 중요하다. 그리고 해야 할 사항들이 무엇이며 특히 어떤 점에 주의를 해야 하는지를 설명하는 부분에 초점을 맞춘다.

자료 3
창고에서 근무하면서 주의해야 할 사항들 중에 일을 시작하기 전과 마무리할 때 해야 할 사항들에 대해 초점을 맞춘다. 어휘가 어렵더라도 문제에 해당하는 지시사항들은 그다지 난이도가 높지 않기 때문에 집중해서 풀어야 한다.

해설

문제	풀이 요령
1	처음에 해야 할 일에 대해 묻고 있다. 'Tout d'abord, l'employé doit vérifier s'il n'y a pas de fuite d'eau 무엇보다도 먼저 직원은 누수가 없는지 확인해야 한다'는 내용에 따라 정답은 **C**. 특히 독해 영역에서는 텍스트가 주어지기 때문에 문제나 선택지의 어휘나 표현이 반복되지 않게 제시된다는 점에 유의해야 한다.
2	닫힌 작업 장소에서 유의할 사항에 대한 문제이다. 'Les locaux de travail fermés doivent être chauffés afin de maintenir une température convenable 닫힌 근무 장소들은 적당한 온도를 유지하기 위해 난방이 되어야 한다'는 내용에 따라 정답은 **B**.
3	상품들의 양에 대한 목록이 있는 위치를 묻고 있다. 'j'ai mis la liste des quantités de chaque produit sur la table 책상 위에 각 물건의 수량에 대한 목록을 놔두었어'라는 내용에 따라 정답은 **A**.
4	Laurent이 오는 이유와 관련한 문제로, 'Monsieur Laurent va venir prendre des réfrigérateurs. Laurent 씨가 (...) 냉장고들을 가지러 올 거야'라는 내용에 따라 정답은 **C**.
5	제일 먼저 해야 할 일에 대해 묻고 있다. 'En premier lieu, vérifiez l'état de la surface de votre parcours. 첫 번째로, 당신이 다니는 길의 표면 상태를 확인하세요.'라는 내용이 있으므로 정답은 **A**.
6	마지막으로 해야 할 일에 대한 문제로, 'En dernier, faites inspecter son chariot tous les six mois. 마지막으로 6개월마다 지게차를 검사하세요.'라는 내용에 따라 정답은 **A**.

EXERCICE 3 실전 연습

Étape 1 공략에 따라 EXERCICE 3 연습 문제를 풀어 보세요.

Vous commencez à travailler dans une école de cuisine. Vous lisez ces documents. Pour répondre aux questions, cochez la bonne réponse. *6 points*

DOCUMENT 1

Règles d'hygiène

Avant de commencer le travail :

• Ouvrez les fenêtres pour aérer la cuisine ;

• Nettoyez-vous bien les mains à l'eau et au savon ;

• Mettez votre tenue de travail : protection sur les cheveux, chaussures et uniforme ;

• Nettoyez les ustensiles de cuisine. Faites attention aux couteaux ;

• Vérifiez souvent l'état du four ; ne pas le nettoyer avec un tissu mouillé ;

❶ Quand vous arrivez à la cuisine, que devez-vous faire en premier ? *0,5 point*

A ☐ Mettre des gants.
B ☐ Ouvrir les fenêtres.
C ☐ Vous laver les mains.

❷ À quoi faites-vous attention lors du nettoyage des ustensiles de cuisine ? *2 points*

A ☐ Au four.
B ☐ Aux couteaux.
C ☐ Au tissu mouillé.

DOCUMENT 2

Bonjour,

C'est votre première journée du travail, n'est-ce pas ? Vous n'avez pas besoin d'être tendu. Tout se passera bien.

Tous les menus à cuisiner sont affichés, mais si besoin, j'ai mis la liste des recettes sur la table.

Pour rappel, les cours de cuisine commencent à l'après-midi. Madame Marion va venir s'inscrire au cours à 11 h 30 et la carte ou les chèques sont acceptés. Le dossier d'inscription est dans le tiroir de la table.

Merci !

Valérie

❸ La liste des recettes de cuisine est … [0,5 point]

A ☐ sur la table.
B ☐ à côté de la table.
C ☐ dans le tiroir de la table.

❹ Une femme va venir pour … [1 point]

A ☐ s'inscrire au cours.
B ☐ faire la démonstration.
C ☐ annuler son inscription.

DOCUMENT 3

Mode d'emploi : Gâteau fondant rapide

1. Dans une casserole préchauffée, faites fondre le chocolat et le beurre coupé en morceaux à feu très doux.

2. Dans un saladier, ajoutez le sucre, les œufs, la farine. Mélangez.

3. Ajoutez le chocolat et le beurre.

4. Beurrez et farinez votre moule puis y versez la pâte à gâteau.

5. Faites cuire au four environ 20 minutes, sinon le chocolat devient trop dur.

6. À la sortie du four le gâteau ne paraît pas assez cuit. C'est normal, laissez-le refroidir puis démoulez-le.

5 Ce document vous propose de faire un gâteau … *(1 point)*

A ☐ au citron.
B ☐ aux fruits.
C ☐ au chocolat.

6 Pour réussir votre gâteau, vous devez faire très attention … *(1 point)*

A ☐ à la température.
B ☐ au nombre d'œufs utilisés.
C ☐ à la durée de marche de la machine.

DELF A2 · 독해

| Étape 2 | 문제 3의 내용을 해석한 후, 필수 어휘를 익히세요. |

당신은 요리 학교에서 일을 시작합니다. 당신은 이 자료들을 읽습니다.
질문들에 답변하기 위해 정답에 표기하세요.

6점

자료 1

위생 규칙

일을 시작하기 전에:

- 주방을 환기시키기 위해 창문들을 여세요.

- 물과 비누로 손을 잘 씻으세요.

- 당신의 작업복을 입으세요: 머리카락, 신발과 유니폼에 대한 보호

- 요리 도구들을 씻으세요. 칼에 유의하세요;

- 오븐의 상태를 자주 확인하세요; 젖은 티슈로 오븐을 닦지 말 것;

---

❶ 당신이 주방에 도착했을 때 처음으로 무엇을 해야 하는가? 0.5점
A ☐ 장갑을 끼기
B ☐ 창문을 열기
C ☐ 손 씻기

❷ 요리 도구들의 세척 때 무엇에 주의해야 하는가? 2점
A ☐ 오븐에
B ☐ 칼들에
C ☐ 젖은 티슈에

어휘

hygiène (f.) 위생 | aérer 환기시키다 | savon (m.) 비누 | tenue (f.) 의상, 옷차림 | chaussures (f.pl.) 신발 |
ustensile (m.) 용기, 도구 | couteau (m.) 칼 | four (m.) 오븐 | mouillé 젖은 | nettoyage (m.) 청소

자료 2

안녕하세요,

당신의 근무 첫날이죠, 그렇지 않나요? 긴장할 필요 없어요. 모든 것이 잘 될 거예요.

요리해야 할 모든 메뉴들은 게시해 놓았지만 혹시 필요할까봐 책상 위에 요리법 목록을 놔두었어요.

상기시키자면 요리 수업들은 오후에 시작합니다. Marion 부인이 11시 30분에 수업에 등록하러 올 텐데 카드나 수표도 받습니다. 등록 서류는 책상 서랍 안에 있어요.

고마워요,

Valérie

❸ 요리하는 방법에 대한 목록은 ... 있다. [0.5점]

  A ☐ 책상 위에
  B ☐ 책상 옆에
  C ☐ 책상 서랍 안에

❹ 한 여인이 ... 위해 올 것이다. [1점]

  A ☐ 수업에 등록하기
  B ☐ 시범을 하기
  C ☐ 등록을 취소하기

어휘 avoir besoin de ~이 필요하다 | tendu 긴장한 | recette (f.) 요리법 | tiroir (m.) 서랍 | démonstration (f.) 시범 | annuler 취소하다

자료 3

설명서: 빨리 녹는 케이크

1. 미리 가열된 냄비에 아주 약한 불로 초콜릿과 조각으로 자른 버터를 녹인다.

2. 샐러드 접시에 설탕, 달걀, 밀가루를 넣는다. 섞는다.

3. 초콜릿과 버터를 첨가한다.

4. 틀에 버터를 바르고 밀가루를 뿌린 후에 거기에 케이크용 밀가루를 붓는다.

5. 약 20분간 오븐에서 익힌다. 그렇지 않으면 초콜릿이 너무 딱딱해진다.

6. 오븐에서 꺼낸 케이크는 충분히 익지 않아 보일텐데 그것은 정상이다. 케이크를 다시 차가워지도록 두고 그것을 틀에서 꺼낸다.

❺ 이 자료는 당신에게 … 케이크를 만들 것을 제안한다. [1점]

A ☐ 레몬
B ☐ 과일
C ☐ 초콜릿

❻ 당신의 케이크를 성공적으로 만들기 위해서 당신은 … 주의해야 한다. [1점]

A ☐ 온도에
B ☐ 사용된 달걀들의 수에
C ☐ 기계 작동 시간에

어휘

fondant 녹는 | rapide 빠른 | casserole (f.) 냄비 | préchauffé 미리 가열된 | beurre (m.) 버터 | morceau (m.) 조각 | saladier (m.) 샐러드 접시 | sucre (m.) 설탕 | œuf (m.) 달걀 | farine (f.) 밀가루 | moule (m.) 틀 | verser 붓다 | pâte (f.) 밀가루 반죽, 국수 | cuire 익히다 | démouler 틀에서 꺼내다 | citron (m.) 레몬 | température (f.) 온도 | marche (f.) 운행, 작동

Étape 3

문제 3의 해설을 확인해 보세요.

문제 분석

자료 1
주방에서의 위생 규칙에 대한 문제로서 순서대로 어떠한 주의사항들이 있는지를 살펴야 한다. 그리고 특히 조심해야 할 부분들에 대해 설명하는 내용에 초점을 맞추어야 한다. 또한 할 일의 순서와 관련하여 처음과 마무리 작업은 무엇인지 신경써야 한다.

자료 2
업무와 관련된 메시지로서 요리법 목록이 어디에 있는지 위치에 대한 부분에 신경을 써야 하며 찾아오는 사람이 어떤 목적으로 오는 것인지에 대해 언급하고 있는 부분에 집중해야 한다. 그리고 지불 방법에 대해 설명하는 내용에 초점을 맞춘다.

자료 3
케이크 만드는 방법에 대한 설명서이다. 순서대로 어떻게 요리해야 하는지를 설명하는 부분과 재료들과 함께 특히 유의해야 할 점에 대해 언급하는 부분에 초점을 맞추어야 한다.

해설

문제	풀이 요령
1	주방에서 일을 시작하기 전에 제일 먼저 해야 할 일에 대해 묻고 있다. 'Ouvrez les fenêtres pour aérer la cuisine 주방을 환기시키기 위해 창문들을 여세요'라는 내용에 따라 정답은 **B**.
2	요리 도구들을 세척할 때 주의사항에 대한 문제로, 'Nettoyez les ustensiles de cuisine. Faites attention aux couteaux 요리 도구들을 씻으세요. 칼에 유의하세요'라는 내용에 따라 정답은 **B**.
3	요리법 목록이 있는 위치를 묻는 문제이다. 'j'ai mis la liste des recettes sur la table 책상 위에 요리법 목록을 놔두었어요'라는 내용에 따라 정답은 **A**.
4	Marion이 오는 이유와 관련한 문제로, 'Madame Marion va venir s'inscrire au cours Marion 부인이 수업에 등록하러 올 텐데'라는 내용에 따라 정답은 **A**.
5	케이크의 종류를 묻고 있다. 첫 번째 줄에서 'faites fondre le chocolat et le beurre coupé en morceaux 초콜릿과 조각으로 자른 버터를 녹인다'라고 했으며, 이외의 재료들인 'le sucre, les œufs, la farine 설탕, 달걀, 밀가루' 등은 케이크에 포함되는 기본 재료들이므로 정답은 **C**.
6	케이크를 만들 때 특히 유의해야 할 사항에 대한 문제이다. 'Faites cuire au four environ 20 minutes, sinon le chocolat devient trop dur 약 20분간 오븐에서 익힌다. 그렇지 않으면 초콜릿이 너무 딱딱해진다.'는 내용이 있고 온도에 대한 언급은 없다. 이는 곧 시간이 중요하다는 의미이므로 정답은 **C**.

문제 4

EXERCICE 3 실전 연습

Étape 1 공략에 따라 EXERCICE 3 연습 문제를 풀어 보세요.

Vous travaillez dans un restaurant. Vous lisez ces documents.
Pour répondre aux questions, cochez la bonne réponse.

6 points

DOCUMENT 1

Règles d'hygiène

- La cuisine doit être équipée d'une chambre froide ou d'un placard froid équipé d'un thermomètre visible ;
- Le personnel doit se laver régulièrement les mains et, le cas échéant, utiliser des gants à usage unique pour limiter les risques de contamination ;
- La cuisine ne doit pas être équipée de plans de travail en bois ;
- Le nettoyage doit être effectué tous les jours après chaque service ;

Ces règles indispensables d'hygiène pour le restaurant ne devraient pas demander de formation particulière pour être maîtrisée par un restaurateur.

❶ Qu'est-ce qui est important dans la cuisine ? *0,5 point*

A ☐ Le goût.
B ☐ L'odeur.
C ☐ La température.

❷ Que devez-vous faire pour la prévention de la contamination ? *2 points*

A ☐ Mettre des gants.
B ☐ Prendre une douche.
C ☐ Attacher vos cheveux.

DOCUMENT 2

Bonjour,

Merci de me remplacer pour faire la cuisine au restaurant. Tous les plats à préparer sont affichés, mais si besoin, j'ai mis la liste des menus sur la table de cuisine. Le plat du jour est le bœuf bourguignon. Madame Bellier a réservé dix tables et pour rappel, six personnes ne mangent pas de viande. Et puis, le gâteau d'anniversaire qu'elle a commandé va arriver vers 17 h, mets-le dans le frigo.

Merci !

Cécile

3 La liste des menus est ...   *0,5 point*

A ☐ dans le frigo.

B ☐ sur la table de cuisine.

C ☐ sur la table de bureau.

4 Parmi les invités de Madame Bellier, certaines personnes ...   *1 point*

A ☐ adorent la viande.

B ☐ sont passionnées de viande

C ☐ refusent de manger de la viande.

DOCUMENT 3

Recette : bœuf bourguignon simple

1. Commencez par couper la viande de bœuf en gros.

2. Lavez et coupez ensuite les champignons, les oignons et les carottes.

3. Dans une grande casserole, faites griller les morceaux de bœuf dans le beurre sur tous les côtés.

4. Ajoutez ensuite les carottes et les oignons coupés.

5. Baissez le feu et laissez mijoter quelques minutes.

6. Versez la farine et mélangez bien le tout.

7. Ajoutez les champignons et il est important de laisser chauffer à feu doux.

❺ Ce document concerne ... *1 point*

   A ☐ une recette de cuisine.

   B ☐ la cuisine pour les végétariens.

   C ☐ le mode d'emploi des ustensiles de cuisine.

❻ Pour réussir votre plat, vous devez faire très attention ... *1 point*

   A ☐ à la température du feu.

   B ☐ à la fraîcheur de la viande.

   C ☐ au nombre de légumes ajoutées.

| Étape 2 | 문제 4의 내용을 해석한 후, 필수 어휘를 익히세요.

당신은 식당에서 일하고 있습니다. 당신은 이 자료들을 읽습니다.
질문들에 답변하기 위해 정답에 표기하세요.   6점

자료 1

위생 규칙들

- 조리실은 차가운 방 또는 눈에 띄는 온도계가 갖추어진 차가운 벽장을 갖추고 있어야 한다;
- 직원은 규칙적으로 손을 씻어야 하며, 필요한 경우 오염의 위험을 제한하기 위해 일회용 장갑을 사용할 것;
- 조리실은 나무로 된 작업대를 갖추고 있어서는 안 된다;
- 청소는 작업 후에 매일 시행되어야 한다;

식당을 위한 이 위생 규칙들은 요식업자에 의해 숙달되어지기 위해 특별한 교육이 요구되어서는 안 된다.

❶ 조리실에서 중요한 것은 무엇인가?   0.5점
 A ☐ 맛
 B ☐ 냄새
 C ☐ 온도

❷ 오염 방지를 위해 당신은 두엇을 해야 하는가?   2점
 A ☐ 장갑을 낄 것
 B ☐ 샤워를 할 것
 C ☐ 머리카락을 묶을 것

 어휘
cuisine (f.) 주방 | être équipé de ~을 갖춘 | placard (m.) 벽장 | thermomètre (m.) 온도계 | se laver 씻다 | le cas échéant 필요한 경우에 | contamination (f.) 오염 | à usage unique 일회용의 | plan de travail (m.) 작업대 | nettoyage (m.) 청소 | formation (f.) 교육 | particulier 특별한 | maîtriser 숙달하다 | restaurateur 요식업자 | goût (m.) 맛 | odeur (f.) 냄새 | prévention (f.) 예방

346　DELF A2

자료 2

> 안녕,
>
> 식당에서 요리를 하는 것에 나를 대신해주어서 고마워. 준비해야 할 모든 음식들은 게시했는데 필요할까봐 조리실 책상 위에 메뉴들 목록을 나두었어. 오늘의 추천 요리는 부르기뇽 쇠고기야. Bellier 부인이 10개의 테이블을 예약했고 상기시키자면 6명은 고기를 먹지 않아. 그리고 그녀가 주문한 생일 케이크가 17시 경에 도착할 건데, 그것을 냉장고에 넣어둬.
>
> 고마워!
>
> Cécile

❸ 메뉴들의 목록은 … 있다. [0.5점]

A □ 냉장고 안에

B □ 조리실 테이블 위에

C □ 사무실 테이블 위에

❹ Bellier 부인의 초대 손님들 중에, 어떤 사람들은 … [1점]

A □ 고기를 아주 좋아한다.

B □ 고기에 흠뻑 빠져있다.

C □ 고기 먹는 것을 거부한다.

어휘 plat (m.) 요리 | plat du jour (m.) 오늘의 추천 요리 | bœuf bourguignon (m.) 부르기뇽 쇠고기 | frigo (m.) 냉장고

자료 3

요리법: 간단한 부르기뇽 쇠고기

1. 쇠고기를 크게 자르는 것으로 시작하라.

2. 그리고 버섯, 양파와 당근을 씻고 자르라.

3. 큰 냄비 안에 사방을 버터로 바른 후에 쇠고기 덩어리가 구워지게 하라.

4. 그리고 자른 당근과 양파를 첨가하라.

5. 불을 낮추고 몇 분 동안 낮은 온도로 약혀라.

6. 밀가루를 붓고 함께 잘 섞어라.

7. 버섯들을 첨가하는데 약한 불로 데우는 것이 중요하다.

❺ 이 자료는 ... 와(과) 관련된다. [1점]

A ☐ 요리법
B ☐ 채식주의자들 위한 요리
C ☐ 식기 사용법

❻ 당신의 요리를 성공시키기 위해서 당신은 ... 주의해야 한다. [1점]

A ☐ 불의 온도에
B ☐ 고기의 신선도에
C ☐ 첨가된 야채들의 수에

어휘 | recette (f.) 요리법 | champignon (m.) 버섯 | oignon (m.) 양파 | carotte (f.) 당근 | griller 굽다 | morceau (m.) 조각 | baisser 낮추다 | mijoter 약한 불로 익히다 | fraîcheur (f.) 신선함 | ajouté 첨가된

Étape 3

문제 4의 해설을 확인해 보세요.

문제 분석

자료 1
식당 조리실에서의 위생 규칙들에 대한 문제이다. 먼저 각각의 주의 사항들이 시험에 출제될 수 있기 때문에 그 내용에 집중해야 한다. 특히 규칙을 지키지 않았을 경우 발생할 수 있는 위험 요소가 무엇인지를 설명하는 내용에 초점을 맞춘다.

자료 2
식당 근무와 관련한 내용으로서 먼저 어떠한 사항들을 준비해야 하는지를 설명하는 부분에 집중한다. 특히 당부하거나 주의해야 할 사항들과 관련하여 구체적인 내용들을 언급하는 부분은 시험에 출제될 확률이 높기 때문에 신경 써야 한다.

자료 3
요리법에 관한 문제로서 먼저 어떤 요리와 관련된 것인지를 알려주는 부분에 신경을 써야 한다. 그리고 각 항목별로 요리하는 방법을 설명하는 부분에 집중한다. 특히 유의해야 할 점과 관련하여 언급하는 부분에 초점을 맞추어야 한다.

해설

문제	풀이 요령
1	조리실 전체에서 중요한 사항이 무엇인지 묻고 있다. 'la cuisine doit être équipée d'une chambre froide ou d'un placard froid équipé d'un thermomètre visible 조리실은 차가운 방 또는 눈에 띄는 온도계가 갖추어진 차가운 벽장을 갖추고 있어야 한다'는 내용을 보면 온도가 중요하다는 것을 알 수 있으므로 정답은 **C**.
2	오염 방지를 위해 해야 할 사항에 대해 묻는 문제이다. 'utiliser des gants à usage unique pour limiter les risques de contamination 오염의 위험을 제한하기 위해 일회용 장갑을 사용할 것'이라는 내용이 있기 때문에 정답은 **A**.
3	메뉴 목록이 있는 장소를 묻고 있다. 'j'ai mis la liste des menus sur la table de cuisine 조리실 책상 위에 메뉴들 목록을 놔두었어'라는 내용에 따라 정답은 **B**.
4	초대 손님들의 음식 취향과 관련된 문제로, 'six personnes ne mangent pas de viande 6명은 고기를 먹지 않아'라는 내용에 따라 정답은 **C**. 참고로 채식주의자는 'végétarien(ne)'이라고 하는 것도 알아두자.
5	자료의 주제를 묻고 있다. 간단한 부르기뇽 쇠고기(bœuf bourguignon simple)라는 제목에 따라 정답은 **A**.
6	요리에서 주의해야 할 사항과 관련한 문제로, 'il est important de laisser chauffer à feu doux 약한 불로 데우는 것이 중요하다.'는 내용에 따라 정답은 **A**.

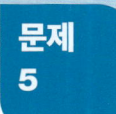

EXERCICE 3 실전 연습

공략에 따라 EXERCICE 3 연습 문제를 풀어 보세요.

Vous travaillez dans une salle de gym. Vous lisez ces documents.
Pour répondre aux questions, cochez la bonne réponse.

6 points

DOCUMENT 1

Les règles de sécurité en musculation

1 - Optez pour la bonne tenue de sport !

2 - Échauffez-vous !

3 - Buvez avant d'avoir soif !

4 - Faites attention à votre dos !

5 - Ne forcez pas trop !

6 - Travaillez vos muscles de façon équilibrée !

Les appareils que vous allez utiliser doivent être manipulés avec attention et votre sécurité (ainsi que celle des autres adhérents) dépend de votre attitude en salle.

❶ Quand vous arrivez au travail, que devez-vous faire en premier ? *0,5 point*

A ☐ Boire suffisamment d'eau.

B ☐ Mettre le survêtement adéquat.

C ☐ Faire des exercices préparatoires.

❷ Qu'est-ce qui est le plus important pour la sécurité ? *2 points*

A ☐ Un comportement correct.

B ☐ La propreté de la salle de gym.

C ☐ L'équipement de protection.

350 DELF A2

DOCUMENT 2

Bonjour,

Merci de me remplacer pour entraîner les adhérents de la salle de gym. Tous les programmes de l'entraînement sont affichés, et si besoin, j'ai mis la liste des membres à côté de la table. Pour rappel, la carte de crédit n'est pas acceptée.

Madame Samuel est une nouvelle membre et elle va venir à la salle de gym vers 11 h, elle a déjà payé (le ticket de caisse est près du téléphone). Tu peux commencer par expliquer le mode d'emploi des appareils de sport.

Merci !

Anne

❸ La liste des adhérents est à côté ...   `0,5 point`

A ☐ du frigo.

B ☐ de la table.

C ☐ du téléphone.

❹ Vous devez expliquer à Madame Samuel comment ...   `1 point`

A ☐ réparer les machines.

B ☐ payer les frais d'inscription.

C ☐ faire fonctionner les machines.

DOCUMENT 3

Mode d'emploi : le tapis de course

1. Équipez-vous de très bonnes chaussures.

2. Montez à l'avant du tapis immobile, dos droit et regard droit devant.

3. Lancez la machine.

4. Augmentez progressivement la vitesse.

5. Pensez à respirer.

6. Éteignez la machine après 10 minutes d'exercice.

5 La machine dont ce document vous parle concerne … *1 point*

A ☐ le corps.

B ☐ la boisson.

C ☐ la nourriture.

6 Pour réussir l'exercice, vous devez faire très attention … *1 point*

A ☐ au poids.

B ☐ à l'équilibre.

C ☐ à la rapidité.

DELF A2 · 독해

| Étape 2 | 문제 5의 내용을 해석한 후, 필수 어휘를 익히세요. |

당신은 헬스클럽에서 일합니다. 당신은 이 자료들을 읽습니다.
질문들에 답변하기 위해 정답에 표기하세요.

6점

자료 1

근육 강화에서 안전 규칙들

1. 올바른 운동복을 선택하세요!
2. 몸을 푸세요!
3. 목마르기 전에 물을 마시세요!
4. 당신의 등을 조심하세요!
5. 너무 무리하지 마세요!
6. 균형 잡힌 방법으로 당신의 근육들을 훈련하세요!

당신이 사용할 기구들은 세심하게 조작되어져야 하며 당신의 안전(다른 회원들의 안전과 더불어)은 헬스장에서의 당신의 태도에 달려있다.

❶ 당신이 직장에 도착했을 때 처음에 무엇을 해야 하는가? 0.5점

A □ 물을 충분히 마시기
B □ 적합한 운동복을 입기
C □ 준비 운동 하기

❷ 안전을 위해 가장 중요한 것은 무엇인가? 2점

A □ 올바른 행동
B □ 헬스장의 청결함
C □ 보호 장비

어휘

salle de gym (f.) 헬스클럽 | sécurité (f.) 안전 | musculation (f.) 근육 강화 | opter 선택하다 | tenue de sport (f.) 운동복 | s'échauffer 몸을 풀다, 준비 운동을 하다 | dos (m.) 등 | équilibré 균형이 잡힌 | appareil (m.) 기구 | manipuler 다루다 | avec attention 신중히 | attitude (f.) 태도 | survêtement (m.) 트레이닝복 | adéquat 적합한 | comportement (m.) 행동 | propreté (f.) 청결함 | protection (f.) 보호

자료 2

안녕,

헬스클럽 회원들을 훈련시키기 위해 나를 대신해주는 것에 대해 고마워. 모든 훈련 프로그램들은 게시되었고 필요할까봐 책상 옆에 회원 목록을 나두었어. 상기시키자면, 신용카드는 받을 수 없어.

Samuel 부인이 새 회원인데 11시 경에 헬스클럽에 올 거고 비용은 이미 지불했어 (영수증은 전화 가까이에 있어). 너는 운동 기구들의 사용법을 설명하는 것으로 시작하면 돼.

고마워!

Anne

❸ 회원 목록은 ... 옆에 있다. `0.5점`

A □ 냉장고
B □ 책상
C □ 전화

❹ 당신은 Samuel 부인에게 어떻게 .... 설명해야 한다. `1점`

A □ 기구들을 고치는지를
B □ 등록비를 지불하는지
C □ 기구들을 작동시키는지

어휘 entraîner 훈련시키다 | carte de crédit (f.) 신용카드 | ticket de caisse (m.) 영수증 | appareil (m.) 기구 | réparer 고치다 | frais d'inscription (m.pl.) 등록비용 | fonctionner 기능하다

자료 3

사용법: 런닝 머신

1. 아주 좋은 신발을 갖추시오.
2. 먼저 움직이지 않는 머신 위에 올라가시오, 등을 펴고 시선은 앞을 똑바로 보시오.
3. 기계를 작동하시오.
4. 점차적으로 속도를 높이시오.
5. 호흡하는 것에 대해 생각하시오.
6. 운동 10분 후에 기계를 끄시오.

❺ 이 자료에서 당신에게 말하고 있는 기계는 … 관련 있다. [1점]

A ☐ 신체와
B ☐ 음료수와
C ☐ 음식물과

❻ 운동을 성공적으로 하기 위해서 당신은 …에 매우 주의해야 한다. [1점]

A ☐ 무게에
B ☐ 균형에
C ☐ 속도에

어휘

tapis de course (m.) 런닝 머신 | droit 똑바로 | progressivement 점차적으로 | vitesse (f.) 속도 | respirer 호흡하다 | éteindre 끄다 | corps (m.) 신체 | boisson (f.) 음료수 | poids (m.) 무게 | équilibre (f.) 균형 | rapidité (f.) 빠름, 속도

Étape 3

문제 5의 해설을 확인해 보세요.

문제 분석

자료 1
헬스클럽에서 일하는 상황을 전제로 한 문제로서 항목별로 기술하고 있는 유의사항에 신경을 써야 한다. 특히 안전을 위해 가장 주의해야 할 점을 언급하고 있는 부분에 초점을 맞추어야 한다.

자료 2
헬스장에서 해야 할 일에 대한 문제이다. 헬스장 업무와 관련해서 해야 할 사항들이 무엇이며 특히 어떤 점에 주의를 해야 하는지를 정확하게 파악해야 한다.

자료 3
런닝 머신 사용법에 관한 문제로서 각 사항에서 강조하고 있는 내용들에 집중해야 한다. 그리고 운동을 제대로 하기 위해 특히 유의해야 할 점이 무엇인지와 관련된 내용에 초점을 맞추어야 한다.

해설

문제	풀이 요령
1	처음 해야 하는 행동에 대한 문제로, 'Optez pour la bonne tenue de sport ! 올바른 운동복을 선택하세요!'라는 내용이 첫 번째에 나오므로 정답은 **B**.
2	안전과 관련해서 유의해야 할 사항에 대해 묻고 있다. 'votre sécurité (ainsi que celle des autres adhérents) dépend de votre attitude en salle 당신의 안전(다른 회원들의 안전과 더불어)은 헬스장에서의 당신의 태도에 달려있다'는 내용에 따라 정답은 **A**.
3	회원 목록이 있는 위치를 묻고 있는데, 'j'ai mis la liste des membres à côté de la table 책상 옆에 회원 목록을 놔두었어'라는 내용에 따라 정답은 **B**.
4	Samuel 부인에게 무엇을 설명해야 하는지를 묻고 있다. 'Tu peux commencer par expliquer le mode d'emploi des appareils de sport 너는 운동 기구들의 사용법을 설명하는 것으로 시작하면 돼.'라는 내용에 따라 정답은 **C**.
5	자료에서 말하는 기계가 무엇과 연관되는지를 묻고 있다. 제목의 'tapis de course 런닝 머신'이라는 단어를 통해 정답은 **A**임을 알 수 있다. 해당 단어를 모른다면 'dos droit et regard droit devant. 등을 펴고 시선은 앞을 똑바로 보시오.'라는 문장과 'Éteignez la machine après 10 minutes d'exercice. 운동 10분 후에 기계를 끄시오.'라는 문장을 통해서도 정답을 유추할 수 있다.
6	운동을 제대로 하기 위해 필요한 것이 무엇인지를 묻는 문제로, 'Augmentez progressivement la vitesse 점차적으로 속도를 높이시오.'라는 내용에 따라 정답은 **C**.

독해 평가

EXERCICE 4

사회 및 시사 이슈를 다룬 글, 캠페인성 홍보문, 기사문 등 난이도가 높은 지문이 제시되며, 이를 정확히 이해했는지 확인하는 문제가 출제된다. 지문의 길이가 비교적 길고 사용된 어휘 난이도도 상대적으로 높은 편이지만, 지문을 꼼꼼히 읽으면 정답의 단서를 찾을 수 있으므로 끝까지 집중하는 것이 중요하다.

완전 공략

DELF A2 독해

1 핵심 포인트

어느 지역의 특별한 행사나 활동, 공익 목적의 캠페인 등과 관련한 르포 형식의 문제 유형이다. 독해 유형 중 난이도가 가장 높다고 할 수 있으므로 행사 주최와 행사 내용은 무엇인지, 참가하기 위한 조건은 무엇인지를 설명하는 부분에 초점을 맞추어야 한다.

2 빈출 주제

마을 축제, 아이들을 위한 특별 행사, 친환경을 목적으로 하는 캠페인, 홍보용 르포 등 일상생활에서 접할 수 있는 주제들을 다룬다.

3 고득점 전략

① 선별적으로 공략하라.

행사를 주최하는 사람은 누구이며 대상은 누구인지, 어떤 활동이 언제 어디서 예정되어 있는지, 가격이나 참가 조건은 무엇인지 등을 알려주는 내용들이 반드시 포함된다. 따라서 응시자는 이러한 부분들에 집중해야 한다.

② 문제 유형에 당황하지 말 것!

이 문제 유형에서는 구유형에서 참, 거짓을 고르고 입증하는 문장(justification)을 작성하는 문제가 포함되었는데, 신유형에서는 Vrai, Faux만 있으며 입증하는 문장을 쓰는 것은 없다. 그러므로 응시자는 Vrai, Faux만 보고 절대 당황하지 말고 오히려 이 문제가 점수를 쉽게 얻을 수 있는 것이라는 생각을 가져야 한다.

③ 기사 제목에 유의하라.

르포 형식이기 때문에 반드시 제목이 맨 앞에 나오기 마련이다. 제목은 기사 내용 전체를 가장 간결하게 요약해 놓은 것이라 할 수 있기 때문에 제목을 이해하면 혹시 풀지 못하는 문제를 접했을 때 제목과 관련된 내용을 선택지에서 고르면 된다.

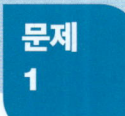

EXERCICE 4 실전 연습

공략에 따라 **EXERCICE 4** 연습 문제를 풀어 보세요.

Vous lisez cet article de journal. *7 points*

> ### Nouvelle campagne pour préserver l'environnement nocturne
>
> FNE Ain commence une grande aventure pour protéger la nuit ! Dans toute la région, il y aura des actions pour informer les gens sur la protection des animaux et des plantes dans la nuit. La lumière artificielle, même faible, fait beaucoup de mal aux insectes et est probablement une cause importante de leur disparition. Elle dérange aussi la vie des plantes. Pour les humains, elle cause des problèmes de santé et fait disparaître notre patrimoine. C'est la pollution qui augmente le plus vite, mais c'est aussi celle que nous pouvons réduire le plus facilement. Ces changements nous permettent aussi de redécouvrir le paysage de nuit et peut-être de trouver de nouvelles façons d'utiliser les espaces publics.

Pour répondre aux questions, cochez la bonne réponse.

❶ Cet article parle ... *1 point*

A ☐ de l'écologie.

B ☐ de la sécurité routière.

C ☐ de l'événement culturel.

❷ Cet événement se déroule après le coucher du soleil. *1,5 point*

☐ Vrai

☐ Faux

❸ 📝 La campagne a pour but de (d') … [1,5 point]

A ☐ encourager les malades.

B ☐ protéger les êtres vivants.

C ☐ surveiller la sécurité des enfants.

❹ 📝 Les lumières nocturnes influencent … [1,5 point]

A ☐ la vie des insectes.

B ☐ l'économie d'énergie.

C ☐ la pollution atmosphérique.

❺ 📝 La pollution lumineuse … [1,5 point]

A ☐ a tendance à augmenter.

B ☐ est un problème impossible à résoudre.

C ☐ n'a aucune relation avec la vie des plantes.

Étape 2
문제 1의 내용을 해석한 후, 필수 어휘를 익히세요.

당신은 이 신문기사를 읽습니다.   [7점]

야간 환경을 보존하기 위한 새로운 캠페인

FNE Ain은 밤을 보호하기 위해 중요한 시도를 한다! 모든 지역에서 동식물 보호에 대해 사람들에게 정보를 줄 수 있는 활동들이 밤에 펼쳐질 것이다. 인공 조명은, 그것이 아주 미약할지라도 곤충들에게 많은 해를 끼치며 그것의 멸종에 중요한 원인이 될 수도 있다. 인공 조명은 또한 식물의 생애도 방해한다. 인간에게는, 인공 조명은 건강 문제를 야기하고 문화 유산을 사라지게 한다. 인공 조명, 빛 공해는 가장 빠르게 증가하고 있는 오염이지만, 우리가 가장 쉽게 줄일 수 있는 오염이기도 하다. 이러한 변화들은 우리에게 야경을 다시금 발견하게 해 줄 것이고, 공공 장소를 새로운 방식으로 사용할 방법을 찾게 해 줄 것이다.

질문들에 답하기 위해 정답에 표기하세요.

❶ 이 기사는 ... 말한다.   [1점]

   A ☐ 친환경에 대해
   B ☐ 도로 안전에 대해
   C ☐ 문화적 행사에 대해

❷ 이 행사는 해가 진 후에 진행된다.   [1.5점]

   ☐ 참
   ☐ 거짓

❸ 캠페인은 ... 목적으로 한다.   [1.5점]

   A ☐ 환자들을 격려하는 것을
   B ☐ 생명체들을 보호하는 것을
   C ☐ 아이들의 안전을 감독하는 것을

❹ 야간 빛은 ... 영향을 끼친다.   [1.5점]

   A ☐ 곤충들의 삶에
   B ☐ 에너지 절약에
   C ☐ 대기 오염에

❺ 빛 오염은 ...

A □ 증가하는 경향이 있다.
B □ 해결하기 불가능한 문제이다.
C □ 식물들의 삶과 아무 관계가 없다.

1.5점

어휘

préserver 보존하다, 보호하다 | nocturne 야간의 | lumière artificielle (f.) 인공 조명 | insecte (m.) 곤충 | disparition (f.) 소멸 | déranger 방해하다, 흐트러뜨리다 | patrimoine (m.) 재산, 유산 | espace public (m.) 공공 장소 | coucher du soleil (m.) 일몰 | avoir pour but de ~을 목적으로 하다 | pollution lumineuse (f.) 빛 공해 | résoudre 해결하다

Étape 3

문제 1의 해설을 확인해 보세요.

문제	풀이 요령
1	기사의 주제가 무엇인지를 묻고 있다. 'Nouvelle campagne pour préserver l'environnement nocturne 야간 환경을 보존하기 위한 새로운 캠페인'이라는 제목에 따라 정답은 **A**.
2	행사가 언제 진행되는지 묻고 있다. 'FNE Ain commence une grande aventure pour protéger la nuit ! Dans toute la région, il y aura des actions pour informer les gens sur la protection des animaux et des plantes dans la nuit. FNE Ain은 밤을 보호하기 위해 중요한 시도를 한다! 모든 지역에서 동식물 보호에 대해 사람들에게 정보를 줄 수 있는 활동들이 밤에 펼쳐질 것이다.'라고 하였으므로 행사는 해가 진 후에 진행됨을 알 수 있다. 따라서 정답은 **Vrai(참)**.
3	캠페인의 목적이 무엇인지 묻고 있다. 'pour protéger la nuit 밤을 보호하기 위해', 'sur la protection des animaux et des plantes 동식물 보호에 대해'라는 문장에 따라 정답은 **B**. 'des animaux et des plantes'가 선지에서는 'les êtres vivants'이라는 단어로 바뀌었음에 유의한다.
4	야간 조명이 무엇에 영향을 끼치는지 묻는 문제이다. 'La lumière artificielle, même faible, fait beaucoup de mal aux insectes et est probablement une cause importante de leur disparition. 인공 조명은, 그것이 아주 미약할지라도 곤충들에게 많은 해를 끼치며 그것의 멸종에 중요한 원인이 될 수도 있다.'라는 내용에 따라 정답은 **A**.
5	빛 공해에 대한 문제이다. 'C'est la pollution qui augmente le plus vite, mais c'est aussi celle que nous pouvons réduire le plus facilement. 가장 빠르게 증가하고 있는 오염이지만, 우리가 가장 쉽게 줄일 수 있는 오염이기도 하다.'라는 내용에 따라 정답은 **A**.

EXERCICE 4 실전 연습

Étape 1 공략에 따라 EXERCICE 4 연습 문제를 풀어 보세요.

Vous lisez cet article de journal.

7 points

> ### Un supermarché britannique enlève la date de consommation sur 500 produits
>
> Le supermarché Waitrose a annoncé lundi qu'il enlève les dates de consommation recommandée sur près de 500 produits. Cela aide à éviter que les clients jettent des aliments encore bons à manger et à lutter contre le gaspillage alimentaire.
>
> Le supermarché pense que les dates de péremption sur les fruits et légumes sont inutiles et causent du gaspillage. Elles empêchent les gens de manger des aliments encore bons.
>
> L'indicateur « best before » concerne la qualité du goût ou des nutriments d'un produit. Par contre, l'indicateur « à consommer avant » est obligatoire pour les produits périssables et il peut être dangereux pour la santé s'il n'est pas respecté.

Pour répondre aux questions, cochez la bonne réponse.

❶ Cet article a un lien étroit avec ... *1 point*

A ☐ la nourriture.
B ☐ la pollution des mers.
C ☐ les conditions de travail.

❷ La compagnie enlève les dates de consommation pour augmenter le volume de ventes.

☐ Vrai
☐ Faux

1,5 point

❸ Les dates de péremption des fruits et légumes …   `1,5 point`

    A ☐ risquent de provoquer le gaspillage alimentaire.

    B ☐ sont indispensables pour la santé des consommateurs.

    C ☐ n'ont aucune relation avec le gaspillage alimentaire.

❹ L'indicateur « best before » a une relation étroite avec …   `1,5 point`

    A ☐ le prix des aliments.

    B ☐ le goût des aliments.

    C ☐ l'origine des aliments.

❺ L'indicateur « à consommer avant » signifie qu'on …   `1,5 point`

    A ☐ peut acheter les aliments à prix réduit.

    B ☐ doit jeter les aliments avant la date indiquée.

    C ☐ doit absolument manger avant la date indiquée.

| Étape 2 | 문제 2의 내용을 해석한 후, 필수 어휘를 익히세요. |

당신은 이 신문기사를 읽습니다. **7점**

영국 슈퍼마켓이 500개의 제품들에 대한 소비 날짜를 삭제한다

Waitrose 슈퍼마켓은 월요일에 약 500개 제품에 대해 권장 소비일을 삭제할 것이라고 발표했다. 이는 고객들이 아직 먹을 수 있는 식품들을 버리는 것을 방지하고 음식물 낭비에 대항하기 위한 것이다.

슈퍼마켓은 과일과 야채의 유통 기한이 불필요하며 음식물 낭비를 초래한다고 여긴다. 유통 기한은 사람들이 아직 괜찮은 음식을 먹지 못하게 만든다.

'best before (~전에 가장 좋음)'이라는 표식은 제품의 영양소와 맛의 품질과 관련된다. 반대로, 'à consommer avant (가급적 ~전에 소비할 것)'이라는 표식은 상하기 쉬운 음식에 필수적이며, 이를 지키지 않을 경우 건강에 위험할 수 있다.

질문들에 답하기 위해 정답에 표기하세요.

❶ 이 기사는 … 밀접한 관련이 있다. **1점**
   A ☐ 음식과
   B ☐ 해양 오염과
   C ☐ 근무 조건들과

❷ 회사는 판매량을 올리기 위해 소비 날짜를 없앤다. **1.5점**
   ☐ 참
   ☐ 거짓

❸ 과일과 야채들의 유통 기한은 … **1.5점**
   A ☐ 음식물 낭비를 유발할 위험이 있다.
   B ☐ 소비자들의 건강을 위해 필수적이다.
   C ☐ 음식물 낭비와는 아무 관계가 없다.

❹ « best before » 표기는 … 밀접한 관련이 있다. **1.5점**
   A ☐ 음식의 가격과
   B ☐ 음식의 맛과
   C ☐ 음식의 원산지와

DELF A2 · 독해

❺ « à consommer avant » 표기는 우리가 … 의미한다. [1.5점]

A ☐ 할인된 가격에 음식물들을 살 수 있다는 것을
B ☐ 표시된 날짜 전에 음식물을 버려야 한다는 것을
C ☐ 표시된 날짜 전에 꼭 먹어야 한다는 것을

어휘

britannique 영국의 | enlever 없애다, 삭제하다 | consommation (f.) 소비 | éviter 피하다 | jeter 버리다 | gaspillage alimentaire (m.) 음식물 낭비 | date de péremption (f.) 유통 기한 | inutile 불필요한 | empêcher 방해하다 | indicateur (m.) 지표 | périssable 상하기 쉬운 | avoir un lien 관련이 있다 | étroit 좁은, 긴밀한 | volume de ventes (m.) 판매량 | provoquer 유발하다 | indispensable 필수적인

Étape 3

문제 2의 해설을 확인해 보세요.

해설

문제	풀이 요령
1	기사의 주제가 어떤 것과 관련이 있는지를 묻고 있다. 'Un supermarché britannique enlève la date de consommation sur 500 produits 영국 슈퍼마켓이 500개의 제품들에 대한 소비 날짜를 삭제한다'는 제목에 따라 정답은 **A**.
2	슈퍼마켓이 소비 날짜를 없앤 이유와 관련된 문제이다. 소비 날짜 삭제의 목적은 'Cela aide à éviter que les clients jettent des aliments encore bons à manger et à lutter contre le gaspillage alimentaire. 이는 고객들이 아직 먹을 수 있는 식품들을 버리는 것을 방지하고 음식물 낭비에 대항하기 위한 것이다.'라고 하였으며 판매량과는 관련이 없으므로 정답은 **Faux(거짓)**.
3	과일과 야채들의 유통 기한과 관련한 문제이다. 'les dates de péremption sur les fruits et légumes sont inutiles et causent du gaspillage. Elles empêchent les gens de manger des aliments encore bons. 과일과 야채의 유통 기한이 불필요하며 음식물 낭비를 초래한다. 유통 기한은 사람들이 아직 괜찮은 음식을 먹지 못하게 만든다.'라는 내용에 따라 정답은 **A**.
4	« best before » 표기의 의미와 관련한 문제로, 'L'indicateur « best before » concerne la qualité du goût ou des nutriments d'un produit. 'best before (~전에 가장 좋음)'이라는 표식은 제품의 영양소와 맛의 품질과 관련된다.'라는 내용에 따라 정답은 **B**.
5	« à consommer avant » 표기의 의미에 대한 문제이다. 'l'incicateur « à consommer avant » est obligatoire pour les produits périssables et il peut être dangereux pour la santé s'il n'est pas respecté. 'à consommer avant (가급적 ~전에 소비할 것)'이라는 표식은 상하기 쉬운 음식에 필수적이며, 이를 지키지 않을 경우 건강에 위험할 수 있다.'라는 내용에 따라 정답은 **C**.

EXERCICE 4 실전 연습

Étape 1 공략에 따라 EXERCICE 4 연습 문제를 풀어 보세요.

Vous lisez cet article de journal.

7 points

Pour des vacances vertes

Quelques éco-gestes simples à adopter et partager ! Pensez aux 5 R :

- Respecter... On respecte les lieux visités sans les dégrader, les animaux sauvages qui nous entourent sans les déranger.

- Recycler... On n'utilise pas le plastique et les produits qui nuisent à l'environnement et on privilégie les matières recyclables et réutilisables.

- Ralentir... On laisse la voiture et on utilise des moyens de transport doux comme le vélo ou la marche. On prend le temps de découvrir et d'admirer les paysages à notre rythme.

- Rencontrer... On va à la rencontre des producteurs et artisans locaux pour découvrir leur savoir-faire et leurs produits de saison. On partage avec les habitants leur culture locale et leurs histoires.

- se Ressourcer ! On déconnecte, on se repose et on profite de la nature ! On laisse les portables de côté et on pratique les loisirs de pleine nature !

https://www.stationverte.com/fr/c-est-de-saison/pour-des-vacances-vertes-et-respectueuses_b35_243.html

---

Pour répondre aux questions, cochez la bonne réponse.

❶ Cet article parle ... *1 point*

A ☐ des vacances à la mer.

B ☐ des vacances en famille.

C ☐ des vacances écologiques.

❷ 📝 Quand on visite les lieux, il faut faire attention …   1,5 point

    A ☐ au prix exagéré.

    B ☐ à ne pas endommager la nature.

    C ☐ à l'attaque des animaux sauvages.

❸ 📝 On laisse la voiture de côté pour économiser du prix d'essence.   1,5 point

    ☐ Vrai

    ☐ Faux

❹ 📝 Que peut-on apprendre quand on rencontre des producteurs locaux ?   1,5 point

    A ☐ Le niveau de vie.

    B ☐ La culture régionale.

    C ☐ Le problème de l'urbanisation.

❺ 📝 Que doit-on faire pour profiter des loisirs de pleine nature ?   1,5 point

    A ☐ Jouer aux jeux vidéo.

    B ☐ Chasser les animaux.

    C ☐ Ne pas utiliser l'ordinateur.

| Étape 2 | 문제 3의 내용을 해석한 후, 필수 어휘를 익히세요. |

당신은 이 신문기사를 읽습니다. [7점]

친환경적인 바캉스를 위해

채택하고 공유하기 쉬운 몇 가지 친환경적 행동들이 있다! 5 R을 생각하라:

- 존중하기... 방문 장소를 훼손하지 않고 우리를 둘러싸고 있는 야생 동물들에게 방해가 되지 않으면서 이들을 존중한다.

- 재활용하기... 플라스틱과 환경에 해가 되는 제품들을 사용하지 않고, 재활용할 수 있고 다시 사용할 수 있는 물건들을 선호한다.

- 속도를 늦추기... 차를 두고 자전거나 걷기와 같은 가벼운 교통수단을 이용한다. 우리는 우리의 리듬에 맞춰 풍경을 발견하고 감상하는 시간을 갖는다.

- 만나기... 지역 생산자들과 장인들의 지식과 그들의 계절 상품들을 발견하기 위해 만남을 갖는다. 지역 문화와 그들의 역사를 주민들과 공유한다.

- 원래대로 돌아가기! 접속을 끊고 휴식을 취하며 자연을 만끽한다! 휴대폰들을 옆에 놔두고 자연의 여가활동을 실행한다!

질문들에 답변하기 위해 정답에 표기하세요.

❶ 이 기사는 ... 말한다. [1점]

A ☐ 해변에서의 바캉스에 대해서
B ☐ 가족 바캉스에 대해서
C ☐ 친환경 바캉스에 대해서

❷ 장소들을 방문할 때, ... 주의해야 한다. [1.5점]

A ☐ 바가지 요금에
B ☐ 자연을 훼손하지 말아야 하는 것에
C ☐ 야생 동물의 공격에

❸ 기름값을 절약하기 위해 자동차를 옆에 제쳐둔다. [1.5점]

☐ 참
☐ 거짓

DELF A2 · 독해

❹ 지역 생산자들을 만날 때 무엇을 배울 수 있는가? [1.5점]

A □ 삶의 수준
B □ 지역 문화
C □ 도시화 문제

❺ 자연의 여가활동을 만끽하기 위해서 무엇을 해야 하는가? [1.5점]

A □ 비디오 게임을 할 것
B □ 동물들을 사냥할 것
C □ 컴퓨터를 사용하지 말 것

어휘

vert 녹색의, 환경 보호의 | dégrader 파괴하다, (가치를) 떨어뜨리다 | entourer 둘러싸다 | nuire 해를 끼치다 | privilégier 특권을 주다, 우선시하다 | doux 부드러운, (정도가) 가벼운, 약한 | marche (f.) 걷기 | se ressourcer 원래로 돌아가다 | déconnecter 접속을 끊다 | exagéré 과도한, 과장된 | endommager 훼손하다 | urbanisation (f.) 도시화 | chasser 사냥하다

Étape 3 문제 3의 해설을 확인해 보세요.

해설

문제	풀이 요령
1	기사의 주제에 대한 문제이다. 'Pour des vacances vertes 친환경적인 바캉스를 위해'라는 제목에 따라 정답은 **C**.
2	장소 방문 시 유의해야 할 사항에 대한 문제로, 'On respecte les lieux visités sans les dégrader, les animaux sauvages qui nous entourent sans les déranger 방문 장소를 훼손하지 않고, 우리를 둘러싸고 있는 야생 동물들에게 방해가 되지 않으면서 이들을 존중한다'는 내용에 따라 정답은 **B**.
3	자동차를 이용하지 않는 이유에 대한 문제이다. 'On laisse la voiture et on utilise des moyens de transport doux comme le vélo ou la marche. On prend le temps de découvrir et d'admirer les paysages à notre rythme. 차를 두고 자전거나 걷기와 같은 가벼운 교통수단을 이용한다. 우리는 우리의 리듬에 맞춰 풍경을 발견하고 감상하는 시간을 갖는다'라는 내용에 따라 정답은 **Faux(거짓)**.
4	지역 생산자와의 만남에서 얻을 수 있는 것이 무엇인지를 묻고 있다. 'pour découvrir leur savoir-faire et leurs produits de saison. On partage avec les habitants leur culture locale et leurs histoires 지역 생산자들과 장인들의 지식과 그들의 계절 상품들을 발견하기 위해 (...) 지역 문화와 그들의 역사를 주민들과 공유한다'는 내용에 따라 정답은 **B**.
5	자연을 만끽하기 위한 방법에 대한 문제이다. 'On déconnecte, on se repose et on profite de la nature ! On laisse les portables de côté et on pratique les loisirs de pleine nature ! 접속을 끊고 휴식을 취하며 자연을 만끽한다! 휴대폰들을 옆에 놔두고 자연의 여가활동을 실행한다!'는 내용에 따라 정답은 **C**.

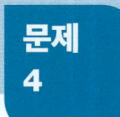

EXERCICE 4 실전 연습

공략에 따라 EXERCICE 4 연습 문제를 풀어 보세요.

Vous lisez cet article de journal.

7 points

Tournée à vélo

Le groupe Pas d'Nom Pas d'Maison fait une tournée à vélo cet été. « Dix-sept concerts avec vingt musiciens, cela fait beaucoup de CO_2. À vélo, on fait dix fois moins de $CO2$! Au lieu de passer des heures en voiture, on fait du vélo, c'est bon pour la santé », dit le clarinettiste Dylan Gully. « On fait environ 20 km par jour. On retrouve notre énergie pour les concerts grâce à la route, aux rencontres et à la bonne humeur. Faire une tournée à vélo, c'est moins cher et c'est une bonne façon de montrer que tout le monde peut réduire son impact sur l'environnement. »

Le groupe Pas d'Nom Pas d'Maison qui a entre 15 et 25 musiciens et chanteurs, fête ses 20 ans avec une tournée à vélo du 29 juillet au 15 août.

Pour répondre aux questions, cochez la bonne réponse.

❶ De quoi parle ce reportage ? *1 point*

A ☐ De la course cycliste.

B ☐ D'une tournée à bicyclette.

C ☐ Du trajet de la troupe de cirque.

❷ Le groupe de musiciens choisit ce moyen de transport ... *1,5 point*

A ☐ pour la santé.

B ☐ pour les spectateurs.

C ☐ en raison de la situation du lieu de spectacle.

❸ 📝 Le groupe de musiciens est content de ce projet. [1,5 point]

☐ Vrai
☐ Faux

❹ 📝 Quel est l'avantage de la tournée à vélo ? [1,5 point]

A ☐ Économiser de l'argent.
B ☐ Réduire le gaspillage alimentaire.
C ☐ Vendre mieux des billets pour le spectacle.

❺ 📝 La tournée à vélo aura lieu … [1,5 point]

A ☐ au printemps.
B ☐ en été.
C ☐ en automne.

| Étape 2 | 문제 4의 내용을 해석한 후, 필수 어휘를 익히세요. |

당신은 이 신문기사를 읽습니다.   [7점]

자전거로 하는 순회 공연

그룹 Pas d'Nom Pas d'Maison은 이번 겨울에 자전거 투어를 한다. "20명의 음악가와 함께하는 17번의 콘서트, 그것은 많은 이산화탄소를 배출하죠. 자전거를 타면 이산화탄소 배출량이 10배나 적어집니다! 자동차로 몇 시간을 보내는 대신 자전거를 타면 건강에 좋습니다."라고 클라리넷 연주자 Dylan Gully가 말한다. "우리는 하루에 약 20km를 갑니다. 우리는 길, 만남, 그리고 좋은 기분 덕분에 콘서트에 대한 우리의 에너지를 되찾습니다. 자전거 투어를 하는 것은 더 저렴하고, 모든 사람이 환경에 미치는 영향을 줄일 수 있다는 것을 보여주는 좋은 방법입니다."

15명에서 25명 사이의 뮤지션과 가수들로 구성된 그룹 Pas d'Nom Pas d'Maison은 7월 29일부터 8월 15일까지 자전거 투어로 20주년을 기념한다.

질문들에 답변하기 위해 정답에 표기하시오.

❶ 이 기사는 무엇에 대해 말하는가?   [1점]
A □ 자전거 경주에 대해서
B □ 자전거로 하는 공연에 대해서
C □ 서커스단의 여정에 대해서

❷ 음악인 그룹은 … 이 교통 방법을 선택한다.   [1.5점]
A □ 건강을 위해
B □ 관객들을 위해
C □ 공연 장소의 상황 때문에

❸ 음악인 그룹은 이 계획에 대해 만족한다.   [1.5점]
□ 참
□ 거짓

❹ 자전거로 하는 공연의 장점은 무엇인가? 1.5점

A ☐ 돈을 절약하는 것
B ☐ 음식물 낭비를 줄이는 것
C ☐ 공연 티켓을 더 잘 파는 것

❺ 자전거를 통한 공연은 … 개최될 것이다. 1.5점

A ☐ 봄에
B ☐ 여름에
C ☐ 가을에

어휘

tournée (f.) 여행, 순회 공연 | au lieu de ~대신에 | clarinettiste 클라리넷 연주자 | montrer 보여주다 | réduire 줄이다 | troupe (f.) 집단, 무리 | avantage (m.) 장점

Étape 3

문제 4의 해설을 확인해 보세요.

문제	풀이 요령
1	기사의 주제와 관련한 문제로, Tournée à vélo 자전거로 하는 순회 공연'이라는 제목에 따라 정답은 **B**.
2	자전거로 하는 공연을 선택한 이유를 묻고 있다. 'Au lieu de passer des heures en voiture, on fait du vélo, c'est bon pour la santé 자동차로 몇 시간을 보내는 대신 자전거를 타면 건강에 좋습니다'라는 내용에 따라 정답은 **A**.
3	음악인 그룹이 이런 방식의 공연에 만족하는지 묻고 있다. 만약 자전거를 이용하는 공연 방식에 반대했다면 이런 형태의 공연을 하지 않을 것이므로 정답은 **Vrai(참)**.
4	공연의 장점에 대한 문제이다. 'Faire une tournée à vélo, c'est moins cher 자전거 투어를 하는 것은 더 저렴'하다는 내용에 따라 정답은 **A**.
5	공연 일정에 대한 문제로, 첫 번째 문장에서 'Le groupe (…) fait une tournée à vélo cet été. 그룹이 이번 여름에 자전거 투어를 한다'고 했고, 마지막 문장에서는 'du 29 juillet au 15 août 7월 29일부터 8월 15일까지'라는 내용이 있으므로 정답은 **B**.

EXERCICE 4 실전 연습

Étape 1 공략에 따라 EXERCICE 4 연습 문제를 풀어 보세요.

Vous lisez cet article de journal.

7 points

> ### Rennes : deux idées de visites guidées
>
> Cet été, redécouvrez Rennes avec ces visites guidées. Vous pouvez choisir entre du street-art et de l'histoire.
>
> **Découverte du street-art**
>
> L'association Teenage Kicks organise une visite à vélo pour voir les fresques et les graffitis. Chaque dimanche à 10 h, un groupe part voir les œuvres d'art. Apportez votre vélo. Le casque est obligatoire pour les enfants de moins de 12 ans.
>
> **Découverte des Lices**
>
> Pour les 400 ans du marché des Lices, une visite spéciale est organisée pour découvrir l'histoire de ce lieu. La visite parle d'architecture et d'histoire, comme les tournois de chevalerie du Moyen-Âge et la fameuse galette saucisse vendue au marché.

Pour répondre aux questions, cochez la bonne réponse.

❶ Ce reportage parle ... *1 point*

A ☐ d'une activité écologique.
B ☐ des événements régionaux.
C ☐ d'une conférence internationale.

❷ Que pouvez-vous faire à la découverte du street-art ? *1,5 point*

A ☐ Louer une bicyclette.
B ☐ Participer à cet événement avec la moto.
C ☐ Découvrir les œuvres de l'art réalisés dans la rue.

❸ 🖍 La découverte du street-art est uniquement pour les enfants. [1,5 point]
　☐ Vrai
　☐ Faux

❹ 🖍 Que peut-on découvrir au marché des Lices ? [1,5 point]
　A ☐ Le style de construction.
　B ☐ La technologie de pointe.
　C ☐ Des légumes de la région.

❺ 🖍 Les tournois de chevalerie concernent … [1,5 point]
　A ☐ l'âge préhistorique.
　B ☐ l'époque médiévale.
　C ☐ l'époque moderne.

| Étape 2 | 문제 5의 내용을 해석한 후, 필수 어휘를 익히세요. |

당신은 이 신문기사를 읽습니다.　　　　　　　　　　　　　　　　　　　　　　　　　7점

Rennes : 가이드 투어에 대한 2가지 아이디어

올 여름, 가이드 투어로 Rennes를 재발견하세요. 당신은 길거리 예술과 역사 중에서 고를 수 있습니다.

길거리 예술의 발견

Teenage Kicks 단체는 프레스코화와 그래피티를 보기 위한 자전거 방문을 기획합니다. 매주 일요일 10시, 한 그룹이 예술 작품을 보러 출발합니다. 당신의 자전거를 가져오세요. 12세 미만의 어린이들에게 헬멧은 필수입니다.

Lices의 발견

Lices 시장 400주년을 맞아, 이곳의 역사를 발견할 수 있는 특별한 방문이 기획되어 있습니다. 이 방문은 중세 시대의 기사 시합과 시장에서 파는 소시지가 들어간 유명한 걀레뜨 등 건축과 역사에 대해 말합니다.

질문들에 답변하기 위해 정답에 표기하세요.

❶ 이 기사는 ... 말하고 있다.　　　　　　　　　　　　　　　　　　　　　　　　　1점

　A ☐ 친환경적 활동에 대해
　B ☐ 지역 행사에 대해
　C ☐ 국제 강연회에 대해

❷ 길거리 예술의 발견에서 무엇을 할 수 있는가?　　　　　　　　　　　　　　　　1.5점

　A ☐ 자전거를 빌리기
　B ☐ 오토바이를 타고 이 행사에 참가하기
　C ☐ 거리에서 실현되는 예술 작품들을 발견하기

❸ 길거리 예술의 발견은 아이들만을 위한 것이다.　　　　　　　　　　　　　　　1.5점

　☐ 참
　☐ 거짓

DELF A2 · 독해

❹ Lices 시장에서 무엇을 발견할 수 있는가? [1.5점]
  A □ 건축 스타일
  B □ 첨단 기술
  C □ 지역 야채들

❺ 기사 시합은 … 관련된다. [1.5점]
  A □ 선사 시대와
  B □ 중세 시대와
  C □ 현대와

어휘
fresque (f.) 프레스코화, 대벽화 | graffiti (m.) 그래피티 | apporter 가져오다 | casque (m.) 헬멧 |
obligatoire 의무적인, 필수적인 | architecture (f.) 건축 | tournoi (m.) 시합 | chevalerie (f.) 기사(도) |
conférence (f.) 강연회 | uniquement 오로지, 단지 | technologie de pointe (f.) 첨단 기술 | médiéval 중세의

Étape 3 문제 5의 해설을 확인해 보세요.

해설

문제	풀이 요령
1	기사의 주제와 관련된 문제로, 'Rennes : deux idées de visites guidées Rennes : 가이드 투어에 대한 2가지 아이디어'라는 제목에서 Rennes라는 도시에 대한 것임을 알 수 있으므로 정답은 **B**.
2	길거리 예술이 무엇인지를 묻고 있다. 'L'association (…) organise une visite à vélo pour voir les fresques et les graffitis. 단체는 프레스코화와 그래피티를 보기 위한 자전거 방문을 기획합니다'라고 하였으므로 정답은 **C**. 'Apportez votre vélo. 당신의 자전거를 가져오세요' 라고 하였으므로 **A**는 정답이 될 수 없다.
3	길거리 예술의 참가 조건 문제이다. 'Le casque est obligatoire pour les enfants de moins de 12 ans. 12세 미만의 어린이들에게 헬멧은 필수입니다'라고 하였지만, 나이가 행사의 참여 조건은 아니므로 정답은 **Faux(거짓)**.
4	Lices 시장에서 발견할 수 있는 것을 묻는 문제로, 'La visite parle d'architecture et d'histoire 이 방문은 (…) 건축과 역사에 대해 말합니다'라고 했으므로 건축 양식을 살펴볼 수 있다는 것을 알 수 있다. 따라서 정답은 **A**.
5	기사들의 시합과 관련된 문제이다. 'les tournois de chevalerie du Moyen-Âge 중세 시대의 기사 시합'이라는 내용에 따라 정답은 **B**.

작문 평가

Production écrite

❶ 작문 완전 분석

A2 작문 평가의 유형은 총 2개로 나뉜다. 1번 유형은 여행 또는 연수나 포럼 참가에 대한 경험담을 작성하는 유형으로 12.5점이 부여된다. 2번 유형은 12.5점이 부여되며 두 가지 방식 중에서 출제되는데 한 가지는 상대로부터 수신한 초대, 제안, 부탁의 이메일이나 편지글을 읽고 이에 대해 수락이나 거절의 글을 작성하는 방식이다. 2번 유형의 또 다른 방식은 특정 주제를 바탕으로 부탁이나 제안을 하는 글로 이루어지는데 이 유형은 사실 받은 메일이나 편지의 내용에서 다루어지기 때문에 본 교재에서는 시험의 효율성을 높이기 위해 의견이나 느낌을 쓰는 방식과 메일이나 편지에 대한 답장의 방식 두 가지만을 제시할 것이다.

❷ 작문 유형 파악 [약 45분, 총 25점]

유형	특징
❶ 주어진 상황에 대한 경험담 작성 (12.5점)	여행, 교환 학생, 어학연수, 기업 연수 등과 관련하여 현지에서 겪은 일들과 각종 활동에 대해 이메일 또는 일기를 작성하는 형식으로 출제된다.
❷ 수락·거절·초대 등 상황별 작문 (12.5점)	상대의 이메일이나 편지에 대해 수락 또는 거절의 답신을 작성하거나, 따로 주어진 글 없이 초대, 제안, 감사, 사과, 축하, 요청, 부탁, 통지의 글을 작성하는 형식으로 출제된다. 유의할 점은 어떤 주제로 작성하든 주어진 특정 장소 또는 행사에서 일어날 사건이나 활동에 대해 구체적으로 기술해야 한다는 것이다. 특히 거절의 답신을 작성할 경우, 거절의 이유를 명확히 밝히고 다른 활동을 제안하는 내용을 반드시 덧붙여야 한다.

3 작문 평가 이것만은 꼭!

❶ 최소 단어 수를 준수하되, 분량은 넉넉히 작성한다.

DELF A2 작문에서는 EXERCICE 1과 EXERCICE 2 모두 최소 60단어를 작성해야 한다. 60단어를 넘기지 못하면 감점되므로 반드시 최소 기준을 충족해야 하며, 분량은 여유 있게 작성하는 것이 유리하다. 단, 문장을 더 풍성하게 만들어 단어 수를 자연스럽게 늘리되, 불필요한 반복이나 주제에서 벗어난 내용을 피해야 한다. 80단어를 초과하더라도 채점 범위에서 제외되거나 감점이 되지는 않는데, 최근 경향을 보면 100단어 정도까지 쓰는 것이 일반적이다.

❷ 지시문에 제시된 상황을 언급해서 작성한다.

지시문에는 응시자가 어떤 상황을 가정하고, 어떤 형식으로 글을 작성해야 하는지 구체적으로 제시되어 있다. 예를 들어, 친구에게 초대 글을 쓴다면 인사말, 초대 이유, 시간과 장소를 명확히 언급해야 하고, 편지 형식이라면 적절한 시작과 마무리 문구를 포함해야 한다. 지시문에서 요구하는 사항을 빠뜨리거나 잘못 이해하면 감점으로 이어질 수 있으니 꼼꼼히 확인하는 것이 중요하다. 특히, 요구된 정보를 단순히 나열하는 데 그치지 않고 문맥에 맞게 자연스럽게 연결하는 것이 좋은 점수를 받는 비결이다.

❸ 답안지 교체가 어려울 수 있으므로 적절한 필기구를 준비한다.

시험장에서 작문 연습용 종이를 배부하기는 하나, 상당수의 응시자들이 시간 제한의 부담을 느껴 답안지에 바로 작성을 시작하는 경우가 많다. 하지만 작문을 하다 보면 앞에서 썼던 내용을 지우고 수정해 가며 작성해야 하는 경우가 많으며, 답안지를 통째로 교환하고자 하는 응시자들도 있다. 답안지 교체를 희망하는 모든 응시자들에게 새 답안지를 주기에는 감독관에게 배부된 여분이 매우 적다. 따라서 연습용 종이가 아닌 답안지에 직접 작성할 경우 우선 연필로 적으면서 수정을 하고 최종적으로 펜으로 작성하면 안전하다. 또는 수정 테이프를 이용하여 지우고 그 위에 다시 쓸 수 있다. 본인의 작문 숙련도에 따라 필요한 도구를 준비하여 사용하도록 한다.

EXERCICE 1

작문 평가

EXERCICE 1에서는 작문한 글을 받을 대상이 누구인지 정확히 파악하고, 글의 형식이 무엇인지에 따라 작성해야 한다. 공식적인 편지, 이메일, 개인적인 메시지 등 형식에 따라 어휘와 표현이 달라지므로, 지시 사항을 꼼꼼히 확인하고 이에 맞춰 작성해야 한다. 또한, 지시 사항에서 언급된 내용이 누락되면 감점될 수 있으므로, 글을 완성한 후 모든 항목을 충족했는지 다시 확인하는 습관을 기르는 것이 좋다.

작성 분량은 최소 60단어 이상이어야 하며, 원활한 내용 전개와 충분한 표현을 위해 80단어 이상 작성하는 것을 권장한다. 분량이 부족하면 감점될 수 있으므로, 아이디어를 확장하여 내용을 충실히 구성하는 것이 유리하다.

완전 공략

DELF A2 작문

1 핵심 포인트

다양한 주제와 상황을 가정하여 지시 사항에 따라 작성하는데, 지시 사항을 모두 준수하면서도 언급해야 할 활동이나 사건에 대해 자신의 느낌을 풍부하게 쓰는 것이 중요하다. 작문을 마친 후 지시문에 언급된 내용들 중 빠뜨린 것이 없는지 반드시 재확인하여 필요하다면 추가 및 보완하도록 한다.

2 빈출 주제

여행, 학업 연수, 포럼 참가, 업무 관련 연수 또는 출장과 같은 특정 주제가 등장하며 이에 대한 자신의 느낌을 작성하게 된다. A2 작문의 경우 일반적으로 친구에게 여행 경험담을 적어 보내는 주제가 대부분이었으나, 최근 직장 관련 연수 또는 출장 관련 내용이 빈번히 등장하는 등 작문 주제가 다양해졌다. 그만큼 난이도 역시 높아져 기존에 비해 더 철저한 준비가 요구된다.

3 고득점 전략

① **글의 형식부터 정확히 파악해서 작성한다.**

응시자는 먼저 작성해야 할 글이 이메일인지, 편지인지, 일기인지, 기고문인지 형식부터 정확히 파악해야 한다. 이를 지키지 않으면 아무리 좋은 구성에 잘 짜인 글을 작성하더라도 기본 형식이 틀렸다는 이유로 큰 감점을 당하게 된다. 따라서 반드시 지시문에 명시된 글의 형식을 파악하고, 그에 부합하게 작성해야 한다.

② **지시문에 언급된 사항을 모두 포함하여 90~100단어 분량으로 작성한다.**

지시 사항에 언급된 활동, 사건 등을 모두 포함시켜야 하며 특히 이에 대한 자신의 느낌을 다채롭게 덧붙여야 한다. 단어 수는 최소 60단어라는 규정이 주어지므로 그 미만으로 작성하면 감점되지만, 단어 수를 초과한다고 해서 감점이 되지는 않는다. 따라서 응시자는 작성한 문장들 중 일부 감점이 될 가능성까지 고려하여 90~100단어 정도까지 글을 작성하면 보다 안전한 전략이 된다.

EXERCICE 1 실전 연습

공략에 따라 **EXERCICE 1** 연습 문제를 풀어 보세요.

Sur Internet, vous participez à un forum en français sur le thème de la fête du nouvel an. Vous racontez comment se passe cette fête chez vous et vous donnez vos impressions sur ce thème.

12,5 points

60 mots minimum

Nombre de mots :

Étape 2

문제 1의 해석을 확인하고, 작문 구성 방법을 익히세요.

해석: 인터넷에서 당신은 새해 축제를 주제로 한, 프랑스어로 진행되는 포럼에 참여합니다. 당신은 당신 나라에서 이 축제를 어떻게 보내는지와 이 주제에 대한 당신의 느낌을 쓰세요.

12.5점

작문 구성

개요	진행 방식
1. 처음	인사말과 함께 자신이 누구인지 밝힌다. 그리고 어떻게 이 포럼에 참가하게 되었는지를 설명한다.
2. 가운데	자신의 국적에 대해 밝히고 새해가 어떤 날을 의미하는지를 설명한다. 그리고 이 날 어떠한 일들이 일어나는지를 구체적으로 밝힌다. 새해 축제가 갖는 의미가 왜 중요한지를 설명해야 하는데 특히 현대인들의 바쁜 삶을 언급하고 가족끼리 모이는 것이 매우 어렵다는 점과 새해가 어떤 의미인지를 강조한다.
3. 끝	이 주제가 가족의 소중함을 일깨워 준다는 의미에서 가치가 있다는 말로 글을 끝마친다.

Étape 3

문제 1의 필수 어휘를 익히고, 모범 답안을 확인해 보세요.

어휘: Internet 인터넷 | participer à ~에 참가하다 | forum (m.) 포럼 | thème (m.) 주제 | nouvel an (m.) 새해 | impression (f.) 인상, 느낌 | mot (m.) 단어 | minimum 최소의 | colloque (m.) 토론회 | tableau d'affichage (m.) 게시판 | se prosterner 큰절하다 | attachement à la famille (m.) 가족애

Paris, le 01 février

Bonjour,

Je m'appelle Il Young. J'ai vu ce colloque sur le tableau d'affichage de l'université et j'ai décidé d'y participer.

Je suis coréen et le nouvel an est une grande fête en Corée. Toute la famille se réunit et on mange une soupe de Tteoks qui est un repas traditionnel. On se prosterne devant les anciens de la famille pour les saluer et leur souhaiter une bonne année. Et puis, on joue au yut qui est un jeu coréen traditionnel.

À mon avis, c'est une très bonne occasion pour la famille de se réunir. Il est vrai que les gens d'aujourd'hui sont très occupés. Il est difficile d'aller voir les parents lorsque nous habitons loin. Mais l'attachement à la famille est plus important que la distance.

Dans ce sens-là, je pense que ce sujet nous donne l'occasion de rappeler l'importance de la famille.

Il Young

파리, 2월 1일

안녕하세요,

내 이름은 일영입니다. 나는 대학 게시판에서 이 포럼을 봤고 여기에 참가하기로 결정했습니다.

나는 한국인이고 새해는 한국에서 큰 축제입니다. 모든 가족이 모여서 전통 식사인 떡국을 먹습니다. 선조들에게 큰절을 올리고 평안한 한 해를 기원합니다 그리고 한국 전통 놀이인 윷놀이를 합니다.

내 의견에, 이것은 가족들이 모이기 위한 매우 좋은 기회입니다. 오늘날의 사람들이 너무 바쁘다는 것은 사실입니다. 우리가 멀리 살면 부모님을 뵈러 가기가 어렵습니다. 하지만 거리보다 가족애가 더 중요합니다.

이런 의미에서 저는 이 주제가 우리에게 가족의 중요성을 상기시키는 기회를 준다고 생각합니다.

일영

EXERCICE 1 실전 연습

Étape 1 공략에 따라 EXERCICE 1 연습 문제를 풀어 보세요.

Hier, c'était votre anniversaire et vous avez passé une bonne soirée avec vos amis. Vous écrivez un mail à votre ami(e) francophone pour lui raconter ce que vous avez fait pendant cette journée. Vous lui donnez aussi vos impressions sur la fête.

12,5 points

60 mots minimum

Nombre de mots : _____

문제 2의 해석을 확인하고, 작문 구성 방법을 익히세요.

해석 어제, 당신의 생일이었고 당신은 당신의 친구들과 최고의 저녁 시간을 보냈습니다. 당신은 이 날 동안 당신이 했던 것을 당신의 프랑스어권 친구에게 말하기 위해 그에게 메일을 씁니다. 당신은 그에게 또한 파티에 대한 당신의 느낌을 전합니다.

12.5점

작문 구성

개요	진행 방식
1. 처음	인사말과 함께 간단하게 안부를 묻는다. 그리고 어제 생일이었고 친구들과 좋은 시간을 보냈다는 말로써 어제의 일에 대해 전체적으로 언급한다.
2. 가운데	어제 있었던 일들에 대해 구체적으로 기술해야 하는데 먼저 음식과 관련한 부분을 언급한다. 그리고 생일 선물로 무엇을 받았는지와 그에 대한 느낌을 쓴다. 또한 친구들과 함께 한 활동에 대해 이야기한다.
3. 끝	어제 있었던 일에 대한 전체적인 느낌을 전하면서 글을 끝맺는다.

문제 2의 필수 어휘를 익히고, 모범 답안을 확인해 보세요.

어휘 francophone 프랑스어권의 | impression (f.) 느낌, 인상 | fête (f.) 파티 | commander 주문하다 | délicieux 맛있는 | instrument (m.) 악기, 도구 | heureux 행복한 | fatigué 피곤한

Séoul, le 06 juillet

Salut,

Comment ça va ? Moi, je vais bien. Qu'est-ce que tu fais pendant les vacances ? Hier, j'ai invité mes amis chez moi pour fêter mon anniversaire et tout s'est bien passé.

On a commandé des plats italiens et ils étaient très délicieux. Comme j'aime la musique, j'ai toujours voulu apprendre à jouer d'un instrument et l'un de mes amis m'a offert une guitare en cadeau d'anniversaire. J'étais très content de son cadeau. Et puis, une autre amie a fait un gâteau elle-même pour mon anniversaire et j'étais très heureux. On est allés au bar pour prendre un verre après le dîner et j'ai beaucoup bu. Ensuite, nous sommes allés au karaoké et on a chanté et dansé toute la nuit.

J'étais très fatigué ce matin mais j'ai passé un bon moment avec mes amis et je ne l'oublierai jamais.

Au revoir,

Kijin

서울, 7월 6일

안녕,

어떻게 지내니? 나는 잘 지내. 방학 동안 너 뭐하고 있니? 어제 나는 내 생일을 축하하기 위해 내 집으로 친구들을 초대했고 모든 것이 아주 좋았어.

우리는 이탈리안 요리들을 주문했는데 아주 맛있었어. 내가 음악을 좋아하기 때문에 항상 악기 연주하는 것을 배우기를 원했는데 친구들 중에 한 명이 생일 선물로 내게 기타를 선물했어. 나는 그의 선물에 매우 만족했어. 그리고 또 다른 친구는 내 생일을 위해 직접 케이크를 만들었고 나는 매우 행복했어. 우리는 저녁 식사 후에 술 한잔을 하기 위해 바에 갔고 나는 많이 마셨어. 그 후에 우리는 노래방에 갔고 밤새 노래하고 춤췄지.

나는 오늘 아침에 너무 피곤했지만 내 친구들과 함께 최고의 순간을 보냈고 이것을 결코 잊지 못할 거야.

안녕,

기진

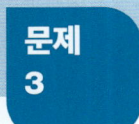

EXERCICE 1 실전 연습

 공략에 따라 **EXERCICE 1** 연습 문제를 풀어 보세요.

Vous avez fait un voyage d'une semaine à Paris. Vous racontez dans votre journal personnel ce que vous avez fait, jour après jour. Vous parlez de vos impressions sur la vie à Paris.

12,5 points

60 mots minimum

Nombre de mots :

Étape 2 문제 3의 해석을 확인하고, 작문 구성 방법을 익히세요.

해석 당신은 파리에서 일주일의 여행을 했습니다. 당신은 일기장에 당신이 한 것에 대해 매일 이야기합니다. 당신은 파리에서의 생활에 대한 당신의 느낌에 대해 말하세요. 12.5점

작문 구성

개요	진행 방식
1. 처음	본인 일기장에 쓰는 것이기 때문에 안부 인사를 쓰는 것은 자칫 채점관에게 글의 형식을 이해하지 못한다는 느낌을 줄 수 있다. 따라서 장소, 날짜만 적고 파리에서의 일주일에 대한 전체적인 느낌을 적는다.
2. 가운데	지시사항에 따라 파리에서의 활동에 대해 가능한 한 날짜별로 자세하게 적어야 하는데 이때 특히 유의할 사항은 하나의 활동을 적은 후 그에 대한 느낌을 적는 것을 잊지 말아야 한다는 것이다. 파리의 유명한 기념물들(루브르 박물관, 에펠탑, 몽마르트르 언덕 등)은 여행과 관련한 주제의 작문에서도 활용할 수 있기 때문에 알아두는 것이 좋다.
3. 끝	파리에서의 생활에 대한 자신의 느낀 점을 적는데 한국에서의 바쁜 삶과 비교하여 차이점을 간략하게 쓰고 다시 오고 싶다는 바람을 적으며 끝맺는다.

Étape 3 문제 3의 필수 어휘를 익히고, 모범 답안을 확인해 보세요.

어휘

voyage (m.) 여행 | journal personnel (m.) 일기(장) | s'endormir 잠자다 | apprécier 감상하다 | Joconde (f.) 모나리자 | sourir 미소 짓다 | haut 높은 | peur (f.) 무서움 | cathédrale (f.) 대성당 | vitrail (m.) 스테인드글라스 | butte (f.) 언덕 | construire 세우다 | église (f.) 교회, 성당 | colline (f.) 언덕 | magasin de souvenirs (m.) 기념품 가게 | collier (m.) 목걸이 | idéal 이상적인 | inoubliable 잊지 못할

모범 답안

Paris, le 04 août

Cela fait déjà une semaine que je suis à Paris. Je pense que le temps passe très vite.

Je suis arrivée à l'hôtel à 22 h et je me suis endormie tout de suite parce que j'étais fatiguée. J'ai visité le Musée du Louvre le deuxième jour et j'ai apprécié beaucoup de tableaux très célèbres. Quand j'ai vu la Joconde, j'ai eu l'impression qu'elle me souriait. Je suis allée à la tour Eiffel le troisième jour. Elle était très haute et j'ai eu un peu peur. Et puis, je suis allée à la cathédrale Notre Dame de Paris le jour suivant et son vitrail était vraiment magnifique. Je suis montée à la butte Montmartre le cinquième jour. J'étais curieuse de savoir comment on a construit l'église Sacré Cœur sur une colline si haute. Ensuite je suis allée au magasin de souvenirs pour acheter des cadeaux pour ma famille et mes amis. J'ai trouvé un joli collier et je l'ai acheté parce que j'ai pensé que c'était un cadeau idéal pour ma mère.

Je rentre à la maison demain, j'ai passé une semaine inoubliable à Paris. À mon avis, la vie à Paris est plus romantique et libre qu'à Séoul. J'aimerais y revenir encore une fois avec ma famille.

....

파리, 8월 4일

내가 파리에 있은 지 벌써 일주일이 되었다. 나는 시간이 정말 빠르게 지나간다고 생각한다.

나는 22시에 호텔에 도착했고 바로 잠이 들었는데 왜냐하면 피곤했기 때문이었다. 나는 두 번째 날 루브르 박물관을 방문했고 매우 유명한 많은 그림들을 감상했다. 내가 모나리자를 봤을 때, 그녀가 내게 미소를 짓는다고 느꼈다. 나는 세 번째 날 에펠탑을 갔다. 매우 높았고 약간 무서웠다. 그리고 다음 날 노트르담 대성당을 갔는데 스테인드글라스가 정말로 훌륭했다. 나는 다섯 번째 날 몽마르트르 언덕을 올라갔다. 나는 그렇게 높은 언덕 위에 어떻게 사크레 쾨르 성당을 지었는지 궁금했다. 그리고 내 가족과 친구들을 위한 선물들을 사기 위해 기념품 가게에 갔다. 나는 예쁜 목걸이를 발견했고 그것을 샀는데 왜냐하면 어머니에게 이상적인 선물이라고 생각했기 때문이었다.

나는 내일 집으로 돌아가는데 파리에서 잊지 못할 일주일을 보냈다. 내 생각에 파리에서의 삶은 서울에서보다 더 낭만적이고 여유롭다. 나는 가족과 함께 다시 한번 이곳에 오고 싶다.

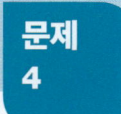

EXERCICE 1 실전 연습

공략에 따라 EXERCICE 1 연습 문제를 풀어 보세요.

Votre ami vous a invité chez lui pendant les vacances. Vous avez assisté au Carnaval de sa ville. Vous écrivez un courriel à votre ami(e) francophone pour décrire comment l'évènement s'est passé. Vous parlez également de vos impressions générales. *12,5 points*

60 mots minimum

Nombre de mots :

Étape 2 문제 4의 해석을 확인하고, 작문 구성 방법을 익히세요.

해석
당신의 친구가 방학 동안에 그의 집에 당신을 초대했습니다. 당신은 그의 도시의 카니발에 참석했습니다. 당신은 행사가 어떻게 진행되었는지를 기술하기 위해 프랑스어권 친구에게 메일을 씁니다. 또한 전반적인 당신의 느낌에 대해 말하세요.

12.5점

작문 구성

개요	진행 방식
1. 처음	먼저 간단한 인사말과 함께 니스에서 좋은 시간을 보냈다는 전체적인 내용을 언급한다.
2. 가운데	니스 카니발에 대한 설명을 구체적으로 해야 하는데 이 카니발은 매우 유명하고 많은 사람들이 왔다는 내용을 쓴다. 카니발에서 벌어진 행사들에 대해 구체적으로 기술해야 하는데 특히 인상에 깊었던 행사를 예로 들어 시제에 유의하면서 글을 쓴다.
3. 끝	이 카니발에 대해 느꼈던 자신의 느낌을 간략하게 적고 글을 끝맺는다.

Étape 3 문제 4의 필수 어휘를 익히고, 모범 답안을 확인해 보세요.

어휘
assister à ~에 참석하다 | francophone 프랑스어권의 | inoubliable 잊지 못할 | populaire 인기 있는 | touriste 관광객 | thème (m.) 주제 | char (m.) 전차 | compétition (f.) 시합 | foule (f.) 군중 | ramasser 줍다 | expérience (f.) 경험

Nice, le 15 février

Salut,

Comment vas-tu ? Mon ami m'a proposé de venir passer quelques jours chez lui et j'ai passé une semaine inoubliable à Nice.

Comme tu le sais bien, le Carnaval de Nice est une manifestation à la fois culturelle très connue et populaire. Quand j'ai assisté à ce carnaval, j'ai trouvé qu'il y avait beaucoup de touristes.

En fait, chaque année, il y a un thème différent pour célébrer le Roi. Cette année, c'était le sport. Ce carnaval m'a supris car il y avait beaucoup de chars et de spectacles qui montraient des compétitions sportives. Et puis, les femmes qui mettaient des vêtements traditionnels saluaient la foule. L'un des événements remarquables était la Bataille des Fleurs. Les enfants et les femmes ont lancé des fleurs et la foule les a ramassées.

J'ai vécu une expérience extraordinaire grâce au carnaval de Nice et j'aimerais y revenir avec ma famille.

Au revoir,

Xavier

니스, 2월 15일

안녕,

어떻게 지내니? 내 친구가 자기 집에서 며칠 보내러 올 것을 나에게 제안했고 나는 니스에서 잊지 못할 한 주를 보냈어.

너도 잘 알겠지만 니스의 카니발은 매우 알려져 있는 문화적이고 인기 있는 행사야. 내가 이 카니발에 참석했을 때 많은 관광객들이 있었어.

사실, 매년 왕을 찬양하기 위해 다양한 주제가 있어. 올해는 스포츠였어. 나는 이 카니발에 대해 놀랐는데 왜냐하면 많은 전차들과 스포츠 시합을 보여주었던 공연들이 있었기 때문이야. 그리고 전통 의상을 입은 여성들이 관중들에게 인사를 했어. 놀라운 행사들 중에 하나는 꽃들의 전쟁이었어. 아이들과 여성들이 꽃들을 던졌고 군중들은 이것을 주웠어.

나는 니스의 카니발 덕분에 놀라운 경험을 했고 내 가족과 함께 이곳에 다시 오고 싶어.

안녕,

Xavier

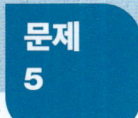

EXERCICE 1 실전 연습

공략에 따라 EXERCICE 1 연습 문제를 풀어 보세요.

Vous avez vécu un moment inoubliable dans votre famille. Vous écrivez à un(e) ami(e) français(e) pour lui raconter ce moment et vos impressions personnelles.

12,5 points

60 mots minimum

Nombre de mots :

Étape 2

문제 5의 해석을 확인하고, 작문 구성 방법을 익히세요.

해석: 당신은 가족 안에서 잊지 못할 순간을 경험했습니다. 프랑스 친구에게 이 순간과 당신의 개인적인 느낌을 이야기하기 위해 글을 씁니다.

12.5점

작문 구성:

개요	진행 방식
1. 처음	간단한 인사말과 함께 지시사항에서 언급하고 있는 가족 간에 겪었던 경험을 했다는 전체적인 내용을 적는다.
2. 가운데	경험한 내용을 구체적으로 적어야 하는데 실제 가족 간에 일어날 수 있는 상황들을 전제로 하는 것이 현실적인 면을 강조할 수 있다. 예를 들어 결혼, 임신 등과 같은 좋은 소식들을 적으면서 각 순간에 느꼈던 자신의 느낌이나 인상을 적는다.
3. 끝	가족들의 즐거움에 대해 표현하고 좋은 시간을 보냈다는 말로 끝맺는다.

Étape 3

문제 5의 필수 어휘를 익히고, 모범 답안을 확인해 보세요.

어휘: vécu (vivre의 과거 분사) 겪다 | moment (m.) 순간 | courriel (m.) 전자 우편 | s'installer 정착하다 | accueillir 환대하다 | fiancée (f.) 약혼녀 | surprise (f.) 놀라움 | s'entendre 어울리다 | grande sœur (f.) 누나 | mari (m.) 남편 | enceinte 임신한 | oncle (m.) 삼촌 | féliciter 축하하다

Nice, 08 juillet

Salut,

Comment ça va ? Moi, je vais bien. Voilà, je t'écris ce courriel parce que j'aimerais te parler des moments merveilleux que j'ai vécus dans ma famille.

Mes parents se sont installés à la campagne il y a 5 ans et je suis allé chez eux quand les vacances ont commencé. Quand je suis entré dans la maison, mon grand frère m'a bien accueilli. Il m'a présenté sa fiancée. Quelle surprise ! Elle était grande et belle. J'ai pensé qu'ils s'entendraient très bien. Et puis, ma grande sœur est venue avec son mari ce soir-là et elle nous a annoncé une bonne nouvelle : elle était enceinte. J'étais tellement content de cette nouvelle. Je vais devenir oncle !

Toute la famille l'a félicitée et j'ai passé un moment agréable avec ma famille pendant les vacances. Je vais te raconter 'histoire en détail tout à l'heure.

À bientôt,

Patrick

니스, 7월 8일

안녕,

어떻게 지내니? 나는 잘 지내. 다름이 아니라 내가 너에게 이 메일을 쓰는 것은 내가 가족에게서 경험했던 멋진 순간들에 대해 말하고 싶기 때문이야.

내 부모님은 5년 전부터 시골에 정착하셨고 나는 방학이 막 시작했을 때 부모님 댁에 갔어. 내가 집에 들어갔을 때 형이 나를 환대해주었어. 그는 내게 그의 약혼자를 소개시켜 주었어. 정말 놀랐어! 그녀는 키가 컸고 아름다웠어. 나는 그들이 매우 잘 어울린다고 생각했어. 그리고 내 누나가 그날 저녁에 남편과 같이 왔는데 누나는 우리에게 좋은 소식을 알려줬어: 누나가 임신을 했어. 나는 이 소식에 정말 기뻤어. 내가 삼촌이 되는 거야!

모든 가족이 그녀를 축하해주었고 나는 방학 동안 내 가족들과 안락한 순간을 보냈어. 자세한 이야기는 나중에 너에게 해줄게.

곧 보자,

Patrick

EXERCICE 1 실전 연습

Étape 1 공략에 따라 EXERCICE 1 연습 문제를 풀어 보세요.

Le 2 octobre, c'est la nuit blanche organisée par la ville de Paris pour les artistes. Vous avez passé une nuit blanche extraordinaire. Vous écrivez à votre ami(e) francophone pour décrire cette nuit dans la rue : spectacles, gens, ambiance. Vous donnez vos impressions générales.

12,5 points

60 mots minimum

Nombre de mots :

Étape 2 문제 6의 해석을 확인하고, 작문 구성 방법을 익히세요.

해석 10월 2일은 파리 시에 의해 운영되는, 예술가들을 위한 백야입니다. 당신은 놀라운 백야를 보냈습니다. 당신은 거리에서의 이 밤을 묘사하기 위해 프랑스어권 친구에게 글을 씁니다 : 공연들, 사람들, 분위기. 당신의 전반적인 느낌을 제시하세요.

12.5점

작문 구성

개요	진행 방식
1. 처음	인사말과 함께 지시사항에 있는 행사를 보게 된 경위에 대한 배경을 설명한다. 예를 들어 친구 집에 갔다가 이 행사를 우연히 보게 되었다는 방식으로 진행하고 행사에 대한 전체적인 느낌을 간단하게 쓴다.
2. 가운데	행사와 관련하여 행사의 목적이 무엇인지를 간략하게 기술한다. 그리고 이 행사 기간에 벌어진 다양한 공연들에 대해 구체적으로 언급해야 한다. 예를 들어 음악, 미술, 연극 등에 대해 적고 이에 대한 인상이나 느낌을 적어야 한다.
3. 끝	이 행사에 대한 전체적인 느낌을 다시 한번 기술하고 좋은 추억이었다는 점을 강조하면서 끝맺는다.

Étape 3 문제 6의 필수 어휘를 익히고, 모범 답안을 확인해 보세요.

어휘 octobre (m.) 10월 | extraordinaire 놀라운 | spectacle (m.) 공연 | proposition (f.) 제안 | avec plaisir 기꺼이 | manifestation (f.) 행사 | toutes sortes de 모든 종류의 | magicien 마법사 | héros (m.) 영웅, 주인공 | pièce (f.) 연극 | enchanté 마법의

Paris, 03. octobre

Salut,

Comment vas-tu ? Mon ami qui habite à Paris m'a proposé de passer quelques jours chez lui et j'ai accepté sa proposition avec plaisir. J'ai vécu des moments inoubliables dans cette ville.

Nous sommes sortis après le dîner et c'était le jour de la nuit blanche. La ville de Paris organise cette manifestation pour les artistes. Il y avait plein de surprises. On pouvait écouter toutes sortes de musiques dans la rue. J'avais l'impression que c'était la fête de la musique. Et puis, un magicien a changé des œufs en pigeons et tout le monde l'a applaudi. Ce n'était pas tout. Les acteurs faisaient une pièce en scène devant le public et j'ai eu l'impression d'être le héros de cette pièce.

C'était comme vivre dans un monde enchanté ce soir-là et je n'oublierai jamais cette expérience incroyable. Je te conseille de venir à Paris pour vivre cette expérience splendide.

À bientôt,

Arnaud

파리, 10월 3일

안녕,

어떻게 지내니? 파리에 살고 있는 내 친구가 자기 집에 며칠 지낼 것을 제안했고 나는 기꺼이 그의 제안을 수락했어. 나는 이 도시에서 잊지 못할 순간들을 경험했어.

우리는 저녁 식사 후에 외출했는데 바로 백야 날이었어. 파리 도시는 예술가들을 위해 이 행사를 기획했어. 놀라운 일들이 많았어. 우리는 거리에서 모든 종류의 음악들을 들을 수 있었어. 나는 이것이 음악 축제라는 느낌을 받았어. 그리고 마술사는 달걀을 비둘기로 바꾸었고 모든 사람이 그에게 박수를 쳤어. 이게 다가 아니었어. 배우들은 대중들 앞에서 연극을 했고 나는 이 연극의 주인공이 된 듯한 느낌이 들었어.

나는 이날 저녁에 내가 마법의 세계에 있는 것 같았고 이 믿지 못할 경험을 결코 잊지 못할 거야. 나는 너에게 이 놀라운 경험을 하러 파리에 갈 것을 권해.

곧 보자,

Arnaud

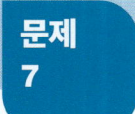

EXERCICE 1 실전 연습

공략에 따라 **EXERCICE 1** 연습 문제를 풀어 보세요.

Un nouveau film vient de sortir et vous êtes allé(e) au cinéma. Les acteurs sont montés sur scène pour saluer les spectateurs après le film. Vous écrivez à un(e) ami(e) francophone pour lui raconter votre rencontre avec eux. Vous dites vos impressions, ce que vous avez aimé et ce que vous avez moins aimé.

12,5 points

60 mots minimum

Nombre de mots :

Étape 2 문제 7의 해석을 확인하고, 작문 구성 방법을 익히세요.

해석 새 영화가 개봉되어서 당신은 극장에 갔습니다. 배우들이 영화 후에 관객들에게 인사하기 위해 무대에 올랐습니다. 당신은 그들과의 만남을 프랑스어권 친구에게 이야기하기 위해 글을 씁니다. 당신의 느낌들, 당신이 좋아했던 것과 덜 좋아했던 것을 말하세요.

12.5점

작문 구성

개요	진행 방식
1. 처음	인사말과 함께 극장에 가게 된 이유와 어떤 영화를 보았는지에 대해 적는다.
2. 가운데	지시사항에서 배우들을 만났다고 했으므로 어떻게 배우들을 만나게 되었는지 경위를 설명한다. 그리고 배우와의 만남에서 있었던 일과 그와 관련한 자신의 느낌들을 구체적으로 기술해야 한다. 배우에게 느꼈던 좋았던 점과 아쉬운 점에 대해 기술해야 한다. 배우라는 특성을 고려하여 연기력에 대해 언급하는 것이 효과적이며 아쉬운 점으로는 바쁜 일정으로 인해 많은 시간을 함께 하지 못했다는 정도로 적는다.
3. 끝	이 만남에 대한 느낌을 전체적으로 요약하고 영화를 볼 것을 친구에게 권하면서 끝맺는다.

Étape 3 문제 7의 필수 어휘를 익히고, 모범 답안을 확인해 보세요.

어휘 acteur 배우 | scène (f.) 무대 | spectateur 관객 | apparition (f.) 출현 | autographe (m.) 사인 | muscle (m.) 근육 | talent d'interprétation (m.) 연기력 | rôle du méchant (m.) 악역 | malfaiteur (m.) 악당

모범답안

Lyon, le 4 avril

Salut,

Comment ça va ? Moi, je vais bien. La fête du cinéma a commencé et mon ami m'a proposé d'aller au cinéma. Nous avons vu un nouveau film d'action.

Les spectateurs ont été surpris par l'apparition des acteurs après le film. Ils ont signé des autographes aux spectateurs et j'ai pris une photo avec l'acteur principal. Je ne savais pas qu'il était si grand et qu'il avait des muscles. J'avais l'impression qu'il était très gentil.

J'ai surtout aimé son talent d'interprétation. Il a joué le rôle du méchant dans le film et j'ai failli croire que c'était un vrai malfaiteur. Pourtant, j'ai regretté de ne pas pouvoir passer un peu plus de temps avec lui. Je voulais lui poser quelques questions mais il était trop occupé et il est parti tout de suite.

Malgré cela, c'était une bonne surprise pour moi de le rencontrer. Je te conseille de voir ce film.

À bientôt,

Frédéric

리옹, 4월 4일

안녕,

어떻게 지내니? 나는 잘 지내. 영화제가 시작되었고 내 친구는 내게 영화관에 가자고 제안했어. 우리는 새 영화를 봤는데 액션 영화였어.

관객들은 영화 후에 배우들의 출현에 놀랐어. 그들은 관객들에게 사인을 해주었고 나는 주연 배우와 사진을 찍었어. 나는 그가 그렇게 키가 크고 근육이 많다는 것을 알지 못했어. 나는 그가 매우 친절하다는 인상을 받았어.

나는 특히 그의 연기력을 좋아했는데 그는 영화에서 악역을 했는데 영화를 보면서 그가 진짜 악당이라고 믿을 뻔했어. 그러나 그와 좀 더 많은 시간을 보내지 못한 것이 아쉬웠어. 그에게 몇 가지 질문들을 하려고 했지만 그가 너무 바빴고 그는 바로 떠났어.

그럼에도 불구하고, 그를 만난 것은 내게는 좋은 뜻밖의 선물이었어. 이 영화를 볼 것을 너에게 권해.

곧 보자,

Frédéric

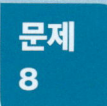

EXERCICE 1 실전 연습

공략에 따라 **EXERCICE 1** 연습 문제를 풀어 보세요.

Vous êtes en France pour faire un stage linguistique pendant un an. Vous écrivez à votre ami(e) et vous lui parlez de vos activités et de vos impressions.

12,5 points

60 mots minimum

Nombre de mots : _____

Étape 2

문제 8의 해석을 확인하고, 작문 구성 방법을 익히세요.

해석

당신은 1년 동안 어학연수를 하기 위해 프랑스에 있습니다. 당신 친구에게 글을 쓰고 당신의 활동들과 느낌들에 대해 그에게 말하세요.

12.5점

작문 구성

개요	진행 방식
1. 처음	인사말과 함께 지시사항에 있는 어학연수를 하고 있다는 부분에 대해 언급하기 위해 프랑스에 있는 이유를 간략하게 설명한다.
2. 가운데	수업과 관련한 내용을 기술한다. 초보자라는 점을 설명하고 수업과 관련한 내용들(초보자라서 겪는 어려움)을 적는다. 프랑스에 있으면서 그동안 했던 활동들에 대해 언급하고 가능하면 활동들마다 자신의 느낌을 적는다. 관광지, 미술관 방문이나 음식에 대해 기술하는 것이 가장 효과적이다.
3. 끝	미술관 방문에 대한 이야기를 하겠다는 말과 함께 글을 끝맺는다.

Étape 3

문제 8의 필수 어휘를 익히고, 모범 답안을 확인해 보세요.

어휘

stage linguistique (m.) 어학 연수 | activité (f.) 활동 | cours (m.) 수업 | raison (f.) 이유 | institut de langues (m.) 어학원 | débutant 초보자 | comprendre 이해하다 | propos (m.) 말 | grammaire (f.) 문법 | compliqué 복잡한 | s'adapter 적응하다 | manière (f.) 방식 | château (m.) 성 | énorme 거대한 | puissance (f.) 권력 | régional 지역적인 | gourmand 미식가 | œuvre (f.) 작품

DELF A2 · 작문

모범답안

Besançon, le 5 mai

Salut,

Comment ça va ? Cela fait déjà six mois que je suis en France pour suivre des cours de français. Je suis venu en France pour continuer mes études à l'université française et c'est la raison pour laquelle je me suis inscrit à l'institut de langues.

Mais j'étais tout débutant et j'avais du mal à comprendre les propos du professeur. Surtout, la grammaire était trop compliquée pour moi. Heureusement, le professeur était gentil et il a parlé doucement aux élèves.

Maintenant, je m'adapte à la manière de vivre ici et j'essaie de voyager beaucoup quand je suis libre. Je suis allé au château de Versailles la semaine dernière. Il est énorme et il y a un très beau jardin devant lui. J'ai pu sentir la puissance de Louis XIV partout. Et puis, j'ai dîné dans un restaurant régional hier et les plats étaient vraiment délicieux. Comme je suis gourmand, j'étais particulièrement content du repas d'hier. Demain, je vais visiter le musée de Chagall avec mes camarades de classe et je suis déjà excité car j'adore ses œuvres.

Je vais te parler de cette visite ce samedi par e-mail.

À bientôt,

Laurent

브장송, 5월 5일

안녕,

어떻게 지내니? 내가 프랑스어 수업을 듣기 위해 프랑스에 있은 지도 벌써 6개월이야. 나는 프랑스 대학교에서 공부를 계속하기 위해 프랑스에 왔고 그런 이유로 어학원에 등록했어.

그렇지만 나는 완전 초보자라서 선생님의 말을 이해하는 데 어려움을 겪었어. 특히 문법이 내게는 너무 복잡했어. 다행히도 선생님이 친절했고 학생들에게 천천히 말씀하셨어.

이제 나는 여기서 사는 방식에 적응했고 내가 시간이 있을 때 여행을 많이 하려고 노력하고 있어. 지난주에는 베르사이유 궁전에 갔어. 거대했고 앞에는 매우 아름다운 정원이 있었어. 나는 어디서나 루이 14세의 권력을 느낄 수 있었지. 그리고 어제 지역 식당에서 저녁을 먹었는데 음식들이 정말로 맛있었어. 내가 미식가이기 때문에 나는 어제의 식사에 대해 매우 만족했어. 내일 나는 학급 친구들과 샤갈 미술관에 갈 건데 이미 흥분하고 있어. 왜냐하면 나는 그의 작품들을 매우 좋아하기 때문이야.

이메일을 통해 이번 주 토요일에 이 방문에 대해 너에게 말할게.

곧 봐,

Laurent

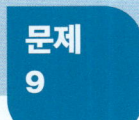

EXERCICE 1 실전 연습

공략에 따라 **EXERCICE 1** 연습 문제를 풀어 보세요.

Vous êtes un(e) nouveau(nouvelle) salarié(e). Vous faites un stage de formation pendant 4 semaines. Vous écrivez à votre ami(e) et vous lui parlez de vos activités et vos impressions.

12,5 points

60 mots minimum

Nombre de mots :

| Étape 2 | 문제 9의 해석을 확인하고, 작문 구성 방법을 익히세요. |

해석 당신은 신입 사원입니다. 4주 동안 기업 연수를 합니다. 당신의 친구에게 글을 쓰고 그에게 당신의 활동들과 느낌들에 대해 말하세요.

12.5점

작문 구성

개요	진행 방식
1. 처음	인사말과 함께 지시사항에 따라 신입사원이라는 점과 기업 연수를 밟고 있다는 내용을 쓴다. 연수 장소는 응시자가 편한 대로 정하면 되는데 (한국, 프랑스) 편지를 받는 친구를 프랑스나 프랑스어권 친구라고 가정한다면 한국 기업으로 정하고 그렇지 않은 경우에는 프랑스로 기업 연수를 간 것으로 설정해도 된다.
2. 가운데	연수 기간에 있었던 이야기들을 해야 하는데 먼저 숙소 문제와 교육과 관련한 내용들을 밝힌다. 그리고 같이 교육받는 동료들에 대해 간략하게 언급한다. 교육 활동 이외의 생활이나 활동에 대해 언급한다. 기념물이나 미술관 방문과 음식에 관련한 내용들을 적는 것이 무난한데 예를 들어 친구 집에 초대 받아 식사를 맛있게 했다는 내용을 쓴다. 이 때 반드시 이런 활동들에 대한 자신의 느낌을 써야 한다.
3. 끝	한국에 돌아와서 만날 것을 약속하면서 글을 끝맺는다.

| Étape 3 | 문제 9의 필수 어휘를 익히고, 모범 답안을 확인해 보세요. |

어휘 salarié 직장인, 사원 | stage (m.) 연수 | formation (f.) 교육 | siège (m.) 본사 | s'inquiéter de ~에 대해 걱정하다 | logement (m.) 숙소 | pension (f.) 기숙사 | strict 엄격한 | formateur 교육관 | Penseur (m.) 생각하는 사람 | chef-d'œuvre (m.) 걸작 | cuisinier 요리사

모범답안

Montpellier, le 25 mai

Salut,

Comment vas-tu ? Moi, je vais bien. J'ai commencé à travailler dans une grande société depuis un mois. Comme le siège de la société est en France, j'ai dû faire mon stage de formation à Paris pendant six mois.

D'abord, je me suis inquiété du logement et heureusement, la société m'a offert une pension. Le programme de la formation est strict et il commence à partir du 9 h et finit à 18 h. Les formateurs sont gentils et je m'entends bien avec mes collègues.

Je suis allé au musée Rodin avec mes amis la semaine dernière et j'ai vu « le Penseur » qui est l'un de ses chefs-d'œuvre. Il était plus grand que je croyais et j'ai eu l'impression qu'il était vivant. Hier, mon ami français m'a invité à dîner chez lui et j'ai goûté des plats français. Sa femme était une excellente cuisinière et on a pris un verre après le repas. Je me suis senti chez moi grâce à eux.

Je rentre en Corée dans 5 mois et je te raconterai ma vie en France en détail.

Au revoir,

Dae Young

몽펠리에, 5월 25일

안녕,

어떻게 지내니? 나는 잘 지내고 있어. 너가 한 달 전부터 대기업에서 일을 시작했어. 회사 본사가 프랑스에 있기 때문에 나는 6개월 동안 파리에서 교육 연수를 받아야 했어.

우선, 나는 숙소 때문에 걱정했는데 다행히도 회사에서 기숙사를 제공했어. 교육 프로그램은 엄격한데 9시에 시작해서 저녁 6시에 끝나. 교육자들은 친절하고 나는 동료들과 잘 지내고 있어.

나는 지난주에 친구들과 로댕 박물관을 갔는데 그의 걸작들 중의 하나인 '생각하는 사람'을 봤어. 내가 생각했던 것보다 더 컸고 그가 살아있다는 느낌을 받았어. 어제는 내 프랑스 친구가 자기 집에 저녁 식사 초대를 했고 나는 프랑스 음식들을 맛보았어. 그의 아내는 훌륭한 요리사였고 식사 후에 술 한잔을 했어. 나는 그들 덕분에 내 집에 있는 것처럼 편안함을 느꼈어.

5개월 후에 한국에 돌아가는데 프랑스에서의 나의 삶에 대해 자세하게 너에게 말해줄게.

잘 있어,

대영

EXERCICE 1 실전 연습

공략에 따라 EXERCICE 1 연습 문제를 풀어 보세요.

Votre ami(e) vous a invité à la fête universitaire et vous écrivez à votre ami(e) francophone et vous lui parlez de cet événement et vos impressions.

12,5 points

60 mots minimum

Nombre de mots :

Étape 2

문제 10의 해석을 확인하고, 작문 구성 방법을 익히세요.

해석: 당신의 친구는 당신을 대학 축제에 초대했고 당신은 프랑스어권 친구에게 이 행사와 당신의 느낌에 대해 편지를 씁니다. [12.5점]

작문 구성

개요	진행 방식
1. 처음	인사말과 함께 글의 자연스러운 전개를 위해 친구와의 인연에 대해 말한다.
2. 가운데	지시사항에 따라 대학 축제에 갔던 일에 대해 써야 하는데 먼저 이 축제에 가게 된 경위를 간략하게 설명한다. 그리고 행사에서 일어났던 일들에 대해 언급해야 하는데 특히 언급한 활동들에 대한 느낌이나 인상을 적어야 한다.
3. 끝	프랑스에 갈 계획이라는 점을 밝히면서 그 때 만났으면 좋겠다는 말과 함께 글을 끝맺는다.

Étape 3

문제 10의 필수 어휘를 익히고, 모범 답안을 확인해 보세요.

어휘: fête universitaire (f.) 대학 축제 | événement (m.) 행사 | étudiant en échange 교환학생 | manquer 그립다 | vie quotidienne (f.) 일상생활 | projet (m.) 계획 | feu artifice (m.) 불꽃놀이 | avoir l'intention de ~할 계획이다 | stage linguistique (m.) 어학연수

Séoul, le 15 mai

Salut,

Comment vas-tu ? Tu es venu en Corée en tant qu'étudiant en échange il y a deux ans et tu as logé chez moi. Je sens que le temps passe vite et tu me manques beaucoup.

Hier, mon ami m'a invité à une fête universitaire et j'y ai passé un bon moment avec lui. Il y avait plein de choses à voir durant cette fête. Mon ami a participé au concours de chansons et il a gagné le grand prix. J'ai pensé qu'il a vraiment bien chanté. Et puis, les étudiants ont préparé beaucoup de plats et j'ai bien mangé en prenant un verre. Il m'a présenté ses amis universitaires et je leur ai parlé de la vie quotidienne et de mes projets. Je me suis bien senti à l'aise avec eux. Un feu d'artifice a terminé la fête et c'était magnifique.

J'ai l'intention d'aller en France l'année prochaine pour faire un stage linguistique. L'institut de langues n'est pas loin de chez toi et j'espère que nous allons passer un bon moment ensemble.

À bientôt,

Jintae

서울, 5월 15일

안녕,

어떻게 지내니? 네가 2년 전에 교환 학생으로 한국에 왔고 내 집에 묵었었지. 나는 시간이 빨리 간다고 느끼고 네가 많이 보고 싶어.

어제, 내 친구가 대학 축제에 나를 초대해서 그곳에서 그와 좋은 순간을 보냈어. 이 축제에는 볼 것이 많았어. 내 친구는 노래 경연대회에 참가해서 대상을 받았어. 나는 그가 노래를 정말 잘한다고 생각했어. 그리고 학생들이 많은 음식들을 준비했고 나는 술 한잔 하면서 잘 먹었지. 그는 내게 자신의 대학 친구들을 소개해주었고 나는 그들에게 일상생활과 내 계획에 대해 말했지. 그들과 편안함을 느꼈어. 축제는 불꽃놀이로 끝이 났는데 멋졌어.

나는 어학연수를 하기 위해 내년에 프랑스에 갈 계획이야. 어학원이 네 집에서 멀지 않으니까 우리가 함께 좋은 시간을 보내기를 바라고 있어.

곧 보자,

진태

EXERCICE 2

작문 평가

EXERCICE 2는 주어진 이메일 또는 편지를 읽고 이에 대한 답신을 작성하는 방식과, 주어진 글 없이 바로 지시 사항에 부합하는 글을 작성하는 방식으로 나뉜다.

답신의 주제는 수락과 거절 두 가지로 나올 수 있으므로, 두 경우 모두 대비하여 실전 연습을 하는 것이 중요하다. 특히, 거절의 답신을 작성할 때는 단순히 거절하는 것에 그치지 않고, 새로운 대안을 제시하거나 대체 방안을 덧붙여 글을 더욱 풍부하게 구성하는 것이 좋다.

완전 공략

DELF A2 작문

1 핵심 포인트

발신자와 수신자와의 관계 및 성, 수, 존칭 여부에 유의하여 작성해야 한다. 이를 고려하지 않은 작문은 큰 감점 요소가 된다. 개인 간의 이메일인지 또는 여러 명에게 보내는 단체 메일인지, 받는 사람과의 관계는 어떻게 설정되어 있는지 정확히 파악하고 그에 부합하는 호칭과 변화형을 사용해 작문하도록 한다.

2 빈출 주제

주어진 글 없이 바로 작성하는 방식보다는 답신 형식으로 작성하는 방식이 좀 더 출제 빈도가 높다. 두 가지 방식 모두 초대, 제안, 감사, 사과, 축하, 요청, 부탁, 통지 등의 주제 안에서 출제되는 경우가 대부분이다. 상황별로는 수락과 거절이 있으며 두 경우 모두 고려하여 작문 연습을 해야 한다.

3 고득점 전략

① 지시 사항에 충실히 부합하도록 작성한다.

만약 수락 또는 거절을 지시에 어긋나게 쓰면 작문이 아무리 훌륭하더라도 감점을 당하게 된다. 작성해야 할 글이 수락인지 거절인지부터 정확히 파악해서 수락의 경우 적극적인 찬성과 그 이유를 작성한다. 거절인 경우 왜 거절할 수밖에 없는지 상세한 설명을 제시한다. 주어진 글 없이 바로 작성해야 한다면 초대, 제안, 감사, 사과, 축하, 요청, 부탁, 통지 등 전제된 상황을 숙지하고 적절한 표현을 구사하여 작문한다.

② 새로운 제안을 반드시 덧붙여 작성한다.

수락의 경우 상대방의 초대, 제안, 요청, 부탁에 대해 동의 및 수락 의향과 더불어 어떤 새로운 관련 일을 하고 싶은지까지 반드시 언급해야 고득점을 받을 수 있으며, 자신도 그 일을 예전부터 하고 싶었다는 등의 내용까지 덧붙이면 금상첨화다. 거절의 경우 직설적으로 의사를 밝히기보다는 자신도 정말 그 일을 해 보고 싶었으나 어쩔 수 없이 거절할 수밖에 없다는 흐름으로 거절의 이유를 자연스럽게 밝히도록 한다. 또한 대안으로 어떻게 하면 좋겠는지 추가적인 의견을 반드시 제시한다.

EXERCICE 2 실전 연습

 공략에 따라 EXERCICE 2 연습 문제를 풀어 보세요.

Vous avez reçu cette lettre. **12,5 points**

> Paris, le 14 juin 2025
>
> Salut,
>
> Les vacances approchent et j'aimerais bien te voir ! Je sais que tu n'es jamais à Paris alors je te propose de venir passer ce week-end chez moi.
>
> Nous pourrons faire des activités ensemble : tour Eiffel, théâtres, cinés, bons restaurants...
>
> Réponds-moi vite et n'hésite pas à réserver pour venir.
>
> Je t'embrasse,
>
> Thierry

Vous répondez à Thierry. Vous e remerciez et vous acceptez son invitation. Vous lui parlez des activités que vous vou ez faire.

60 mots minimum

Nouveau message

Envoyer

Nombre de mots :

문제 1-1의 해석을 확인하고, 작문 구성 방법을 익히세요.

당신은 이 편지를 받습니다.　　　　　　　　　　　　　　　　　　　　　12.5점

> 파리, 2025년 6월 14일
>
> 안녕,
>
> 방학이 다가오고 나는 네가 정말 보고 싶어! 나는 네가 파리에 온 적이 없었다는 것을 알아. 그래서 내 집에서 이번 주말을 보내러 올 것을 제안할게.
>
> 우리는 함께 활동들을 할 수 있을 거야: 에펠탑, 연극, 영화관, 좋은 식당들…
>
> 빨리 내게 답변해주고 망설이지 말고 오기 위해 예약해.
>
> 잘 있어,
>
> Thierry

당신은 Thierry에게 답장을 합니다. 그에게 감사하며 그의 초대를 수락합니다. 그에게 당신이 하고 싶은 활동들을 말합니다.

개요	진행 방식
1. 처음	인사말과 함께 메일을 받았다고 적는다. 그리고 지시사항에서 파리를 방문한 적이 없다는 전제에 따라 이와 관련하여 왜 친구의 초대가 기쁜지에 대해 언급한다.
2. 가운데	파리에 가서 하고 싶은 활동에 대해 구체적으로 기술해야 한다. 지시사항에 제시된 예들을 바탕으로 유명 기념물이나 미술관 방문, 극장이나 영화 관람 등의 문화적 활동에 대해 언급한다.
3. 끝	가는 것이 결정 되면 전화해준다는 내용으로 마무리 짓는다.

Étape 3 — 문제 1-1의 필수 어휘를 익히고, 모범 답안을 확인해 보세요.

어휘

juin (m.) 6월 | approcher 다가오다 | théâtre (m.) 연극 | ciné (m.) 영화관 | hésiter 망설이다 | réserver 예약하다 | avoir l'occasion de ~할 기회가 있다 | musée (m.) 미술(박물)관 | haut 높은 | gourmand 미식가(의)

모범 답안

Nice, le 15 juin, 2025

Salut,

Comment vas-tu ? J'ai bien reçu ton e-mail. J'étais très content de ton invitation parce que je n'ai jamais eu l'occasion d'aller à Paris et c'est une bonne occasion pour moi de visiter cette ville.

Je m'intéresse à l'art et j'aimerais visiter le musée du Louvre. Et puis, je voudrais monter à la tour Eiffel car mes amis me disent qu'elle est très haute. Et comme je suis gourmand, j'aimerais goûter les bons plats des restaurants célèbres.

Je vais te rappeler après avoir réservé le billet de train.

Je t'embrasse,

Pierre

니스, 2025년 6월 15일

안녕,

어떻게 지내니? 너의 이메일을 잘 받았어. 너의 초대에 매우 만족하는데 왜냐하면 나는 파리에 갈 기회가 전혀 없었거든. 그래서 내게는 이 도시를 방문할 좋은 기회야.

나는 미술에 관심이 있고 그래서 루브르 박물관을 방문하고 싶어. 그리고 에펠탑에 오르고 싶은데 왜냐하면 내 친구들이 그것이 매우 높다고 내게 말하기 때문이야. 그리고 나는 미식가이기 때문에, 유명한 식당들에서 맛있는 음식들을 맛보고 싶어.

내가 기차표를 예약하고 나서 너에게 다시 전화할게.

안녕,

Pierre

EXERCICE 2 실전 연습

 공략에 따라 EXERCICE 2 연습 문제를 풀어 보세요.

Vous avez reçu cette lettre.   *12,5 points*

> Paris, le 14 juin 2025
>
> Salut,
>
> Les vacances approchent et j'aimerais bien te voir ! Je sais que tu n'es jamais à Paris alors je te propose de venir passer ce week-end chez moi.
>
> Nous pourrons faire des activités ensemble : tour Eiffel, théâtres, cinés, bons restaurants...
>
> Réponds-moi vite et n'hésite pas à réserver pour venir.
>
> Je t'embrasse,
>
> Thierry

Vous répondez à Thierry. Vous refusez son invitation et vous lui expliquez pourquoi. Vous lui proposez d'autres activités.

60 mots minimum

Nouveau message

Envoyer

Nombre de mots :

| Étape 2 | 문제 1-2의 해석을 확인하고, 작문 구성 방법을 익히세요. |

당신은 이 편지를 받습니다. 12.5점

해석

> 파리, 2025년 6월 14일
>
> 안녕,
>
> 방학이 다가오고 나는 네가 정말 보고 싶어! 나는 네가 파리에 온 적이 없었다는 것을 알아. 그래서 내 집에서 이번 주말을 보내러 올 것을 제안할게.
>
> 우리는 함께 활동들을 할 수 있을 거야: 에펠탑, 연극, 영화관, 좋은 식당들…
>
> 빨리 내게 답변해주고 망설이지 말고 오기 위해 예약해.
>
> 잘 있어,
>
> Thierry

당신은 Thierry에게 답장합니다. 당신은 그의 초대를 거부하고 그에게 이유를 설명합니다. 그에게 다른 활동들을 제안하세요.

작문 구성

개요	진행 방식
1. 처음	인사말과 함께 편지를 잘 받았고 초대를 거절한다는 내용을 적는다. 이때 중요한 것은 왜 초대를 거절할 수밖에 없는지 납득할 수 있는 타당한 이유를 들어야 한다는 점이다.
2. 가운데	다른 제안들과 관련하여. 먼저 상대방에게 특정 기간에 시간이 있는지를 물어본 후 자신이 사는 지역에 올 수 있는지 묻는다.
3. 끝	함께 할 활동들에 대해 구체적으로 기술해야 한다. 살고 있는 지역의 특성과 관련한 활동들을 제시하는 것이 좋은데 예를 들어 바다가 가까운 도시라면 해수욕을 할 수 있다는 점을 강조한다. 그렇지 않으면 문화적 활동과 관련하여 미술관이나 유적지 방문을 제시할 수 있으며 음식에 대해 언급한다. 그리고 답장을 기다린다는 말과 함께 끝맺는다.

422 DELF A2

문제 1-2의 필수 어휘를 익히고, 모범 답안을 확인해 보세요.

어휘

refuser 거절하다 | examen (m.) 시험 | mer (f.) 바다 | se baigner 해수욕하다 | plage (f.) 해변 | château (m.) 성 | Moyen Âge (m.) 중세 시대 | cuisine aux fruits de mer (f.) 해물 요리 | s'amuser 즐기다 | attendre 기다리다

모범 답안

Nice, 15 juin, 2025

Salut,

Comment vas-tu ? J'ai bien reçu ton e-mail. Je voudrais accepter ton invitation mais je ne peux pas. J'ai un examen très important la semaine prochaine et je dois travailler tout le week-end.

Les vacances commencent à partir du mois prochain. Qu'est-ce que tu vas faire pendant cette période ? Mes parents vont partir en voyage et je resterai seul à la maison. Tu peux venir chez moi ?

La mer n'est pas loin de chez moi et on pourra se baigner à la plage. Et puis, on peut aussi visiter le château du Moyen Âge ou bien tu pourras goûter la cuisine aux fruits de mer. Je suis sûr qu'on va bien s'amuser.

J'attends ta réponse,

Je t'embrasse,

Pierre

니스, 2025년 6월 15일

안녕,

어떻게 지내니? 너의 메일을 잘 받았어. 나는 너의 초대를 수락하고 싶지만 그럴수가 없어. 다음 주에 매우 중요한 시험이 있어서 주말 내내 공부해야 하거든.

다음 달부터 방학이 시작되는데 이 기간 동안 너 뭘 할 거니? 내 부모님이 여행을 떠나실 것이라서 나는 집에 혼자 있을 거야. 내 집에 올 수 있니?

바다가 내 집에서 멀지 않으니까 해변에서 해수욕을 할 수 있을 거야. 그리고 우리는 또 중세 시대의 성을 방문하거나 아니면 너는 해물 요리를 맛볼 수 있어. 우리가 재미있게 지낼 것이라고 확신해.

너의 답변을 기다릴게,

안녕,

Pierre

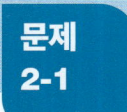

EXERCICE 2 실전 연습

공략에 따라 EXERCICE 2 연습 문제를 풀어 보세요.

Vous recevez un message d'une amie. **12,5 points**

Paris, le 06 juillet 2025

Salut mes amis,

Comment allez-vous ? Voilà, je vous invite à dîner chez moi ce samedi pour fêter mon anniversaire. J'espère que vous pouvez tous venir.

Répondez-moi vite !

Je vous embrasse,

Muriel

Vous répondez à Muriel. Vous la remerciez et vous acceptez son invitation. Vous lui parlez des activités que vous voulez faire et vous lui proposez d'apporter quelque chose.

60 mots minimum

Nouveau message

Envoyer

Nombre de mots :

Étape 2 문제 2-1의 해석을 확인하고, 작문 구성 방법을 익히세요.

당신은 친구에게서 이 메시지를 받습니다. [12.5점]

해석

> 파리, 2025년 7월 6일
>
> 안녕 내 친구들,
>
> 너희들 어떻게 지내니? 다름이 아니라 내 생일을 축하하기 위해 이번 주 토요일에 내 집에서 저녁 식사에 너희들을 초대할게. 너희들 모두 왔으면 좋겠어,
>
> 빨리 답변해줘!
>
> 안녕,
>
> Muriel

당신은 Muriel에게 답장합니다. 그녀에게 감사하고 초대를 수락합니다. 당신은 당신이 하기를 원하는 활동들에 대해 그녀에게 말하고 무엇인가를 가져가겠다고 제안합니다.

작문 구성

개요	진행 방식
1. 처음	인사말과 함께 초대에 수락한다고 적는다. 이 때 가능하다면 왜 초대를 수락하는지에 대해 간략하게 밝히는 것이 문맥의 흐름상 바람직하다.
2. 가운데	지시 사항에 따라 하고 싶은 활동과 무언가를 가지고 가겠다는 제안에 대해 언급해야 한다. 먼저 생일 초대는 일반적으로 하루에 끝나는 행사이기 때문에 하고 싶은 활동과 관련해서 보다 논리적이기 위해서는 하루에 집에서 할 수 있는 활동들을 예로 드는 것이 바람직하다. 그리고 생일이라는 주제를 고려하여 생일 케이크를 가져가겠다고 말하는 것이 좋은데 이때 왜 그런지에 대해 간단하게 설명하는 것도 좋은 방법이다.
3. 끝	어떻게 갈 것인지 밝히고 작별인사와 함께 글을 끝맺는다.

DELF A2 · 작문

Étape 3

 문제 2-1의 필수 어휘를 익히고, 모범 답안을 확인해 보세요.

어휘

dîner (m.) 저녁 식사 | samedi (m.) 토요일 | espérer 기대하다 | vite 빨리 | apporter 가져가다 | déménager 이사가다 | campagne (f.) 교외, 시골 | peindre 칠하다, (그림을) 그리다 | apprendre 배우다 | conseil (m.) 충고 | à propos de -에 대한 | boulangerie (f.) 빵집 | dès que ~하자마자

모범 답안

Toulouse, le 07 juillet 2025

Salut,

Comment vas-tu ? Je viens de recevoir ton e-mail. Je ne t'ai pas vue depuis que j'ai déménagé à la campagne et je veux te voir. Alors, j'accepte ton invitation avec plaisir.

Comme tu m'as souvent parlé de tes amis universitaires, j'aimerais les rencontrer. Et puis, j'ai vu les tableaux que tu as peints sur ton Facebook et ils étaient magnifiques. Je suis en train d'apprendre à peindre et j'aimerais écouter tes conseils à propos de la peinture. Je travaille dans une boulangerie alors je vais t'apporter un bon gâteau d'anniversaire pour toi.

Je vais prendre le train et je vais t'envoyer un e-mail dès que je réserve le billet de train.

À samedi,

Nadine

툴루즈, 2025년 7월 7일

안녕,

어떻게 지내니? 너의 이 메일을 방금 받았어. 내가 시골로 이사간 이후로 너를 보지 못했고 너를 보고 싶어. 그래서 기꺼이 너의 초대를 수락할게.

네가 나에게 너의 대학 친구들에 대해 자주 이야기했기 때문에 나는 그들을 만나고 싶어. 그리고 너의 페이스북에서 네가 그린 그림들을 보았는데 훌륭했어. 나는 그림 그리는 것을 배우고 있는 중인데 그림에 대한 너의 충고들을 듣고 싶어. 나는 빵집에서 일하는데 너를 위해 생일 케이크를 가져갈게.

내가 기차를 탈 건데 기차표를 예약하는대로 너에게 이메일을 보낼게.

토요일에 봐,

Nadine

EXERCICE 2 실전 연습

 공략에 따라 **EXERCICE 2** 연습 문제를 풀어 보세요.

Vous recevez un message d'une amie.   **12,5 points**

> Paris, le 06 juillet 2025
>
> Salut mes amis,
>
> Comment allez-vous ? Voilà, je vous invite à dîner chez moi ce samedi pour fêter mon anniversaire. J'espère que vous pouvez tous venir.
>
> Répondez-moi vite !
>
> Je vous embrasse,
>
> Muriel

Vous répondez à Muriel. Vous refusez son invitation et vous lui expliquez pourquoi. Vous lui proposez d'autres activités.

60 mots minimum

Nouveau message

Envoyer

Nombre de mots :

Étape 2

문제 2-2의 해석을 확인하고, 작문 구성 방법을 익히세요.

당신은 친구에게서 이 메시지를 받습니다. [12.5점]

> 파리, 2025년 7월 6일
>
> 안녕 내 친구들,
>
> 너희들 어떻게 지내니? 다름이 아니라 내 생일을 축하하기 위해 이번 주 토요일에 내 집에서 저녁 식사에 너희들을 초대할게. 너희들 모두 왔으면 좋겠어,
>
> 빨리 답변해줘!
>
> 안녕,
>
> Muriel

당신은 Muriel에게 답장합니다. 그녀의 초대를 거절하고 이유를 설명하세요. 그녀에게 다른 활동들을 제안하세요.

개요	진행 방식
1. 처음	인사말과 함께 생일을 축하하는 동시에 친구와 알고 지낸 지가 오래되었다는 내용을 언급한다. 그리고 초대에 응할 수 없다는 말과 함께 그 이유를 설명한다.
2. 가운데	지시사항에 따라 다른 활동들을 제안해야 한다. 친구 이야기를 했기 때문에 그와 관련한 내용을 언급하고 특정한 활동을 전제하면서 함께 하자고 제안한다. 이때 상대방이 제안을 수락하도록 하기 위해 그가 좋아하는 것과 연관지어 기술하는 것이 바람직하다. 또한 그의 의견을 묻는 동시에 재미있게 지낼 수 있다는 말을 함으로써 상대방의 흥미를 유발시킨다.
3. 끝	답장을 기다린다는 말과 함께 글을 맺는다.

Étape 3

문제 2-2의 필수 어휘를 익히고, 모범 답안을 확인해 보세요.

어휘

accueillir 환대하다 | obtenir 얻다 | avoir l'intention de ~할 생각이다 | se détendre 긴장을 풀다 | forêt (f.) 숲 | pêcher 낚시하다 | rivière (f.) 냇가 | faire des grillades au barbecue 바비큐를 하다 | nature (f.) 자연

Toulouse, le 07 juillet 2025

Salut,

Comment ça va ? D'abord, bon anniversaire ! On se connaît depuis 10 ans et tu as maintenant 22 ans. Que le temps passe vite ! Je voudrais aller chez toi pour fêter ton anniversaire mais je ne peux pas. J'ai déjà un rendez-vous avec mon ami québécois. Il vient en France pour la première fois et je dois aller à l'aéroport pour l'accueillir.

Qu'est-ce que tu vas faire pendant les vacances ? Mon ami va rester chez moi pendant un mois et je vais te le présenter. Je sais que tu veux aller à Québec et ce sera une bonne occasion pour toi d'obtenir plus d'informations sur cette ville. Nous avons l'intention de faire du camping à la campagne, si tu le souhaites, tu peux venir avec nous. Tu pourras te détendre en te promenant dans la forêt. Ou bien, tu pourras pêcher car il y a une rivière près du camping. Sinon, comme tu adores manger, on pourra faire des grillades au barbecue tous les soirs. Qu'est-ce que tu en penses ? Je suis sûre qu'on va passer un bon moment dans la nature.

J'attends ta réponse,

Je t'embrasse,

Nadine

툴루즈, 2025년 7월 7일

안녕,

어떻게 지내니? 우선 생일 축하해! 우리가 10년 전부터 알고 지냈는데 네가 이제는 22살이구나. 시간이 정말 빠르네! 너의 생일을 축하해주기 위해 네 집에 가고 싶지만 그럴 수가 없어. 내 퀘벡 친구와 선약이 있거든. 그는 프랑스에 처음 오는데 내가 그를 맞으러 공항에 가야 해.

방학 동안에 너 뭐 할 거니? 내 친구가 한 달 동안 내 집에 머물 것인데 너에게 그를 소개할게. 나는 네가 퀘벡에 가기를 원한다는 것을 알고 있는데 네게는 이 도시에 대해 더 많은 정보들을 얻을 수 있는 좋은 기회가 될거야. 우리는 교외로 캠핑을 할 생각인데 네가 원한다면 우리랑 가도 돼. 너는 숲을 산책하면서 긴장을 풀 수 있을 거야. 아니면 낚시도 할 수 있어. 왜냐하면 캠핑장 가까이에 냇가가 있거든. 그것도 아니면, 네가 먹는 것을 아주 좋아하니까 매일 저녁 바비큐를 할 수 있을 거야. 이것에 대해 어떻게 생각하니? 나는 우리가 자연 속에서 좋은 시간을 보낼 것이라고 확신해.

너의 답변을 기다릴게,

안녕,

Nadine

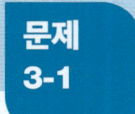

EXERCICE 2 실전 연습

공략에 따라 EXERCICE 2 연습 문제를 풀어 보세요.

Vous avez reçu ce faire-part de mariage.　　　　　　　　　　　　　　　12,5 points

> **Isabelle et Gérard**
> **vous invitent à leur mariage**
>
> Dimanche 15 septembre à 11 h, à l'église de Saint-Maurice.
>
> Après la cérémonie, un repas sera offert au restaurant le Bon goût.

Vous envoyez un courriel à vos amis pour les féliciter de leur mariage. Vous acceptez leur invitation et vous dites avec qui vous viendrez. Vous posez quelques questions sur cet événement.

60 mots minimum

Nouveau message

Nombre de mots :

Étape 2
문제 3-1의 해석을 확인하고, 작문 구성 방법을 익히세요.

당신은 이 청첩장을 받았습니다. 12.5점

해석

> ### Isabelle과 Gérard가
> ### 결혼식에 당신을 초대합니다.
>
> 9월 15일 일요일 11시에 Saint-Maurice 교회에서.
>
> 식 후에 le Bon goût 식당에서 식사가 제공될 것입니다.

당신은 당신의 친구들의 결혼을 축하하기 위해 전자 메일을 보냅니다. 당신은 그들의 초대를 수락하고 누구와 갈 것인지를 말하세요. 이 행사에 대해 몇 가지 질문들을 하세요.

작문 구성

개요	진행 방식
1. 처음	인사말과 함께 결혼을 축하한다는 내용을 적는다. 결혼할 사람들과의 친분 관계를 언급하는 것도 글의 전개를 위해 효율적일 수 있다.
2. 가운데	지시사항에 따라 초대를 수락하고 누구와 함께 갈 것인지에 대해 언급해야 한다.
3. 끝	지시사항에 따라 결혼식에 대한 정보를 물어봐야 한다. 이와 관련해서 교통편을 언급하고 호텔방 예약에 대한 문제와 함께 도움이 필요한지에 대한 부분들을 언급하면서 글을 끝맺는다.

Étape 3
문제 3-1의 필수 어휘를 익히고, 모범 답안을 확인해 보세요.

faire-part (m.) 통지서, 청첩장 | mariage (m.) 결혼 | dimanche (m.) 일요일 | septembre (m.) 9월 | église (f.) 교회 | cérémonie (f.) 식 | repas (m.) 식사 | courriel (m.) 전자 우편 | féliciter 축하하다 | événement (m.) 행사 | joyeux 즐거운 | avec plaisir 기꺼이 | à propos de -에 관한

Lyon, le 05 septembre, 2025

Salut,

Comment allez-vous ? D'abord, toutes mes félicitations ! Enfin, vous allez vous marier ! Je vous connais tous les deux depuis 5 ans et je suis très heureux de votre mariage. Je suis sûr que vous allez mener une vie joyeuse.

J'accepte votre invitation avec plaisir. Marie a aussi reçu votre faire-part et elle m'a proposé d'assister ensemble à votre cérémonie. Alors, nous allons venir ensemble pour fêter votre mariage.

J'aimerais avoir quelques informations à propos de la cérémonie de mariage. Nous allons prendre le train. Va-t-on aller directement à l'église ? Est-ce qu'on doit réserver une chambre d'hôtel ? Si oui, est-ce qu'il y a un hôtel près du lieu de cérémonie ? Vous n'avez pas besoin de notre aide pour préparer cette cérémonie ?

Répondez-moi !

À bientôt,

Olivier

리옹, 2025년 9월 5일

안녕,

너희들 어떻게 지내니? 우선 축하해! 마침내, 너희들이 결혼하는구나! 내가 너희 둘을 5년 전부터 알고 지냈고 너희의 결혼에 대해 매우 기뻐. 너희들이 잘(즐겁게) 살 거라고 확신해.

나는 기꺼이 너희의 초대를 수락해. Marie도 너희의 초대장을 받았는데 너희의 식에 함께 참석하자고 나에게 제안했어. 그래서 너희의 결혼을 축하하기 위해 함께 갈 거야.

나는 결혼식에 대한 몇 가지 정보들을 알고 싶어. 우리는 기차를 탈 것인데 바로 교회로 갈까? 호텔방을 예약해야 하니? 만일 그렇다면 식장 가까이에 호텔이 있니? 너희는 이 식을 준비하기 위해 우리 도움이 필요하지 않니?

내게 답변해줘!

곧 봐,

Olivier

EXERCICE 2 실전 연습

 공략에 따라 EXERCICE 2 연습 문제를 풀어 보세요.

Vous avez reçu ce faire-part de mariage. 12,5 points

> **Isabelle et Gérard**
> **vous invitent à leur mariage**
>
> Dimanche 15 septembre à 11 h, à l'église de Saint-Maurice.
>
> Après la cérémonie, un repas sera offert au restaurant le Bon goût.

Vous envoyez un courriel à vos amis pour les féliciter de leur mariage. Vous refusez leur invitation et vous leur expliquez pourquoi. Vous leur proposez d'autres activités.

60 mots minimum

Nouveau message

Envoyer

Nombre de mots :

Étape 2

문제 3-2의 해석을 확인하고, 작문 구성 방법을 익히세요.

당신은 이 청첩장을 받았습니다.   12.5점

해석

> **Isabelle과 Gérard가
> 결혼식에 당신을 초대합니다.**
>
> 9월 15일 일요일 11시에 Saint-Maurice 교회에서.
>
> 식 후에 le Bon goût 식당에서 식사가 제공될 것입니다.

당신은 당신의 친구들에게 그들의 결혼을 축하해주기 위해 메일을 보냅니다. 당신은 그들의 초대를 거절하고 그 이유를 그들에게 설명합니다. 그들에게 다른 활동들을 제안하세요.

작문 구성

개요	진행 방식
1. 처음	인사말과 함께 초대에 응하고 싶지만 그럴 수 없다는 말과 함께 그 이유를 명확하게 밝힌다. 이때 정말 가고 싶지만 상황이 허락하지 않는다는 내용을 언급하는 것이 중요하다.
2. 가운데	지시사항에 따라 다른 활동들을 제안해야 하는데 이때 유의해야 할 것은 어떤 활동을 제안하건 간에 상대방이 그 활동을 좋아한다는 것을 전제로 해서 상대방이 거절하기 어렵도록 내용들을 구성하는 것이다.
3. 끝	다시 한 번 결혼을 축하한다는 말과 함께 글을 끝맺는다.

Étape 3

문제 3-2의 필수 어휘를 익히고, 모범 답안을 확인해 보세요.

어휘

assister à ~에 참석하다 | client 고객 | annuler 취소하다 | jour suivant (m.) 이튿날 | décembre (m.) 12월 | femme (f.) 아내 | chalet de montagne (m.) 산장 | toute la journée 하루종일 | peintre 화가 | enneigé 눈으로 덮인 | cheminée (f.) 벽난로

Lyon, le 05 septembre, 2025

Salut,

Comment allez-vous ? D'abord, toutes mes félicitations ! Comme cela fait longtemps que je ne vous ai pas vus, je voudrais tellement assister à votre cérémonie de mariage mais je ne peux pas. J'ai un rendez-vous très important avec mon client ce jour-là et il est impossible de l'annuler car il va rentrer dans son pays le jour suivant.

Est-ce que vous êtes libres au mois de décembre ? Ma femme et moi allons rester au chalet de montagne de mon père pendant un mois et je vous propose d'y venir passer quelques jours. Je sais que tu adores le sport alors tu pourras faire du ski toute la journée. Et puis, comme ta femme est une excellente peintre, elle pourra peindre des paysages enneigés.

Nous pourrons prendre un verre devant la cheminée après le dîner. Qu'est-ce que tu en penses ? Je suis sûr qu'on va passer un moment agréable.

J'attends ta réponse et je vous félicite encore une fois.

Je vous embrasse,

Olivier

리옹, 2025년 9월 5일

안녕,

너희들 어떻게 지내니? 우선 진심으로 축하해! 내가 너희들을 보지 못한 지 오래되었기 때문에 정말로 너희들의 결혼식에 참석하고 싶지만 그럴 수가 없어. 내가 그날 내 고객과 매우 중요한 약속이 있는데, 그가 그 다음 날 자기 고국으로 돌아가기 때문에 취소할 수가 없어.

너희들 12월에 시간 있니? 내 아내와 나는 한 달 동안 아버지의 산장에 머물 건데 너희들이 며칠 이곳에서 보내러 오기를 제안해. 나는 네가 운동을 아주 좋아한다는 것을 아는데 너는 하루 종일 스키를 탈 수 있을 거야. 그리고 네 아내는 훌륭한 화가니까 설경을 그릴 수 있어.

우리는 저녁 식사 후에 벽난로 앞에서 술 한잔을 할 거야. 이것에 대해 어떻게 생각하니? 나는 우리가 오붓한 순간을 보낼 수 있을 거라 확신해.

너의 답변을 기다리며 다시 한번 축하해.

안녕,

Olivier

EXERCICE 2 실전 연습

공략에 따라 EXERCICE 2 연습 문제를 풀어 보세요.

Vous recevez un message d'une amie.   **12,5 points**

> Londres, le 01 juin 2025
>
> Salut,
>
> J'espère que tu vas bien. Cela fait un an que je suis à Londres pour continuer mes études à l'université anglaise et tu me manques beaucoup. Alors, je te propose de venir passer les vacances chez moi.
>
> J'attends ta réponse avec impatience,
>
> Je t'embrasse,
>
> Sophie

Vous répondez à Sophie. Vous la remerciez et vous acceptez son invitation. Vous lui parlez des activités que vous voulez faire.

60 mots minimum

Nouveau message

Nombre de mots :

Étape 2

문제 4-1의 해석을 확인하고, 작문 구성 방법을 익히세요.

해석

당신은 친구에게서 이 메시지를 받습니다. [12.5점]

> 런던, 2025년 6월 1일
>
> 안녕,
>
> 네가 잘 지내고 있기를 바라. 내가 영국 대학에서 공부를 계속하기 위해 런던에 온 지 1년이 되었고 네가 많이 보고 싶어. 그래서 내 집에서 방학을 보내러 올 것을 너에게 제안할게.
>
> 나는 너의 답변을 몹시 기다리고 있어,
>
> 안녕,
>
> Sophie

당신은 Sophie에게 답장합니다. 당신은 그녀에게 감사해하며 그녀의 초대를 수락합니다. 당신이 하고 싶은 활동들에 대해 말하세요.

작문 구성

개요	진행 방식
1. 처음	인사말과 함께 친구가 영국에서 공부하고 있다는 점을 언급하면서 잘하고 있다는 점을 부각시킨다. 이때 작문의 흐름을 부드럽게 하기 위해 어떤 점에서 걱정이 되었는지를 밝혀주는 것이 중요하다.
2. 가운데	제안을 수락한다는 내용과 함께 무엇을 하고 싶은지에 대한 활동들을 적어야 한다. 구체적으로 박물관 또는 미술관을 방문한다든가 여행을 같이 가자든가 하는 부분들을 기술해야 하는데 이때 그러한 활동을 하고 싶은 이유를 밝혀야 한다.
3. 끝	여행 계획 날짜에 대해 언급하면 글을 끝맺는다.

Étape 3

문제 4-1의 필수 어휘를 익히고, 모범 답안을 확인해 보세요.

Londres 런던 | juin (m.) 6월 | continuer 계속하다 | anglais 영국의 | avec impatience 애타게 | dur 힘든 | s'inquiéter de ~에 대해 걱정하다 | se débrouiller 헤쳐 나가다 | content 만족한 | avoir envie de ~하고 싶다 | grâce à ~ 덕분에 | s'intéresser à ~에 관심 있다 | histoire (f.) 역사 | stage linguistique (m.) 어학연수 | amusant 재미있는 | date de départ (f.) 출발 날짜

Paris, le 2 juin 2025

Salut,

J'ai bien reçu ton courriel. Comment vas-tu ? Et tes études ? Elles ne sont pas trop dures ? Quand tu as décidé d'aller en Angleterre pour tes études, je me suis inquiété un peu pour toi car tu n'as jamais quitté la France. Mais je pense que tu te débrouilles bien et je suis content pour toi.

J'accepte ta proposition avec plaisir car j'ai envie de te voir. D'ailleurs, j'aurai l'occasion de visiter l'Angleterre pour la première fois grâce à toi. Je m'intéresse beaucoup à l'histoire et j'aimerais visiter le musée de Londres. Et puis, comme j'ai l'intention de faire mon stage linguistique en Angleterre un jour, je voudrais aller à l'université d'Oxford qui est considérée comme l'une des meilleures universités. Je sais que tu aimes voyager comme moi alors ce sera une bonne occasion pour nous de passer un moment amusant.

Je vais t'envoyer un e-mail après avoir décidé la date de départ.

Je t'embrasse,

Roland

파리, 2025년 6월 2일

안녕,

너의 메일을 잘 받았어. 너 어떻게 지내니? 그리고 네 연구들은? 너무 힘들지는 않니? 네가 너의 공부를 위해 영국으로 간다고 결정했을 때, 나는 너에 대해 약간 걱정했는데 왜냐하면 너는 한 번도 프랑스를 떠난 적이 없기 때문이야. 그러나 나는 네가 잘 헤쳐나간다고 생각하고 너에 대해 만족해.

나는 기꺼이 너의 제안을 수락하는데 왜냐하면 나는 너를 보고 싶기 때문이야. 게다가, 나는 네 덕분에 처음으로 영국을 방문할 기회가 있을 거야. 나는 역사에 관심이 많고 런던 박물관을 방문하고 싶어. 그리고 언젠가 영국으로 어학연수를 할 생각이 있기 때문에 나는 최고의 대학들 중에 하나로 여겨지는 옥스퍼드 대학에 가고 싶어. 나는 네가 나처럼 여행을 좋아하는 것을 알고 있고 우리에게는 재미있는 순간을 보내기 위한 좋은 기회가 될 거야.

출발 날짜를 결정하고 난 후 너에게 이메일을 보낼게.

안녕,

Roland

EXERCICE 2 실전 연습

공략에 따라 EXERCICE 2 연습 문제를 풀어 보세요.

Vous recevez un message d'une amie.

12,5 points

Londres, le 01 juin 2025

Salut,

J'espère que tu vas bien. Cela fait un an que je suis à Londres pour continuer mes études à l'université anglaise et tu me manques beaucoup. Alors, je te propose de venir passer les vacances chez moi.

J'attends ta réponse avec impatience,

Je t'embrasse,

Sophie

Vous répondez à Sophie. Vous la remerciez mais vous ne pouvez pas accepter son invitation; vous expliquez pourquoi et vous lui proposez autre chose.

60 mots minimum

Nouveau message

Envoyer

Nombre de mots :

Étape 2

문제 4-2의 해석을 확인하고, 작문 구성 방법을 익히세요.

당신은 친구에게서 이 메시지를 받습니다.   12.5점

해석

> 런던, 2025년 6월 1일
>
> 안녕,
>
> 네가 잘 지내고 있기를 바라. 내가 영국 대학에서 공부를 계속하기 위해 런던에 온 지 1년이 되었고 네가 많이 보고 싶어. 그래서 내 집에서 방학을 보내러 올 것을 너에게 제안할게.
>
> 나는 너의 답변을 몹시 기다리고 있어.
>
> 안녕,
>
> Sophie

당신은 Sophie에게 답장합니다. 당신은 그녀에게 감사하지만 초대를 수락할 수 없습니다. 이유를 설명하고 그녀에게 다른 것을 제안하세요.

작문 구성

개요	진행 방식
1. 처음	인사말, 초대를 거절한다는 내용과 함께 그 이유에 대해 명확하게 기술해야 한다.
2. 가운데	다른 제안들에 대해 언급하는 부분으로서 함께 한국을 방문하자는 제안을 한다. 구체적으로 한국에 가서 할 수 있는 활동들을 기술해야 하는데 문화적인 관심사를 언급하거나 한국에서 할 수 있는 내용들을 말한다. 또한 제안의 설득력을 높이기 위해 특별한 혜택과 관련한 부분을 적는다.
3. 끝	함께 여행하자는 부분에 대해 다시 강조하면서 글을 끝맺는다.

Étape 3

문제 4-2의 필수 어휘를 익히고, 모범 답안을 확인해 보세요.

어휘

nouvelle (f.) 소식 | libre 시간 있는 | asiatique 아시아의 | produit de beauté (m.) 화장품 | qualité (f.) 품질 | coûter 값이 ~이다 | cher 비싸게 | à moitié prix 반값에 | regretter 후회하다

Paris, le 2 juin 2025

Salut Sophie,

Je viens de recevoir ton courriel et je suis très content d'avoir de tes nouvelles. Je te remercie pour ton invitation. Malheureusement, je ne pourrai pas accepter ta proposition cette fois-ci. J'ai un ami coréen qui m'a proposé de visiter la Corée pendant les vacances d'été. Je voulais visiter ce pays depuis longtemps alors j'ai accepté sa proposition.

Qu'est-ce que tu vas faire pendant ces vacances ? Si tu es libre, je te propose d'aller en Corée avec moi. Je sais que tu t'intéresses à la culture asiatique alors ce serait une bonne occasion de l'apprendre en visitant ce pays. Et puis, tu aimes faire du shopping, n'est-ce pas ? On y pourra acheter beaucoup de produits de beauté de bonne qualité qui ne coûtent pas cher. D'ailleurs, on peut acheter le billet d'avion à moitié prix grâce à mon grand frère qui travaille dans une agence de voyages.

Je suis sûr que tu ne regretteras pas ce voyage.

J'attends ta réponse,

Je t'embrasse,

Roland

파리, 2025년 6월 2일

안녕 Sophie,

너의 메일을 방금 받았는데 너의 소식에 대해 매우 만족해. 너의 초대에 대해 고마워. 불행히도 나는 이번에는 너의 제안을 수락할 수가 없을 것 같아. 내가 한국인 친구가 있는데 여름 방학 동안 한국을 방문할 것을 내게 제안했어. 나는 오래전부터 이 나라를 방문하고 싶어서 그의 제안을 수락했어.

이번 방학 동안 너 뭐할 거니? 만일 네가 시간이 있다면, 나는 나와 함께 한국을 갈 것을 제안할게. 나는 네가 아시아 문화에 흥미가 있다는 것을 알고 있고 너는 이 나라를 방문하면서 이것을 배울 수 있는 좋은 기회를 가질 수 있을 거야. 그리고 너는 쇼핑하는 것을 좋아하지, 안 그래? 우리는 여기에서 비싸지 않은 좋은 품질의 화장품을 많이 살 수 있어. 게다가, 우리는 여행사에서 일하는 내 형 덕분에 비행기 값을 절반으로 살 수 있어.

나는 네가 이 여행을 후회하지 않을 거라는 것을 확신해.

너의 답변을 기다릴게,

안녕,

Roland

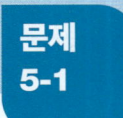

EXERCICE 2 실전 연습

공략에 따라 EXERCICE 2 연습 문제를 풀어 보세요.

Vous recevez un message d'un ami. *12,5 points*

> Lille, le 20 juin 2025
>
> Salut les amis,
>
> C'est bientôt les vacances d'été et j'ai l'intention de partir en voyage. Comme je ne veux pas voyager seul, je cherche quelqu'un qui veut partager un moment agréable avec moi en voyageant. Je n'ai pas encore décidé la destination et la date de départ.
>
> J'attends vos réponses,
>
> Je vous embrasse,
>
> Sébastien

Vous répondez à Sébastien et vous acceptez sa proposition. Vous lui parlez du voyage : destination, date de départ, etc. Et vous lui parlez des activités que vous voulez faire.

60 mots minimum

Nouveau message

Envoyer

Nombre de mots :

Étape 2

문제 5-1의 해석을 확인하고, 작문 구성 방법을 익히세요.

당신은 친구에게서 이 메시지를 받습니다.　　　　　　　　　　　　　　12.5점

해석

> 릴, 2025년 6월 20일
>
> 안녕 친구들,
>
> 곧 여름 방학인데 나는 여행을 떠날 계획이야. 혼자 여행하고 싶지 않아서, 여행하면서 나와 함께 즐거운 순간을 공유하기를 원하는 누군가를 찾고 있어. 여행지와 출발 날짜는 아직 결정하지 않았어.
>
> 너희들의 답장을 기다릴게,
>
> 안녕,
>
> Sébastien

당신은 Sébastien에게 답장하고 그의 제안을 수락합니다. 그에게 여행에 대해 말하세요: 여행지, 출발 날짜 등. 그리고 그에게 당신이 하고 싶은 활동들에 대해 말하세요.

작문 구성

개요	진행 방식
1. 처음	인사말과 함께 제안을 수락한다고 쓴다. 이때 중요한 것은 상대방의 제안을 흔쾌히 수락한다는 의미를 강조하는 것인데 예를 들어 나도 여행을 하고 싶었다는 방식으로 적는다.
2. 가운데	여행에 대해 기술해야 하는데 지시사항에 따라 여행하고 싶은 곳, 출발 날짜 등을 반드시 언급해야 한다. 또한 여행 도중에 하고 싶은 활동들 역시 구체적으로 적어야 한다.
3. 끝	여행 계획에 대한 메일을 보내겠다는 말과 함께 글을 끝맺는다.

DELF A2 · 작문

Étape 3 문제 5-1의 필수 어휘를 익히고, 모범 답안을 확인해 보세요.

어휘

seul 혼자 | partager 공유하다 | destination (f.) 목적지 | date de départ (f.) 출발 날짜 | proposition (f.) 제안 | quelque part 어디론가 | bicyclette (f.) 자전거 | à travers ~을 가로질러, 통하여 | province (f.) 지방 | tous les coins 구석 구석 | apprécier 감상하다 | tableau (m.) 그림 | jouir 즐기다 | pleinement 온전히 | randonnée (f.) 긴 산책 | à propos de ~에 대한 | plan (m.) 계획

모범 답안

Paris, le 21 juin 2025

Salut,

Comment vas-tu ? J'étais très content quand j'ai reçu ton e-mail car je suis très stressé par les examens et je voulais partir quelque part pour me détendre. Alors, j'accepte ta proposition avec plaisir.

J'aimerais voyager à bicyclette à travers les provinces françaises. Je pense qu'on pourra visiter tous les coins de la France. Par exemple, on va apprécier les tableaux des musées qui sont peu connus. Ou bien, on va jouir pleinement de la nature en faisant une randonnée à bicyclette au milieu de la forêt. À mon avis, il vaut mieux partir au début du mois de juillet avant qu'il ne fasse chaud. Qu'est-ce que tu en penses ?

Je vais t'envoyer un e-mail à propos du plan de voyage.

Je t'embrasse,

Arnaud

파리, 2025년 6월 21일

안녕,

어떻게 지내니? 나는 너의 메일을 받았을 때 매우 만족했는데 왜냐하면 내가 시험 때문에 스트레스를 받았고 긴장을 풀기 위해 어디론가 떠나고 싶었기 때문이야. 그래서 기꺼이 너의 제안을 수락할게.

나는 프랑스 지방 곳곳을 자전거 여행하고 싶어. 나는 우리가 프랑스 구석구석을 방문할 수 있을 것이라고 생각해. 예를 들어 거의 알려져 있지 않은 미술관들의 그림들을 감상할 수 있을 거야. 아니면, 숲 한가운데를 자전거로 산책하면서 자연을 만끽할 수 있을 거야. 내 의견에는 날씨가 더워지기 전, 7월 초에 떠나는 것이 좋아. 이것에 대해 어떻게 생각하니?

내가 여행 계획에 대한 메일을 너에게 보낼게.

안녕,

Arnaud

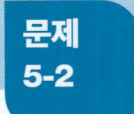

EXERCICE 2 실전 연습

공략에 따라 EXERCICE 2 연습 문제를 풀어 보세요.

Vous recevez un message d'un ami. 12,5 points

> Lille, le 20 juin 2025
>
> Salut les amis,
>
> C'est bientôt les vacances d'été et j'ai l'intention de partir en voyage. Comme je ne veux pas voyager seul, je cherche quelqu'un qui veut partager un moment agréable avec moi en voyageant. Je n'ai pas encore décidé la destination et la date de départ.
>
> J'attends vos réponses,
>
> Je vous embrasse,
>
> Sébastien

Vous répondez à Sébastien et vous refusez sa proposition. Vous lui expliquez pourquoi et vous lui proposez autre chose.

60 mots minimum

Nouveau message

Envoyer

Nombre de mots :

문제 5-2의 해석을 확인하고, 작문 구성 방법을 익히세요.

당신은 친구에게서 이 메시지를 받습니다.　　　　　　　　　　　　　　　　12.5점

> 릴, 2025년 6월 20일
>
> 안녕 친구들,
>
> 곧 여름 방학인데 나는 여행을 떠날 계획이야. 혼자 여행하고 싶지 않아서, 여행하면서 나와 함께 즐거운 순간을 공유하기를 원하는 누군가를 찾고 있어-. 여행지와 출발 날짜는 아직 결정하지 않았어.
>
> 너희들의 답장을 기다릴게,
>
> 안녕,
>
> Sébastien

당신은 Sébastien에게 답장하고 그의 제안을 거절합니다. 그에게 이유를 설명하고 다른 것을 제안하세요.

개요	진행 방식
1. 처음	인사말과 함께 제안을 수락할 수가 없다고 말하는데 그 이유에 대해 납득할 수 있는 내용으로 기술한다.
2. 가운데	지시사항에 따라 다른 활동들을 제안해야 하는데 특정 기간과 장소를 설정한 후에 시기와 장소에 어울리는 활동들을 기술해야 한다. 그리고 상대방의 제안을 받아들일 수 있도록 설득하기 위해 그가 좋아하는 내용으로 제안을 해야 한다.
3. 끝	답장을 기다린다는 말과 함께 글을 끝맺는다.

DELF A2 · 작문

Étape 3 문제 5-2의 필수 어휘를 익히고, 모범 답안을 확인해 보세요.

어휘
fin de semestre (f.) 학기말 | oncle (m.) 삼촌 | préféré 선호하는 | patiner 스케이트를 타다 | patinoire couverte (f.) 실내 스케이트장

모범 답안

Paris, le 21 juin 2025

Salut,

Comment vas-tu ? J'ai bien reçu ton courriel. Les examens de fin de semestre viennent de finir et les vacances vont commencer. J'aimerais partir en voyage avec toi mais je ne peux pas. Mon oncle habite au Canada et il a invité ma famille au Québec pendant ces vacances.

J'ai l'intention d'aller dans les Alpes pour passer les vacances d'hiver et je te propose d'y aller avec moi. Je sais que le ski est ton sport préféré alors on pourra faire du ski toute la journée. Et puis, s'il fait trop froid, on pourra patiner sur la glace à la patinoire couverte.

Comme je suis un excellent cuisinier, je pourrai t'offrir des plats que tu adores. Qu'est-ce que en penses ? Tu peux venir avec tes amis si tu veux.

J'attends ta réponses,

Je t'embrasse,

Frédéric

파리, 2025년 6월 21일

안녕,

어떻게 지내니? 너의 메일을 잘 받았어. 기말 시험들이 막 끝나고 방학이 시즈되겠구나. 나도 너와 함께 여행을 떠나고 싶지만 그럴 수가 없어. 삼촌이 캐나다에 살고 있는데 이번 방학 동안 내 가족을 퀘벡으로 초대했어.

나는 겨울 방학을 보내기 위해 알프스에 갈 생각인데 나와 함께 그곳에 갈 것을 제안할게. 나는 네가 가장 좋아하는 스포츠가 스키라는 것을 알고 있는데, 우리는 하루 종일 스키를 탈 수 있을 거야. 그리고 날씨가 너무 춥다면, 실내 스케이트장에서 스케이트를 탈 수 있어.

나는 훌륭한 요리사니까 네가 좋아하는 음식들을 너에게 제공할 수 있어. 이것에 대해 어떻게 생각하니? 네가 원한다면 네 친구들과 함께 와도 돼.

너의 답장을 기다릴게,

안녕,

Frédéric

EXERCICE 2 실전 연습

공략에 따라 EXERCICE 2 연습 문제를 풀어 보세요.

Vous avez reçu ce faire-part de votre ancienne école.

12,5 points

> Bonjour les anciens élèves,
>
> Le lycée Henri IV organise une soirée agréable pour vous. Vous pouvez passer un moment inoubliable avec vos camarades de classe et vos anciens professeurs. Il y aura une dégustation de vins et de fromages le vendredi 23 avril.
>
> Merci de confirmer votre présence par e-mail.

Vous répondez à l'école et vous acceptez son invitation. Vous la remerciez et vous lui parlez des activités que vous voulez faire.

60 mots minimum

Nouveau message

Nombre de mots :

Étape 2 문제 6-1의 해석을 확인하고, 작문 구성 방법을 익히세요.

당신의 모교로부터 이 초대장을 받습니다. 　　　　　　　　　　　　　　　　　　　12.5점

해석

졸업생 여러분, 안녕하세요.

Henri IV 학교는 여러분들을 위해 즐거운 저녁 파티(야회)를 엽니다. 당신의 학급 친구들과 은사님들과 잊지 못할 순간을 보낼 수 있습니다. 4월 23일 금요일, 포도주와 치즈 시음과 시식이 있을 것입니다.

메일을 통해 당신의 참석을 확인해 주시면 감사하겠습니다.

당신은 학교에 답장하고 초대를 수락합니다. 학교에 감사하고 당신이 하고 싶은 활동들에 대해 말하세요.

작문 구성

개요	진행 방식
1. 처음	인사말과 함께 초대장을 잘 받았으며, 학교에서의 추억을 떠올릴 수 있었다고 초대에 대한 감사를 표한다.
2. 가운데	저녁 파티에서 하고 싶은 활동들에 대해 언급해야 하는데 학교라는 특성과 관련된 내용들을 기술하는 것이 좋다. 예를 들어 은사들을 만나거나 친구들을 만나 최근 소식을 듣고 싶다는 내용으로 글을 쓴다.
3. 끝	많은 졸업생들이 저녁 파티에 참석해주기를 기대한다는 말과 함께 글을 끝맺는다.

DELF A2 · 작문

문제 6-1의 필수 어휘를 익히고, 모범 답안을 확인해 보세요.

어휘

ancien élève 졸업생 | soirée (f.) 저녁 파티, 야회 | inoubliable 잊지 못할 | dégustation (f.) 시음, 시식 | confirmer 확인하다 | présence (f.) 참석 | prendre en considération 배려하다 | souvenir (m.) 추억 | années scolaires (f.pl.) 학창시절 | remerciement (m.) 감사

모범 답안

Paris, le 14 avril 2025

Bonjour,

J'ai bien reçu votre invitation à propos de la soirée pour les anciens élèves.

D'abord, je vous remercie de prendre en considération les anciens élèves. En recevant cette invitation, je me suis souvenu de beaux souvenirs de nos années scolaires. J'accepte votre invitation avec plaisir.

Comme cela fait plus de 10 ans que je n'ai pas vu mes anciens professeurs, j'aimerais leur présenter mes remerciements. Et puis, je voudrais aussi rencontrer mes anciens camarades de classe pour avoir de leurs nouvelles récentes.

J'espère que beaucoup d'anciens élèves viendront pour passer un moment agréable.

Merci,

Vincent

파리, 2025년 4월 14일

안녕하세요,

졸업생들을 위한 저녁 파티에 관한 당신의 초대장을 잘 받았습니다.

우선 졸업생들을 배려해준 것에 대해 당신께 감사드립니다. 이 초대장을 받으면서 학창시절의 좋은 추억들이 떠올랐습니다. 기꺼이 당신의 초대를 수락합니다.

내 은사님들을 보지 못한 지 10년이 넘게 지났기 때문에 은사님들께 안부를 여쭙고 싶습니다. 그리고 내 이전 학급 친구들의 최근 소식을 알기 위해 그들을 만나고 싶습니다.

많은 졸업생들이 유쾌한 순간을 보내기 위해 올 것을 기대합니다.

고맙습니다,

Vincent

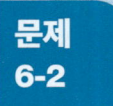

EXERCICE 2 실전 연습

Étape 1 공략에 따라 EXERCICE 2 연습 문제를 풀어 보세요.

Vous avez reçu ce faire-part de votre ancienne école. *12,5 points*

> Bonjour les anciens élèves,
>
> Le lycée Henri IV organise une soirée agréable pour vous. Vous pouvez passer un moment inoubliable avec vos camarades de classe et vos anciens professeurs. Il y aura une dégustation de vins et de fromages le vendredi 23 avril.
>
> Merci de confirmer votre présence par e-mail.

Vous répondez à l'école et vous refusez l'invitation. Vous expliquez pourquoi et vous proposez des événements que les anciens élèves vont aimer.

60 mots minimum

Nouveau message

Envoyer

Nombre de mots :

Étape 2
문제 6-2의 해석을 확인하고, 작문 구성 방법을 익히세요.

당신의 모교로부터 이 초대장을 받습니다. [12.5점]

해석
> 졸업생 여러분, 안녕하세요.
>
> Henri IV 학교는 여러분들을 위해 즐거운 저녁 파티(야회)를 엽니다. 당신의 학급 친구들과 은사님들과 잊지 못할 순간을 보낼 수 있습니다. 4월 23일 금요일, 포도주와 치즈 시음과 시식이 있을 것입니다.
>
> 메일을 통해 당신의 참석을 확인해 주시면 감사하겠습니다.

당신은 학교에 답장을 하고 초대를 거절합니다. 이유를 설명하고 졸업생들이 좋아할 행사들을 그에게 제안합니다.

작문 구성

개요	진행 방식
1. 처음	인사말과 함께 초대장을 잘 받았으며, 학교에서의 추억을 떠올릴 수 있었다고 먼저 감사를 표한다. 그리고 아쉽게도 초대에 응할 수 없다고 말하며 그 이유를 설명한다.
2. 가운데	학교 행사와 관련하여 제안하고 싶은 부분을 언급해야 하는데 예를 들어 재학생들과 졸업생들의 만남을 통해 서로 소통하고 미래에 대한 진로와 관련하여 충고를 해주기를 원한다는 내용을 기술한다.
3. 끝	다음번에는 꼭 참석하겠다는 말과 좋은 행사가 되기를 바란다는 말과 함께 글을 끝맺는다.

Étape 3

문제 6-2의 필수 어휘를 익히고, 모범 답안을 확인해 보세요.

어휘

à propos de ~에 관한 | voyage d'affaires (m.) 출장 | à présent 현재 | intérêt (m.) 관심 | carrière (f.) 직업, 경력 | également 또한, 역시 | bras de fer (m.) 팔씨름 | succès (m.) 성공

모범 답안

Paris, le 14 avril 2025

Bonjour,

J'ai bien reçu votre invitation à propos de la soirée pour les anciens élèves. D'abord, je vous remercie de prendre en considération les anciens élèves. En recevant cette invitation, je me suis souvenu de beaux souvenirs de nos années scolaires. Malheureusement, je ne peux pas accepter votre invitation cette fois-ci car je dois partir en voyage d'affaires à partir du 22 avril jusqu'au 25 avril.

En fait, j'ai parlé avec mes anciens camarades de classe à propos de cet événement et ils souhaitent rencontrer les élèves qui étudient à l'école à présent. Ils veulent parler avec eux des intérêts des jeunes et ils pourront les conseiller sur les carrières d'avenir. Et puis, ils veulent également faire des jeux avec les jeunes élèves, comme un bras de fer pour passer un moment amusant.

J'assisterai à l'événement la prochaine fois. J'espère que cette soirée sera un grand succès.

Merci,

Vincent

파리, 2025년 4월 14일

안녕하세요,

졸업생들을 위한 저녁 파티에 관한 당신의 초대장을 잘 받았습니다. 우선 졸업생들을 배려해 준 것에 대해 당신께 감사드립니다. 이 초대장을 받으면서 학창시절의 좋은 추억들이 떠올랐습니다. 불행히도 이번에는 당신의 초대를 수락하지 못하는데 왜냐하면 4월 22일부터 4월 25일까지 출장을 가야 하기 때문입니다.

사실 저는 제 동기들과 이 행사에 대해 이야기했는데, 그들은 지금 학교에서 공부하고 있는 학생들을 만나고 싶어합니다. 그들은 학생들과 함께 젊은이들의 관심사에 대해 말하고 싶어하고, 학생들에게 미래의 직업과 커리어에 대해 조언해 줄 수 있을 것입니다. 또한 그들은 즐거운 시간을 보내기 위해, 어린 학생들과 팔씨름 같은 게임도 하고 싶어합니다.

다음번에는 행사에 참석하겠으며 이 저녁 파티가 큰 성공을 거두기를 바랍니다.

감사합니다,

Vincent

EXERCICE 2 실전 연습

 공략에 따라 EXERCICE 2 연습 문제를 풀어 보세요.

Vous recevez un message d'un ami.

12,5 points

> Angers, le 25 juillet 2025
>
> Salut,
>
> Tu vas bien ? Je ne t'ai pas donné de mes nouvelles ces derniers temps car j'ai déménagé à Angers. J'étais très occupé parce que j'ai ouvert mon propre restaurant. Si tu es libre, je te propose de venir passer ce week-end chez moi. Tu peux déguster mes plats et on va passer un moment agréable. Tu peux venir avec ta famille si tu veux.
>
> J'attends ta réponse,
>
> Je t'embrasse,
>
> Paul

Vous répondez à Paul et vous acceptez son invitation. Vous le remerciez et vous lui parlez des activités que vous voulez faire.

60 mots minimum

Nouveau message

Nombre de mots :

| Étape 2 | 문제 7-1의 해석을 확인하고, 작문 구성 방법을 익히세요. |

당신은 친구에게서 이 메시지를 받습니다.   12.5점

해석

> 앙제, 2025년 7월 25일
>
> 안녕,
>
> 너 잘 지내고 있지? 내가 최근에 너에게 내 소식을 전하지 못했는데 왜냐하면 Angers로 이사를 했거든. 나는 매우 바빴는데 왜냐하면 내 식당을 열었기 때문이야. 만약 네가 시간이 있으면, 내 집에 이번 주말을 보내러 올 것을 너에게 제안할게. 너는 내 음식들을 맛보고 우리는 좋은 순간을 보낼 거야. 네가 원한다면 네 가족과 함께 와도 돼.
>
> 답장 기다릴게,
>
> 안녕,
>
> Paul

당신은 Paul에게 답장하고 그의 초대를 수락합니다. 그에게 감사하며 당신이 하고 싶은 활동들에 대해 그에게 말합니다.

작문 구성

개요	진행 방식
1. 처음	인사말, 소식을 알게 되어 기쁘다는 말과 함께 받은 메일의 내용을 언급하는 것이 필요하다. 구체적으로, 식당을 열었다는 내용과 관련하여 평소 요리에 대해 관심이 많았다는 전제를 하면서 축하한다고 기술한다.
2. 가운데	초대를 수락하고 어떤 활동들을 할 것인지에 대해 구체적으로 언급해야 한다. 이때 중요한 것은 활동과 관련해서 기호도를 함께 기술해야 한다는 것이다.
3. 끝	가족에 대해 언급하고 교통편과 함께 주소를 보내달라는 말을 하면서 글을 끝맺는다.

Étape 3

문제 7-1의 필수 어휘를 익히고, 모범 답안을 확인해 보세요.

어휘

nouvelles (f.pl.) 소식 | ces derniers temps 최근에 | déménager 이사하다 | occupé 바쁜 | propre 고유의 | déguster 맛을 보다, 평가하다 | plusieurs fois 여러 번 | rêve (m.) 꿈

모범 답안

Paris, le 26 juillet 2025

Salut,

J'ai bien reçu ton courriel. J'ai essayé de te contacter plusieurs fois mais tu ne m'as pas répondu. Alors, je me suis inquiété. D'abord, toutes mes félicitations ! Je savais que tu étais un excellent cuisinier et tu as enfin réalisé ton rêve d'ouvrir ton propre restaurant.

J'accepte ta proposition avec plaisir. Je suis gourmand et j'aimerais tellement goûter tes cuisines. Et je veux visiter le château d'Anjou qui est très connu en France parce que je m'intéresse beaucoup à l'histoire du Moyen Âge.

J'ai parlé à ma famille de ton invitation et ils étaient très contents. Nous allons venir en voiture, envoie-moi l'adresse de ta maison.

À ce samedi,

Je t'embrasse,

Xavier

파리, 2025년 7월 26일

안녕,

너의 메일을 잘 받았어. 나는 너에게 연락하려고 여러 번 시도했지만 네게서 답장을 못 받았어. 그래서 너에 대해 걱정했어. 우선 축하해! 나는 네가 훌륭한 요리사라는 것을 알고 있었는데 너 자신의 식당을 열겠다는 너의 꿈을 실현시켰구나.

나는 기꺼이 너의 제안을 수락할게. 나는 식도락가이고 정말로 너의 요리들을 맛보고 싶어. 그리고 나는 프랑스에서 매우 알려진 Anjou 성을 방문하고 싶은데 왜냐하면 나는 중세 시대의 역사에 관심이 많기 때문이야.

나는 내 가족에게 너의 초대에 대해 말했는데 그들은 매우 만족했어. 우리는 자동차를 가지고 갈 거고 너의 집 주소를 내게 보내줘.

이번 주 토요일에 봐,

안녕,

Xavier

EXERCICE 2 실전 연습

공략에 따라 EXERCICE 2 연습 문제를 풀어 보세요.

Vous recevez un message d'un ami.

12,5 points

Angers, le 25 juillet 2025

Salut,

Tu vas bien ? Je ne t'ai pas donné de mes nouvelles ces derniers temps car j'ai déménagé à Angers. J'étais très occupé parce que j'ai ouvert mon propre restaurant. Si tu es libre, je te propose de venir passer ce week-end chez moi. Tu peux déguster mes plats et on va passer un moment agréable. Tu peux venir avec ta famille si tu veux.

J'attends ta réponse,

Je t'embrasse,

Paul

Vous répondez à Paul et vous refusez son invitation. Vous lui expliquez pourquoi et vous lui proposez d'autres activités.

60 mots minimum

Nouveau message

Envoyer

Nombre de mots :

Étape 2

문제 7-2의 해석을 확인하고, 작문 구성 방법을 익히세요.

해석

당신은 친구에게서 이 메시지를 받습니다.   12.5점

> 앙제, 2025년 7월 25일
>
> 안녕,
>
> 너 잘 지내고 있지? 내가 최근에 너어게 내 소식을 전하지 못했는데 왜냐하면 Angers로 이사를 했거든. 나는 매우 바빴는데 왜냐하면 내 식당을 열었기 때문이야. 만약 네가 시간이 있으면, 내 집에 이번 주말을 보내러 올 것을 너에게 제안할게. 너는 내 음식들을 맛보고 우리는 좋은 순간을 보낼 거야. 네가 원한다면 네 가족과 함께 와도 돼.
>
> 답장 기다릴게,
>
> 안녕,
>
> Paul

당신은 Paul에게 답장을 하고 그의 초대를 거절합니다. 그에게 그 이유를 설명하고 다른 활동들을 제안하세요.

작문 구성

개요	진행 방식
1. 처음	인사말과 함께 메일을 잘 받았고 Angers에 자리를 잘 잡았는지 물어본다. 내용을 보완하기 위해 이 도시에 대해 언급하는 것도 효율적인 기술 방식이다.
2. 가운데	초대에 응할 수 없다는 내용을 쓰고 그 이유에 대해 구체적으로 밝혀야 한다. 아쉬움이 크다는 뉘앙스를 주기 위해 미리 계획된 것을 취소할 수 없다는 내용을 기술한다. 다른 활동들에 대한 제안을 해야 하는데 식당을 경영하고 오랜 기간 떠날 수 없다는 상황을 고려하여 그곳으로 갈 수 있다는 가정을 한다. 그리고 그곳에 가서 하고 싶은 활동들을 언급하는 것이 바람직하다.
3. 끝	출발 날짜와 관련해 메일을 보내겠다는 말과 함께 글을 끝맺는다.

Étape 3

문제 7-2의 필수 어휘를 익히고, 모범 답안을 확인해 보세요.

어휘

s'installer 자리잡다, 정착하다 | magnifique 매우 아름다운, 멋진 | tellement 정말로 | annuler 취소하다 | fixer 정하다

DELF A2 · 작문

Paris, le 26 juillet 2025

Salut,

Comment vas-tu ? J'ai bien reçu ton courriel et je comprends pourquoi tu ne m'as pas donné de tes nouvelles. Tu t'es bien installé à Angers ? J'y suis allé une fois et je trouve que c'est une ville magnifique.

J'aimerais tellement visiter ton restaurant pour goûter tes plats mais je ne peux pas accepter ton invitation cette fois-ci. Ma famille va partir en voyage en Alemagne à partir du 27 juillet et je ne peux pas l'annuler.

Tu es libre au mois d'août ? Je vais aller à Tours pour mon travail alors je pourrai visiter ton restaurant car cette ville n'est pas loin d'Angers. Je pourrai déguster tes plats délicieux et je veux visiter le château d'Anjou qui est très connu en France parce que je m'intéresse beaucoup à l'histoire du Moyen Âge.

Je vais t'envoyer un courriel dès que je fixe la date de départ.

Réponds-moi !

Je t'embrasse,

Xavier

....

파리, 2025년 7월 26일

안녕,

너 어떻게 지내니? 네 메일을 잘 받았고 왜 네 소식을 내게 주지 않았는지 이해했어. Angers에 잘 자리 잡았니? 나는 그곳에 한 번 갔었는데 멋진 도시라고 생각해.

나는 너의 음식들을 맛보기 위해 너의 식당을 정말로 방문하고 싶지만 이번에는 너의 초대를 수락할 수가 없어. 우리 가족이 7월 27일부터 독일로 여행을 떠나는데 그걸 취소할 수가 없거든.

너 8월에 시간 있니? 내가 업무로 Tours에 갈 예정인데, 이 도시가 Angers에서 멀지 않아서 네 식당에 방문할 수 있어. 나는 너의 맛있는 음식들을 맛볼 수 있을 거야. 그리고 나는 중세 시대 역사에 관심이 많아서 프랑스에서 잘 알려진 Anjou 성을 방문하고 싶어.

출발 날짜를 정하는 대로 너에게 메일을 보낼게.

내게 답장해줘!

안녕,

Xavier

EXERCICE 2 실전 연습

공략에 따라 EXERCICE 2 연습 문제를 풀어 보세요.

Vous recevez un message d'un ami. *12,5 points*

> Salut,
>
> Comment vas-tu ? Tu ne veux pas travailler pendant les vacances d'été ? Mon oncle a ouvert son restaurant il y a six mois et j'y vais travailler pour l'aider. Il cherche quelqu'un d'autre qui peut travailler pendant l'été. Alors, je te propose de travailler avec moi. Tu pourras gagner de l'argent de poche.
>
> Qu'est-ce que tu en penses ? Si oui, réponds-moi vite !
>
> Je t'embrasse,
>
> Marco

Vous répondez à Marco et vous acceptez sa proposition. Vous le remerciez et vous lui demandez des informations : paiement, heures de travail, repas compris etc.

60 mots minimum

Nouveau message

Envoyer

Nombre de mots :

문제 8-1의 해석을 확인하고, 작문 구성 방법을 익히세요.

당신은 친구에게서 이 메시지를 받습니다. 　　　　　　　　　　　　　　12.5점

> 안녕,
>
> 너 어떻게 지내니? 너 여름 방학 동안 일하고 싶지 않니? 내 삼촌이 6개월 전에 식당을 열었는데 나는 그를 돕기 위해 그곳에서 일할 거야. 그는 여름 동안 일할 수 있는 다른 누군가를 찾고 있어. 그래서 내가 너에게 나와 함께 일할 것을 제안할게. 너는 용돈을 벌 수 있을 거야.
>
> 이것에 대해 어떻게 생각하니? 만일 좋다면, 내게 빨리 답장해줘!
>
> 안녕,
>
> Marco

당신은 Marco에게 답장하고 그의 제안을 수락합니다. 그에게 감사하면서 정보들을 부탁합니다: 급여, 근무 시간, 식사 포함 여부 등.

개요	진행 방식
1. 처음	인사말과 함께 왜 제안을 수락하는지에 대해 구체적으로 내용을 밝힌다. 방학을 이용해서 일한다는 메일의 내용에 따라 연관성이 있는 사항들을 적어야 한다. 그리고 친구와 함께 일할 수 있다는 장점도 함께 언급한다.
2. 가운데	지시사항에 따라 정보들을 물어봐야 하는데 가능하다면 지시사항에서 언급된 부분들뿐만 아니라 그 외의 것도 물어보는 것이 좋은 점수를 획득할 수 있다.
3. 끝	함께 일했으면 좋겠다는 말과 함께 글을 끝맺는다.

Étape 3 문제 8-1의 필수 어휘를 익히고, 모범 답안을 확인해 보세요.

어휘

travailler 일하다 | oncle (m.) 삼촌 | mois (m.) 달, 월 | aider 돕다 | chercher 찾다 | argent de poche (m.) 용돈 | information (f.) 정보 | paiement (m.) 급여 | repas (m.) 식사 | compris 포함된 | stage linguistique (m.) 어학연수 | Angleterre (f.) 영국 | prochain 다음의 | boulot (m.) 일 | souci (m.) 근심, 걱정 | à côté de ~곁에 | renseignement (m.) 정보 | salaire horaire (m.) 시급 | loger 묵다, 숙박하다

모범 답안

Lyon, le 21 juin 2025

Salut,

J'ai bien reçu ton courriel. Je te remercie de m'avoir proposé ce travail. J'ai l'intention de faire un stage linguistique en Angleterre l'année prochaine et j'ai besoin d'un petit boulot pour gagner de l'argent. En plus, je pourrai travailler sans aucun souci si tu es à côté de moi.

J'aimerais te demander quelques renseignements à propos de ce travail. D'abord, combien d'heures par jour dois-je travailler ? Et puis, combien de jours par semaine travaille-t-on ? Quel est le salaire horaire ? Et le repas ? Où est-ce que je peux loger ?

J'espère qu'on pourra travailler ensemble et réponds-moi vite !

Je t'embrasse,

Alain

리옹, 2025년 6월 21일

안녕,

네 메일을 잘 받았어. 나에게 이 일을 제안해줘서 고마워. 나는 내년에 영국에서 어학연수를 할 생각인데 돈을 벌기 위해 아르바이트가 필요해. 게다가, 네가 내 곁에 있다면 아무 걱정 없이 일할 수 있을 거야.

나는 이 일에 관해 몇 가지 정보들을 너에게 묻고 싶어. 우선, 하루에 몇 시간을 일해야 하니? 그리고 일주일에 며칠을 일하게 되지? 시급은 얼마야? 그리고 식사는? 나는 어디서 묵을 수 있어?

나는 우리가 함께 일했으면 좋겠고 빨리 내게 답장해줘!

안녕,

Alain

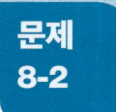

EXERCICE 2 실전 연습

공략에 따라 EXERCICE 2 연습 문제를 풀어 보세요.

Vous recevez un message d'un ami.　　　　　　　　　　　　　　　12,5 points

> Salut,
>
> Comment vas-tu ? Tu ne veux pas travailler pendant les vacances d'été ? Mon oncle a ouvert son restaurant il y a six mois et j'y vais travailler pour l'aider. Il cherche quelqu'un d'autre qui peut travailler pendant l'été. Alors, je te propose de travailler avec moi. Tu pourras gagner de l'argent de poche.
>
> Qu'est-ce que tu en penses ? Si oui, réponds-moi vite !
>
> Je t'embrasse,
>
> Marco

Vous répondez à Marco et vous refusez sa proposition. Vous lui expliquez pourquoi et vous lui proposez d'autres activités.

60 mots minimum

Nouveau message

Envoyer

Nombre de mots :

| Étape 2 | 문제 8-2의 해석을 확인하고, 작문 구성 방법을 익히세요. |

당신은 친구에게서 이 메시지를 받습니다.　　　　　　　　　　　　　　　　12.5점

해석

> 안녕,
>
> 너 어떻게 지내니? 너 여름 방학 동안 일하고 싶지 않니? 내 삼촌이 6개월 전에 식당을 열었는데 나는 그를 돕기 위해 그곳에서 일할 거야. 그는 여름 동안 일할 수 있는 다른 누군가를 찾고 있어. 그래서 내가 너에게 나와 함께 일할 것을 제안할게. 너는 용돈을 벌 수 있을 거야.
>
> 이것에 대해 어떻게 생각하니? 만일 좋다면, 내게 빨리 답장해줘!
>
> 안녕,
>
> Marco

당신은 Marco에게 답장을 하고 그의 제안을 거절합니다. 그에게 그 이유를 설명하고 다른 활동들을 제안하세요.

작문 구성

개요	진행 방식
1. 처음	인사말과 함께 보고 싶다는 말을 하고 일자리를 제안해 준 것에 대해 고맙다고 적는다.
2. 가운데	제안을 수락할 수 없다고 기술해야 하는데 상대방이 납득할 수 있는 합리적인 이유나 근거를 밝혀야 한다.
3. 끝	다른 활동들을 제안해야 하는데 제일 중요한 것은 상대방의 제안을 수락할 수 있도록 상대방이 좋아하는 내용들과 관련지어야 한다는 것이다.

| Étape 3 | 문제 8-2의 필수 어휘를 익히고, 모범 답안을 확인해 보세요. |

어휘

boîte e-mail (f.) 메일함 | auto-école (f.) 자동차 운전 학원 | permis de conduire (m.) 운전 면허증 | décembre (m.) 12월 | chiot (m.) 강아지

DELF A2 · 작문

Lyon, le 21 juin 2025

Salut,

Comment vas-tu ? Moi, je vais bien. J'ai vérifié la boîte e-mail. Cela fait assez longtemps que je ne t'ai pas vu et tu me manques beaucoup. D'abord, merci de ta proposition à propos du petit boulot.

J'aimerais tellement travailler avec toi mais je ne peux pas. Mon oncle a acheté une nouvelle voiture et il m'a promis de me donner son ancienne voiture. Alors, je vais m'inscrire à l'auto-école pour obtenir le permis de conduire.

Mais qu'est-ce que tu vas faire pendant les vacances d'hiver ? Je vais rester chez mes grands-parents au mois de décembre et je te propose d'y venir. Je sais que tu aimes cuisiner et tu pourras apprendre à faire la cuisine car ma grand-mère est une excellente cuisinière.

Et puis, je me souviens que tu as envie d'avoir un chien ou un chat. Tu auras peut-être une chance d'avoir un joli chiot parce que mon grand-père a beaucoup de chiens. Qu'est-ce que tu en penses ?

J'attends ta réponse,

Je t'embrasse,

Alain

리옹, 2025년 6월 21일

안녕,

어떻게 지내니? 나는 잘 지내. 메일함을 확인했어. 네가 너를 보지 못한 지 꽤 되어서 네가 많이 보고 싶어. 우선, 아르바이트에 대한 너의 제안에 대해 고마워.

나는 정말로 너랑 같이 일하고 싶지만 그럴 수가 없어. 내 삼촌이 새 차를 샀는데 이전 차를 내게 줄 것이라고 약속했어. 그래서 나는 운전 면허증을 따기 위해 운전 학원에 등록할 거야.

근데 겨울 방학 동안에 너 뭐 할 거니? 나는 12월에 조부모님 댁에 머물 건데 이곳에 올 것을 너에게 제안할게. 나는 네가 요리하는 것을 좋아한다는 것을 아는데 너는 요리를 배울 수 있을 거야. 왜냐하면 할머니께서 훌륭한 요리사시거든.

그리고 네가 고양이나 개를 갖고 싶다는 것을 기억해. 너는 예쁜 강아지를 가질 수 있는 기회가 있을 수도 있는데 왜냐하면 할아버지께서 많은 개들을 갖고 계시거든. 이것에 대해 어떻게 생각하니?

너의 답변을 기다릴게,

안녕,

Alain

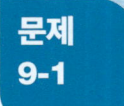

EXERCICE 2 실전 연습

공략에 따라 EXERCICE 2 연습 문제를 풀어 보세요.

Vous recevez un message d'un ami. *12,5 points*

> Paris, le 20 juin 2025
>
> Salut,
>
> Tu vas bien ? Voilà, je t'envoie ce courriel car j'ai besoin de ton aide. C'est bientôt les examens de fin de semestre mais je m'inquiète beaucoup des mathématiques. Comme tu es fort en maths, tu peux m'aider ? Je sais que tu as fini tes examens et j'aimerais que tu viennes chez moi ce week-end pour résoudre mon problème. Dis-moi l'heure de ton arrivée et je vais t'attendre à la gare.
>
> Réponds-moi vite,
>
> Je t'embrasse,
>
> Roland

Vous répondez à Roland et vous acceptez sa demande. Vous lui parlez des activités que vous voulez faire.

60 mots minimum

Nouveau message

Envoyer

Nombre de mots :

Étape 2
문제 9-1의 해석을 확인하고, 작문 구성 방법을 익히세요.

해석

당신은 친구에게서 이 메시지를 받습니다. [12.5점]

> 파리, 2025년 6월 20일
>
> 안녕,
>
> 잘 지내지? 다름이 아니라 너의 도움이 필요해서 이 메일을 너에게 보내. 곧 기말 시험인데 나는 수학에 대해 걱정이 많아. 너는 수학을 잘하니까 나를 도와줄 수 있니? 네가 시험이 끝났다는 것을 내가 아는데 내 문제를 해결하기 위해 이번 주말에 내 집에 왔으면 좋겠어. 도착 시간을 내게 말해주면 내가 기차역에서 너를 기다릴게.
>
> 빨리 내게 답장해줘,
>
> 안녕,
>
> Roland

당신은 Roland에게 답장하고 그의 부탁을 수락합니다. 그에게 당신이 하고 싶어하는 활동들에 대해 말하세요.

작문 구성

개요	진행 방식
1. 처음	인사말과 함께 자신의 근황을 간략하게 언급한다. 그리고 부탁을 수락한다는 내용의 글을 쓴다.
2. 가운데	받은 메일에서 공부하는 장소에 대해 언급하고 있기 때문에 이에 대해 기술해야 한다. 집에서 공부하는 것이 편하다는 내용으로 글을 적는다. 하고 싶은 활동들에 대해 구체적으로 기술해야 하는데 함께 할 수 있는 활동이나 자신에게 필요한 사항에 대해 언급한다.
3. 끝	연락을 하겠다는 말과 함께 글을 끝맺는다.

Étape 3
문제 9-1의 필수 어휘를 익히고, 모범 답안을 확인해 보세요.

examen de fin de semestre (m.) 기말고사 | mathématiques (f.pl.) 수학 | demande (f.) 부탁, 요구 | se reposer 휴식을 취하다 | en ce moment 지금 | il vaut mieux ~가 더 낫다 | formule mathématique (f.) 수학 공식 | garder 지키다 | silence (m.) 침묵 | ordinateur portable (m.) 노트북 | marcher 작동하다 | vérifier 확인, 점검하다

Rennes, le 20 juin 2025

Salut,

J'ai bien reçu ton e-mail. J'ai fini mes examens et je me repose en ce moment car les vacances viennent de commencer. Alors, je peux t'aider à préparer l'examen de maths avec plaisir.

À mon avis, il vaut mieux travailler chez toi parce que je dois t'expliquer les formules mathématiques et il est difficile de le faire dans la bibliothèque où il faut garder le silence.

Moi aussi, j'aimerais te demander un service. Mon ordinateur portable ne marche pas bien et je ne sais pas pourquoi. Comme tu connais bien l'informatique, je pense que tu pourrais vérifier. Et puis, il y a une exposition spéciale de Monet près de chez toi, alors je voudrais la visiter avec toi après avoir fini le cours de maths.

Je te rappellerai après avoir réservé le billet de train.

À ce samedi,

Samuel

렌, 2025년 6월 20일

안녕,

네 메일을 잘 받았어. 나는 시험이 끝나서 지금은 휴식을 취하고 있는데 왜냐하면 방학이 막 시작했기 때문이야. 그래서 기꺼이 네가 수학 시험을 준비하는 것을 도울 수 있어.

내 의견에 네 집에서 공부하는데 더 나은데 왜냐하면 나는 너에게 수학 공식들에 대해 설명해야 하지만 조용히 해야 하는 도서관에서는 이것을 하기가 어렵기 때문이야.

나도 너에게 부탁을 하고 싶어. 내 노트북이 잘 작동이 되지 않는데 이유를 모르겠어. 너는 컴퓨터를 잘 아니까 네가 점검할 수 있을 것이라고 생각해. 그리고 네 집 가까이에서 모네의 특별 전시회가 있는데 수학 공부를 끝낸 후에 너와 함께 그곳을 방문하고 싶어.

기차표를 예약한 후에 너에게 전화할게.

이번 주 토요일에 봐,

Samuel

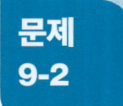

EXERCICE 2 실전 연습

공략에 따라 EXERCICE 2 연습 문제를 풀어 보세요.

Vous recevez un message d'un ami. 12,5 points

> Paris, le 20 juin 2025
>
> Salut,
>
> Tu vas bien ? Voilà, je t'envoie ce courriel car j'ai besoin de ton aide. C'est bientôt les examens de fin de semestre mais je m'inquiète beaucoup des mathématiques. Comme tu es fort en maths, tu peux m'aider ? Je sais que tu as fini tes examens et j'aimerais que tu viennes chez moi ce week-end pour résoudre mon problème. Dis-moi l'heure de ton arrivée et je vais t'attendre à la gare.
>
> Réponds-moi vite,
>
> Je t'embrasse,
>
> Roland

Vous répondez à Roland et vous lui expliquez pourquoi vous ne pouvez pas venir chez lui. Vous lui proposez une autre option et vous lui parlez d'autres activités.

60 mots minimum

Nouveau message

Envoyer

Nombre de mots :

Étape 2 문제 9-2의 해석을 확인하고, 작문 구성 방법을 익히세요.

해석

당신은 친구에게서 이 메시지를 받습니다.   12.5점

> 파리, 2025년 6월 20일
>
> 안녕,
>
> 잘 지내지? 다름이 아니라 너의 도움이 필요해서 이 메일을 너에게 보내. 곧 기말 시험인데 나는 수학에 대해 걱정이 많아. 너는 수학을 잘하니까 나를 도와줄 수 있니? 네가 시험이 끝났다는 것을 내가 아는데 내 문제를 해결하기 위해 이번 주말에 내 집에 왔으면 좋겠어. 도착 시간을 내게 말해주면 내가 기차역에서 너를 기다릴게.
>
> 빨리 내게 답장해줘,
>
> 안녕,
>
> Roland

당신은 Roland에게 답장하고 그에게 왜 당신이 그의 집에 갈 수 없는지를 설명하세요. 그에게 다른 선택을 제안하고 다른 활동들에 대해 그에게 말하세요.

작문 구성

개요	진행 방식
1. 처음	인사말과 함께 부탁을 수락할 수 없다는 말과 납득할 만한 이유를 구체적으로 기술한다. 글의 설득력을 높이기 위해 부탁을 꼭 들어주고 싶다는 안타까움을 표시하는 문장을 사용하는 것이 좋다.
2. 가운데	상대방의 부탁을 거절해야 하는데 공부를 도와달라는 말을 거절하고 다른 것을 제안하기란 쉽지 않다. 따라서 전적으로 거절하기 보다는 우회적인 방법을 제시하는 것이 좋은데 예를 들어 자신의 집으로 와서 공부하는 것이 어떤지를 제안한다. 이때, 상대방이 제안을 수락할 수 있는 조건들을 제시해야 하는데 시험에 관련된 도움을 받을 수 있다는 점과 상대방의 기호도와 관련한 내용을 기술한다.
3. 끝	자신의 제안에 대해 어떻게 생각하는지를 물으며 글을 끝맺는다.

DELF A2 · 작문

Étape 3 문제 9-2의 필수 어휘를 익히고, 모범 답안을 확인해 보세요.

어휘
option (f.) 선택 | difficulté (f.) 어려움 | prêter 빌려주다 | note (f.) 노트 | ranger 정리하다 | quartier (m.) 동네 | régional 지역의

모범답안

Rennes, le 20 juin 2025

Salut,

Comment vas-tu ? Je comprends ta difficulté car les mathématiques ne sont pas faciles à étudier. J'aimerais tellement t'aider mais je ne peux pas. Mes parents vont partir en voyage en Europe à partir de ce week-end et je dois garder la maison.

Mais je pense que tu peux venir chez moi pour préparer tes examens. Cela prend deux heures pour venir ici si tu prends le train.

Je peux te prêter les notes de formules mathématiques que j'ai bien organisées. Et puis, un nouveau restaurant vient d'ouvrir dans mon quartier et les plats sont vraiment délicieux. Je sais que tu es gourmand et tu pourras avoir l'occasion de déguster les cuisines régionales.

Qu'est-ce que tu penses de ma proposition ?

J'attends ta réponse,

Je t'embrasse,

Samuel

렌, 2025년 6월 20일

안녕,

어떻게 지내니? 나는 너의 어려움을 이해하는데 왜냐하면 수학은 공부하기 쉽지가 않기 때문이야. 나도 정말로 너를 도와주고 싶지만 그럴 수가 없어. 내 부모님이 이번 주말부터 유럽으로 여행을 떠나셔서 내가 집을 봐야 해.

그렇지만 너의 시험들을 준비하기 위해 내 집에 올 수 있다고 생각해. 네가 기차를 탄다면 여기에 오는 데 2시간이 걸려.

나는 내가 잘 정리했던 수학 공식 노트를 네게 빌려줄 수 있어. 그리고 동네에 새로운 식당이 막 문을 열었는데 음식들이 정말 맛있어. 나는 네가 식도락가라는 것을 아는데 너는 지역 음식들을 맛볼 기회를 가질 수 있을 거야.

내 제안에 대해 너 어떻게 생각해?

답변을 기다릴게,

안녕,

Samuel

EXERCICE 2 실전 연습

공략에 따라 **EXERCICE 2** 연습 문제를 풀어 보세요.

Vous recevez un message d'une amie. *12,5 points*

Paris, le 01 juillet 2025

Salut les amis,

Voilà, je travaille comme bénévole dans une organisation écologiste et on lance une campagne contre la pollution des mers tous les ans. On va aller à la plage pour éliminer les ordures cette année. Alors, je vous demande de participer à cette opération qui aura lieu au mois d'août. Je suis sûre que vous serez contents de donner un coup de main pour protéger l'environnement.

Répondez-moi vite !

Je vous embrasse,

Camille

Vous répondez à Camille et vous acceptez sa proposition. Vous la remerciez et vous lui demandez des informations : date, lieu, équipement, offre du repas, etc.

60 mots minimum

Nouveau message

Nombre de mots :

| Étape 2 | 문제 10-1의 해석을 확인하고, 작문 구성 방법을 익히세요. |

당신은 친구에게서 이 메시지를 받습니다. [12.5점]

해석

> 파리, 2025년 7월 1일
>
> 안녕 친구들,
>
> 다름이 아니라 나는 친환경 단체에서 자원봉사자로 일하고 있는데 우리는 매년 해양 오염에 반대하는 캠페인을 하고 있어. 올해는 오물들을 제거하기 위해 해변에 갈 거야. 그래서 8월에 개최되는 이 작업에 참가할 것을 너희들에게 부탁할게. 나는 너희들이 기꺼이 환경을 보호하는 데 도움을 줄 것이라고 확신해.
>
> 내게 빨리 답장해줘!
>
> 안녕,
>
> Camille

당신은 Camille에게 답장하고 제안을 수락하세요. 그녀에게 감사하고 정보들을 물어보세요: 날짜, 장소, 장비, 식사 제공 등.

작문 구성

개요	진행 방식
1. 처음	인사말과 함께 기꺼이 제안을 수락한다고 기술해야 한다. 구체적으로, 환경과 관련한 제안이므로 환경 오염에 대한 관심이 많다고 언급하면서 제안을 수락한다.
2. 가운데	지시사항에 언급된 정보들과 관련한 부분을 기술해야 한다. 캠페인 날짜와 장소, 장비 또는 식사와 연관된 내용들을 물어본다.
3. 끝	가치 있는 일을 하게 되어 기쁘고 답장을 기다린다는 말과 함께 글을 끝맺는다.

| Étape 3 | 문제 10-1의 필수 어휘를 익히고 모범 답안을 확인해 보세요. |

어휘

bénévole 자원봉사자 | écologiste 친환경의 | lancer 던지다, 시작하다 | campagne (f.) 캠페인 | pollution (f.) 오염 | éliminer 제거하다 | ordure (f.) 오물, 쓰레기 | opération (f.) 작업 | avoir lieu 열리다, 개최되다 | août (m.) 8월 | coup de main (m.) 도움 | protéger 보호하다 | environnement (m.) 환경 | lieu (m.) 장소 | équipement (m.) 장비 | offre (f.) 제공 | récemment 최근에 | nettoyage (m.) 청소 | concernant ~에 관한, ~에 대하여 | exact 정확한 | gants (m.pl.) 장갑 | sac plastique (m.) 비닐봉지 | emporter 가져가다 | casse-croûte (m.) 도시락 | significatif 의미있는

모범 답안

Bordeaux, le 02 juillet 2025

Salut,

Comment vas-tu ? Récemment, je m'intéresse beaucoup aux problèmes de l'environnement et c'est la raison pour laquelle j'étais très content quand j'ai reçu ton courriel à propos du nettoyage de la plage. Alors, j'accepte ta demande avec plaisir.

J'aimerais avoir plus d'informations concernant cette opération. Quelle est la date exacte de cette campagne ? À quelle plage l'opération aura-t-elle lieu ? Est-ce que je dois apporter des gants et des sacs plastiques ? Je dois emporter mon casse-croûte ? Sinon, où est-ce qu'on peut prendre un repas ?

Je suis heureux de faire quelque chose de significatif avec toi.

J'attends ta réponse,

Je t'embrasse,

Frédéric

보르도, 2025년 7월 2일

안녕,

어떻게 지내니? 최근에 나는 환경 문제에 대해 관심이 많은데 이런 이유로 인하서 해변 청소에 대한 너의 메일을 받았을 때 나는 매우 만족했어. 그래서 기꺼이 너의 제안을 수락할게.

나는 이 작업에 대한 더 많은 정보들을 알고 싶어. 이 캠페인의 정확한 날짜가 건제야? 어느 해변에서 작업이 시행되는 거니? 내가 장갑과 비닐봉지를 가져가야 하니? 내 도시락을 가져가야 할까? 그렇지 않다면 어디서 식사를 할 수 있는 거야?

나는 너와 함께 의미 있는 무엇인가를 할 수 있어 기뻐.

너의 답장을 기다릴게,

안녕,

Frédéric

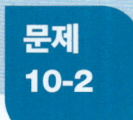

EXERCICE 2 실전 연습

공략에 따라 EXERCICE 2 연습 문제를 풀어 보세요.

Vous recevez un message d'd'une amie.

12,5 points

> Paris, le 01 juillet 2025
>
> Salut les amis,
>
> Voilà, je travaille comme bénévole dans une organisation écologiste et on lance une campagne contre la pollution des mers tous es ans. On va aller à la plage pour éliminer les ordures cette année. Alors, je vous demande de participer à cette opération qui aura lieu au mois d'août. Je suis sûre que vous serez contents de donner un coup de main pour protéger l'environnement.
>
> Répondez-moi vite !
>
> Je vous embrasse,
>
> Camille

Vous répondez à Camille et vous lui expliquez pourquoi vous ne pouvez pas accepter sa demande. Vous lui proposez d'autres activités.

60 mots minimum

Nouveau message

Envoyer

Nombre de mots :

Étape 2 문제 10-2의 해석을 확인하고, 작문 구성 방법을 익히세요.

해석

당신은 친구에게서 이 메시지를 받습니다.   12.5점

> 파리, 2025년 7월 1일
>
> 안녕 친구들,
>
> 다름이 아니라 나는 친환경 단체에서 자원봉사자로 일하고 있는데 우리는 매년 해양 오염에 반대하는 캠페인을 하고 있어. 올해는 오물들을 제거하기 위해 해변에 갈 거야. 그래서 8월에 개최되는 이 작업에 참가할 것을 너희들에게 부탁할게. 나는 너희들이 기꺼이 환경을 보호하는 데 도움을 줄 것이라고 확신해.
>
> 내게 빨리 답장해줘!
>
> 안녕,
>
> Camille

당신은 Camille에게 답장하고 그녀에게 왜 그의 부탁을 수락할 수 없는지를 설명하세요. 그녀에게 다른 활동들을 제안하세요.

작문 구성

개요	진행 방식
1. 처음	인사말과 함께 부탁을 수락할 수 없다고 기술해야 하는데 환경 문제의 심각성에 대해 인식하고 있기 때문에 더욱 안타깝다는 느낌을 준다.
2. 가운데	부탁을 거절하는 이유에 대해 납득할 수 있는 이유를 들어야 한다. 예를 들어 가족과 관련하여 미리 계획이 잡혀 있다는 내용으로 기술할 수 있다. 지시사항에 따라 다른 활동들을 제안해야 하는데 조부모님 댁에 머무는 동안 오라는 말을 한다. 그리고 상대방이 제안을 수락할 수 있도록 상대방의 기호도와 관련이 있는 사항들을 언급해야 한다.
3. 끝	전원생활을 경험할 수 있는 좋은 기회가 될 것이라는 말과 함께 글을 끝맺는다.

Étape 3 문제 10-2의 필수 어휘를 익히고, 모범 답안을 확인해 보세요.

어휘

de plus en plus 점점 더 | grave 심각한 | ignorer 간과하다 | Terre (f.) 지구 | bétail (m.) 가축 | veau (m.) 송아지 | fabriquer 만들다 | atelier (m.) 작업실 | objet d'art (m.) 공예품

Bordeaux, le 02 juillet 2025

Salut,

J'ai bien reçu ton e-mail. Il est vrai que le problème de l'environnement devient de plus en plus grave et il ne faut pas l'ignorer pour protéger la Terre. Alors, j'aimerais vraiment participer à cette opération mais je ne peux pas venir cette fois-ci.

Je dois rester chez mes grands-parents au mois d'août. Ils élèvent du bétail et c'est un travail très dur pour les personnes âgées. Alors, je vais les aider avec mon père pendant un mois.

Qu'est-ce que tu vas faire après cette campagne ? Tu es en vacances, n'est-ce pas ? Je te propose de venir passer quelques jours chez mes grands-parents. Je sais que tu aimes les animaux et tu vas adorer les veaux. Et puis, je crois que tu as envie de fabriquer quelque chose depuis longtemps. Il y a un grand atelier alors tu pourras fabriquer les objets d'art avec l'aide de mon grand-père.

Ce sera une bonne occasion pour toi d'avoir une expérience de la vie à la campagne. Qu'est-ce que tu en penses ?

J'attends ta réponse,

Je t'embrasse,

Frédéric

보르도, 2025년 7월 2일

안녕,

너의 이메일을 잘 받았어. 환경 문제가 점점 더 심각해진다는 것은 사실이고 지구를 보호하기 위해서 이를 간과해서는 안 되지. 그래서 이 작업에 정말로 참가하고 싶지만 이번에는 그럴 수가 없어.

나는 8월에 조부모님 댁에 머물러야 해. 가축들을 키우시는데 노인분들에게는 매우 힘든 일이야. 그래서 아버지와 함께 한 달 동안 조부모님을 도울 거야.

너 캠페인 이후에 뭐 할 거야? 너 방학이지, 그렇지 않니? 너에게 우리 조부모님 댁에서 며칠 지내러 올 것을 제안할게. 나는 네가 동물들을 좋아하는 것을 아는데 너는 송아지들을 아주 좋아할 거야. 그리고 너는 오래 전부터 무엇인가를 만드는 것에 관심이 있다고 나는 생각해. 큰 작업실이 있으니까 너는 할아버지의 도움을 받아 공예품을 만들 수도 있을 거야.

네게는 전원생활을 경험할 수 있는 좋은 기회가 될 거야. 이것에 대해 어떻게 생각하니?

너의 답장을 기다릴게,

안녕,

Frédéric

Production orale

1 구술 완전 분석

A2 구술 평가는 총 세 가지 유형으로 나뉜다. 첫 번째 유형에서는 응시자가 자신의 인적 사항, 가족, 취미, 여가 활동, 계획, 장래 희망 등 개인적인 주제에 대해 이야기하고, 감독관의 질문에 답변한다. 두 번째 유형은 준비실에 마련되어 있는 문제지 중에서 두 개를 선택한 후 약 20초 동안 내용을 검토한 뒤 최종적으로 하나를 골라 답변하는 방식이다. 이후 감독관과 추가적인 문답이 이어진다. 마지막 세 번째 유형은 역할 분담을 기반으로 한 상황극 평가로, 응시자는 준비실에 배치된 약 10여 개의 쪽지 중 두 개를 선택한 후 20초 내에 최종적으로 하나를 결정한다. 이후 시험실에서 해당 쪽지에 적혀 있는 상황에 맞추어 감독관과 대화를 진행한다.

2 구술 유형 파악 [약 6~8분(준비 시간 10분), 총 25점]

유형	특징
1 인터뷰 (약 1분 30초)	준비 없이 대략 1분 30초 동안 진행되며 감독관의 질문에 응시자가 답변하는 방식으로 이루어진다. 질문 내용은 자신을 소개하기, 가족이나 친구, 기호도, 공부 등이 주제이며 감독관은 응시자가 말한 부분고 관련하여 추가적인 질문을 하고 응시자는 이에 답한다.
2 독백 후 문답 (약 2분)	2분 정도 진행되며 준비실에서 두 개의 주제 중에 하나를 최종적으로 골라 이에 대해 말하고 이와 관련한 감독관의 질문에 답한다.
3 역할극 (약 3~4분)	3분에서 4분 정도의 시간이 소요되는데 두 개의 주제 중 하나를 선택하여 여기에 제시된 특정 상황과 관련하여 감독관과 역할을 분담하여 가상의 대화를 이끌어간다.

3 구술 평가 이것만은 꼭!

❶ 질문을 이해하지 못했다면 반드시 되묻는다.
구술 평가에서 감점을 방지하기 위해 가장 중요한 것은 감독관의 질문을 정확히 이해하는 것이다. 질문을 제대로 이해하지 못한 상태에서 대충 넘어가면 엉뚱한 답변을 할 가능성이 높아진다. 이 경우, 문법적으로 정확하고 유창하게 말했더라도 적절한 답변이 아니면 큰 감점을 받을 수 있다. 따라서 질문이 명확하지 않을 때는 그냥 넘어가지 말고, 감독관에게 다시 한 번 말해 달라고 요청한 뒤 질문에 맞는 답변을 하는 것이 바람직하다.

❷ 자신이 맡은 역할을 정확히 파악한다.
상황극 평가에서는 제시된 상황을 읽고, 역할에 맞춰 감독관과 가상의 대화를 진행해야 한다. 이때 응시자가 자신의 역할과 감독관의 역할을 혼동해서 대화를 진행하면 점수를 거의 받을 수 없다. 만약 감독관이 역할이 바뀌었다고 알려주더라도, 이미 당황한 상태에서는 대화를 원활하게 이어가기 어려워진다. 따라서 대화 시작 전에 설정된 상황을 꼼꼼히 확인하고, 자신과 감독관의 역할을 정확히 파악하는 것이 중요하다.

❸ 쪽지 선택에도 전략이 필요하다.
두 개의 쪽지 중 하나를 최종 선택할 때는 약 20초라는 짧은 시간 안에 모든 내용을 이해하고 답변의 키워드까지 구성하기가 쉽지 않다. 따라서 제목을 먼저 확인하여 어떤 상황이나 장소에서 벌어지는 내용인지 빠르게 파악한 후, 전체적으로 훑어보며 모르는 어휘가 적은 주제를 선택하는 것이 효과적이다.

[구술 시험장 Tip]
* 수험표에 적힌 구술 시험 준비실에 입장하면, 10분간 EXERCICE 2와 EXERCICE 3에 대한 주제를 선정하고 연습용 종이에 메모까지 마쳐야 한다.
* 보통 한 시험실에 3~4명의 감독관이 있고 자신의 이름을 부르는 감독관 앞으로 가면 된다.
* 감독관에 따라 의자에 'Asseyez-vous. 앉으세요.'라고 말한 후 'convocation 수험표' 및 'pièce d'identité 신분증'을 보여달라고 요청하여 채점표에 사인까지 받그 나서 Comment ça va ?라고 안부를 묻고 본격적으로 시험을 시작하는 경우도 있고, 응시자가 자리에 앉자마자 안부를 묻는 감독관도 있다. 두 경우 모두 'Je vais bien, merci. Et vous ? 좋습니다, 감사합니다. 당신은요?'라고 대답을 해야 한다.
* 구술 시작 전 감독관들은 시험이 어떻게 진행되는지 프랑스어로 설명을 해 주거나 'Vous êtes prêt(e) ? 준비되었나요?', 'On peut commencer ? 시작할까요?'라고 말한다. 이럴 땐 간단히 'Oui. 네.'라고 답하면 된다.

EXERCICE 1

Entretien dirigé sans préparation　　　　　　　　　　　1 minute 30 environ

OBJECTIF : se présenter, parler de soi

L'examinateur invite le candidat à se présenter en lui posant des questions sur sa famille, ses amis, ses études, ses goûts, etc. Il lui pose ensuite quelques questions complémentaires.

Exemples de questions :
– Vous vous appelez comment ?
– Présentez-moi votre famille.
– Parlez-moi du lieu où vous habitez.
– Quels sont vos loisirs préférés ?
– Que faites-vous quand vous rencontrez vos amis ?
Ou toute autre question adaptée au niveau A2.

인터뷰 (준비시간 없음)　　　　　　　　　　　약 1분 30초

목표: 자기소개 및 자신에 대해 이야기하기

면접관은 지원자에게 가족, 친구, 학업, 추미 등에 대해 질문하며 자기소개를 유도한다. 이후 몇 가지 추가 질문을 한다.

질문 예시:
– 당신의 이름은 무엇인가요?
– 가족을 소개해 주세요.
– 당신이 사는 곳에 대해 이야기해 주세요.
– 가장 좋아하는 취미는 무엇인가요?
– 친구들을 만나면 무엇을 하나요?
또는 A2 수준에 적합한 다른 질문.

완전 공략

DELF A2 구술

1 핵심 포인트

구술 평가에서 가장 중요한 것은 감독관의 질문을 정확히 이해하고, 자신이 알고 있는 내용을 빠짐없이 구체적으로 전달하는 것이다. 평가가 진행되는 동안 상냥한 태도를 보여야 하며 최대한 응시자는 자신이 확실하게 아는 어휘나 표현들을 사용하여야 한다. 그리고 답변을 할 때에는 가능한 한 문장을 간결하게 하고 질문에 해당하는 부분에 대해 최대한 구체적으로 답변해야 한다.

2 빈출 주제

EXERCICE 1에서는 이름과 나이 같은 인적 사항, 거주지와 직업 등 신변 정보, 영화와 음악 같은 취미 및 기호, 학교와 선생님, 과목 등 학업 관련 내용, 여행, 교통, 계절 등 다양한 주제에 대한 질문이 출제된다.

3 고득점 전략

① 실전 훈련과 반복이 핵심이다.

구술 평가는 긴장감이 감도는 시험장에서 즉석으로 질문에 답해야 하기 대문에, 평소 실력을 온전히 발휘하기가 쉽지 않다. 따라서 충분한 반복 연습을 통해 자연스럽게 말할 수 있도록 실전 훈련을 하는 것이 중요하다. 이를 대비해 본서에서 제공하는 다양한 주제의 모범 답변을 꾸준히 연습하여, 시험장에서 막힘없이 말할 수 있도록 준비하자.

② 나에게 유리한 주제로 대화를 이끈다.

질문이 나올 수 있는 범위가 넓기 때문에, 준비하지 않은 주제가 나오더라도 당황하지 말고 최대한 자신에게 유리한 방향으로 대화를 전개하는 것이 좋다. 예를 들어, 좋아하는 운동에 대해서는 자신 있게 답변할 수 있지만, 감독관이 독서를 좋아하는지 질문했다고 가정해 보자. 이때 준비되지 않은 내용을 억지로 말하거나 대화를 끊기보다는, "독서는 많이 하지 않지만, 운동을 굉장히 좋아한다."라고 자연스럽게 연결하며 대화를 주도하는 것이 좋은 전략이다.

③ 좋은 첫인상이 중요하다.

구술 평가의 첫 번째 단계인 EXERCICE 1은 난이도가 낮고, 주제가 정해져 있어 충분히 미리 준비할 수 있다. 하지만 답변을 외운 듯한 느낌을 주거나, 감독관의 질문이 끝나기도 전에 성급하게 말하기 시작하는 것은 피해야 한다. 시험의 시작부터 인사, 표정, 어조, 전반적인 태도까지 신경 써서 감독관에게 좋은 인상을 남기는 것이 중요하다.

EXERCICE 1 실전 연습

주제 1 이름 묻고 답하기

🎧 Track 5-01

Étape 1
필수 어휘를 익힌 후, 주제에 따른 답변 구성 요령을 참조하세요.

어휘
comment 어떻게 | s'appeler ~라고 불리다 | nom (m.) 이름

답변 구성 요령
이름을 묻는 방식이 여러 가지이기 때문에 응시자는 이에 대해 숙지해야 한다. 구술 평가이므로 성 다음에 이름을 대도 무방하지만 원칙에 충실하여 이름을 먼저 말하고 뒤에 성을 말하는 것이 좋다. 이름의 철자를 묻는 것은 **A2** 구술 평가에서 할 수 있는 질문이기는 하지만 때때로 이에 익숙하지 않은 응시자들도 있기 때문에 알파벳에 대한 학습이 제대로 되어 있는지 확인하기 위해 물을 수도 있으므로 이름에 해당하는 알파벳을 프랑스어로 반드시 알아 두어야 한다.

Étape 2
모범 답변을 참조하여 실전 훈련하세요.

질문	답변
Comment vous appelez-vous ? Vous vous appelez comment ? Quel est votre nom ? 당신의 이름은 무엇입니까?	Je m'appelle Il Young JEONG. 내 이름은 일영 정입니다.
Votre nom, comment ça s'écrit ? 당신의 이름 철자가 어떻게 되나요?	I, L, Y, O, U, N, G, J, E, O, N, G

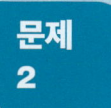 문제 2

EXERCICE 1 실전 연습

주제 2 나이 묻고 답하기

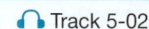 Track 5-02

Étape 1 필수 어휘를 익힌 후, 주제에 따른 답변 구성 요령을 참조하세요.

어휘: quel 몇, 어떤 | âge (m.) 나이 | quand 언제 | né 태어난 | juillet (m.) 7월

답변 구성 요령: 숫자를 사용하기 때문에 자신의 나이에 해당하는 숫자를 프랑스어로 말할 수 있도록 암기해야 한다. 직설적으로 나이를 묻기도 하지만 생년월일을 묻기도 하기 때문에 이런 경우에는 달, 연도까지 숙지해야 한다.

Étape 2 모범 답변을 참조하여 실전 훈련하세요.

질문	답변
Quel âge avez-vous ? Vous avez quel âge ? 몇 살입니까?	J'ai 21 (vingt et un) ans. 나는 21살입니다. J'ai 22 (vingt-deux) ans. 나는 22살입니다. J'ai 33 (trente-trois) ans. 나는 33살입니다.
Quand est-ce que vous êtes né(e) ? 언제 태어났죠? Quelle est votre date de naissance ? 당신의 생년월일이 어떻게 되죠?	Je suis né(e) le 6 juillet 2002. (deux mille deux) 나는 2002년 7월 6일에 태어났어요.

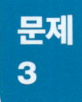

EXERCICE 1 실전 연습

주제 3 국적 묻고 답하기

Track 5-03

Étape 1
필수 어휘를 익힌 후, 주제에 따른 답변 구성 요령을 참조하세요.

어휘
nationalité (f.) 국적 | coréen(ne) 한국인의 | japonais(e) 일본인의 | venir 오다 | où 어디

답변 구성 요령
시험을 보는 응시자의 대부분은 한국인이기 때문에 이 질문을 감독관이 하지 않을 수 있다고 생각할 수 있지만 실제로 프랑스어권 지역에 사는 사람들도 한국에서 시험을 보는 경우가 있다. 또한 인적사항에 대한 기초적인 내용이기 때문에 설사 한국인이라도 이 질문을 할 수 있다는 점에서 질문과 답변 요령을 익혀야 한다. 구어체 방식으로 어디 출신인지, 어디에서 왔는지 물어볼 수도 있는데 답변은 **Je viens de** + 국가, 도시 또는 **Je suis** + 국적 형식으로 대답하면 된다.

Étape 2
모범 답변을 참조하여 실전 훈련하세요.

질문	답변
Quelle est votre nationalité ? 당신의 국적은 무엇입니까?	Je suis coréen(ne). 나는 한국인입니다.
Vous êtes coréen(ne)/japonais(e) ? 당신은 한국/일본 사람입니까?	Oui / Non, je suis coréen(ne). 네 / 아니요, 나는 한국인입니다.
Vous venez d'où ? 어디서 오셨습니까(어디 출신이세요)?	Je viens de Corée (Séoul). 나는 한국(서울)에서 왔습니다. Je suis coréen(ne). 나는 한국인입니다.

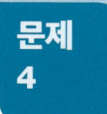

EXERCICE 1 실전 연습

주제 4 거주지 묻고 답하기

Track 5-04

Étape 1 필수 어휘를 익힌 후, 주제에 따른 답변 구성 요령을 참조하세요.

어휘: où 어디에 | habiter 살다 | loin de ~에 멀리 | près de ~가까이에 | métro (m.) 지하철 | moyen de transport (m.) 교통수단

답변 구성 요령: 실제 살고 있는 곳을 묻는 질문이다. 답변 방식은 'J'habite à 도시.'. 예를 들어 'Séoul 서울', 'Incheon 인천', 'Busan 부산', 'Daejeon 대전' 등을 말하면 된다. 원래 구술 평가는 감독관이 질문하는 내용을 응시자가 사전에 준비하지 않은 상태에서 알아듣고 즉석에서 답하는 능력을 보는 것이다. 그러나 대부분 인적 사항의 경우 감독관이 무엇을 질문할지 노출된 상태이므로 응시자들이 답변을 다 암기하는 편이다. 따라서 감독관은 응시자의 듣고 이해하는 능력을 평가하기 위해 거주지와 관련하여 여기서 멀리 사는지 아니면 가까이 사는지, 그리고 이용한 교통편은 무엇인지, 집에서 시험장까지 시간은 얼마나 걸리는지 등을 묻는 방식을 택할 수도 있다.

Étape 2 모범 답변을 참조하여 실전 훈련하세요.

질문	답변
Où habitez-vous ? Vous habitez où ? 당신은 어디에 살고 있나요?	J'habite à Séoul/Incheon. 서울 (인천)에 살고 있습니다.
Vous habitez loin/près d'ici ? 여기서 멀리/가까이 살고 있나요?	Oui, j'habite loin/près d'ici. 네, 여기서 멀리/가까이 살아요.
Vous êtes venu(e) ici comment ? Comment êtes-vous venu(e) ici ? 여기에 어떻게 오셨죠?	Je suis venu(e) en bus/métro. 버스/지하철을 타고 왔어요.
Quel moyen de transport avez-vous pris pour venir ici ? 여기에 오기 위해 어떤 교통수단을 이용했나요?	
Ça prend combien de temps pour venir ici ? 여기 오는 데 얼마나 걸렸나요?	(Ça prend) une heure. 한 시간 걸렸어요.

EXERCICE 1 실전 연습

주제 5 직업 묻고 답하기

🎧 Track 5-05

Étape 1
필수 어휘를 익힌 후, 주제에 따른 답변 구성 요령을 참조하세요.

어휘
profession (f.) 직업 | faire ~하다 | vie (f.) 인생 | étudiant(e) 학생 | professeur 선생님 | chercher 찾다 | en ce moment 지금, 현재 | salarié 회사원 | travailleur indépendant 자영업자, 프리랜서 | publicité (f.) 광고

답변 구성 요령
하는 일이 무엇인지를 묻는 질문이다. 응시자가 고등학생인 경우 lycéen(ne), 대학생인 경우 étudiant(e) 이라고 대답하면 된다. 학생이 아닌 경우 자신의 직업과 관련한 어휘를 암기해서 말해야 한다. 특히 현재 구직 중인 상황이라면 실업자(chômeur)라고 말하기보다는 일자리를 찾고 있는 중이라는 완곡한 표현을 사용하는 것이 바람직하다.

Étape 2
모범 답변을 참조하여 실전 훈련하세요.

질문	대답
Quelle est votre profession ? Qu'est-ce que vous faites dans la vie ? 당신의 직업은 무엇입니까?	Je suis étudiant(e). 나는 학생입니다. Je suis professeur. 나는 선생님입니다. Je cherche du travail en ce moment. 지금은 일자리를 찾는 중입니다.
Vous êtes étudiant(e)/professeur ? 당신은 학생/선생님인가요? Vous êtes salarié(e) ? 당신은 회사원인가요?	Oui/Non, je suis étudiant(e). 네/아니요, 나는 학생입니다. Oui, je suis salarié(e). 예, 저는 회사원입니다. Non, je suis travailleur(euse) indépendant(e). 아니요, 저는 자영업자(프리랜서)입니다.
Où travaillez-vous ? 어디서 일하고 있나요?	Je travaille dans une entreprise étrangère. 저는 외국계 기업에서 일합니다. Je travaille dans une agence de publicité. 저는 광고 회사에서 일합니다.

EXERCICE 1 실전 연습

주제 6 가족에 대해 묻고 답하기 Track 5-06

Étape 1
필수 어휘를 익힌 후, 주제에 따른 답변 구성 요령을 참조하세요.

어휘
parler de ~에 대해 말하다 | grande entreprise (f.) 대기업 | s'occuper de ~을 맡다 | célibataire 미혼의

답변 구성 요령
가족에 대한 질문은 크게 세 가지로 나뉘는데 첫 번째는 가족 전체 구성원에 대해 묻는 방법 (**parlez-moi de votre famille**)이다. 이럴 경우는 아버지, 어머니, 형제, 자매의 나이와 직업을 말한다. 가족에 대한 두 번째 질문 방식은 형제, 자매가 있는지를 묻는 것으로서 나이와 직업을 말하면 된다. 세 번째는 결혼 유무에 대한 질문과 자녀들이 있는지, 그리고 있다면 몇 살인지를 묻게 된다.

Étape 2
모범 답변을 참조하여 실전 훈련하세요.

질문	대답
Parlez-moi de votre famille. 가족에 대해 말해보세요.	Mon père a 60 (soixante) ans et il travaille dans une grande entreprise. 아버지는 60세이시고, 대기업에서 근무하고 계십니다. Ma mère a 55 (cinquante-cinq) ans et elle est infirmière/elle s'occupe de la maison. 어머니는 55세이고, 간호사세요/가정주부이십니다.
Vous avez des frères et sœurs ? 당신은 형제와 자매가 있나요?	Oui, j'ai un petit/grand frère. Il a 34 (trente-quatre) ans et il est journaliste. 예, 나는 남동생/형(오빠)가 있습니다. 그는 34세이고, 기자입니다. Oui, j'ai une petite/grande sœur. Elle a 25 (vingt-cinq) ans et elle est étudiante. 예, 나는 여동생/언니(누나)가 있습니다. 그녀는 25세이고, 대학생입니다. Non, je n'ai ni frère ni sœur. 아니요, 나는 형제도 자매도 없습니다.

Vous êtes marié(e) ? 당신은 결혼했나요?	Non, je suis célibataire. 아니요, 난 독신입니다. Oui, je suis marié(e). 예, 난 결혼했어요.
Vous avez des enfants ? 당신은 자녀가 있나요?	Non, je n'ai pas d'enfant. 아니요, 아이가 없습니다. Oui, j'ai un fils/une fille. 예, 아들/딸이 한 명 있습니다.

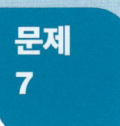 **EXERCICE 1 실전 연습**

주제 7 기호도 묻고 답하기   🎧 Track 5-07

(1) 운동(sport)

Étape 1 필수 어휘를 익힌 후, 주제에 따른 답변 구성 요령을 참조하세요.

어휘
aimer 좋아하다 | sport (m.) 운동 | adorer 아주 좋아하다 | natation (f.) 수영 | souvent 자주 | fois (f.) 번 | semaine (f.) 주 | populaire 인기 있는

답변 구성 요령
개인적인 사항을 묻는 1번 유형 중에 기호와 관련된 부분은 응시자가 한 대답을 토대로 감독관이 연계 질문을 할 수 있는 항목이기 때문에 철저히 준비해야 한다. 스포츠와 관련해서는 좋아하는 종목과 그와 관련된 선수나 팀, 좋아하는 이유까지 미리 암기하는 것이 좋다. 또한 좋아하는 운동을 누구와 함께하는지, 일주일에 몇 번 즐기는지에 대해서도 미리 숙지할 필요가 있는데 이는 A2 수준의 구술 시험 준비를 위해서도 꼭 필요한 사항들이다.

Étape 2 모범 답변을 참조하여 실전 훈련하세요.

질문	Qu'est-ce que vous aimez ? (Vous aimez le sport ?) 무엇을 좋아하세요? (운동을 좋아하세요?)
대답	J'aime le sport. (Oui, j'adore ça.) 운동을 좋아합니다. (네, 아주 좋아합니다)
질문	Quel est votre sport préféré ? 당신이 가장 좋아하는 운동은 무엇인가요?
대답	J'adore le football/le tennis/la natation. 축구/테니스/수영을 좋아합니다.
질문	Vous en faites souvent ? Avec qui ? 그것을 자주 하시나요, 누구와요?
대답	J'en fais une/deux/trois fois par semaine avec mes amis. 친구들과 일주일에 한 번/두 번/세 번 합니다.
질문	Quel est le sport le plus populaire dans votre pays ? 당신의 나라에서 가장 인기 있는 스포츠는 무엇인가요?

대답	Dans mon pays, en Corée, le sport le plus populaire est le base-ball.
	우리나라 한국에서 가장 인기 있는 스포츠는 야구입니다.

(2) 음악(musique)

 필수 어휘를 익힌 후, 주제에 따른 답변 구성 요령을 참조하세요.

 musique (f.) 음악 | écouter 듣다 | tous les jours 매일 | instrument (m.) 악기

 좋아하는 것을 음악으로 설정하는 경우도 마찬가지로 응시자는 어떤 음악을 좋아하는지, 평소 음악을 어디에서 듣는지, 좋아하는 가수는 누구이며 그 이유는 무엇인지에 대해 사전에 숙지하고 있어야 한다. 또한 연주할 줄 아는 악기가 있는지 물어볼 수도 있는데 이에 대해서 기타나 피아노를 연주할 줄 안다고 답변하면 된다.

모범 답변을 참조하여 실전 훈련하세요.

질문	Qu'est-ce que vous aimez ? (Vous aimez la musique ?)
	무엇을 좋아하세요? (음악을 좋아하세요?)
대답	J'aime la musique. (Oui, j'adore ça.)
	나는 음악을 좋아합니다. (예, 그것을 아주 좋아합니다)
질문	Quel genre de musique aimez-vous et pourquoi ?
	어떤 종류의 음악을 좋아하고 이유는요?
대답	J'aime la musique classique car elle me rend tranquille.
	나는 고전 음악을 좋아하는데 왜냐하면 마음이 차분해지기 때문입니다.
질문	Vous en écoutez souvent ? Où ?
	그것(음악)을 자주 듣나요? 어디서요?
대답	Oui, j'en écoute tous les jours dans le métro ou le bus.
	네, 그것(음악)을 지하철이나 버스에서 매일 들어요.

질문	Quel est votre chanteur ou chanteuse préféré(e) et pourquoi ? 좋아하는 가수는 누구이고 그 이유는요?
대답	J'aime bien OOO parce qu'il (elle) est beau (belle) et il (elle) chante bien. 나는 OOO를 아주 좋아하는데 잘생겼고, 노래를 잘하기 때문입니다.
질문	Quel instrument de musique pouvez-vous jouer ? 어떤 악기를 연주할 줄 아나요?
대답	Je sais jouer de la guitare (du piano). 나는 기타(피아노)를 연주할 줄 압니다.

(3) 영화(cinéma)

Étape 1 필수 어휘를 익힌 후, 주제에 따른 답변 구성 요령을 참조하세요.

cinéma (m.) 영화관, 영화 | film (m.) 영화 | aventure (f.) 모험, 어드밴처 | horreur (f.) 공포 | guerre (f.) 전쟁

영화와 관련된 답변은 영화를 관람하는 횟수와 함께 어떤 종류의 영화를 좋아하는지, 주로 누구와 함께 영화를 관람하는지에 대한 것들을 준비해야 한다. 또한 가장 최근에 본 영화나 좋아하는 영화의 줄거리를 간략하게 말해 보라는 상황까지 전개될 수 있으므로 짧게나마 줄거리도 소개할 수 있도록 대비하도록 하자.

Étape 2 모범 답변을 참조하여 실전 훈련하세요.

질문	Qu'est-ce que vous aimez ? (Vous aimez le cinéma ?) 당신은 무엇을 좋아하세요? (당신은 영화를 좋아하세요?)
대답	J'aime le cinéma. (Oui, j'adore ça). 나는 영화를 좋아합니다. (네, 그것을 아주 좋아합니다.)

질문	Quel genre de films aimez-vous ? 어떤 장르의 영화를 좋아하세요?
대답	J'aime beaucoup les films d'aventure/d'horreur/d'action/de guerre. 나는 어드벤처/공포/액션/전쟁 영화를 매우 좋아합니다.
질문	Vous allez souvent au cinéma ? Avec qui ? 영화관에 자주 가세요? 누구와 가죠?
대답	J'y vais deux fois par mois avec mes amis ou ma famille. 네, 한 달에 두 번 친구들이나 가족들과 그곳에 함께 갑니다.
질문	Quel est le dernier film que vous avez vu ? 마지막으로 본 영화는 무엇인가요?
대답	Le dernier film que j'ai vu est OOO. C'était très intéressant. 제가 마지막으로 본 영화는 OOO이었습니다. 아주 재미있었습니다.
질문	Préférez-vous regarder des films au cinéma ou à la maison ? 영화관에서 영화 보는 것을 좋아하세요, 아니면 집에서 보는 것을 좋아하세요?
대답	Je préfère regarder des films à la maison parce que c'est plus confortable. 저는 집에서 영화 보는 것을 더 좋아합니다. 더 편하기 때문이에요.

(4) 텔레비전(télévision)

 필수 어휘를 익힌 후, 주제에 따른 답변 구성 요령을 참조하세요.

 regarder 쳐다보다 | télévision (f.) 텔레비전 | heure (f.) 시간 | jour (m.) 날 | émission (f.) 방송 | programme de variétés (m.) 예능 프로그램 | vedette (f.) 스타 | célèbre 유명한 | être abonné à ~을 구독하다 | choix (m.) 선택지

 텔레비전에 대한 기호도를 묻는 감독관의 질문에 텔레비전 시청하는 것을 좋아한다고 대답을 하고 텔레비전을 보는 시간이나 횟수, 어떤 프로그램을 좋아하는지 그리고 그 이유는 무엇인지에 대해서 준비할 필요가 있다. 최근에는 스트리밍 서비스를 통해 TV를 보는 경우가 많으므로 이에 대한 답변도 준비해 두는 것이 좋다.

Étape 2 모범 답변을 참조하여 실전 훈련하세요.

질문	Qu'est-ce que vous aimez ? (Vous aimez regarder la télévision ?) 당신은 무엇을 좋아하세요? (당신은 텔레비전 보는 것을 좋아하세요?)
대답	J'aime regarder la télé. (Oui, j'adore ça). 나는 텔레비전 보는 것을 좋아합니다. (예, 그것을 아주 좋아합니다).
질문	Vous regardez souvent la télévision ? TV를 자주 보나요?
대답	Oui, je la regarde deux/trois heures par jour. 네, 나는 그것(TV)를 하루에 두(세)시간 봅니다.
질문	Quelle est votre émission préférée et pourquoi ? 당신이 좋아하는 방송은 무엇이고 왜 좋아하죠?
대답	J'adore l'émission qui s'appelle OOO. C'est un programme de variétés et je l'aime bien parce que je peux voir beaucoup de vedettes célèbres. 나는 OOO이라는 방송을 아주 좋아합니다. 버라이어티 프로그램이고 많은 유명한 연예인들을 볼 수 있어서 좋아합니다.
질문	Êtes-vous abonné(e) à des services de streaming ? 스트리밍 서비스를 구독하고 있나요?
대답	Oui, je suis abonné(e) à Netflix. Il y a beaucoup de choix et je peux regarder quand je veux. 네, 넷플릭스를 구독하고 있습니다. 많은 선택지가 있고 제가 원할 때 볼 수 있습니다.

(5) 독서(lire, lecture)

Étape 1 필수 어휘를 익힌 후, 주제에 따른 답변 구성 요령을 참조하세요.

lire 읽다 | librairie (f.) 서점 | au moins 적어도 | roman (m.) 소설 | essai (m.) 수필

답변 구성 요령

독서 또한 개인의 기호와 연관지어 이야기할 수 있는 내용이다. 이와 관련하여 감독관은 일주일 또는 한 달에 책을 몇권 읽는지에 대해 질문할 수 있으며 어떤 종류의 책을 좋아하는지 정도를 물을 수 있으므로 응시자는 사전에 준비해야 한다. **A2**, **B1**의 경우 최근에 읽었던 책이나 아니면 그동안 읽었던 책 중에 감명 깊게 읽었던 책이 무엇이고 그 줄거리는 무엇인지 설명하라는 질문까지 이어질 수 있다. 그런데 사실 책의 내용을 짧은 시간에 요약해서 말하기란 결코 쉽지 않기 때문에 기호와 관련하여 독서를 답변으로 준비하는 경우, 자신이 할 수 있는 한도 내에서 최대한 간결하게 요약한 책 내용을 암기하는 것도 한 가지 방법이 될 수 있다.

Étape 2

모범 답변을 참조하여 실전 훈련하세요.

질문	Qu'est-ce que vous aimez ? (Vous aimez lire ?) 당신은 무엇을 좋아하세요? (당신은 독서를 좋아하세요?)
대답	J'aime lire. (Oui, j'aime bien ça.) 나는 독서를 좋아합니다. (예, 그것을 아주 좋아합니다).
질문	Combien de livres lisez-vous par mois ? 한 달에 몇 권의 책을 읽나요?
대답	Je lis au moins un livre par mois. 적어도 한 달에 한 권은 읽습니다.
질문	Quel genre de livres aimez-vous et pourquoi ? 어떤 장르의 책을 좋아하고 이유는요?
대답	J'aime les romans/les essais car ils parlent de la vie quotidienne. 나는 소설/수필을 좋아하는데 왜냐하면 그것들은 일상생활에 대해 이야기하기 때문입니다.
질문	Quel est votre livre préféré et quel est son contenu ? 당신의 좋아하는 책은 무엇이고 내용은 무엇인가요?
대답	Le titre de mon livre favori est « La vie continue ». Il encourage les gens isolés de la société. 내가 좋아하는 책의 제목은 '인생은 계속된다.'입니다. 이 책은 사회로부터 소외된 사람들을 격려합니다.

(6) 계절(saison)

Étape 1 필수 어휘를 익힌 후, 주제에 따른 답변 구성 요령을 참조하세요.

어휘
saison (f.) 계절 | été (m.) 여름 | hiver (m.) 겨울 | chocolat chaud (m.) 코코아 | en plein air 야외의, 야외에서

답변 구성 요령
감독관은 먼저 가장 좋아하는 계절과 그 이유, 더 나아가 그 계절에 하는 활동이 무엇인지를 물을 수 있다. 또한 어떤 계절에 여행하는 것을 좋아하는지 물을 수도 있으니 답변을 준비하는 것이 좋다.

Étape 2 모범 답변을 참조하여 실전 훈련하세요.

질문	Quelle est votre saison préférée ? Pourquoi ? 당신이 가장 좋아하는 계절은 무엇입니까? 그 이유는요?
대답	Ma saison préférée est l'été. J'aime l'été parce que je peux aller à la plage. 제가 가장 좋아하는 계절은 여름입니다. 해변에 갈 수 있기 때문입니다. J'aime l'hiver parce que je peux faire du ski et boire du chocolat chaud. 저는 겨울을 좋아합니다. 스키를 탈 수 있고 코코아를 먹을 수 있기 때문입니다.
질문	Quelles activités aimez-vous faire en été/en hiver ? 여름/겨울에는 어떤 활동을 하는 것을 좋아하세요?
대답	En été, j'aime aller à la plage et nager dans la piscine. 여름에 저는 해변에 가는 것과 수영장에서 수영하는 것을 좋아합니다. En hiver, j'aime faire du ski. J'aime aussi rester à la maison pour lire des livres et regarder des films. 겨울에는 스키 타는 것을 좋아합니다. 그리고 집에서 책을 읽거나 영화를 보는 것도 좋아합니다.
질문	Aimez-vous voyager en été ou en hiver ? 당신은 여름에 여행하는 것을 좋아하세요, 아니면 겨울에 여행하는 것을 좋아하세요?
대답	J'aime voyager en été parce qu'il fait beau, et il y a beaucoup d'activités en plein air à faire. 저는 여름에 여행하는 것을 좋아합니다. 왜냐하면 날씨가 좋고, 야외에서 할 수 있는 활동들이 많기 때문입니다.

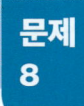

EXERCICE 1 실전 연습

주제 8 하루 일과 묻고 답하기

🎧 Track 5-08

필수 어휘를 익힌 후, 주제에 따른 답변 구성 요령을 참조하세요.

어휘 | se lever 일어나다 | manger 먹다 | petit-déjeuner (m.) 아침 식사 | prendre 먹다 | sandwich (m.) 샌드위치 | lait (m.) 우유 | rentrer 귀가하다 | soir (m.) 저녁 | devoir (m.) 과제

답변 구성 요령 | 주로 하루 일과에 대해서 묻고 답하는 항목이다. 앞선 학습 관련 질문과 마찬가지로 감독관의 연계 질문이 가능한 주제이기 때문에 사전에 철저한 준비가 필요하다. 일어나는 시간과 관련한 질문에 대비하여 시간을 미리 암기해야 한다. 그리고 아침 식사의 내용과 귀가하는 시간, 저녁 때 무엇을 하면서 시간을 보내는지 묻는 방식으로 진행된다.

모범 답변을 참조하여 실전 훈련하세요.

질문	Vous vous levez à quelle heure ? 몇 시에 일어나죠?
대답	Je me lève à 7 h. 7시에 일어납니다.
질문	Qu'est-ce que vous mangez pour le petit-déjeuner ? 아침 식사로 무엇을 먹습니까?
대답	Je prends un sandwich et du lait. 샌드위치와 우유를 먹습니다.
질문	Vous rentrez à quelle heure ? 몇 시에 귀가합니까?
대답	Je rentre à 18 h. 18시에 귀가합니다.
질문	Qu'est-ce que vous faites le soir ? 저녁에 뭐하세요?
대답	Je fais mes devoirs ou je regarde la télé avec ma famille. 숙제를 하거나 가족들과 함께 텔레비전을 봅니다.
질문	Vous dormez à quelle heure ? 몇 시에 잠을 잡니까?
대답	Je me couche à minuit. 자정에 잠자리에 듭니다.

EXERCICE 1 실전 연습

주제 9 일, 공부 묻고 답하기

Track 5-09

Étape 1
필수 어휘를 익힌 후, 주제에 따른 답변 구성 요령을 참조하세요.

어휘

travail (m.) 일, 업무 | étude (f.) 공부 | difficulté (f.) 어려움 | tard 늦게 | grammaire (f.) 문법 | compliqué 복잡한 | prononciation (f.) 발음 | difficile 어려운 | depuis ~ 이래로 | apprendre 배우다 | français (m.) 프랑스어 | société (f.) 회사

답변 구성 요령

travail은 '일'과 '공부', 2가지로 해석될 수 있다. 학생의 경우 공부하면서 겪었던 어려움, 특히 프랑스어 학습에서의 어려움을 이야기할 수 있다. 직장인의 경우 본인의 업무에 대해 이야기할 수도 있고, 프랑스어 공부에 대해 말할 수도 있다.

Étape 2
모범 답변을 참조하여 실전 훈련하세요.

질문	Vous aimez votre travail (étude) ? 당신의 일(공부)을 좋아하나요?
대답	Oui, je l'aime. 예, 좋아합니다.
질문	Quelle est la difficulté de votre travail (étude) ? 당신의 일(공부)의 어려움은 무엇인가요?
대답	Je travaille tard et je vais souvent au travail même le week-end. 나는 늦게까지 일하고 심지어 주말까지 자주 직장에 갑니다. J'étudie le français. La grammaire est très compliquée et la prononciation est difficile. 나는 프랑스어를 공부합니다. 문법이 매우 복잡하고 발음이 어려워요.
질문	Depuis quand apprenez-vous le français ? 언제부터 프랑스어를 배우고 있나요?
대답	Je l'apprends depuis un an. 일 년 전부터 그것(프랑스어)을 배우고 있어요.
질문	Pourquoi apprenez-vous le français ? 왜 프랑스어를 배우세요?
대답	Parce que je voudrais travailler dans une société française. 왜냐하면 프랑스 회사에서 일하고 싶기 때문입니다. Parce que j'aimerais voyager en France un jour. 왜냐하면 언젠가 프랑스를 여행하고 싶기 때문입니다.

EXERCICE 1 실전 연습

주제 10 주말(week-end), 방학, 휴가(les vacances)

 Track 5-10

Étape 1

필수 어휘를 익힌 후, 주제에 따른 답변 구성 요령을 참조하세요.

어휘

ou bien 혹은, 그렇지 않으면 | prendre un verre 술을 한잔하다 | karaoké (m.) 노래방 | Colisée (m.) 콜로세움

답변 구성 요령

주말에 하는 활동과 관련해서는, 구체적으로 누구와 무엇을 하면서 주말을 보내는지 묻는 경우가 많다. 방학이나 휴가의 경우는 주로 앞으로의 계획에 대해 질문하는데 주말에 비해 상대적으로 기간이 길기 때문에 이에 알맞게 여행을 하거나 아르바이트를 한다는 스으로 답변한다. 또한 지난 방학(휴가)에서 인상 깊은 추억이 있는지 질문할 수도 있다.

Étape 2

모범 답변을 참조하여 실전 훈련하세요.

질문	Qu'est-ce que vous faites le week-end ? 주말에는 뭐 하세요?
대답	Je vois mes amis. 친구들을 만나요.
질문	Qu'est-ce que vous faites avec eux ? 그들과 무엇을 하죠?
대답	Je regarde des films ou bien on prend un verre après le dîner. On va souvent au karaoké pour chanter. 영화를 보거나 아니면 저녁 식사 후에 술 한잔합니다. 노래를 하기 위해 자주 노래방에 갑니다.
질문	Qu'est-ce que vous allez faire pendant les vacances ? 방학(휴가) 동안 무엇을 할 것입니까?
대답	J'aime le voyage, alors je vais voyager en Europe pendant les vacances. 나는 여행을 좋아해서 휴가 동안 유럽을 여행할 거예요. Je vais travailler au café pendant les vacances pour gagner de l'argent de poche. 나는 용돈을 벌기 위해서 방학 동안 카페에서 일할 거예요.
질문	Avez-vous une expérience inoubliable pendant les vacances ? 방학(휴가) 동안 잊을 수 없는 경험을 한 적이 있나요?
대답	Oui, l'été dernier, je suis allé(e) en Italie avec ma famille. Nous avons visité Rome et vu le Colisée. C'était incroyable et je n'oublierai jamais ce voyage. 네, 지난 여름에 저는 가족들과 이탈리아에 갔습니다. 우리는 로마를 방문했고 콜로세움을 보았습니다. 그것은 놀라웠고 저는 이 여행을 잊을 수 없을 거예요.

EXERCICE 1 실전 연습

주제 11 여가 활동(loisir)

Track 5-11

Étape 1
필수 어휘를 익힌 후, 주제에 따른 답변 구성 요령을 참조하세요.

어휘

libre 시간 있는 | balade (f.) 산책 | se détendre 긴장을 완화하다 | nécessaire 필요한 | santé (f.) 건강 | physique 신체적인 | consolider 견고히 하다 | lien (m.) 관계, 유대 | amitié (f.) 우정 | souci (m.) 걱정 | se concentrer 정신을 집중하다

답변 구성 요령

여가 활동과 관련한 질문의 경우 여행, 운동, 그림, 요리 등 매우 다양하게 답변할 수 있는데 그림이나 요리라고 답하게 되면 감독관이 어떤 유형의 그림을 그리거나 좋아하는지를 물어볼 수 있고 요리의 경우는 어떤 음식을 잘 하는지를 물을 수 있다. 이럴 경우 답변하기가 쉽지 않기 때문에 추가적인 질문에 대비한 활동을 말하는 것이 유리하다.

Étape 2
모범 답변을 참조하여 실전 훈련하세요.

질문	Qu'est-ce que vous faites quand vous êtes libre ? Quel est votre loisir préféré et pourquoi ? 당신은 시간이 있을 때 무엇을 하나요? 당신의 좋아하는 여가 활동은 무엇이고 그 이유는요?
대답	J'aime beaucoup la balade. Je me promène souvent au parc avec ma famille. La promenade me permet de me détendre et elle est aussi nécessaire pour la santé physique. 나는 산책을 아주 좋아합니다. 나는 가족과 함께 공원을 자주 산책합니다. 산책은 내가 긴장을 완화하게 해주며 신체적 건강을 위해서도 필요합니다. J'adore le sport et je fais surtout du football avec mes amis. À mon avis, le sport permet de consolider des liens d'amitié avec des amis. Et puis, il me permet d'oublier mes soucis en me concentrant sur le match. 나는 운동을 아주 좋아하고 특히 친구들과 축구를 합니다. 내 의견에 운동은 친구들과의 친목을 다지게 해줍니다. 그리고 시합에 집중하면서 내 걱정들을 잊게 해줍니다.

 문제 12

EXERCICE 1 실전 연습

주제 12 종합 문답

🎧 Track 5-12

감독관이 응시자에게 추가적인 질문을 하지 않고 종합적으로 물어보는 대표적인 사례이다. 앞서 나온 주제들 중 특히 이름, 나이, 국적, 가족, 직업 등 기본적인 인적 사항은 미리 외워두는 것이 좋다. 이외에 취미, 기호도 등의 내용을 덧붙여 말할 수 있다.

(1) 자기 소개

Étape 1 필수 어휘를 익히세요.

| 필수 어휘 | se présenter 소개하다 | célibataire 독신의 | bibliothèque (f.) 도서관 | de temps en temps 가끔 | santé (f.) 건강 |

Étape 2 모범 답변을 참조하여 실전 훈련하세요.

질문	Pouvez-vous vous présenter ? 당신을 소개하시겠어요? Parlez-moi de vous ! 당신에 대해 내게 말하세요!
대답	Bonjour monsieur (madame). Je vais me présenter. Je m'appelle Jieun KIM et je suis coréenne. J'habite à Séoul, mais je suis née à Busan. J'ai 25 ans et je suis étudiante. Je suis célibataire. J'aime lire et je vais à la bibliothèque une fois par semaine. 안녕하세요, 저를 소개하겠습니다. 제 이름은 김지은이고 한국인입니다. 나는 서울에 살고 있지만 부산에서 태어났습니다. 저는 25살이고 대학생이며 독신입니다. 저는 책 읽는 것을 좋아해서 일주일에 한 번 도서관에 갑니다. Bonjour monsieur (madame). Je vais me présenter. Je m'appelle Kihyun LEE et je suis coréen. J'habite à Séoul. J'ai 30 ans et je suis professeur. Je suis marié et j'ai un fils de quatre ans. J'aime aussi les films et je vais souvent au cinéma avec mes amis. Il y a un parc près de chez moi, je m'y promène tous les matins avec mon chien. Je fais du vélo ou de la natation de temps en temps pour la santé.

안녕하세요, 저를 소개하겠습니다.

제 이름은 이기현이고 한국인입니다. 저는 서울에 삽니다. 저는 30살이고 선생님입니다. 결혼했고 4살짜리 아들이 있습니다.

나는 또한 영화를 좋아해서 친구들과 자주 극장에 갑니다. 내 집 가까이에 공원이 있는데 나는 내 개를 데리고 매일 아침 그곳을 산책합니다. 나는 건강을 위해 자전거를 타거나 가끔 수영을 합니다.

(2) 묘사, 기술 (1)

 필수 어휘를 익히세요.

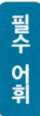 pratique 편리한 | étage au-dessus (m.) 위층 | avoir du mal à + 동사원형 ~하기가 어렵다 | bruit (m.) 소음 | s'entendre 잘 지내다 | armoire (f.) 옷장

Étape 2 모범 답변을 참조하여 실전 훈련하세요.

질문	Décrivez votre appartement (maison) ! 당신의 아파트(집)를 묘사하세요.
대답	J'habite dans un appartement. Il y a un grand supermarché à côté, donc je peux faire les courses facilement. La station de métro est aussi très proche, et c'est très pratique pour aller à l'université (au bureau). Un jeune couple habite à l'étage au-dessus et ils font souvent des fêtes avec leurs amis. Parfois, j'ai du mal à dormir à cause du bruit. 나는 아파트에 살고 있습니다. 옆에 큰 슈퍼마켓이 있어서 나는 쉽게 장을 볼 수 있습니다. 그리고 지하철역이 내 집 아주 가까이에 있어서 대학교(직장)에 가는 데 아주 편리합니다. 젊은 커플이 위층에 사는데 그들의 친구들과 자주 파티를 합니다. 그래서 소음 때문에 때때로 잠을 자기가 어렵습니다. J'habite dans une maison à la campagne. Il y a une forêt près de chez moi et je me promène souvent avec ma famille. Et puis, les voisins sont très gentils et je m'entends bien avec eux.

Dans ma chambre, il y a un lit, une armoire et un bureau. Je peux voir la nature par la grande fenêtre. Ma maison est loin du centre commercial, donc faire les courses est difficile. Quand je veux voir un film, il faut une heure pour aller au cinéma.

나는 시골에 있는 집에 살고 있습니다. 내 집 가까이에 숲이 있어서 나는 가족과 자주 그곳을 산책합니다. 그리고 이웃들이 매우 친절하고 나는 그들과 잘 지냅니다. 내 방에는 침대, 옷장, 책상이 있고 큰 창문을 통해 자연의 풍경을 볼 수 있습니다. 내 집은 상업 지구에서 멀어서 장을 보기가 어렵습니다. 그리고 내가 영화를 보고 싶을 때 극장에 가는 데 한 시간이 걸립니다.

(3) 묘사, 기술 (2)

 필수 어휘를 익히세요.

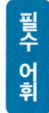 meilleur 최고의 | enfance (f.) 어린 시절 | grandir 자라다 | abandonner 포기하다 | échouer 실패하다 | défaut (m.) 단점 | rater 놓치다 | retard (m.) 지각 | école primaire (f.) 초등학교 | perfectionniste 완벽주의자(의) | rendre ~하게 만들다

모범 답변을 참조하여 실전 훈련하세요.

질문	Parlez-moi de votre meilleur(e) ami(e). Quels sont ses qualités et ses défauts ? 당신의 제일 친한 친구에 대해 내게 말하세요. 그의 장단점은 무엇인가요?
대답	Je vous présente mon meilleur ami. Il s'appelle Junyoung HAN et je le connais depuis mon enfance. Nous avons grandi ensemble dans le même quartier et on s'entend bien. Il a beaucoup de qualités et il est toujours positif. Il n'abandonne jamais, même s'il échoue plusieurs fois. Il est gentil avec tout le monde et il aide toujours les autres. Mais il a un défaut : il arrive souvent en retard au rendez-vous. Un jour, j'ai raté un film à cause de son retard. Je lui ai parlé de ce problème plusieurs fois, mais c'est difficile pour lui de changer. 내 제일 친한 친구를 소개할게요. 그의 이름은 한준영이고 나는 어릴 때부터 그를 알았습니다. 우리는 같은 동네에서 함께 자랐고 잘 지냅니다. 그는 많은 장점들을 가지고 있고 항상 긍정적입니다. 그는 여러 번 실패하더라도 결코 포기하지 않습니다. 그리고 그는

모든 사람에게 친절하며 항상 다른 사람들을 도와줍니다.

하지만 그는 단점도 있습니다 : 그는 약속에 자주 늦게 도착합니다. 언젠가 나는 그의 지각 때문에 영화를 놓쳤습니다. 나는 그에게 이 문제에 대해 여러 번 말했지만 바꾸기 어렵습니다.

Je vous présente ma meilleure amie. Elle s'appelle Yujin et je la connais depuis l'école primaire.

Yujin a beaucoup de qualités. Elle est toujours joyeuse et positive. En plus, elle est très drôle et sait toujours comment nous faire rire.

Cependant, elle a un défaut : elle est parfois trop perfectionniste. Elle passe beaucoup de temps à vérifier chaque détail, ce qui peut la rendre stressée.

내 제일 친한 친구를 소개할게요. 그녀의 이름은 유진이고 나는 초등학생 때부터 그녀를 알았습니다.

그녀는 장점이 많습니다. 항상 밝고 긍정적이에요. 그리고 굉장히 재미있고 우리를 어떻게 웃게 하는지 알고 있습니다.

하지만 그녀는 단점도 있습니다 : 때때로 지나치게 완벽주의자입니다. 그녀는 디테일 하나하나를 확인하는 데 많은 시간을 쏟고, 그것으로 인해 스트레스를 받기도 합니다.

EXERCICE 2

구술 평가

Monologue suivi avec préparation   2 minutes environ

OBJECTIF : parler de soi en continu

L'examinateur laisse le candidat s'exprimer sur le sujet avant de lui poser éventuellement deux ou trois questions complémentaires.
Le candidat tire au sort deux sujets et il en choisit un.

독백 후 문답 (준비시간 있음)   약 2분

목표: 자신에 대해 계속해서 이야기하기

감독관은 지원자가 주어진 주제에 대해 스스로 말할 시간을 갖도록 한다. 이후, 필요하면 2~3개의 추가 질문을 한다.
지원자는 두 개의 주제를 무작위로 선택한 후, 그중 하나를 골라 발표하게 된다.

완전 공략

DELF A2 구술

1️⃣ 핵심 포인트

응시자는 시험 준비실에서 약 10개의 문제 중 2개를 선택하여 읽고, 최종적으로 1개의 문제를 결정해야 한다. 각 문제에는 전체 주제와 관련된 어휘 또는 문장이 제시되며, 하단에는 구체적인 질문이 포함되어 있다. 선택 시간이 매우 짧기 때문에 내용을 꼼꼼히 읽기보다는 빠르게 훑어보며, 자신이 익숙한 어휘가 많이 포함된 문제를 선택하는 것이 유리하다. 또한, 지시 사항에 언급된 내용을 답변에서 빠짐없이 포함해야 한다는 점을 유의해야 한다.

2️⃣ 빈출 주제

EXERCICE 2에서는 일상생활에서 쉽게 접할 수 있는 경험이나 내용을 소개하거나 설명하는 방식으로 진행된다. 따라서, 자신이 선택한 주제에 대해 간결하면서도 정확하게 정보를 전달하는 것이 중요하다.

3️⃣ 고득점 전략

① 지시 사항이 많은 주제를 선택한다.

준비실에서 문제를 확인하면, 굵은 글씨로 된 제목 아래에 주어진 주제어 대해 구술해야 할 지시 사항이 나열되어 있다. 응시자들은 보통 지시 사항이 많으면 부담을 느껴 상대적으로 적은 내용을 포함한 문제를 선택하는 경향이 있지만, 이는 잘못된 전략이 될 수 있다. 준비 시간이 짧기 때문에 모든 답변 요소를 즉석에서 떠올리기가 쉽지 않은데, 지시 사항이 적으면 응시자가 직접 내용을 구성해야 할 부분이 많아지기 때문이다. 반면, 지시 사항이 많은 주제는 이미 제공된 내용을 중심으로 간단한 설명을 추가하는 것만으로도 답변을 구성할 수 있어 훨씬 수월하다. 따라서 가능한 한 구체적인 지시 사항이 포함된 주제를 선택하는 것이 유리하다.

② 인과 관계를 활용하여 논리적인 답변을 만든다.

주어진 질문에 대해 간략하게만 답하는 것보다, 답변을 하게 된 이유까지 덧붙이면 더욱 자연스럽고 논리적인 대화가 가능하다. 예를 들어, 운동과 관련된 주제를 선택했다면 단순히 좋아하는 운동을 말하는 데 그치지 않고, 그 운동을 좋아하게 된 계기나 운동의 장점을 함께 설명하면 유창성과 설득력을 높일 수 있다.

③ 추가 질문에 대비하여 답변을 준비한다.

감독관은 응시자의 답변을 듣고 추가적인 질문을 할 수 있으므로, 주제를 선택할 때 감독관의 예상 질문과 이에 대한 답변도 함께 고려해야 한다. 예를 들어, 특정 인물의 장점에 대해 이야기했다면, 이후 감독관이 해당 인물의 단점에 대해서도 질문할 가능성이 높다. 따라서 선택한 주제에 대해 다양한 방향으로 답변을 준비해 두는 것이 중요하다.

EXERCICE 2 실전 연습

Étape 1 문제를 읽고 답변한 후, 감독관의 예상 질문에 따라 추가로 답변해 보세요.

> **SUJET 1**   **Voyages**
>
> Aimez-vous voyager ? Pourquoi ? Quand vous partez en voyage, qu'est-ce que vous mettez dans votre valise ?

Étape 2 문제 해석 및 필수 어휘와 답변 구성 요령을 참조하세요.

해석

> **SUJET 1**   **여행**
>
> 당신은 여행하는 것을 좋아하나요? 왜죠? 당신이 여행을 떠날 때, 당신의 가방에 무엇을 넣나요?

어휘

voyage (m.) 여행 | valise (f.) 가방 | non seulement A mais aussi B A뿐만 아니라 B도 | se détendre 긴장을 풀다 | semestre (m.) 학기 | effets personnels (m.pl.) 개인용품 | médicament (m.) 약 | indispensable 필수불가결한 | inattendu 예상치 못한 | chargeur (m.) 충전기 | passeport (m.) 여권 | pièce d'identité (f.) 신분증 | vestige (m.) 유적, 유물

답변 구성 요령

먼저 여행을 좋아한다는 말과 함께 그 이유를 설명해야 하는데 여행만이 가지고 있는 장점 (자유로움, 여유 등)을 언급한다. 그리고 여행하는 시기와 관련하여 여행이라는 것이 하루 또는 이틀로 끝나기 보다는 기간이 걸린다는 점을 감안하여 방학, 휴가 때 떠난다고 말한다. 또한 가방에 넣는 소지품들과 관련해서는 의약품, 세면도구, 속옷과 같이 일상생활에서 필요한 물건들과 함께 여권과 같은 서류들을 언급한다.

감독관은 인상 깊었던 여행지와 그 이유에 대해 물을 것인데 특정 나라를 제시하고 그곳의 유명한 관광지를 언급하거나 특정 지방에 대해 말하고 음식이나 자연환경에 대해 말하면 된다.

Étape 3 모범 답변을 참조하여 실전 훈련하세요.

답변	J'aime voyager parce que je peux non seulement me sentir libre mais aussi me détendre en voyageant. Comme je suis étudiant(e), j'ai beaucoup de cours à suivre pendant le semestre. Alors, je voyage pendant les vacances. Je mets beaucoup d'effets personnels dans mon sac de voyage. Par exemple, les médicaments sont indispensables lors de problèmes inattendus. Bien sûr, je mets le chargeur de téléphone portable et mon passeport ou ma pièce d'identité. 나는 여행을 좋아하는데 왜냐하면 여행을 하면서 자유로움을 느낄 수 있을 뿐 아니라 긴장을 풀 수 있기 때문입니다. 나는 학생이기 때문에, 학기 동안에 들어야 할 많은 수업들이 있습니다. 그래서 나는 방학 동안에 여행합니다. 나는 내 여행 가방에 많은 개인용품들을 넣습니다. 예를 들어 의약품은 예상치 못한 문제가 생겼을 때 필수적입니다. 물론, 나는 휴대폰 충전기와 여권 또는 신분증을 넣습니다.
질문	Parlez d'un lieu de voyage que vous aimez et pourquoi. 당신이 좋아하는 여행지와 그 이유에 대해 말하세요.
답변	Je suis parti(e) en voyage à Gyungju avec mon ami(e) l'année dernière. C'est une ville qui a une longue histoire et c'était la première fois que je l'ai visitée. Nous sommes allé(e)s au musée et il y avait beaucoup de vestiges de l'époque de Silla. Et puis, nous avons goûté des plats très délicieux au restaurant et j'ai acheté des cadeaux au magasin de souvenirs pour ma famille. 나는 작년에 친구와 함께 경주로 여행을 떠났습니다. 오랜 역사를 가진 도시인데 이곳을 방문하는 것이 처음이었습니다. 우리는 박물관에 갔는데 신라 시대의 많은 유물들이 있었습니다. 그리고 우리는 식당에서 매우 맛있는 음식들을 맛보았고 나는 가족들을 위해 기념품 가게에서 선물을 샀습니다.

EXERCICE 2 실전 연습

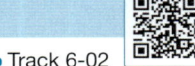
Track 6-02

Étape 1 문제를 읽고 답변한 후, 감독관의 예상 질문에 따라 추가로 답변해 보세요.

SUJET 2   **Fêtes de famille**

Quelle est votre fête préférée et pourquoi ? Dites ce que vous faites à cette fête.

Étape 2 문제 해석 및 필수 어휘와 답변 구성 요령을 참조하세요.

해석

SUJET 2   가족 축제 (파티)

당신의 선호하는 파티는 무엇이그 이유는요? 이 파티에서 당신이 한 것을 말하세요.

어휘

fête (f.) 파티, 축제 | plusieurs 여럿의 | nouvel an lunaire (m.) 음력 새해 | avoir besoin de ~을 필요로 하다 | jour férié (m.) 공휴일 | offrande (f.) 제사 | ancêtre 조상 | se prosterner 절하다 | argent de poche (m.) 용돈 | pâte de riz (f.) 떡

답변 구성 요령

먼저 한국에 축제가 많이 있다고 시작한다. 그리고 그 중에서 좋아하는 축제에 대해 언급해야 하는데 지문에서 가족 축제라는 점에 착안하여 가족들이 닿이 모이는 축제일을 말하는 것이 좋다. 그리고 이 날 어떠한 일들을 하는지 구체적으로 설명해야 하는데 예를 들o- 구정의 경우 제사와 세배, 먹는 음식(떡국), 놀이(윷놀이)에 대해 언급한다.

감독관은 새해 선물로 어떤 것을 받고 싶은지 그 이유는 무엇인지 물을 수 있는데 응시자는 일상생활에서 필요하면서도 오래되어 바꾸고 싶은 물건을 이야기하는 것이 좋다.

Étape 3	모범 답변을 참조하여 실전 훈련하세요.

답변	Il y a plusieurs fêtes de famille en Corée, mais j'adore la fête de Goujeong, le nouvel an lunaire, parce que je n'ai pas besoin de travailler pendant les jours fériés. D'abord, toute la famille fait des offrandes aux ancêtres. Ensuite, les enfants se prosternent devant les parents pour leur souhaiter une bonne année et reçoivent de l'argent de poche. On mange du tteokguk, une soupe de pâte de riz, pour le petit-déjeuner. Et la famille joue au yut, un jeu traditionnel coréen. 한국에는 여러 가족 축제들이 있지만 저는 음력 새해인 구정을 아주 좋아합니다. 왜냐하면 공휴일동안 일(공부)할 필요가 없기 때문입니다. 먼저, 모든 가족들이 조상에게 제사를 지냅니다. 그리고 아이들은 부모님께 좋은 한 해를 기원하기 위해 절을 하고, 용돈을 받습니다. 우리는 아침 식사로 떡으로 만든 수프인 떡국을 먹습니다. 그리고 가족들은 한국 전통 놀이인 윷놀이를 합니다.
질문	Que voulez-vous recevoir comme cadeau du Nouvel An et pourquoi ? 새해 선물로 무엇을 받고 싶나요? 그 이유는요?
답변	J'aimerais recevoir un nouvel ordinateur comme cadeau. Mon grand frère m'a donné son ordinateur mais il est trop vieux. Alors, je voudrais avoir un modèle récent. 나는 선물로 새 컴퓨터를 받고 싶습니다. 내 형이(오빠가) 그의 컴퓨터를 내게 주었는데 너무 낡았어요. 그래서 나는 최신 모델을 가지고 싶습니다.

EXERCICE 2 실전 연습

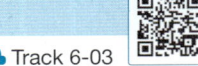
Track 6-03

Étape 1 문제를 읽고 답변한 후, 감독관의 예상 질문에 따라 추가로 답변해 보세요.

> SUJET 3   **Voisins**
>
> Qu'est-ce que vous pensez de vos voisins ? Quelles sont vos relations avec vos voisins ? Décrivez votre meilleur(e) voisin(e).

Étape 2 문제 해석 및 필수 어휘와 답변 구성 요령을 참조하세요.

해석

> SUJET 3   **이웃들**
>
> 당신은 당신의 이웃들에 대해 어떻게 생각하나요? 당신의 이웃과 당신의 관계는 어떤가요? 당신의 최고의 이웃을 묘사하세요.

어휘

voisin 이웃 | relation (f.) 관계 | habitant 주민 | immeuble (m.) 건물 | étage (m.) 층 | goût (m.) 취미 | ascenseur (m.) 엘리베이터 | régler 해결하다

답변 구성 요령

먼저 자신이 살고 있는 곳에 대해 언급해야 한다. 그리고 이웃들과의 관계와 관련해서 기술해야 하는데 부정적인 면보다는 긍정적인 면(친절과 배려심)을 강조하는 것이 중요하다. 그리고 이를 보여주는 예를 말하는 것도 좋은 방법이다. 또한 지시사항에 따라 특별히 가까운 이웃에 대해 말해야 하는데 어디에 살고 있으며 어떤 활동을 하고 있는지를 밝힌다(운동, 식사 초대 등).

감독관은 주민들에게 바라는 것이 있는지를 물어볼 수 있는데 응시자는 이에 대해 아파트 시설에 문제점들을 해결하기 위한 회의를 자주 했으면 좋겠다는 정도로 표현한다.

Étape 3

모범 답변을 참조하여 실전 훈련하세요.

답변	J'habite dans un appartement depuis 10 ans et les habitants de cet immeuble se connaissent bien. Je pense qu'ils sont très gentils. Ils aident les autres avec plaisir quand ils sont en difficulté. Je m'entends bien avec eux et surtout je rencontre souvent mon voisin qui habite à l'étage du dessus. Il a presque le même âge que moi et nous avons les mêmes goûts. Je me promène souvent au parc avec lui et nous faisons du sport ensemble. C'est un excellent cuisinier et il m'invite souvent au dîner chez lui. 나는 10년 전부터 아파트에 살고 있는데 이 건물의 주민들은 서로 잘 압그 있습니다. 나는 이들이 매우 친절하다고 생각합니다. 이들은 누군가가 어려움을 겪을 때 기꺼이 도와줍니다. 나는 이들과 잘 어울리며 특히 위층에 살고 있는 이웃과 왕래를 자주 합니다. 그는 나와 거의 같은 나이고 우리는 같은 취미를 가지고 있습니다. 나는 그와 자주 산책을 하고 함께 운동을 합니다. 그는 훌륭한 요리사이며 그의 집 저녁 식사에 나를 자주 초대합니다.
질문	Y a-t-il quelque chose que vous souhaitez dans votre immeuble ? 당신은 아파트에서 (이웃들에게) 원하는 무엇인가가 있나요?
답변	Comme notre immeuble est vieux, nous avons beaucoup de problèmes à résoudre concernant l'ascenseur et l'électricité. Alors, j'aimerais demander aux voisins de faire plus souvent des réunions pour régler ce genre de problèmes. 우리 건물이 낡았기 때문에 우리는 엘리베이터와 전기 시설처럼 해결해야 할 많은 문제들이 있습니다. 그래서 나는 이런 종류의 문제를 해결하기 위해 좀 더 자주 회의를 할 것을 이웃들에게 부탁하고 싶습니다.

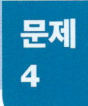

EXERCICE 2 실전 연습

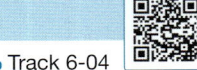
Track 6-04

Étape 1
문제를 읽고 답변한 후, 감독관의 예상 질문에 따라 추가로 답변해 보세요.

SUJET 4　　　　　　　　　**Transport en commun**

Dans votre pays, quel est le transport en commun que les gens utilisent beaucoup ? Pourquoi ? Et vous ?

Étape 2
문제 해석 및 필수 어휘와 답변 구성 요령을 참조하세요.

해석

SUJET 4　　　　　　　　　**대중교통**

당신 나라에서 사람들이 많이 이용하는 대중교통은 무엇입니까? 이유는요? 그리고 당신은요?

어휘

transport en commun (m.) 대중교통 | pays (m.) 나라 | métro (m.) 지하철 | sûr 안전한 | propre 깨끗한 | embouteillage (m.) 교통체증 | urbain 도심의 | fenêtre (f.) 창문 | envoyer 보내다

답변 구성 요령

대중교통에 대한 문제이므로 지하철, 버스 중에 하나를 선택해서 그의 장점을 구체적으로 기술해야 한다. 버스의 경우는 교통체증이라는 단점을 고려하여 지하철을 예로 드는 것이 유리하다. 그의 장점으로는 버스에 비해 빠르고 안전하고 깨끗하다는 부분을 강조하고 사람들이 특히 어느 때에 지하철을 많이 이용하는지를 설명한다. 그리고 응시자가 어떤 대중교통 수단을 선호하는지에 대한 부분으로는 지상으로 달리는 버스의 특성과 관련해 도심 풍경을 구경할 수 있어서 좋다는 방식으로 기술한다.

감독관은 버스 안에서 어떤 활동을 하는지를 물을 수 있는데 음악을 듣거나 친구에게 문자를 보내거나 또는 인터넷을 검색한다고 답변한다.

| Étape 3 | 모범 답변을 참조하여 실전 훈련하세요. |

답변	Le métro en Corée est très connu parce qu'il est rapide, sûr et propre. Beaucoup de Coréens prennent le métro pour aller à l'école ou au travail pour éviter les embouteillages. Mais je préfère le bus. Même si le métro est plus rapide, j'aime voir les paysages urbains par la fenêtre du bus. 한국의 지하철은 빠르고 안전하고 깨끗한 것으로 매우 잘 알려져 있습니다. 많은 한국인들은 학교나 직장에 갈 때 교통체증을 피하기 위해 지하철을 탑니다. 그렇지만 나는 버스를 선호합니다. 지하철이 더 빠르기는 하지만, 나는 버스 창문으로 도시 풍경을 보는 것을 좋아합니다.
질문	Que faites-vous dans le bus ? 버스 안에서 무엇을 하나요?
답변	J'écoute de la musique et j'envoie des textos à mon ami. Ou bien, je surfe sur Internet. 나는 음악을 듣고 친구에게 문자를 보냅니다. 그렇지 않으면 인터넷을 검색합니다.

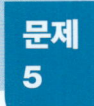

EXERCICE 2 실전 연습

🎧 Track 6-05

Étape 1
문제를 읽고 답변한 후, 감독관의 예상 질문에 따라 추가로 답변해 보세요.

SUJET 5 **Internet**

Qu'est-ce que vous pensez d'Internet ? Quels sont ses points positifs et négatifs ? Et vous ? Qu'est-ce que vous faites sur Internet ?

Étape 2
문제 해석 및 필수 어휘와 답변 구성 요령을 참조하세요.

해석

SUJET 5 **인터넷**

당신은 인터넷에 대해 어떻게 생각합니까? 그의 장단점들은 무엇입니까? 그리고 당신은요? 인터넷에서 무엇을 하나요?

어휘

utile 유용한 | partout 사방에, 어디든지 | article (m.) 물건 | gagner du temps 시간을 벌다 | réseaux sociaux (m.pl.) SNS | note (f.) 성적 | gérer 관리하다

답변 구성 요령

먼저 인터넷이 매우 유용함을 강조한다. 그리고 인터넷의 장점으로 빠르게 정보를 찾을 수 있다는 것과 전 세계 어디에서나 소통이 가능하다는 것, 손쉽게 물건을 살 수 있다는 것 등을 예로 든다. 단점과 관련해서는 정보가 너무 많아서 팩트 체크가 어렵다는 점, 너무 깊이 사용할 경우 건강에 해롭고, 학교나 직장 생활에 방해가 될 수 있다는 점 등을 들 수 있다.

또한 인터넷으로 인해 문제가 생겼던 경험이 있는지 묻는다면 앞서 말했던 단점과 연결하여 SNS상에서 너무 많은 시간을 보내서 일상생활에 문제가 생겼던 일을 말하면 설득력을 높일 수 있다.

Étape 3 모범 답변을 참조하여 실전 훈련하세요.

답변	Je pense qu'Internet est très utile. Il y a beaucoup de points positifs. Par exemple, nous pouvons trouver des informations rapidement et communiquer avec des amis partout dans le monde. Et puis, nous pouvons acheter des articles sans aller au magasin et gagner du temps. Mais Internet a aussi des points négatifs. Parfois, il y a trop d'informations et c'est difficile de savoir ce qui est vrai. Et puis, passer trop de temps sur Internet peut être mauvais pour la santé ou déranger la vie scolaire. Moi, j'utilise Internet pour chercher des informations pour mes devoirs et pour parler avec mes amis sur les réseaux sociaux. 저는 인터넷이 아주 유용하다고 생각합니다. 인터넷은 장점이 많습니다. 예를 들어, 우리는 빠르게 정보들을 찾을 수 있고, 전 세계의 친구들과 소통할 수 있습니다. 그리고 우리는 상점에 가지 않고도 물건을 살 수 있고 시간을 절약할 수 있습니다. 하지만 인터넷은 단점도 있습니다. 종종 정보가 너무 많아서 무엇이 사실인지 알기 어렵습니다. 그리고 인터넷상에서 너무 많은 시간을 보내는 것은 건강에 나쁠 수 있고, 학교 생활에 방해가 될 수 있습니다. 저는 과제를 위한 자료를 찾기 위해 그리고 SNS로 친구들과 이야기할 때 인터넷을 사용합니다.
질문	Avez-vous eu des problèmes à cause d'Internet ? 인터넷 때문에 문제가 있었던 적이 있나요?
답변	Oui, j'ai eu des problèmes à cause d'Internet. Une fois, j'ai passé trop de temps sur les réseaux sociaux et j'ai oublié de faire mes devoirs. J'ai eu une mauvaise note à l'école. Maintenant, j'essaie de mieux gérer mon temps sur Internet 네, 저는 인터넷 때문에 문제가 있었어요. 한 번은, 제가 SNS에서 너무 많은 시간을 보냈고 과제하는 것을 잊어버린 적이 있었습니다. 학교에서는 나쁜 성적을 받았고요. 지금은 인터넷에서의 시간을 더 잘 관리하려고 하고 있습니다.

EXERCICE 2 실전 연습

🎧 Track 6-06

Étape 1
문제를 읽고 답변한 후, 감독관의 예상 질문에 따라 추가로 답변해 보세요.

SUJET 6 **Aliments**

Avez-vous des allergies alimentaires ? Ou bien, avez-vous des habitudes alimentaires particulières ? Par exemple, êtes-vous végétarien(ne) ?

Étape 2
문제 해석 및 필수 어휘와 답변 구성 요령을 참조하세요.

해석

SUJET 6 **음식들**

당신은 특정 음식에 대한 알레르기가 있나요? 혹은 특별한 식습관이 있나요? 예를 들어 채식주의자인가요?

어휘

aliment (m.) 음식 | habitude (f.) 습관 | particulier 특이한, 특별한 | végétarien 채식주의자(의) | noix (f.pl.) 견과류 | étiquette (f.) 라벨 | avoir à + 동사원형 ~해야 한다 | économique 경제적인 | ingrédient (m.) 재료, 성분

답변 구성 요령

먼저 알레르기가 있다면 어떤 음식에 알레르기가 있는지 말한다. 알레르기를 피하기 위해 어떻게 하고 있는지 설명한다. 그리고 채식주의자인지 아닌지도 말한다. 채식주의자가 아니더라도 건강을 위해 고기를 적게 먹으려고 하고 있다고 답할 수 있다.

모범 답변을 참조하여 실전 훈련하세요.

답변	J'ai une allergie aux noix. Je dois faire très attention à ce que je mange. Je lis toujours les étiquettes des produits et je demande au restaurant s'il y a des noix dans les plats. C'est parfois difficile. Je ne suis pas végétarien(ne), mais j'essaie de manger moins de viande. Je préfère manger des légumes et des fruits parce que c'est bon pour la santé. Parfois, je mange du poisson ou du poulet, mais j'essaie de limiter la viande rouge. 저는 견과류 알레르기가 있어요. 저는 제가 먹는 것에 매우 주의해야 합니다. 저는 항상 제품의 라벨을 읽어보고 레스토랑에서는 음식에 견과류가 들어갔는지 물어봅니다. 때로는 힘들기도 합니다. 저는 채식주의자는 아니지만, 고기를 적게 먹으려고 노력합니다. 저는 채소나 과일을 먹는 것을 선호합니다. 그게 건강에 좋기 때문이죠. 가끔 생선이나 닭고기를 먹기도 하지만 붉은 고기는 제한하려고 하고 있습니다.
질문	Préférez-vous manger au restaurant ou à la maison ? Pourquoi ? 당신은 집에서 먹는 것을 선호하세요, 아니면 식당에서 먹는 것을 선호하세요? 그 이유는요?
답변	J'aime manger au restaurant parce que je peux essayer de nouveaux plats sans avoir à cuisiner. C'est aussi une bonne occasion de passer du temps avec des amis ou de la famille. Mais j'aime aussi manger à la maison parce que c'est plus économique et je peux choisir mes ingrédients. 저는 요리할 필요 없이 새로운 요리를 시도해 볼 수 있기 때문에 식당에서 먹는 것을 좋아합니다. 그것은 또한 친구나 가족들과 함께 시간을 보낼 수 있는 좋은 기회입니다. 하지만 저는 집에서 먹는 것도 좋아합니다. 더 경제적이고 재료를 고를 수 있기 때문이죠.

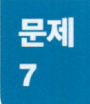 문제 7

EXERCICE 2 실전 연습

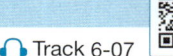 Track 6-07

Étape 1 문제를 읽고 답변한 후, 감독관의 예상 질문에 따라 추가로 답변해 보세요.

SUJET 7　　　　　　　　　　**Cuisine**

Est-ce que vous savez cuisiner ? Où et comment est-ce que vous avez appris ? Sinon, qui cuisine pour vous ?

Étape 2 문제 해석 및 필수 어휘와 답변 구성 요령을 참조하세요.

해석

SUJET 7　　　　　　　　　　**요리**

당신은 요리를 할 줄 아나요? 어디서 그리고 어떻게 배우게 되었나요? 그렇지 않다면 당신을 위해 누가 요리를 하나요?

어휘

cuisiner 요리하다 | apprendre 배우다 | cher 비싼 | contenu (m.) 내용 | recette (f.) 요리법

답변 구성 요령

응시자는 두 가지 방식으로 답변할 수 있다. 첫째는 요리를 잘한다고 말하는 것인데 이럴 경우 요리를 잘할 수밖에 없는 이유를 설명하는 것이 좋다. 그리고 요리를 어떻게 배우는지와 관련해서는 요리 학원을 다녔다거나 아니면 인터넷에서 배웠다고 말하면 된다. 또한- 자신 있는 요리가 무엇인지를 밝히고 어떤 경우에 요리를 하는지를 설명한다. 두 번째는 요리를 못한다고 말하는 것인데 이렇게 답변하려면 누가 요리를 하는지를 언급해야 한다. 그리고 그 사람이 어떻게 요리를 배웠는지와 잘하는 요리는 무엇인지를 구체적으로 기술해야 한다.

감독관은 한국의 요리와 관련해서 질문할 수 있는데 대표적인 요리는 무엇이고 어떤 경우에 먹는지를 물어볼 수 있다. 응시자는 이에 대비해서 미리 한 가지 음식을 정해 이와 관련된 사항들을 미리 숙지해야 한다.

답변	J'habite tout seul(e) dans un studio et je ne peux pas manger tous les jours dans un restaurant car cela coûte trop cher. Alors, je dois faire la cuisine moi-même. C'est la raison pour laquelle je suis devenu(e) un(e) excellent(e) cuisinier(ère). J'ai appris à cuisiner par Internet. On peut y trouver facilement plusieurs contenus de recettes et c'est très pratique. L'une de mes spécialités est le bulgogi, barbecue coréen. Je fais ce plat quand j'invite mes amis chez moi et ils l'adorent. 나는 스튜디오에 혼자 살고 있고 매일 식당에서 먹을 수는 없는데 왜냐하면 비용이 너무 비싸게 들기 때문입니다. 그래서 나는 내 스스로 음식을 해야 합니다. 바로 이런 이유 때문에 나는 훌륭한 요리사가 되었습니다. 나는 인터넷을 통해 요리하는 것을 배웠습니다. 여기에는 여러 가지의 요리법 콘텐츠들을 쉽게 찾을 수 있는데 매우 편리합니다. 내가 잘하는 것들 중에 하나는 한국식 바비큐인 불고기입니다. 나는 이 요리를 내 집에 친구들을 초대할 때 하는데 그들은 이것을 아주 좋아합니다.
	Comme j'habite avec mes parents, c'est ma mère qui fait la cuisine. Elle a appris à cuisiner en aidant ma grand-mère depuis qu'elle est petite. Elle est spécialiste de la nourriture coréenne et le Galbijjim est surtout excellent. J'essaie d'apprendre à faire la cuisine mais c'est trop difficile pour moi. 나는 부모님과 함께 살기 때문에 음식을 하는 사람은 어머니입니다. 그녀는 어렸을 때부터 할머니를 도우면서 요리하는 것을 배웠습니다. 어머니는 한식 전문가이시며 갈비찜은 특히 훌륭합니다. 나는 요리하는 것을 배우려고 노력하지만 내게는 너무 어렵습니다.
질문	Quel plat est adoré par les Coréens ? 한국인들이 좋아하는 요리는 무엇인가요?
답변	Je pense que c'est le samgyeopsal. Beaucoup de salariés coréens adorent ce plat et ils mangent cette viande de porc avec leurs collègues après le travail. De plus, cette cuisine va très bien avec le soju, l'alcool coréen. 나는 삼겹살이라고 생각합니다. 많은 한국 직장인들이 이 음식을 아주 좋아하는데 이들은 퇴근 후에 동료들과 함께 이 돼지고기를 먹습니다. 게다가 이 음식은 한국 술인 소주와 매우 잘 어울립니다.

EXERCICE 2 실전 연습

Étape 1

문제를 읽고 답변한 후, 감독관의 예상 질문에 따라 추가로 답변해 보세요.

SUJET 8　　　　　　　　　　**Livre**

Vous aimez lire ? Parlez du livre qui vous a ému. Expliquez pourquoi vous aimez ce livre.

Étape 2

문제 해석 및 필수 어휘와 답변 구성 요령을 참조하세요.

해석

SUJET 8　　　　　　　　　　책

당신은 독서를 좋아하나요? 당신에게 감동을 준 책에 대해 말하세요. 왜 당신이 이 책을 좋아하는지 설명하세요.

어휘

livre (m.) 책 | émouvoir 감동시키다 | lecture (f.) 독서 | librairie (f.) 서점 | bibliothèque (f.) 도서관 | emprunter 빌리다 | plaire 마음에 들다 | bonheur (m.) 행복 | auteur 작가 | mériter 자격이 있다 | se décourager 낙담하다 | livre numérique (m.) 전자책, 이북 | transporter 운반하다, 옮기다

답변 구성 요령

독서가 좋아하는 여가 활동이라고 말하고 책 구입 또는 도서 대출과 관련하여 기술한다. 그리고 감동을 받은 책과 관련해서 책 이름과 함께 이 책을 좋아하는 이유를 언급해야 한다. 책의 내용을 설명하는 것은 A2 단계의 응시자에게는 결코 쉽지 않은 내용이기 때문에 이 주제를 선택한 경우 특정한 책을 선정하여 그 특징이 무엇인지를 사전에 숙지해야 한다.

감독관은 전자책에 대한 생각을 질문할 수도 있는데 응시자는 이에 대한 장점과 단점을 간단하게 알고 있는 것이 좋다.

Étape 3 모범 답변을 참조하여 실전 훈련하세요.

답변	La lecture est l'une de mes activités préférées. J'aime aller à la librairie pour acheter des livres ou à la bibliothèque pour en emprunter. Récemment, j'ai lu un livre qui m'a beaucoup plu. Le titre de ce livre est « Le bonheur partout ». L'auteur dit que tout le monde mérite d'être heureux. Il conseille de ne pas se décourager même dans les moments difficiles. Il dit aussi qu'il est important d'être positif. 독서는 제가 선호하는 여가 활동들 중 하나입니다. 저는 책을 사러 서점에 가거나 책을 빌리러 도서관에 가는 것을 좋아합니다. 최근에 저는 제 마음에 드는 책을 하나 읽었습니다. 그 책의 제목은 '행복은 어디에나'입니다. 작가는 모든 사람들이 행복해질 자격이 있다고 말합니다. 그는 어려운 상황에서도 낙담하지 말 것을 충고합니다. 그리고 그는 긍정적인 태도가 중요하다고도 말합니다.
질문	Qu'est-ce que vous pensez du livre numérique ? 당신은 전자책에 대해 어떻게 생각하나요?
답변	Je pense que le livre numérique est très pratique. Il est facile à transporter et on peut lire beaucoup de livres sur un seul appareil. C'est aussi bon pour l'environnement parce qu'on utilise moins de papier. 저는 전자책이 매우 편리하다고 생각합니다. 그것은 옮기기도 쉽고, 우리는 한 기기에서 여러 권의 책들을 읽을 수 있습니다. 또한 종이를 덜 사용하기 때문에 환경에도 좋습니다.

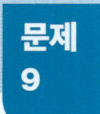

EXERCICE 2 실전 연습

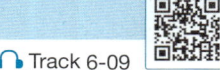

Étape 1
문제를 읽고 답변한 후, 감독관의 예상 질문에 따라 추가로 답변해 보세요.

SUJET 9   **Études**

Quelle est votre spécialité ? Pourquoi avez-vous choisi ces études ? Pensez-vous que votre spécialité vous aidera dans votre avenir ?

Étape 2
문제 해석 및 필수 어휘와 답변 구성 요령을 참조하세요.

해석

SUJET 9   **공부**

당신의 전공은 무엇입니까? 왜 이 공부를 선택하셨죠? 당신의 전공이 당신의 미래에 도움이 될 거라고 생각하나요?

어휘

étude (f.) 공부 | spécialité (f.) 전공 | choisir 선택하다 | avenir (m.) 미래 | département de langue et littérature françaises (m.) 프랑스어문학과 | diplôme (m.) 학위, 자격증 | avis (m.) 의견 | utile 유용한 | société (f.) 회사 | passé (m.) 과거 | comprendre 이해하다

답변 구성 요령

먼저 자신이 대학에서 무슨 과인지를 밝힌다. 그리고 그 과를 선택한 이유에 대해 구체적으로 설명한다. 또한 전공 선택에 대한 만족도를 밝히고 나서 이 전공이 왜 자신의 미래에 유용하다고 생각하는지를 구체적인 이유를 들어 기술해야 한다.

감독관은 전공을 공부하는 데 있어서 어려움은 무엇인지를 물을 수 있는데 응시자는 이 시험이 프랑스어 시험이기 때문에 가능한 한 프랑스어와 관련한 내용으로 답하는 것이 좋다.

Étape 3 모범 답변을 참조하여 실전 훈련하세요.

답변	Je suis étudiant(e) du département de langue et littérature françaises. J'ai choisi cette spécialité parce que je suis intéressé(e) par la culture française depuis que je suis lycéen(ne). Je suis content(e) de mon choix car j'ai obtenu le diplôme du DELF A1. À mon avis, ma spécialité est très utile pour mon avenir parce que j'aimerais travailler dans une société française. En plus, il y a des entreprises françaises en Corée. Je pourrai donc travailler dans une entreprise française sans quitter mon pays. 나는 프랑스어문학과 학생입니다. 나는 이 전공을 선택했는데 왜냐하면 나는 고등학생때부터 프랑스 문화에 관심이 있었기 때문입니다. 나는 내 선택에 대해 만족하는데 왜냐하면 나는 델프 A1 자격증을 취득했기 때문입니다. 내 의견에 내 전공은 내 미래를 위해 매우 유용한데 왜냐하면 나는 프랑스 회사에서 일하고 싶기 때문입니다. 또한 한국에도 프랑스 기업들이 있기 때문에 나는 내 나라를 떠나지 않고도 프랑스 회사에서 일할 수 있을 것입니다.
질문	Vous avez des difficultés à étudier le français ? 당신은 프랑스어를 공부하는 데 어려움이 있나요?
답변	Quand j'ai commencé à apprendre cette langue, la prononciation était difficile pour moi parce qu'elle est différente du coréen. La grammaire était aussi compliquée. Par exemple, il y a beaucoup de temps du passé en français et j'avais du mal à les comprendre. 내가 프랑스어를 처음 배웠을 때 발음이 어려웠습니다. 왜냐하면 한국어와 달랐기 때문입니다. 문법도 복잡했습니다. 예를 들어 프랑스어에는 많은 과거 시제들이 있어서 나는 이것들을 이해하는 데 어려움을 겪었습니다.

EXERCICE 2 실전 연습

🎧 Track 6-10

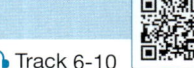

Étape 1
문제를 읽고 답변한 후, 감독관의 예상 질문에 따라 추가로 답변해 보세요.

> **SUJET 10** **Professeur**
>
> Parlez de votre professeur préféré. Décrivez son apparence physique. Expliquez pourquoi vous pensez que c'est un bon professeur.

Étape 2
문제 해석 및 필수 어휘와 답변 구성 요령을 참조하세요.

해석

> **SUJET 10** **선생님**
>
> 당신의 좋아하는 선생님에 대해 말하세요. 그의 신체적인 외모를 묘사하세요. 왜 당신은 그가 좋은 선생님이라고 생각하는지를 설명하세요.

어휘

professeur 선생님 | apparence (f.) 외모 | physique 신체적인 | matière (f.) 과목 | obligatoire 의무적인 | langue (f.) 언어 | réflexion (f.) 사고 | peau (f.) 피부 | sourire 미소를 짓다 | tout le temps 항상 | costume (m.) 정장 | personnaliser 개성화하다, 개인별로 하다 | formation (f.) 교육 | se fâcher 화를 내다 | encourager 격려하다 | s'inquiéter de ~에 대해 걱정하다 | sévère 엄격한

답변 구성 요령

먼저 학교에서의 여러 과목을 언급하고 좋아하는 선생님이 담당하고 있는 과목에 대해 기술한다. 외모와 관련해서는 신장, 피부, 성격, 복장 등의 특징들을 말하고 어떠한 점에서 좋은 선생님인지를 설명해야 한다. 이와 관련하여서는 선생이라는 직업의 특성상 학생들과 밀접한 관계가 있기 때문에 학생들을 대하는 태도나 이들에게 보여주는 자상함 등에 대해 말한다.

감독관은 싫어하는 선생님이나 과목이 있는지, 있다면 그 이유는 무엇인지에 대해 물어볼 수 있다. 응시자는 특정 선생님이 학생들에게 무심하거나 지나치게 엄격하다는 식에 학생들을 대하는 태도의 문제를 지적할 수 있다.

Étape 3	모범 답변을 참조하여 실전 훈련하세요.

답변	Je suis étudiant(e) et j'ai beaucoup de matières à suivre. J'aime beaucoup un professeur et il enseigne une matière obligatoire : « la langue et la réflexion ». Il est très grand et il a la peau blanche. Et puis, il fait plus jeune que son âge et il sourit tout le temps. Il porte un costume tous les jours et cela lui va très bien. Je pense que c'est un excellent professeur parce qu'il personnalise la formation selon les élèves. Et puis, il ne se fâche jamais même si les étudiants ont du mal à comprendre ce qu'il dit. Il encourage toujours les étudiants et il donne beaucoup de conseils à ses élèves qui s'inquiètent de l'avenir. 나는 학생이고 들어야 할 많은 과목들이 있습니다. 나는 한 선생님을 아주 좋아하는데 그는 필수 과목을 가르칩니다 : 언어와 사고. 그는 키가 매우 크며 피부가 하얗습니다. 그리고 그의 나이보다 더 젊어보이며 항상 미소를 짓습니다. 그는 매일 정장을 입는데 그에게 잘 어울립니다. 나는 그가 훌륭한 선생님이라고 생각하는데 왜냐하면 그는 학생들에 따라 맞춤형으로 교육하기 때문입니다. 그리고 그는 비록 학생들이 그가 말하는 것을 잘 이해 못하더라도 결코 화를 내지 않습니다. 그는 항상 학생들을 격려하고 미래에 대해 걱정하는 그의 학생들에게 많은 충고를 해줍니다.
질문	Quel professeur n'aimez-vous pas et pourquoi ? 어떤 선생님을 좋아하지 않고 그 이유는요?
답변	Je n'aime pas beaucoup le professeur d'anglais. Il arrive toujours en retard en cours et il est indifférent à ses étudiants. Et puis, il est trop sévère et il donne beaucoup de devoirs aux élèves. 나는 영어 선생님을 그다지 좋아하지 않습니다. 그는 수업 시간에 항상 늦게 도착하고 그의 학생들에게 무관심합니다. 그리고 그는 너무 엄격하고 학생들에게 많은 과제를 줍니다.

EXERCICE 2 실전 연습

Track 6-11

Étape 1
문제를 읽고 답변한 후, 감독관의 예상 질문에 따라 추가로 답변해 보세요.

SUJET 11　　　　　　　　　**Anniversaire**

Quelle est votre date de naissance ? Que faites-vous le jour de votre anniversaire ? Quel est le cadeau d'anniversaire qui vous plaira t ?

Étape 2
문제 해석 및 필수 어휘와 답변 구성 요령을 참조하세요.

해석

SUJET 11　　　　　　　　　**생일**

당신의 생년월일은 어떻게 되죠? 당신의 생일날에 무엇을 합니까? 당신 마음에 들 생일 선물은 무엇이죠?

어휘

date de naissance (f.) 생년월일 | plaire 마음에 들다 | résidence (f.) 거주지 | quotidien 매일의, 일상적인 | marquer (기억에 남을 만큼) 강한 인상을 주다 | vélo (m.) 자전거 | offrir 주다, 제공하다 | explorer 탐험하다

답변 구성 요령

생년월일을 먼저 말하고 생일날 무엇을 하는지 구체적으로 기술한다. 독립한 성인의 경우 가족들과 함께 시간을 보낼 수 있는 기회임을 강조할 수 있다. 또한 받고 싶은 생일 선물을 말한 뒤에는 받고 싶은 이유를 타당하게 말하는 것도 중요하다.

감독관은 받았던 생일 선물 중에 가장 인상 깊었던 선물에 대해서도 질문할 수 있는데, 이때 가격보다는 추억이 담겨 있거나 의미가 깊은 물건을 언급하는 것이 좋다.

모범 답변을 참조하여 실전 훈련하세요.

답변	Je suis né(e) le 20 avril 2001. En général, je passe le jour de mon anniversaire avec ma famille. Comme je vis dans une résidence universitaire depuis 3 ans, je n'ai pas souvent l'occasion de voir mes parents. Alors, ils viennent me voir le jour de mon anniversaire. On se promène au parc et je leur parle beaucoup de ma vie quotidienne. On dîne ensemble dans un restaurant chic. J'aimerais avoir un nouveau téléphone portable comme cadeau d'anniversaire. J'en ai un mais il est trop vieux. Comme j'aime prendre des photos, je voudrais photographier des paysages magnifiques de la nature avec un portable d'un nouveau modèle. 저는 2001년 4월 20일에 태어났습니다. 저는 보통 생일을 가족들과 함께 보냅니다. 저는 3년 전부터 대학 기숙사에 살고 있기 때문에 부모님을 만날 기회가 별로 없습니다. 그래서 부모님이 생일에 저를 보러 오십니다. 우리는 공원을 산책하고 저는 그들에게 제 일상에 대해 많이 이야기합니다. 우리는 근사한 레스토랑에서 함께 저녁 식사를 합니다. 생일 선물로는 새 휴대폰을 갖고 싶습니다. 휴대폰이 있긴 하지만 너무 낡았습니다. 저는 사진 찍는 것을 좋아하기 때문에 최신 기종의 휴대폰으로 자연의 멋진 풍경을 찍고 싶습니다.
질문	Quel est le cadeau d'anniversaire qui vous a le plus marqué ? Et pourquoi ? 당신에게 가장 기억에 남는 생일 선물은 무엇입니까? 그리고 이유는요?
답변	Le cadeau d'anniversaire qui m'a le plus marqué est un vélo que j'ai reçu pour mes 10 ans. Mes parents me l'ont offert et j'étais très surpris(e) et heureux(se). J'ai toujours voulu un vélo pour explorer le quartier avec mes amis. 저에게 가장 인상 깊었던 생일 선물은 제가 10살 때 받은 자전거입니다. 제 부모님이 저에게 그것을 주셨고 저는 매우 놀랐고 행복했습니다. 저는 친구들과 함께 동네를 돌아다닐 자전거를 늘 원했었거든요.

EXERCICE 2 실전 연습

🎧 Track 6-12

Étape 1
문제를 읽고 답변한 후, 감독관의 예상 질문에 따라 추가로 답변해 보세요.

SUJET 12　　　　　　**Sortir avec les amis**

Où est-ce que vous passez le week-end avec vos amis ? Quelles sont vos activités préférées ?

Étape 2
문제 해석 및 필수 어휘와 답변 구성 요령을 참조하세요.

해석

SUJET 12　　　　　　**친구들과 외출하기**

당신은 어디서 친구들과 주말을 보내나요? 당신이 좋아하는 활동들은 무엇이죠?

어휘

sortir 외출하다 | prendre l'air frais 신선한 공기를 마시다 | moustique (m.) 모기 | mouche (f.) 파리

답변 구성 요령

주말 활동에 대해 기술해야 하는데 만나는 시간을 점심으로 시작하여 식사, 커피, 극장, 운동 등의 활동들을 말한다. 선호하는 활동으로는 일상생활에서 쉽게 할 수 있는 것을 정하고 그에 대한 장점을 설명한다.

감독관은 당신이 싫어하는 활동에 대해서도 물어볼 수 있으며 응시자는 특정 활동을 정해서 말하고 그 이유를 반드시 설명해야 한다.

Étape 3 모범 답변을 참조하여 실전 훈련하세요.

답변 Mes amis et moi, nous allons souvent au centre commercial car nous pouvons y faire beaucoup de choses amusantes. Par exemple, nous mangeons des hamburgers au fast-food comme déjeuner. Après, nous allons au café et nous nous parlons de la vie quotidienne ou de la vie scolaire. Et puis, nous jouons aux jeux vidéo dans la salle de jeux. S'il fait beau, nous faisons un tour en vélo ou bien nous nous promenons au parc. Personnellement, j'aime faire une promenade au parc avec mes amis. On peut à la fois se détendre et prendre l'air frais.
내 친구들과 나는 시내에 자주 가는데 왜냐하면 그곳에서는 재미있는 많은 일들을 할 수 있기 때문입니다. 예를 들어 우리는 패스트푸드점에서 점심으로 햄버거를 먹습니다. 그 후에 우리는 카페에 가서 일상생활이나 학교 생활에 대해 서로 말합니다. 그리고 우리는 게임방에서 비디오 게임을 합니다. 만일 날씨가 좋다면 우리는 자전거로 돌거나 공원을 산책합니다. 개인적으로, 나는 친구들과 공원에서 산책하는 것을 좋아합니다. 우리는 긴장을 풀 수 있는 동시에 신선한 공기를 마실 수 있습니다.

질문 Quelle activité n'aimez-vous pas faire ? Et pourquoi ?
당신은 어떤 활동을 하기 좋아하지 않습니까? 이유는요?

답변 Je déteste faire du camping à la campagne en été. D'abord, il y a trop d'insectes comme les moustiques et les mouches. Et puis, il est difficile de prendre une douche et je ne dors pas bien en plein air.
나는 여름에 전원에서 캠핑을 하는 것을 아주 싫어합니다. 우선 모기와 파리처럼 너무 많은 곤충들이 있습니다. 그리고 샤워하는 것이 어렵고 야외에서는 잠을 잘 못 잡니다.

EXERCICE 2 실전 연습

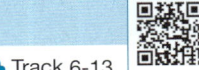
Track 6-13

Étape 1
문제를 읽고 답변한 후, 감독관의 예상 질문에 따라 추가로 답변해 보세요.

SUJET 13　　　　　　　　**Faire des achats**

Vous aimez faire des achats ? Où est votre endroit préféré et pourquoi ? Est-ce que vous achetez souvent des produits sur Internet ? Pourquoi ?

Étape 2
문제 해석 및 필수 어휘와 답변 구성 요령을 참조하세요.

해석

SUJET 13　　　　　　　　**구매하기**

당신은 구매를 좋아하나요? 당신의 선호하는 장소는 어디인가요? 당신은 인터넷으로 상품들을 자주 삽니까? 이유는요?

어휘

achat (m.) 구매 | endroit (m.) 장소 | produit (m.) 제품 | hypermarché (m.) 슈퍼마켓 | réduit 할인된 | vêtement (m.) 의류 | malgré ~에도 불구하고 | élevé 높은 | habit (m.) 의상 | librairie (f.) 서점 | livraison (f.) 배송 | endommagé 손상된, 파손된

답변 구성 요령

우선 쇼핑하는 것을 좋아한다고 말하고 어디에서 하는지를 밝힌다. 그리고 이 장소를 선호하는 이유에 대해 언급하는데 지정한 장소에서 주로 판매되는 물건들(과일, 고기, 의류 등)과 관련해서 가격의 이점을 설명한다. 또한 인터넷을 통한 구매 활동과 관련해서는 시간 절약과 할인 판매에 의한 경제적 이득을 기술한다.

감독관은 인터넷 판매에 대한 단점에 대해 질문할 수 있다. 응시자는 물건 구매와 연관하여 배송 문제나 상품을 직접 볼 수 없다는 점 등을 언급한다.

Étape 3 모범 답변을 참조하여 실전 훈련하세요.

답변	J'aime faire du shopping et je vais à l'hypermarché une fois par semaine. J'aime cet endroit parce qu'il vend souvent des produits alimentaires à prix réduit. Je vais au grand magasin pour acheter mes vêtements malgré le prix élevé parce qu'il vend des habits de bonne qualité. J'achète des livres sur Internet car on peut gagner du temps parce qu'on n'a pas besoin d'aller à la librairie. 나는 쇼핑하는 것을 좋아하며 일주일에 한 번 대형 슈퍼마켓에 갑니다. 나는 이 장소를 좋아하는데 왜냐하면 식료품을 자주 할인된 가격으로 팔기 때문입니다. 나는 비싼 가격에도 불구하고 의류들을 사기 위해 백화점에 가는데 왜냐하면 좋은 품질의 의류들을 팔기 때문입니다. 나는 인터넷에서 책들을 사는데 서점에 갈 필요가 없기 때문에 시간을 절약할 수 있습니다.
질문	Quel est le problème d'achat sur Internet ? 인터넷 판매의 문제는 무엇인가요?
답변	D'abord, on ne peut pas voir ou toucher le produit avant de l'acheter. Parfois, le produit n'est pas comme on l'imaginait. Et puis, la livraison peut prendre du temps et parfois, le produit arrive endommagé. 먼저, 물건을 사기 전에 보거나 만질 수 없다는 점입니다. 때때로 물건이 우리가 생각했던 것과 다르기도 합니다. 그리고 배송이 시간이 걸릴 수 있고, 종종 물건이 파손된 채로 오기도 합니다.

문제 14

EXERCICE 2 실전 연습

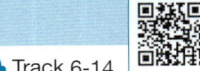 Track 6-14

Étape 1 문제를 읽고 답변한 후, 감독관의 예상 질문에 따라 추가로 답변해 보세요.

SUJET 14　　　　　　　　　　**Hiver**

Quel temps fait-il en hiver chez vous ? Comment est-ce que vous vous habillez quand vous sortez ? Quelle est votre activité préférée et pourquoi ?

Étape 2 문제 해석 및 필수 어휘와 답변 구성 요령을 참조하세요.

해석

SUJET 14　　　　　　　　　　**겨울**

당신 나라는 겨울에 날씨가 어때요? 당신은 외출할 때 어떻게 입나요? 당신의 선호하는 활동은 무엇이고 이유는요?

어휘

hiver (m.) 겨울 | temps (m.) 날씨 | froid 추운 | neiger 눈이 오다 | anorak (m.) 파카 | épais 두꺼운 | bonnet (m.) 모자 | gant (m.) 장갑 | patin à glace (m.) 스케이트 | station de ski (f.) 스키장 | tente (f.) 텐트

답변 구성 요령

먼저 겨울 날씨가 어떠한지를 말한다. 그리고 겨울이라는 계절에 알맞은 복장에 대해 언급하고 이 계절에 적합한 활동 (스케이트, 스키 등)을 기술하며 왜 좋아하는지를 밝힌다. 주어진 시간을 최대한 활용하기 위해서는 다른 활동 하나 정도는 더 이야기 하는 것이 좋은데 어떤 활동을 말하더라도 그 이유에 대해 구체적으로 밝히는 것이 필요하다.

감독관은 좋아하지 않는 계절과 그 이유를 물을 수 있는데 응시자는 계절과 싫어하는 이유를 말한다.

모범 답변을 참조하여 실전 훈련하세요.

답변	En hiver, il fait très froid et il neige beaucoup chez moi. Je porte un anorak épais, un bonnet et des gants quand je sors. J'aime faire des sports d'hiver comme du ski, du patin à glace. Alors, je vais à la station de ski avec mes amis pendant les vacances d'hiver. Sinon, j'aime faire de la randonnée en montagne tout(e) seul(e). Quand je campe en montagne l'hiver, je peux profiter pleinement du paysage enneigé en prenant un café sous la tente. 겨울에 우리나라는 매우 춥고 눈이 많이 옵니다. 나는 외출을 할 때 두꺼운 파카, 모자 그리고 장갑을 낍니다. 나는 스키, 스케이트 등과 같은 겨울 스포츠를 하는 것을 좋아합니다. 그래서 겨울 방학 동안 친구들과 스키장에 갑니다. 그렇지 않으면 혼자 등산하는 것을 좋아합니다. 내가 겨울 산에서 캠핑을 할 때, 나는 텐트 아래서 커피를 마시며 설경을 만끽할 수 있습니다.
질문	Quelle saison n'aimez-vous pas et pourquoi ? 어떤 계절을 싫어하고 그 이유는요?
답변	Je n'aime pas l'été car il fait trop chaud, humide et il pleut beaucoup. D'ailleurs, il y a trop de monde sur la plage et on ne peut pas s'y reposer tranquillement. 나는 여름을 좋아하지 않는데 왜냐하면 너무 덥고 습하며 비가 많이 오기 때문입니다. 게다가 해변에는 너무 많은 사람들이 있어서 거기서는 조용히 휴식을 취할 수 없습니다.

EXERCICE 2 실전 연습

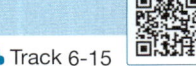 Track 6-15

Étape 1
문제를 읽고 답변한 후, 감독관의 예상 질문에 따라 추가로 답변해 보세요.

> SUJET 15　　　　　　　　**Spectacles**
>
> Aimez-vous voir des spectacles ? Parlez d'un spectacle qui vous a plu.

Étape 2
문제 해석 및 필수 어휘와 답변 구성 요령을 참조하세요.

해석

> SUJET 15　　　　　　　　**공연들**
>
> 당신은 공연들을 보는 것을 좋아하나요? 당신 마음에 들었던 공연에 대해 말하세요.

어휘

spectacle (m.) 공연 | essayer 시도하다 | ambiance (f.) 분위기 | avoir lieu 열리다 | en plein air 야외에서 | s'abriter 피하다 | pluie (f.) 비 | succès (m.) 성공 | émouvant 감동적인 | talentueux 재능 있는

답변 구성 요령

특정 장르를 정해서 그것과 관련된 공연에 대해 말한다. 좋아했던 공연과 관련해서는 구체적인 언급을 해야 하는데 음악의 경우, 누구와 어떤 종류의 공연장에 갔는지를 기술한다. 그리고 가수나 그룹에 대해 언급하고 공연 당시의 분위기를 설명해야 한다. 특히 인상에 남았다는 느낌을 주기 위해 공연 중 어떠한 특별한 상황을 설정하는 것이 필요하다.

감독관은 좋아하는 가수에 대해 물어볼 수 있는데 응시자는 가수를 언급하는 동시에 왜 좋아하는지 이유를 설명해야 한다.

Étape 3 모범 답변을 참조하여 실전 훈련하세요.

답변	J'aime la musique et j'essaie d'aller à la salle de concert le plus souvent possible. Récemment, je suis allé(e) au concert de rock avec mes amis. C'était un groupe de rock très connu en Corée et l'ambiance du concert était excellente : tous les spectateurs chantaient et dansaient avec le chanteur. Le concert avait lieu en plein air et il a plu pendant le spectacle. Pourtant, les spectateurs sont restés sur place sans s'abriter de la pluie. Le concert a été un grand succès et je n'oublierai jamais ce spectacle émouvant dans ma vie. 나는 음악을 좋아하고 최대한 자주 공연장에 가려고 합니다. 최근에 나는 친구들과 함께 록 콘서트에 갔습니다. 한국에서 매우 잘 알려진 록 그룹이었는데 공연자의 분위기는 훌륭했습니다: 모든 관객들이 가수와 함께 노래하고 춤을 췄습니다. 공연은 야외에서 열렸는데 공연 중간에 비가 왔습니다-. 그러나 관객들은 비를 피하지 않고 자리를 지켰습니다. 콘서트는 큰 성공을 거두었고 나는 내 인생에서 이 감동적인 공연을 결코 잊지 못할 것입니다.
질문	Quel chanteur aimez-vous et pourquoi ? 어떤 가수를 좋아하고 이유는요?
답변	J'aime beaucoup le groupe BTS. Ils sont très populaires en Corée et dans le monde entier. J'aime leur musique parce qu'elle est énergique et leurs chansons ont des messages positifs. Les membres du groupe sont aussi très talentueux et ils dansent très bien. 저는 BTS라는 그룹을 좋아합니다. 그들은 한국과 전 세계에서 매우 인기가 많습니다. 저는 그들의 음악이 에너지가 넘쳐서 좋아하고, 그들의 노래는 긍정적인 메시지들을 담고 있습니다. 그룹의 멤버들은 재능이 넘치고 춤도 매우 잘 춥니다.

EXERCICE 3

Exercice en interaction avec préparation 3 à 4 minutes environ

OBJECTIF : résoudre une situation de la vie quotidienne

Le candidat doit dialoguer avec l'examinateur afin de résoudre une situation de la vie quotidienne. Il doit aussi montrer qu'il est capable de saluer et d'utiliser les règles de politesse de base.
Le candidat tire au sort deux sujets et il en choisit un.

역할극 (준비시간 있음) 약 3~4분

목표: 일상생활에서 발생하는 상황 해결

지원자는 면접관과 대화하며 일상적인 상황을 해결해야 한다. 또한, 인사 및 기본적인 예의 표현을 적절하게 사용할 수 있어야 한다.
지원자는 두 개의 주제를 무작위로 선택한 후, 그중 하나를 골라 역할극을 진행한다.

완전 공략

DELF A2 구술

1 핵심 포인트

EXERCICE 3은 역할을 분담하여 상황극 형식으로 진행되며, 약 3~4분 동안 진행된다. 구술 평가의 세 가지 유형 중 가장 난이도가 높은 단계로, 주어진 상황에 맞춰 감독관과 자연스럽게 대화를 이어 나가는 것이 핵심이다. 이를 위해서는 먼저 감독관의 말을 실시간으로 정확히 이해해야 하며, 이후 다양한 상황에서 자주 쓰이는 어휘와 표현을 즉각적으로 활용할 수 있도록 충분히 연습해야 한다.

2 빈출 주제

물건 구입, 여행 계획, 장소 추천 등 실생활에서 흔히 접할 수 있는 주제가 주어진다. 어떤 상황이 주어지더라도 대화의 목적과 상황 설정을 명확히 이해하고, 정보 교환이 원활하게 이루어져야 한다. 또한, 예상치 못한 돌발 상황에서도 자연스럽게 대화를 이어가는 것이 중요하다.

3 고득점 전략

① 맡은 역할을 정확히 파악한다.

최종적으로 선택한 쪽지에서 자신과 감독관이 각각 어떤 역할을 맡는지 명확히 확인해야 한다. 역할을 혼동하여 감독관의 역할로 말하는 실수를 하면, 문장 구조나 유창성이 아무리 완벽해도 감점을 피할 수 없다. 따라서 대화 시작 전 반드시 역할을 숙지하는 것이 중요하다.

② 시험실 규칙을 숙지하고 대비한다.

시험실에 입장하면 감독관이 응시자에게 몇 번 주제를 선택했는지 묻고, 응시자는 이에 답한 후 대화를 시작한다. 이때, 시험실에서는 준비실에서 본 쪽지를 다시 확인할 수 없기 때문에, 기억만으로 대화를 진행해야 한다. 이를 대비해 준비실에서 주제를 선택한 후, 대화의 개요와 핵심 어휘 및 표현을 간략하게 메모해두는 것이 도움이 된다. 시험실 입장 전 이를 다시 한 번 확인하여 대화의 흐름을 미리 정리해 두자.

③ 감독관의 말을 정확히 이해한다.

평가는 감독관과의 직접적인 대화를 통해 이루어지므로, 질문과 지시에 대한 정확한 이해가 필수적이다. 만약 감독관의 말을 정확히 듣지 못하고 추측으로 답변하면, 질문과 맞지 않는 답을 하게 되어 감점을 받을 수 있다. 이럴 경우, 당황하지 말고 "다시 한 번 말씀해 주시겠어요?"라고 요청하여 확실하게 이해한 후 답변하는 것이 바람직하다.

EXERCICE 3 실전 연습

🎧 Track 7-01

Étape 1 문제를 읽은 후 감독관의 예상 답변을 떠올리며 대화를 만들어 보세요.

SUJET 1 **Sport**

Votre ami francophone vous propose de faire du sport ensemble. Vous lui demandez des informations sur le jour, les horaires et le lieu. Vous décidez ensemble et vous lui demandez si vous pouvez venir avec votre ami.

L'examinateur joue le rôle de l'ami.

Étape 2 문제 해석 및 필수 어휘와 답변 구성 요령을 참조하세요.

해석

SUJET 1 스포츠

당신의 프랑스어권 친구가 당신에게 함께 운동을 할 것을 제안합니다. 당신은 그에게 요일, 시간과 장소에 대한 정보들을 물어보세요. 당신은 함께 결정하고 그에게 당신의 친구와 함께 가도 되는지 물어보세요.

감독관은 친구 역할을 합니다.

어휘

horaire (m.) 시간 | lieu (m.) 장소 | étouffé 답답한 | météo (f.) 일기예보 | terrain de tennis (m.) 테니스장 | gratuit 무료의

답변 구성 요령

운동에 관한 역할 분담 평가이다. 우선 운동을 함께 하자고 제안하는 쪽은 감독관이므로 먼저 감독관이 운동을 제안할 때까지의 대화를 진행한다. 특정 기간에 시간이 있냐고 물으면 있다고 대답하거나 아직 일정이 없다고 대답한다. 그 후에 감독관이 운동을 제안하면 그 때 응시자는 지시사항에 있는 내용들을 하나씩 물어봐야 한다. 먼저 요일에 대해 물어보는데 만일 감독관이 특정 요일을 먼저 제안한다면 그에 동의하면 된다. 반면 응시자가 요일을 결정해야 한다면 왜 그 요일에 운동을 해야 하는지 이유를 설명하는 것이 좋다. 그 외에 시간과 장소에 대해서도 감독관이 먼저 말하면 동의하는 방식으로 대화를 진행한다. 이 문제에서 제시된 상황에서는 감독관이 운동을 제안하는 친구의 역할을 하고 있으나, 실제 시험에서는 반대의 역할로 출제될 수도 있다.

Étape 3 모범 답변을 참조하여 실전 훈련하세요.

E : Examinateur 감독관   C : Candidat 응시자

E Salut ! Qu'est-ce que tu fais ce week-end ?
안녕, 너 이번 주말에 뭐하니?

C Salut ! Je ne sais pas encore. Pourquoi ?
안녕! 아직 모르겠어. 왜?

E Je sais que tu aimes le sport et j'aimerais jouer au tennis avec toi. Qu'est-ce que tu en penses ?
나는 네가 운동을 좋아하는 것을 아는데 너와 함께 테니스를 치고 싶어. 이것에 대해 어떻게 생각하니?

C C'est une très bonne idée. Justement, je me sens étouffé(e) car je suis resté(e) à la maison pendant deux semaines pour préparer mes examens. Mais quand est-ce que tu veux faire du tennis ? Samedi ou dimanche ?
아주 좋은 생각이야. 마침 나는 시험 준비를 하느라고 2주 동안 집에만 있어서 답답했어. 그런데 언제 테니스를 치고 싶은데? 토요일 아니면 일요일?

E C'est toi qui décides. De toute façon, je suis libre samedi et dimanche.
네가 결정해. 어쨌건 간에 나는 토요일과 일요일에 시간이 있어.

C Je préfère dimanche parce qu'il va pleuvoir samedi d'après la météo. Et on se voit où ?
나는 일요일이 더 좋은데 왜냐하면 일기예보에 따르면 토요일에 비가 올 것이기 때문이야. 그리고 어디서 볼까?

E Il y a un terrain de tennis près de chez moi et c'est gratuit.
내 집 가까이에 테니스장이 있는데 무료야.

C Ah bon ? C'est parfait ! Et puis, on se voit à quelle heure ?
아 그래? 잘 됐어! 그리고 몇 시에 볼까?

E Il vaut mieux jouer au tennis tôt le matin car il y aura beaucoup de monde à partir de l'après-midi.
아침 일찍 테니스를 치는 것이 좋을 거야, 왜냐하면 오후부터 사람들이 많을 것이거든.

C Tu as raison. Je vais passer chez toi vers 8 heures. Ça te va ?
네가 옳아. 내가 8시쯤 너의 집에 갈게. 괜찮겠어?

E D'accord.
알았어.

C Et puis, mon ami adore le tennis. Est-ce qu'il peut venir avec moi ?
그리고 내 친구가 테니스를 아주 좋아해. 그와 함께 가도 되겠어?

E Pourquoi pas ?
안 될 거 없지.

C Merci. Alors, on se voit dimanche.
고마워. 그럼 일요일에 보자.

 문제 2

EXERCICE 3 실전 연습

 Track 7-02

Étape 1   문제를 읽은 후 감독관의 예상 답변을 떠올리며 대화를 만들어 보세요.

> SUJET 2   **Inviter un ami**
>
> Votre école organise une fête et vous proposez à votre ami francophone de venir à cet événement. Vous lui donnez des informations (l'heure, activités, etc).
>
> *L'examinateur joue le rôle de l'ami.*

Étape 2   문제 해석 및 필수 어휘와 답변 구성 요령을 참조하세요.

해석

> SUJET 2   **친구 초대하기**
>
> 당신의 학교는 축제를 개최하고 당신은 당신의 프랑스어권 친구에게 이 행사에 올 것을 제안합니다. 당신은 그에게 정보들(시간, 활동 등)을 줍니다.
>
> *감독관은 친구 역할을 합니다.*

어휘

événement (m.) 행사 | concours (m.) 대회 | grand prix (m.) 대상 | rater 놓치다 | occasion (f.) 기회 | feu d'artifice (m.) 불꽃놀이 | entrée (f.) 입구

답변 구성 요령

친구 역할을 하는 감독관을 초대하는 상황이다. 먼저 응시자는 특정 기간을 정하여 감독관에게 학교 축제에 올 시간이 있는지를 물어본다. 그리고 응시자는 요일을 구체적으로 제안하고 시간과 관련한 부분에 대해 언급한다. 그리고 특히 축제 때 하는 행사들에 대해 상세하게 말해야 하는데 감독관에게 흥미가 있을 법한 내용을 언급하는 것이 바람직하다. 또한 축제의 핵심 이벤트를 언급하면서 올 것을 제안한다. 이와 관련하여 친구도 같이 와도 좋다는 내용을 덧붙인다. 실제 시험에서는 감독관과 응시자의 역할이 바뀔 수도 있다는 점을 감안하여 공부해야 한다.

모범 답변을 참조하여 실전 훈련하세요.

E : Examinateur 감독관   C : Candidat 응시자

C Salut ! Tu es libre la semaine prochaine ?
안녕! 너 다음 주에 시간 있니?

E Oui. Pourquoi ?
응. 왜?

C Ça tombe bien. Il y a une fête dans mon école et tu peux venir ?
잘 됐어. 내 학교에서 축제가 있는데 너 올 수 있니?

E Bien sûr. 물론이지.

C La fête commence mercredi et elle finit vendredi. Quel jour peux-tu venir ?
축제는 수요일에 시작해서 금요일에 끝나. 무슨 요일에 올 수 있어?

E Je viendrai vendredi. 나는 금요일에 갈게.

C D'accord. La fête commence à 10 h mais les vrais spectacles auront lieu à partir de 16 h. Donc, tu peux venir à 15 h 30. Ça te va ?
알았어. 축제는 10시에 시작하지만 진짜 공연들은 16시부터 개최될 거야. 그러니까 너는 15시 30분까지 오면 돼. 괜찮겠어?

E Pas de problème. 문제없어.

C Il y a un concours de chant alors tu peux y participer. Je sais que tu chantes bien et je suis sûre que tu vas gagner le grand prix. Le premier prix est un téléphone portable.
노래 경연 대회가 있는데 너는 거기에 참가해도 돼. 나는 네가 노래를 잘한다는 것을 아는데 네가 대상을 받을 거라고 나는 확신해. 일등상은 휴대폰이야.

E Ah bon ? Je ne peux pas rater cette occasion.
아 그래? 이 기회를 놓칠 수는 없지.

C Et puis, il y aura un feu d'artifice à la fin de la fête et ce sera magnifique.
그리고 축제 끝 무렵에 불꽃놀이가 있을 것인데 멋질 거야.

E J'aimerais le voir. 그것을 보고 싶어.

C Je vais t'attendre devant l'entrée de l'école tu pourras venir avec tes amis si tu veux.
내가 학교 정문 앞에서 너를 기다릴 테니까 네가 원하면 네 친구들과 같이 와도 돼.

E D'accord. À vendredi prochain !
알았어! 다음 주 금요일에 봐!

EXERCICE 3 실전 연습

🎧 Track 7-03

Étape 1 문제를 읽은 후 감독관의 예상 답변을 떠올리며 대화를 만들어 보세요.

> SUJET 3   **Voyage**
>
> Votre ami francophone a l'intention de visiter votre pays. Il vous demande des informations. Vous lui parlez des choses à faire, des lieux à voir et vous répondez à ses questions.
>
> *L'examinateur joue le rôle de l'ami.*

Étape 2 문제 해석 및 필수 어휘와 답변 구성 요령을 참조하세요.

해석

> SUJET 3   **여행**
>
> 당신의 프랑스어권 친구가 당신의 나라를 방문할 계획입니다. 그는 당신에게 정보들을 요구합니다. 당신은 그에게 해야 할 일, 봐야 할 장소를 말하고 그의 질문들에 답하세요.
>
> *감독관은 친구 역할을 합니다.*

어휘

asiatique 아시아의 | trajet (m.) 여정 | logement (m.) 숙소 | auberge de jeunesse (f.) 유스호스텔 | léger 가벼운 | imperméable (m.) 우비 | palais (m.) 궁전 | bâtiment (m.) 건물 | élégance (f.) 우아함 | quartier (m.) 동네 | objet (m.) 물건 | traditionnel 전통적인

답변 구성 요령

응시자의 나라를 방문할 계획이 있는 사람은 친구 역할을 하는 감독관이므로 정보를 부탁할 때까지 응시자는 간단한 답변 형식으로 대화를 진행한다. 그리고 나서 지시사항에 있는 사항들과 관련하여 감독관의 질문에 대답해야 하는데 질문에 해당하는 내용만 답하는 것보다는 그와 관련해 조언을 덧붙이는 것이 바람직하다. 그리고 마지막에 필요한 자료들을 보내주겠다는 식으로 대화를 마친다.

Étape 3　모범 답변을 참조하여 실전 훈련하세요.

E : Examinateur 감독관　C : Candidat 응시자

E Salut ! Tu es libre maintenant ?
안녕! 너 지금 시간 있어?

C Salut ! Oui, pourquoi ?
안녕! 응, 왜?

E Voilà, je vais aller dans ton pays pendant les vacances d'été. Comme c'est la première fois que je visite un pays asiatique, j'ai besoin de tes conseils.
다름이 아니라 내가 여름 방학 동안 네 나라에 가려고 해. 내가 아시아 국가를 방문하는 것이 처음이라 너의 조언이 필요해.

C Ah, tu as bien décidé. Je sais que tu t'intéresses beaucoup à la culture coréenne et ce voyage pourra t'aider à mieux comprendre la Corée. Alors, qu'est-ce que tu veux savoir ?
아, 너 잘 결정했어. 나는 네가 한국 문화에 대해 관심이 많다는 것을 아는데 이 여행은 네가 한국을 더 잘 이해하는 데 도움이 될 거야. 그래, 무엇을 알고 싶니?

E D'abord, ça prend combien de temps pour aller en Corée en avion ?
우선, 비행기로 한국에 가는 데 얼마나 걸려?

C Environ 11 h. C'est un long trajet et tu dois réserver une place d'avion confortable.
대략 11시간이야. 긴 여정이고 너는 편안한 비행기 좌석을 예약해야 돼.

E D'accord. Et puis, je m'inquiète pour le logement.
알았어. 그리고 나는 숙소에 대해 걱정이 돼.

C Tu peux réserver un hôtel ou une auberge de jeunesse par Internet. Je vais t'aider à trouver un logement qui n'est pas cher.
인터넷으로 호텔이나 유스호스텔을 예약할 수 있어. 비싸지 않은 숙소를 찾을 수 있도록 내가 너를 도와줄게.

E Merci. Et qu'est-ce que je dois mettre dans la valise ?
고마워. 그리고 가방에 무엇을 넣어야 하지?

C Tu mets des vêtements légers parce qu'il fait très chaud en été chez moi. Et puis, tu auras aussi besoin d'un imperméable car il pleut beaucoup. Surtout, ne mets pas les objets importants dans la valise !
너는 가벼운 옷들을 넣어야 하는데 왜냐하면 한국은 여름에 매우 덥거든. 그리고 우비도 필요할 텐데 왜냐하면 비가 많이 오기 때문이야. 특히, 가방 안에 중요한 물건들은 넣지 마!

E Quels lieux dois-je visiter ?
어떤 장소들을 내가 방문해야 돼?

C Je te conseille de visiter le palais Deoksu à Séoul. C'est un bâtiment en bois de l'époque Joseon et tu pourras apprécier son élégance. Et puis, il y a un quartier qui s'appelle Insadong, tu y trouveras des objets traditionnels coréens.
나는 너에게 서울에 있는 덕수궁을 방문할 것을 권해. 조선 시대의 목조 건물인데 너는 여기서 건물의 우아함을 느낄 수 있을 거야. 그리고 인사동이라고 불리는 동네가 있는데 여기서 한국 전통 물건들을 볼 수 있을 거야.

E Je pense qu'il y a beaucoup de choses à voir en Corée.
나는 한국에 볼 것이 많이 있다고 생각해.

C Tu as raison. Je vais t'envoyer les documents qui t'aident par e-mail.
네가 옳아. 내가 이메일로 너한테 도움이 될 자료들을 보내줄게.

E C'est vrai ? Merci. Tu es gentille.
정말이야? 고마워. 친절하구나.

C De rien.
천만에.

문제 4

EXERCICE 3 실전 연습

🎧 Track 7-04

Étape 1 문제를 읽은 후 감독관의 예상 답변을 떠올리며 대화를 만들어 보세요.

SUJET 4   **Activité**

Vous habitez chez un ami francophone. Il vous demande vos projets pour ces vacances d'été. Vous lui parlez des activités prévues. Vous lui proposez d'en faire une ensemble. Vous vous mettez d'accord sur la date de départ et le logement.

L'examinateur joue le rôle de l'ami francophone.

Étape 2 문제 해석 및 필수 어휘와 답변 구성 요령을 참조하세요.

해석

SUJET 4   **활동**

당신은 프랑스 친구 집에 살고 있습니다. 그는 당신에게 이번 여름 방학 동안 당신의 계획들을 물어봅니다. 당신은 그에게 예정된 활동들에 대해 말합니다. 당신은 그에게 그것을 함께 하자고 제안합니다. 당신은 출발 날짜와 숙소에 대해 합의합니다.

감독관은 프랑스어권 친구의 역할을 합니다.

어휘

projet (m.) 계획 | prévu 예정된 | sud (m.) 남쪽 | se baigner 해수욕하다 | région (f.) 지역 | juillet (m.) 7월 | hébergement (m.) 숙소 | auberge de jeunesse (f.) 유스호스텔 | se dépêcher 서두르다

답변 구성 요령

친구 역할을 하는 감독관에게 여행을 제안하는 방식으로 대화를 진행해야 한다. 먼저 지시 사항에 따라 감독관이 휴가 또는 방학 계획을 물어볼 텐데 비교적 긴 기간에 해당하므로 여행과 같이 이에 맞는 활동을 이야기해야 한다. 그리고 감독관에게 함께 가자고 제안을 하는데 이때 중요한 것은 어떤 활동을 할 것인지 구체적으로 기술하는 것이다. 또한 지시사항에 있는 합의해야 할 사항들에 대해 하나씩 언급해야 한다.

모범 답변을 참조하여 실전 훈련하세요.

E : Examinateur 감독관 C : Candidat 응시자

E C'est bientôt les vacances d'été. Tu as des projets ?
곧 여름 방학이야. 너 계획 있니?

C Oui. Mes amis coréens vont venir en France et je vais voyager dans le sud de la France avec eux. On va se baigner sur la plage de Nice et on va visiter les monuments et les musées. Tu peux venir avec nous si tu veux.
응. 내 한국 친구들이 프랑스에 올 것이고 나는 그들과 함께 프랑스 남쪽을 여행할 거야. 우리는 니스 해변에서 해수욕을 할 것이고 기념물들과 미술관들을 방문할 거야. 네가 원하면 우리랑 같이 가도 돼.

E C'est vrai ? Je suis allé dans cette région une fois et j'aimerais y retourner.
정말이야? 내가 그 지역에 한 번 갔는데 그곳에 다시 가고 싶어.

C On part le 06 juillet et on va revenir le 15 juillet.
우리는 7월 6일에 떠나서 7월 15일에 되돌아 올거야.

E Et l'hébergement ? Où va-t-on loger ?
숙소는? 우리 어디서 머물거야?

C Je vais réserver une auberge de jeunesse, mais je dois me dépêcher parce qu'il y aura beaucoup de jeunes qui voyagent pendant les vacances.
나는 유스호스텔을 예약할 건데 서둘러야 해. 왜냐하면 방학 동안 여행하는 많은 젊은이들이 있을 것이기 때문이야.

E Tu as raison. Je peux le faire à ta place si tu veux.
네 말이 맞아. 네가 원한다면 내가 그것을 대신 해 줄 수 있어.

C C'est vrai ? Merci. Comme tu es Français, il vaut mieux que tu fasses la réservation.
진짜야? 고마워. 네가 프랑스인이니까 네가 예약을 하는 것이 더 낫지.

E Je suis très content de voyager avec toi.
너와 함께 여행하게 되어 매우 만족해.

C Moi aussi. Je suis sûre qu'on va bien s'amuser.
나도 그래. 나는 우리가 재미있게 지낼 것이라고 확신해.

문제 5

EXERCICE 3 실전 연습

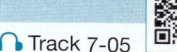 Track 7-05

Étape 1 문제를 읽은 후 감독관의 예상 답변을 떠올리며 대화를 만들어 보세요.

SUJET 5   **Réunion**

Vous travaillez dans une société française. Demain, vous avez un rendez-vous avec un client, mais vous ne vous sentez pas bien. Vous demandez à votre collègue de le rencontrer à votre place. Vous lui parlez des choses à faire.

L'examinateur joue le rôle de votre collègue.

Étape 2 문제 해석 및 필수 어휘와 답변 구성 요령을 참조하세요.

해석

SUJET 5   회의

당신은 프랑스 회사에서 일하고 있습니다. 내일, 당신은 고객과 약속이 있지만 몸이 좋지 않습니다. 당신은 동료에게 당신을 대신해서 그를 만날 것을 부탁합니다. 그에게 해야 할 것들에 대해 말하세요.

감독관은 동료 역할을 합니다.

어휘

réunion (f.) 회의 | client 고객 | annuler 취소하다 | signer 서명하다 | contrat (m.) 계약서 | contenu (m.) 내용 | signature (f.) 사인

답변 구성 요령

동료에게 부탁하는 내용의 구술 평가이다. 먼저 동료 역할을 하는 감독관에게 어떠한 일인지에 대해 설명하고 자신이 할 수 없는 납득할 수 있는 이유를 대야 한다. 대화 상대가 회사 동료임을 감안하여 가능하면 회사와 관련된 업무를 부탁하는 것이 설득력이 있다.

모범 답변을 참조하여 실전 훈련하세요.

E : Examinateur 감독관   C : Candidat 응시자

C Tu es libre maintenant ? J'ai quelque chose à te demander.
   너 지금 시간 있니? 내가 너에게 부탁할 게 있어.

E Oui. Pourquoi ?
   응. 왜?

C Voilà, J'ai un rendez-vous très important avec mon client demain, mais j'ai mal à la tête et je tousse beaucoup depuis ce matin alors je ne peux pas aller à ce rendez-vous. Pourtant, je ne peux pas l'annuler parce que je dois signer un contrat avec lui. Peux-tu le rencontrer à ma place ?
   다름이 아니라, 내가 내일 고객과 매우 중요한 약속이 있지만 내가 머리가 아프고 오늘 아침부터 기침을 많이 해. 그래서 이 약속에 가지 못해. 그런데 그와 계약서에 서명해야 해서 취소할 수는 없어. 네가 내 대신에 그를 만날 수 있니?

E D'accord. Mais je ne connais rien du contenu de ton contrat.
   알았어. 그렇지만 나는 너의 계약서의 내용을 전혀 알지 못하는데.

C Ne t'inquiète pas ! Je vais te donner le contrat et tu dois juste obtenir la signature du client.
   걱정하지 마! 내가 너에게 계약서를 줄 테니까 너는 고객의 사인만 받으면 돼.

E Ce n'est pas difficile ! Je peux le faire pour toi.
   어렵지 않네! 너를 위해 그것을 할 수 있어.

C Merci. Et puis, le client va venir à la salle de réunion à 11 h. Tu vas aller au restaurant Bon goût avec lui après avoir reçu sa signature. J'ai déjà réservé deux places sous mon nom.
   고마워. 그리고 고객이 11시에 회의실에 올 거야. 너는 그의 사인을 받은 후에 그와 함께 Bon goût 식당으로 가. 내가 이미 내 이름으로 두 자리를 예약했어.

E Entendu. Est-ce qu'il y a d'autres choses à faire ?
   알았어. 해야 할 다른 것들이 있니?

C Non, c'est tout. Merci. Je vais t'offrir un bon vin pour te remercier de ton aide.
   아니, 그게 다야. 고마워. 내가 너의 도움에 대한 고마움의 표시로 좋은 포도주를 네게 선물할게.

E Ah bon ? J'accepte ton cadeau avec plaisir.
   아 그래? 기꺼이 너의 선물을 받을게.

문제 6

EXERCICE 3 실전 연습

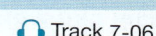 Track 7-06

Étape 1
문제를 읽은 후 감독관의 예상 답변을 떠올리며 대화를 만들어 보세요.

SUJET 6　　　　　　　　**Au magasin de souvenirs**

Vous voyagez en France et vous voulez offrir des souvenirs à votre ami. Vous allez au magasin de souvenirs et vous demandez conseil au vendeur. Vous lui posez des questions. Vous choisissez deux ou trois souvenirs.

L'examinateur joue le rôle du vendeur.

Étape 2
문제 해석 및 필수 어휘와 답변 구성 요령을 참조하세요.

해석

SUJET 6　　　　　　　　**기념품 가게에서**

당신은 프랑스를 여행 중이고 친구에게 기념품을 주고 싶습니다. 당신은 기념품 가게에 가서 판매원에게 충고를 부탁합니다. 당신은 그에게 질문들을 합니다. 당신은 둘 또는 세 개의 기념품들을 삽니다.

감독관은 판매원 역할을 합니다.

어휘

magasin de souvenirs (m.) 기념품 가게 | offrir 제공하다 | vendeur 판매원 | collectionner 수집하다 | typique 대표하는, 전형적인 | miniature (f.) 미니어처 | artisan 장인 | fabriquer 만들다 | tasse de thé (f.) 찻잔 | promotion (f.) 할인 판매 | regretter 후회하다 | porte-bonheur (m.) 행운의 상징 | clochette (f.) 작은 종

답변 구성 요령

친구를 위한 기념품을 구매하는 상황의 대화이다. 응시자는 먼저 준비실에서 기념품으로 살 수 있는 물건들에 대해 생각해두어야 하는데 특히 프랑스를 여행 중이라는 지시사항에 따라 프랑스에 특성을 잘 나타내주는 물건들을 예로 들어야 한다. 특히 물건을 찾을 때 왜 그 물건을 찾는지에 대한 이유를 덧붙이는 것이 매우 중요하기 때문에 이것 또한 준비해야 한다.

Étape 3   모범 답변을 참조하여 실전 훈련하세요.

E : Examinateur 감독관   C : Candidat 응시자

E Bonjour. Vous cherchez quelque chose ?
안녕하세요. 찾는 게 있으세요?

C Bonjour. Oui, j'aimerais acheter quelques souvenirs pour mon ami. Vous pouvez m'aider ?
안녕하세요. 예, 내 친구를 위한 몇 가지 기념품들을 사고 싶어요. 저를 도와주시겠어요?

E Bien sûr. Qu'est-ce qu'il aime, votre ami ?
물론이죠. 당신의 친구는 무엇을 좋아하나요?

C Il adore collectionner les objets typiques de plusieurs pays.
그는 여러 나라들의 대표적인 물건들을 수집하는 것을 아주 좋아합니다.

E Dans ce cas-là, je vous conseille cette miniature de la tour Eiffel qui symbolise la France. C'est un artisan très connu qui l'a fabriquée.
그렇다면, 당신에게 프랑스를 상징하는 에펠탑의 이 미니어처를 권합니다. 이것을 만든 사람은 매우 잘 알려진 장인입니다.

C Ah bon ? Alors, je l'achète. Et puis, mon ami aime boire du thé. Est-ce que vous avez quelque chose pour cela ?
아 그래요? 그러면 내가 그것을 살게요. 그리고 내 친구는 차 마시는 것을 좋아합니다. 이를 위한 무엇인가가 있나요?

E Bien sûr. Nous avons des tasses de thé qui sont d'origine de Limoges. Je suis sûr qu'elles vont beaucoup plaire à votre ami.
물론이죠. 우리는 Limoges 산 찻잔들이 있습니다. 나는 이것이 당신 친구 마음에 쏙 들 것이라고 확신합니다.

C Elles coûtent cher ?
그것들은 비싼가요?

E Mais non. D'ailleurs, elles sont en promotion en ce moment. Vous n'allez pas regretter d'acheter ces tasses de thé.
천만에요. 게다가, 지금 할인 판매중입니다. 당신은 이 찻잔들을 산 것을 후회하지 않을 거예요.

C Bon, j'en prends deux alors. Et vous avez des porte-bonheur ? Mon ami prépare un examen très important et il en a besoin.
그러면 두 개를 살게요. 그리고 행운을 상징하는 것이 있나요? 내 친구가 매우 중요한 시험을 준비하고 있어서 그것이 필요합니다.

E La clochette est le symbole de la chance en Europe et nous avons des clochettes en cristal qui ne sont pas chères.
작은 종은 유럽에서 행운의 상징인데 우리는 비싸지 않은 크리스탈로 된 작은 종들이 있습니다.

C J'en prends une. Ça fait combien ?
그것을 하나 살게요. 다 해서 얼마죠?

E 100 euros, madame.
100유로입니다.

C Voilà.
여기 있습니다.

E Merci.
고맙습니다.

문제 7

EXERCICE 3 실전 연습

🎧 Track 7-07

Étape 1 문제를 읽은 후 감독관의 예상 답변을 떠올리며 대화를 만들어 보세요.

SUJET 7　　　　　　　　　**Bibliothèque**

Vous venez de déménager et vous allez à la bibliothèque qui est près de chez vous. Vous remarquez qu'elle offre des activités aux habitants. Vous posez des questions au bibliothécaire pour avoir plus d'informations sur ces activités.

L'examinateur joue le rôle du bibliothécaire.

Étape 2 문제 해석 및 필수 어휘와 답변 구성 요령을 참조하세요.

해석

SUJET 7　　　　　　　　　도서관

당신은 막 이사를 했고 당신의 집 가까이에 있는 도서관에 갑니다. 당신은 도서관이 주민들에게 활동들을 제안하는 것을 주목합니다. 당신은 이 활동들에 대한 더 많은 정보들을 얻기 위해 사서에게 질문들을 합니다.

감독관은 사서 역할을 합니다.

어휘

bibliothèque (f.) 도서관 | déménager 이사하다 | bibliothécaire 사서 | tableau d'affichage (m.) 게시판 | événement (m.) 행사 | auteur 작가 | conte de fée (m.) 동화 | fable (f.) 우화 | adulte 성인 | lecture (f.) 독서 | emprunter 빌리다 | pièce d'identité (f.) 신분증

답변 구성 요령

도서관에서 진행하는 활동들과 관련하여 사서 역할을 하는 감독관과 대화를 진행하는 방식이다. 질문을 하는 사람이 응시자이기 때문에 준비실에서 어떠한 사항들에 대해 언급할 것인지를 구체적으로 준비해야 한다. 특히 도서관이라는 특성과 관련한 행사들을 중점적으로 기술해야 한다. 이와 관련하여 아이들과 성인들을 구분하여 진행되는 행사들에 대해 집중적으로 질문하는 것이 효과적이다.

모범 답변을 참조하여 실전 훈련하세요.

E : Examinateur 감독관   C : Candidat 응시자

E Bonjour. Je peux vous aider ?
안녕하세요. 도와드릴까요?

C Bonjour. Voilà, je viens de déménager ici il y a une semaine et j'ai vu votre tableau d'affichage. Vous organisez des événements pour les habitants, c'est ça ? Si oui, j'aimerais vous poser des questions à propos de ces activités.
안녕하세요. 다름이 아니라 제가 일주일 전에 이곳으로 이사를 왔는데 당신의 게시판을 봤습니다. 당신들이 주민들을 위한 행사들을 준비하고 있는 게 맞나요? 만일 그렇다면 이 활동들에 대해 당신께 질문을 하고 싶습니다.

E D'accord. Qu'est-ce que vous voulez savoir ?
알았습니다. 무엇을 알고 싶으세요?

C D'abord, est-ce qu'il y a des programmes pour les enfants ce mois-ci ?
우선, 이번 달에 아이들을 위한 프로그램들이 있나요?

E Oui. Il y a un événement spécial pour les enfants de moins de 6 ans. Un auteur de conte de fée va raconter quelques fables amusantes aux petits enfants.
예. 6세 미만의 아이들을 위한 특별한 행사가 있습니다. 동화 작가가 재미있는 몇 가지 우화들을 아이들에게 말해줄 겁니다.

C Ça tombe bien parce que j'ai un fils de 5 ans. Ça se passe où et quand ?
마침 잘 됐네요, 왜냐하면 제가 5살짜리 아들이 있거든요. 어디서 언제 진행되죠?

E Le 20 février à 16 h, à la salle de lecture.
2월 20일 16시에 열람실에서요.

C Entendu. Et puis, est-ce qu'il n'y a pas d'activités pour les adultes ?
알겠습니다. 그리고 성인들을 위한 활동들은 없나요?

E Si. Vous pouvez voir des films chaque vendredi soir à partir de 18 h.
있습니다. 당신은 매주 금요일 저녁 6시부터 영화들을 볼 수 있습니다.

C Ah bon ? C'est une bonne nouvelle car j'adore les films. Et vous avez des activités qui concernent la lecture ?
아 그래요? 그거 좋은 소식이네요, 왜냐하면 제가 영화를 아주 좋아하거든요. 그리고 독서와 관련된 활동들이 있나요?

E Oui. Les écrivains viennent ici tous les mercredis et présentent leurs nouveaux livres aux habitants.
있습니다. 작가들이 매주 수요일에 여기에 와서 주민들에게 그들의 신간을 소개합니다.

C Vous faites beaucoup d'activités pour les habitants. Comment dois-je faire pour emprunter des livres ici ?
당신들은 주민들을 위해 많은 활동들을 하는군요. 여기서 책을 대여하려면 어떻게 해야 하나요?

E Vous venez avec votre pièce d'identité.
당신의 신분증을 가지고 오세요.

C Bien entendu et merci beaucoup.
잘 알겠습니다. 대단히 감사합니다.

E Je vous en prie.
천만에요.

EXERCICE 3 실전 연습

 Track 7-08

Étape 1 문제를 읽은 후 감독관의 예상 답변을 떠올리며 대화를 만들어 보세요.

SUJET 8 　　　　　　　　　**À la gare**

Vous êtes en France, à la gare. Vous avez raté votre train à cause de l'embouteillage. Vous allez au guichet. Vous expliquez votre situation pour changer votre billet.

L'examinateur joue le rôle de l'employé de la gare.

Étape 2 문제 해석 및 필수 어휘와 답변 구성 요령을 참조하세요.

해석

SUJET 8 　　　　　　　　　**기차역에서**

당신은 프랑스 기차역에 있습니다. 당신은 교통체증 때문에 당신의 기차를 놓쳤습니다. 당신은 창구에 갑니다. 당신의 표를 바꾸기 위해 당신의 상황을 설명하세요.

감독관은 기차역 직원 역할을 합니다.

어휘

gare (f.) 기차역 | rater 놓치다 | à cause de ~ 때문에 | embouteillage (m.) 교통체증 | affaires (f.pl.) 사업 | direct (m.) 직행 열차 | arrivée (f.) 도착 | prévu 예정된 | supplément (m.) 추가 요금

답변 구성 요령

기차역에서 기차표를 바꿔야 하는 상황에 관련된 대화이다. 응시자는 기차표를 바꿔야 하는 사람의 역할을 하기 때문에 먼저 도와달라는 말로 대화를 시작한다. 그리고 지시사항에 따라 왜 표를 바꿔야 하는지에 대한 이유를 설명해야 하며 기차와 관련해 다음 기차는 몇 시에 있는지 물어본다. 그리고 다른 기차표 예약에 대해서는 사실 직원 역할을 하는 감독관이 가지고 있는 자료에는 시간표와 가격이 표기되어 있는 반면 응시자가 뽑은 문제지에는 이런 사항이 기재되어 있지 않다. 따라서 시간표와 가격은 무조건 감독관이 제시하게 되어 있기 때문에 적절한 반응만 보이면 된다.

모범 답변을 참조하여 실전 훈련하세요.

E : Examinateur 감독관   C : Candidat 응시자

C Bonjour, vous pouvez m'aider ?
안녕하세요, 나를 도와줄 수 있나요?

E Bonjour. Qu'est-ce que vous avez ?
안녕하세요. 무슨 일이시죠?

C Voilà, je dois aller à Paris pour des affaires très importantes alors j'ai pris un taxi. Pourtant, j'ai raté le train à cause des embouteillages. Alors, j'aimerais changer mon billet.
다름이 아니라 나는 매우 중요한 사업 때문에 파리에 가야 해서 택시를 탔습니다. 그렇지만 교통체증 때문에 기차를 놓쳤어요. 그래서 내 표를 바꾸고 싶습니다.

E Quel train avez-vous réservé ?
어떤 기차를 예약하셨죠?

C Le train de 9 h car je dois arriver à Paris jusqu'à 13 h.
9시 기차인데 왜냐하면 나는 13시까지 파리에 도착해야 하기 때문입니다.

E Il y a un train qui part à 9 h 30, mais il n'est pas direct.
9시 30분에 떠나는 기차가 있지만 직행이 아닙니다.

C Est-ce que je peux arriver à Paris avant 13 h même si je prends ce train ?
내가 그 기차를 타더라도 13시 전에 파리에 도착할 수 있나요?

E Ne vous inquiétez pas ! L'heure d'arrivée prévue est 12 h 30.
걱정하지 마세요! 예정 도착 시간이 12시 30분입니다.

C Tant mieux ! Je voudrais prendre ce train.
다행이네요. 그 기차를 타고 싶어요.

E Le prix du billet de train que vous avez réservé est de 42 euros tandis que celui que vous voulez prendre est de 50 euros. Donc, vous devez payer le supplément de 8 euros.
당신이 예약했던 기차표 값은 42유로인데 당신이 타기를 원하는 것은 50유로입니다. 그러니까 8유로의 추가 요금을 내야 합니다.

C Pas de problème. Voilà !
문제 없습니다. 여기 있어요!

E Merci et je vous souhaite un bon voyage.
고맙습니다. 좋은 여행하길 바랍니다.

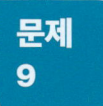
문제 9

EXERCICE 3 실전 연습

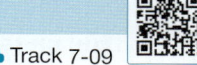
Track 7-09

Étape 1 문제를 읽은 후 감독관의 예상 답변을 떠올리며 대화를 만들어 보세요.

SUJET 9 　　　　　　　　　**Au théâtre**

Vous habitez à Paris et vous allez au théâtre de votre quartier pour réserver des spectacles. Vous décrivez les représentations que vous aimez et vous demandez des conseils pour choisir trois spectacles.

L'examinateur joue le rôle de la vendeuse.

Étape 2 문제 해석 및 필수 어휘와 답변 구성 요령을 참조하세요.

 해석

SUJET 9 　　　　　　　　　**극장에서**

당신은 파리에 살고 있고 공연들을 예약하기 위해 당신 동네의 극장에 갑니다. 당신이 좋아하는 공연들을 기술하고 3개의 공연들을 선택하기 위해 조언을 부탁하세요.

감독관은 판매원 역할을 합니다.

 어휘

théâtre (m.) 연극 | quartier (m.) 동네 | spectacle (m.) 공연 | décrire 기술하다 | renseignement (m.) 정보, 자료 | lac (m.) 호수 | cygne (m.) 백조 | tarif d'entrée (m.) 입장료 | magie (f.) 마술 | carte (f.) 카드

답변 구성 요령

공연 예약에 관련된 내용이다. 응시자는 먼저 공연 예약을 하러 왔다고 말을 하면서 대화를 시작한다. 여기서 가장 중요한 것은 공연 내용들인데 사실 어떤 공연들이 있는지는 감독관이 제시해준다. 따라서 응시자가 할 일은 자신이 어떠한 것을 좋아하며 그와 관련된 공연이 있는지 묻는 방식으로 대화를 진행해야 한다는 것이다.

모범 답변을 참조하여 실전 훈련하세요.

E : Examinateur 감독관 C : Candidat 응시자

C Bonjour. Voilà, j'aimerais acheter des billets de spectacles. Je peux vous demander des renseignements ?
안녕하세요. 다름이 아니라 제가 공연표들을 사고 싶습니다. 당신에게 정보를 물어봐도 될까요?

E Bien sûr. Qu'est-ce que vous voulez savoir ?
물론이죠. 무엇을 알고 싶으세요?

C D'abord, quels spectacles puis-je voir ?
우선, 내가 어떤 공연들을 볼 수 있죠?

E Ça dépend de vous. Quel genre de spectacle aimez-vous ?
그것은 당신에게 달려 있습니다. 어떤 종류의 공연을 좋아하세요?

C J'aime bien la musique.
나는 음악을 좋아합니다.

E Alors, vous pouvez voir le concert de jazz ce samedi à 19 h.
그러면 당신은 이번 주 토요일 19시에 재즈 공연을 볼 수 있습니다.

C Ah, je dois absolument le voir. C'est combien ?
아, 그것을 꼭 봐야겠네요. 얼마죠?

E 20 euros, monsieur.
20유로입니다.

C Et puis, est-ce qu'il y a des spectacles de ballet ? Ma femme s'intéresse beaucoup à la danse classique.
그리고 발레 공연들도 있나요? 내 아내가 고전 무용에 관심이 많아서요.

E Oui. Par exemple, vous pouvez voir « le lac des cygnes ».
예. 예를 들어 당신은 '백조의 호수'를 볼 수 있습니다.

C Ça tombe bien. Je pourrai voir ce spectacle avec ma femme. Quand est-ce que cette représentation commence ? Et le prix ?
잘 되었네요. 내 아내와 그 공연을 볼 수 있겠네요. 이 공연이 언제 시작하죠? 가격은요?

E Vous pouvez le voir le dimanche à 20 h. Le tarif d'entrée est de 25 euros.
당신은 일요일 20시에 그것을 볼 수 있습니다. 입장료는 25유로입니다.

C D'accord. Et les spectacles pour les enfants ? Mes enfants adorent la magie.
알았습니다. 그리고 아이들을 위한 공연들은요? 내 아이들이 마술을 아주 좋아합니다.

E Il y a un spectacle de magie avec des cartes et des animaux.
카드와 동물들을 가지고 하는 마술 공연이 있습니다.

C C'est bien. Quand est-ce et quel est le tarif ?
잘 됐네요. 언제고 가격은 얼마죠?

E Le spectacle commence à 14 h, tous les mercredis. Le tarif d'entrée est de 15 euros.
공연은 매주 수요일 14시에 시작합니다. 입장료는 15유로입니다.

C D'accord. Je vais réserver ces trois spectacles.
알았습니다. 이 세 공연들을 예약할게요.

EXERCICE 3 실전 연습

문제 10

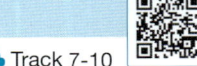
Track 7-10

Étape 1
문제를 읽은 후 감독관의 예상 답변을 떠올리며 대화를 만들어 보세요.

> **SUJET 10** **Recherche de travail**
>
> Vous êtes étudiant(e) en France et vous cherchez du travail pendant les vacances. Votre ami français travaille dans une agence pour l'emploi. Vous lui posez des questions pour avoir des conseils.
>
> *L'examinateur joue le rôle de l'ami français.*

Étape 2
문제 해석 및 필수 어휘와 답변 구성 요령을 참조하세요.

해석

> **SUJET 10** **일자리 찾기**
>
> 당신은 프랑스에 있는 학생이고 방학 동안 일을 찾습니다. 당신의 프랑스 친구가 직업 소개소에서 일합니다. 그에게 조언을 얻기 위한 질문들을 하세요.
>
> *감독관은 프랑스 친구 역할을 합니다.*

어휘

recherche (f.) 찾기 | agence (f.) 사무소 | emploi (m.) 직업 | conseil (m.) 충고 | serveur 종업원 | temps partiel 파트타임 | salaire (m.) 급여 | absence (f.) 부재 | avis (m.) 의견 | s'occuper de ~을 돌보다 | prévenir 알려주다

답변 구성 요령

방학 동안 아르바이트를 찾는 내용의 대화이다. 응시자가 질문을 하는 입장이라는 점을 고려하여 대화를 진행해야 한다. 먼저 조언이 필요하다고 한 후에 아르바이트를 할 수 있는 장소들에 대해 물어본다. 특히 근무 요일이나 시간, 급여에 대해 중점적으로 질문해야 한다. 그리고 또 다른 아르바이트와 관련한 질문을 해야 하는데 이때는 자신이 좋아하는 것과 관련한 일에 대해 언급한다.

Étape 3 모범 답변을 참조하여 실전 훈련하세요.

E : Examinateur 감독관   C : Candidat 응시자

C Salut ! Tu es libre maintenant ? J'ai besoin de tes conseils.
안녕! 너 지금 시간 있어? 너의 조언이 필요해.

E Oui. De quoi s'agit-il ?
응. 무엇에 관한 것인데?

C Voilà, les vacances d'été vont bientôt commencer et j'aimerais travailler pendant deux mois pour gagner de l'argent. Comme tu travailles dans une agence pour l'emploi, tu peux m'aider à trouver un travail ?
다름이 아니라 여름 방학이 곧 시작이고 나는 돈을 벌기 위해 두 달 동안 일을 하고 싶어. 네가 직업 소개소에서 일하니까 내가 일을 찾는 것을 도와줄 수 있어?

E D'accord. Qu'est-ce que tu veux savoir ?
알았어. 무엇을 알고 싶은데?

C D'abord, si on travaille dans un café ou dans un restaurant comme serveuse, combien de jours par semaine travaille-t-on ?
우선, 종업원으로 카페나 식당에서 일한다면 일주일에 며칠을 일하니?

E Ça dépend de toi. En général, on travaille à temps partiel. Et puis, tu peux discuter avec le directeur du café sur les jours de travail.
너에게 달렸지. 일반적으로 파트타임으로 일하지. 그리고 너는 근무 요일에 대해 카페 주인과 논의할 수 있어.

C Comment paie-t-on le salaire ?
급여는 어떻게 지불하니?

E Par heure peut-être.
아마도 시간당일거야.

C Qu'est-ce que tu penses du baby-sitting ? Comme j'aime bien les enfants, je pense que je pourrais le faire.
보모에 대해 어떻게 생각해? 내가 아이들을 아주 좋아하니까, 그것을 할 수 있을 것이라고 생각해.

E Pourquoi pas ? La plupart des parents travaillent tous les deux et ils ont besoin de quelqu'un qui peut garder leurs enfants pendant leur absence.
안될 거 없지? 대부분의 부모들이 둘 다 일하니까 그들은 부재 동안 아이들을 돌보아줄 누군가를 필요로 하지.

C Mais je ne veux pas travailler le week-end car je dois me reposer à la maison.
그렇지만 주말에는 일하고 싶지 않은데 왜냐하면 집에서 휴식을 취해야 하기 때문이야.

E À mon avis, tu n'as pas besoin de garder les enfants le week-end parce que les parents restent à la maison et ils vont s'occuper de leurs enfants.
내 의견에 너는 주말에 아이들을 돌볼 필요가 없는데 왜냐하면 부모들이 집에 있고 그들의 자녀들을 돌볼 것이기 때문이야.

C Bon. J'ai décidé de travailler comme baby-sitter. Si tu connais quelqu'un qui cherche une baby-sitter, tu me préviens, d'accord ?
좋아. 베이비시터로 일하기로 결심했어. 만일 네가 베이비시터를 찾는 누군가를 알고 있다면 내게 알려줘, 알았지?

E Entendu.
알았어.

| 문제 11 | **EXERCICE 3 실전 연습** |

Track 7-11

Étape 1
문제를 읽은 후 감독관의 예상 답변을 떠올리며 대화를 만들어 보세요.

SUJET 11 **Au restaurant**

C'est bientôt la fête de la famille. Vous voulez dîner au restaurant et vous y allez pour réserver les tables. Vous demandez des renseignements à l'employé du restaurant. Vous lui décrivez les cuisines que votre famille aime.

L'examinateur joue le rôle de l'employé du restaurant.

Étape 2
문제 해석 및 필수 어휘와 답변 구성 요령을 참조하세요.

해석

SUJET 11 **식당에서**

곧 가족 축제입니다. 당신은 식당에서 저녁 식사를 하기를 원하고 자리를 예약하기 위해 그곳에 갑니다. 당신은 식당 직원에게 정보를 묻습니다. 당신은 그에게 당신의 가족이 좋아하는 음식들을 설명합니다.

감독관은 식당 직원 역할을 합니다.

어휘

à propos de ~에 대한 | n'importe quoi 아무것이나 | viande (f.) 고기 | recommander 추천하다 | végétarien 채식주의자(의) | frais 신선한 | sain 건강한

답변 구성 요령

식당에서 자리를 예약하는 상황의 대화이다. 먼저 응시자는 감독관에게 특별한 날을 맞이하여 좌석을 예약하고 싶다는 말로 대화를 시작한다. 그리고 정보와 관련하여 가족들의 좋아하는 음식에 대해 언급을 해야 한다. 우선 예약 요일과 시간에 대해 감독관에게 묻는다. 특히 2-3분 정도의 대화 시간을 지키기 위해서는 최소한 3사람 정도의 음식 기호도에 대해 기술해야 한다.

Étape 3   모범 답변을 참조하여 실전 훈련하세요.

E : Examinateur 감독관   C : Candidat 응시자

C   Bonjour. Je voudrais réserver des tables pour ma famille et j'aimerais vous demander des renseignements à propos du dîner.
안녕하세요. 가족을 위한 식탁을 예약을 하고 싶은데 저녁 식사에 대한 정보들을 당신께 부탁드리고 싶습니다.

E   Bonjour. Vous pouvez me demancer n'importe quoi. Je suis là pour vous aider.
안녕하세요. 당신은 무엇이라도 내게 부탁해도 됩니다. 당신을 돕기 위해 제가 여기 있으니까요.

C   Merci. D'abord, est-ce qu'il y a des tables pour six personnes, samedi prochain à 18 h ?
고맙습니다. 우선 다음 주 토요일 18시에 6연을 위한 식탁이 있나요?

E   Oui, aucun problème.
예, 아무 문제 없습니다.

C   Et puis, la plupart de ma famille aime bien la viande. Quel plat pouvez-vous leur recommander ?
그리고 가족 대부분이 고기를 아주 좋아합니다. 어떤 음식을 이들에게 추천해주시겠어요?

E   Je leur recommande le bœuf bourguignon car son goût est excellent.
나는 그들에게 뵈프 부르기뇽을 권하는데 왜냐하면 맛이 훌륭하기 때문입니다.

C   D'accord. Et ma mère est végétarienne.
알았습니다. 그리고 어머니가 채식주의자세요.

E   Ne vous inquiétez pas ! Nous avons des salades très fraîches et saines.
걱정마세요! 우리는 매우 신선하고 건강에 좋은 샐러드가 있습니다.

C   Et mon petit frère adore les plats italiens.
그리고 내 남동생이 이탈리아 음식들을 아주 좋아합니다.

E   Dans ce cas-là, il va apprécier les pizzas et les spaghettis originales.
그 경우에 그는 오리지날 피자와 스파게티를 닷보게 될 것입니다.

C   Bien entendu. Et puis, je voudrais aussi des vins parce que mon père les adore.
잘 알았습니다. 그리고 또한 포도주를 원하는데 왜냐하면 아버지께서 그것들을 아주 좋아하시기 때문입니다.

E   Oui. On va préparer des vins de bonne qualité.
예. 우리가 좋은 품질의 포도주들을 준비할게요.

C   Bon, je réserve les tables sous le nom de Marie.
Marie 이름으로 테이블을 예약할게요.

E   D'accord.
알았습니다.

문제 12

EXERCICE 3 실전 연습

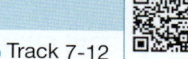 Track 7-12

Étape 1 문제를 읽은 후 감독관의 예상 답변을 떠올리며 대화를 만들어 보세요.

SUJET 12   **Voyage scolaire**

Vous habitez à Paris. Votre enfant part en voyage scolaire à l'étranger pour la première fois. Vous rencontrez le directeur pour lui demander des informations. Vous lui parlez aussi de vos inquiétudes.

L'examinateur joue le rôle du directeur.

Étape 2 문제 해석 및 필수 어휘와 답변 구성 요령을 참조하세요.

해석

SUJET 12   **수학여행**

당신은 Paris에 살고 있습니다. 당신의 아이가 처음으로 외국으로 수학여행을 떠납니다. 당신은 정보를 물어보기 위해 교장 선생님을 만납니다. 그에게 또한 당신의 근심들에 대해 말하세요.

감독관은 교장 선생님 역할을 합니다.

어휘

voyage scolaire (m.) 수학여행 | directeur 교장 | inquiétude (f.) 걱정, 근심 | instituteur 교사 | accompagner 동반하다 | enseignant 교사 | y compris ~을 포함하여 | repas (m.) 식사 | sécurité (f.) 안전 | réunion (f.) 회의 | assurer 확실하게 하다 | danger (m.) 위험

답변 구성 요령

학부모의 입장에서 수학여행에 대해 교장 선생님과 대화하는 내용이다. 먼저 응시자는 감독관에게 찾아 온 이유에 대해 밝히면서 대화를 시작한다. 외국으로의 수학여행과 관련해서 궁금한 사항들을 먼저 물어보는데 예를 들어 수학여행을 떠나는 나라, 체류 기간, 숙소와 식사 등에 대해 묻는다. 그리고 지시사항에 따라 아이들의 안전과 관련하여 질문해야 하는데 선생님들이 몇 명이나 같이 가는지를 묻는다.

모범 답변을 참조하여 실전 훈련하세요.

E : Examinateur 감독관   C : Candidat 응시자

C Bonjour monsieur le directeur. Je voulais vous voir pour parler du voyage scolaire.
안녕하세요 교장 선생님. 수학여행에 대해 말하기 위해 선생님을 뵙고 싶었습니다.

E Bonjour. Alors, qu'est-ce que vous voulez savoir ?
안녕하세요. 그래, 무엇을 알고 싶으신가요?

C D'abord, quel pays les enfants visitent-ils ?
우선 아이들이 어느 나라를 방문하나요?

E Ils vont partir en voyage au Canada.
캐나다로 여행을 떠날 거예요.

C Pendant combien de jours les élèves restent-ils dans ce pays ?
이들은 이 나라에 며칠 동안 머무르나요?

E Ils vont y rester pendant trois jours.
그곳에 3일 동안 머물 것입니다.

C Combien d'instituteurs accompagnent les enfants ?
몇 분의 교사들이 아이들과 함께 가나요?

E Dix enseignants vont les accompagner, y compris moi.
저를 포함해서 10명의 교사들이 동행합니다.

C Entendu. Où est-ce que les enfants logent ? Et leur repas ?
알겠습니다. 어디에서 아이들이 묵나요? 그리고 식사는요?

E On va loger dans un hôtel et les enfants mangeront dans son restaurant.
호텔에 묵을 것이고 아이들은 그 식당에서 식사를 할 거예요.

C En fait, je m'inquiète beaucoup pour leur sécurité.
사실, 저는 그들의 안전에 걱정이 많습니다.

E Je vous comprends bien. Nos enseignants font une réunion presque tous les jours pour assurer la sécurité des enfants.
당신을 충분히 이해합니다. 우리 선생님들이 아이들의 안전을 확실하게 하기 위해 거의 매일 회의를 합니다.

C Comme vous le savez bien, c'est la santé des enfants qui est aussi importante.
당신이 잘 알겠지만, 또한 중요한 것이 아이들으 건강입니다.

E Bien sûr. Nous allons faire de notre mieux.
물론입니다. 우리는 최선을 다할 거예요.

C À mon avis, les parents pourront accompagner les enfants en voyage scolaire pour aider les enseignants. Qu'est-ce que vous en pensez ?
제 의견에 부모들이 선생님들을 돕기 위해 수학여행에 아이들과 동행할 수 있을 것입니다. 이것에 대해 어떻게 생각하세요?

E C'est une bonne idée. Je vais discuter avec les enseignants de votre proposition.
좋은 생각입니다. 회의 때 선생님들과 당신의 제안에 대해 말하겠습니다.

C Bien entendu. J'espère que les enfants vont s'amuser sans aucun danger.
잘 알았습니다. 아이들이 아무 위험 없이 재미있게 지내기를 바랍니다.

E Comptez sur nous !
우리를 믿어보세요!

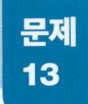

EXERCICE 3 실전 연습

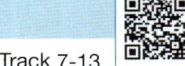 Track 7-13

Étape 1 문제를 읽은 후 감독관의 예상 답변을 떠올리며 대화를 만들어 보세요.

SUJET 13   **Exposé**

Vous suivez les cours de l'université française. Vous devez faire un exposé avec un autre étudiant. Vous discutez avec lui pour choisir le sujet de l'exposé, décider du lieu et du moment pour vous réunir et organiser le travail ensemble.

L'examinateur joue le rôle de l'autre étudiant.

Étape 2 문제 해석 및 필수 어휘와 답변 구성 요령을 참조하세요.

해석

SUJET 13   발표

당신은 프랑스 대학교 수업을 듣습니다. 당신은 다른 학생과 함께 발표를 해야 합니다. 당신은 발표 주제를 선택하고 회의를 하고 공부를 함께 하기 위한 장소와 순간을 결정하기 위해 그와 토론합니다.

감독관은 다른 학생 역할을 합니다.

어휘

exposé (m.) 발표 | sujet (m.) 주제 | lieu (m.) 장소 | série télévisée (f.) 드라마 | document (m.) 자료

답변 구성 요령

과제 발표와 관련한 내용의 대화이다. 먼저 응시자는 감독관에게 함께 발표를 해야 한다는 사실을 알고 있는지 물어보면서 대화를 시작한다. 그리고 지시사항에 따라 발표 주제에 대해 의견을 나눠야 하는데 한국인이라는 장점을 활용한 과제를 정하자고 제안한다. 그리고 공부 장소와 관련해서는 자료가 많은 문화원을 언급하고 이곳에 있는 스터디룸에서 공부하자고 한다. 또한 구체적인 내용들에 대해 기술하고 친구 역할을 하는 감독관에게 무엇인가를 해달라고 하면서 역할 분담을 제안한다.

> **Étape 3** 모범 답변을 참조하여 실전 훈련하세요.

E : Examinateur 감독관   C : Candidat 응시자

C Salut ! Tu sais que nous devons faire un exposé ensemble ?
안녕! 우리가 함께 발표를 해야 하는 것을 알고 있지?

E Salut ! Oui, je le sais.
안녕! 응, 그것을 알고 있어.

C Bon. D'abord, nous devons choisir le sujet. À mon avis, la culture coréenne est un très bon sujet parce qu'elle est très connue dans le monde entier en ce moment. D'ailleurs, nous pouvons facilement trouver des documents car je suis coréenne. Qu'est-ce que tu en penses ?
좋아. 우선, 우리는 주제를 선택해야 해. 내 의견에는 한국 문화가 매우 좋은 주제인데 왜냐하면 지금 전 세계에서 매우 잘 알려져 있기 때문이야. 게다가, 내가 한국인이니 우리는 자료들을 쉽게 찾을 수 있어. 이것에 대해 어떻게 생각해?

E C'est une très bonne idée.
그거 매우 좋은 생각이야.

C Nous allons présenter la K-pop, un film et une série télévisée.
우리는 케이팝, 영화 그리고 드라마를 소개할거야.

E D'accord. On va travailler à la bibliothèque ?
알았어. 우리 도서관에서 공부할 거야?

C Non. Il vaut mieux aller au centre culturel coréen car on peut y trouver des documents vidéos. D'ailleurs, il y a une petite salle d'étude qu'on peut utiliser et je vais réserver ce lieu à partir de 14 h ce samedi. Ça te va ?
아니. 한국 문화원에 가는 게 더 나아, 왜냐하면 비디오 자료들을 그곳에서 찾을 수 있거든. 게다가 우리가 이용할 수 있는 작은 공부방이 있는데 내가 이번 주 토요일 14시부터 이 장소를 예약할게. 괜찮겠어?

E C'est parfait.
완벽해.

C Je vais te rappeler dès que je réserve la salle d'étude, d'accord ?
내가 공부방을 예약하자마자 너에게 전화할게, 알았지?

E Oui. Je suis sûr que nous pourrons obtenir une bonne note.
알았어. 나는 우리가 좋은 점수를 얻을 수 있을 것이라고 확신해.

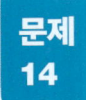

EXERCICE 3 실전 연습

Track 7-14

Étape 1 문제를 읽은 후 감독관의 예상 답변을 떠올리며 대화를 만들어 보세요.

SUJET 14 — Cours de français

Vous étudiez en France et vous voulez un cours particulier. Vous posez des questions (horaires, lieu, tarifs) à un professeur de français. Vous vous mettez d'accord sur un prix et sur un rendez-vous pour votre premier cours.

L'examinateur joue le rôle du professeur.

Étape 2 문제 해석 및 필수 어휘와 답변 구성 요령을 참조하세요.

해석

SUJET 14 — 프랑스어 수업

당신은 프랑스에서 공부하고 과외를 원합니다. 당신은 프랑스어 선생님에게 질문들(시간표, 장소, 가격)을 합니다. 당신은 가격과 첫 번째 수업을 위한 약속에 합의합니다.

감독관은 선생님의 역할을 합니다.

어휘

cours (m.) 수업 | cours particulier (m.) 과외 | horaire (m.) 시간표 | tarif (m.) 가격 | déranger 방해하다 | devoir (m.) 숙제 | frais (m.pl.) 비용 | manuel (m.) 교재

답변 구성 요령

과외를 받기 위한 내용의 대화이다. 먼저 응시자는 감독관을 만나는 이유에 대해 간략하게 설명하면서 대화를 시작한다. 질문할 내용과 관련해서 지시사항에 있는 사항들을 전부 언급해야 하는데 무슨 요일에 수업을 할 것인지에 대해 특별한 날은 공부할 수 없다고 전제하고 그 이유를 밝힌다. 또한 시간과 장소, 가격과 관련해서 질문해야 하며 첫 번째 수업에 대해 물어본다.

| Étape 3 | 모범 답변을 참조하여 실전 훈련하세요. |

E : Examinateur 감독관   C : Candidat 응시자

C Bonjour. Comme je vous ai dit par téléphone, j'aimerais prendre une leçon particulière de français.
안녕하세요. 전화로 말씀드렸던 바와 같이 저는 프랑스어 과외를 받고 싶습니다.

E Oui. J'ai bien compris.
예, 잘 이해했습니다.

C Alors, j'aimerais vous poser quelques questions si ça ne vous dérange pas.
그래서 실례가 되지 않는다면 당신께 몇 가지 질문들을 하고 싶습니다.

E Allez-y ! Que voulez-vous savoir ?
해보세요! 무엇을 알고 싶은가요?

C D'abord, combien de jours par semaine travaille-t-on ?
우선, 일주일에 며칠을 공부하나요?

E Trois jours.
3일이요.

C Je ne peux pas travailler pendant le week-end car je dois faire mes devoirs.
주말 동안에는 공부할 수가 없는데 왜냐하면 과제를 해야 하기 때문입니다.

E Pas de problème. Quels jours préférez-vous ?
문제없습니다. 무슨 요일들을 선호하세요?

C Je préfère le lundi, le mercredi et le vendredi.
월, 수 그리고 금요일을 선호해요.

E D'accord.
알았어요.

C Et l'horaire ? Pendant combien d'heures va-t-on travailler ? J'aimerais que le cours commence à 15 h.
그리고 시간은요? 몇 시간 동안 공부하게 되나요? 저는 15시부터 수업을 시작했으면 좋겠어요.

E Entendu. De 15 h à 17 h, ça vous convient ?
알았어요. 15시부터 17시까지, 괜찮은가요?

C Oui. Où peut-on travailler ?
예. 어디서 공부하나요?

E Vous pouvez venir ici.
여기로 오면 됩니다.

C Quel est le tarif ?
수업료는 어떻게 되나요?

E 20 euros par heure.
시간당 20유로입니다.

C D'accord. Quand est-ce que vous pouvez commencer le cours ?
알았습니다. 언제 수업을 시작할 수 있나요?

E À partir de lundi prochain.
다음 주 월요일부터요.

C Bien entendu. Et le manuel ?
잘 알았습니다. 교재는요?

E Je vais le préparer.
내가 그것을 준비할게요.

C Alors, je viendrai ici lundi prochain.
그럼 다음 주 월요일에 여기로 오겠습니다.

EXERCICE 3 실전 연습

🎧 Track 7-15

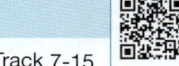

Étape 1
문제를 읽은 후 감독관의 예상 답변을 떠올리며 대화를 만들어 보세요.

SUJET 15   **Déménagement**

Vous habitez en France. Vous devez déménager et vous avez besoin de l'aide de votre ami français. Vous lui expliquez la situation et vous organisez avec lui votre déménagement.

L'examinateur joue le rôle de l'ami français.

Étape 2
문제 해석 및 필수 어휘와 답변 구성 요령을 참조하세요.

해석

SUJET 15   **이사**

당신은 프랑스에 살고 있습니다. 당신은 이사를 가야 하고 당신의 프랑스 친구의 도움이 필요합니다. 그에게 상황을 설명하고 당신의 이사를 그와 함께 계획하세요.

감독관은 프랑스 친구 역할을 합니다.

어휘

déménagement (m.) 이사 | aide (f.) 도움 | pension universitaire (f.) 대학 기숙사 | loyer (m.) 집세 | surfer 검색하다 | agence immobilière (f.) 부동산 | propriétaire 집주인 | locataire 임대인, 세입자 | souci (m.) 걱정

답변 구성 요령

이사에 관해 도움을 청하는 상황의 대화이다. 먼저 응시자는 친구 역할을 하는 감독관에게 도움이 필요하다고 말하면서 대화를 시작한다. 이사와 관련해서는 납득할 수 있는 이유를 들어 상황을 설명해야 하는데 지금 살고 있는 숙소에 대한 문제를 언급해야 한다. 그리고 이사와 관련해서는 이삿짐 문제에 대해 언급해야 하는데 응시자는 이삿짐을 어떻게 옮겨야 하는지 방법을 모른다고 말함으로써 감독관이 문제 해결 방안을 제시하도록 유도한다.

Étape 3 모범 답변을 참조하여 실전 훈련하세요.

E : Examinateur 감독관   C : Candidat 응시자

C Salut ! Je voulais te voir parce que j'ai besoin de ton aide.
안녕! 내가 너를 보고 싶었는데 왜냐하면 너의 도움이 필요하기 때문이야.

E Qu'est-ce qu'il y a ?
무슨 일인데?

C Comme tu le sais, j'habite dans une pension universitaire. Je finis mes études dans deux mois et j'aimerais travailler dans une entreprise française après. Mais je dois déménager parce que je ne serai plus étudiante et je ne peux plus rester dans la résidence universitaire.
다름이 아니라 너도 잘 알다시피, 내가 대학 기숙사에 살고 있어. 나는 두 달 후에 공부가 끝나는데 졸업 후에 프랑스 회사에서 일하고 싶거든. 그렇지만 내가 더 이상 학생이 아닐 것이고 대학 기숙사에 살 수 없기 때문에 이사를 가야 해.

E Je te comprends. Je vais t'aider avec plaisir.
너를 이해해. 기꺼이 너를 도와줄게.

C Merci. D'abord, je dois trouver un logement dans Paris mais je pense que le loyer coûtera très cher. Alors, je cherche un petit studio dans la région parisienne. Qu'est-ce que tu en penses ?
고마워. 우선, 나는 파리 시내에 숙소를 구해야 하지만 임대료가 매우 비쌀 것이라고 생각해. 그래서 파리 근교에 있는 작은 스튜디오를 찾고 있어. 이것에 대해 어떻게 생각하니?

E Je suis d'accord avec toi. Il est vraiment difficile de trouver un logement dans Paris.
너와 의견이 같아. 파리 시내에 숙소를 구하는 것은 정말로 어려워.

C Est-ce que je dois chercher des informations sur Internet ou bien je dois aller à l'agence immobilière ?
내가 인터넷에서 정보들을 검색해야 할까, 아니면 부동산에 가야 할까?

E À mon avis, il vaut mieux d'abord utiliser Internet car certains propriétaires cherchent leurs locataires sur Internet.
내 의견에는 우선 인터넷을 이용하는 것이 더 나은데 왜냐하면 어떤 집주인들은 인터넷에서 임대인들을 찾기 때문이야.

C Entendu. Et puis, j'ai un autre problème. J'ai des affaires à déménager et je ne connais rien aux entreprises de déménagement.
알았어. 그리고 다른 문제가 있어. 내가 이삿짐들이 있는데 이삿짐 센터들을 전혀 알지 못해.

E Ne t'inquiète pas ! Je vais t'aider à déménager avec ma voiture.
걱정하지마! 내가 내 차로 네가 이사하는 것을 도와줄게.

C Tu m'as beaucoup soulagé. J'avais beaucoup de soucis à cause de mon déménagement.
네가 내 걱정을 많이 덜어주네. 이사 때문에 걱정이 많았거든.

E Ne t'en fais pas. Tout se passera bien
걱정하지마. 모든 것이 잘 될거야.